अष्टावक्र महागीता भाग 8

सुख स्वभाव

अष्टावक्र महागीता भाग 8

सुख स्वभाव

ओशो द्वारा अष्टावक्र-संहिता के 298 सूत्रों में से
227 से 257 सूत्रों पर प्रश्नोत्तर सहित दिए गए
दस प्रवचनों का संकलन

फ्यूजन बुक्स

प्रकाशक

फ्यूजन बुक्स

X-30, ओखला इंडस्ट्रियल एरिया, फेज-II
नई दिल्ली-110020
फोन : 011-40712200
ई-मेल : sales@dpb.in
वेबसाइट : www.diamondbook.in

Sukh Swabhava
Originally published in Hindi "Ashtavakra Mahageeta, Vol. 8, Chapter 71-80

For more information: www.osho.com
A comprehensive multilingual web site featuring Osho's meditations, books and tapes and an online tour of the meditation resort at Osho Commune International.

Sukh Swabhav

अनुक्रम

71. निराकार, निरामय साक्षित्व ---------------------------------- 7

72. सदगुरुओं के अनूठे ढंग ------------------------------ 38

73. मूढ़ कौन, अमूढ़ कौन! ---------------------------- 69

74. अवनी पर आकाश गा रहा ------------------------- 100

75. मन का निस्तरण ---------------------------------- 129

76. परंपरा और क्रांति ------------------------------ 161

77. बुद्धि-पर्यन्त संसार है ----------------------------- 195

78. अक्षर से अक्षर की यात्रा ------------------------ 226

79. निःस्वभाव योगी अनिर्वचनीय है -------------------- 257

80. पूनम बन उतरो -------------------------------- 287

प्रवचन : 71

निराकार, निरामय साक्षित्व

21 जनवरी, 1977

अष्टावक्र उवाच।

अकर्तृत्वमभोक्तृत्वं वात्मनो मन्यते यदा।
तदा क्षीणा भवंत्येव समस्ताश्चित्तवृत्तयः।।227।।
उच्छृंखलाप्यकृतिका स्थितिर्धीरस्य राजते।
न तु संस्पृहचित्तस्य शांतिर्मूढ़स्य कृत्रिमा।।228।।
विलसन्ति महाभोगैर्विशन्ति गिरिगह्वरान्।
निरस्तकल्पना धीरा अबद्धा मुक्तबुद्धयः।।229।।
श्रोत्रियं देवतां तीर्थमंगनां भूपतिं प्रियम्।
दृष्ट्वा सम्पूज्य धीरस्य न कापि हृदि वासना।।230।।
भृत्यैः पुत्रैः कलत्रैश्च दौहित्रैश्चापि गोत्रजैः।
विहस्य धिक्कृतो योगी न याति विकृतिं मनाक्।।231।।
संतुष्टोऽपि न संतुष्टः खिन्नोऽपि न च खिद्यते।
तस्याश्चर्यदशां तां तां तादृशा व जानन्ते।।232।।
कर्तव्यतैव संसारो न तां पश्यन्ति सूरयः।
शून्याकारा निराकारा निर्विकारा निरामयाः।।233।।

एक पुरानी चीनी कथा है, जंगल में कोई लकड़हारा लकड़ियां काटता था। अचानक देखा कि उसके पीछे आकर खड़ा हो गया है एक बारहसिंगा—सुंदर, अति

सुंदर, अति स्वस्थ। लकड़हारे ने अपनी कुल्हाड़ी उसके सिर पर मार दी। बारहसिंगा मर गया। तब लकड़हारा डरा; कहीं पकड़ा न जाए। क्योंकि वह राजा का सुरक्षित वन था और शिकार की मनाही थी। तो उसने एक गड्ढे में छिपा दिया उस बारहसिंगे को, ऊपर से मिट्टी डाल दी और वृक्ष के नीचे विश्राम करने लगा।

अब लकड़ियां काटने की कोई जरूरत न थी। काफी पैसे मिल जाएंगे बारहसिंगे को बेचकर। सांझ जब सूरज ढल जाएगा और अंधेरा उतर आएगा तब निकाल कर बारहसिंगे को अपने घर ले जाएगा। अभी तो दोपहर थी।

वह वृक्ष के नीचे विश्राम करने लगा और उसकी झपकी लग गई। जब उठा तो सूरज ढल चुका था और अंधेरा फैल रहा था। बहुत खोजा लेकिन वह गड्ढा मिला नहीं, जहां बारहसिंगे को गड़ा दिया था। तब उसे संदेह होने लगा कि हो न हो, मैंने स्वप्न में देखा है। कहीं ऐसे बारहसिंगे पीछे आकर खड़े होते हैं! आदमी को देख कर भाग जाते हैं, मीलों दूर से भाग जाते हैं। जरूर मैंने स्वप्न में देखा है और मैं व्यर्थ ही परेशान हो रहा हूं।

हंसता हुआ, अपने पर ही हंसता हुआ घर की तरफ वापस लौटने लगा। यह भी खूब मूढ़ता हुई! राह में एक दूसरा आदमी मिला तो उसने अपनी कथा उससे कही कि ऐसा मैंने स्वप्न में देखा। और फिर मैं पागल, उस गड्ढे को खोजने लगा।

उस दूसरे आदमी को हुआ, हो न हो इस आदमी ने वस्तुतः बारहसिंगा मारा है। लकड़हारा तो घर चला गया, वह आदमी जंगल में खोजने गया और उसने बारहसिंगा खोज लिया। चोरी-छिपे वह अपने घर पहुंचा। उसने अपनी पत्नी को सारी कथा कही कि ऐसा लकड़हारे ने मुझे कहा और उसने यह भी कहा कि स्वप्न देखा है। अब मैं कैसे मानूं कि स्वप्न देखा है? स्वप्न कहीं सच होते हैं? यह बारहसिंगा सामने मौजूद है। तो स्वप्न नहीं देखा होगा, सच में ही हुआ होगा।

लेकिन पत्नी ने कहा, तुम पागल हो। तुम दोपहर को सोए तो नहीं थे जंगल में? उसने कहा, मैं सोया था, झपकी ली थी। तो उसने कहा, तुमने हो न हो लकड़हारे का सपना देखा है। और सपने में लकड़हारा तुम्हें दिखाई पड़ा। तो वह आदमी कहने लगा, अगर लकड़हारा सपने में देखा है तो यह बारहसिंगा तो मौजूद है न!

तो उसकी स्त्री ने कहा, ज्ञानी कहते हैं, सपने में और सत्य में फर्क कहां? सपने भी सच होते हैं और जिसको हम सच कहते हैं, वह भी झूठ होता है। हो गया होगा सपना सच। निश्चिंत हो गया वह आदमी। अपराध का एक भाव था कि लकड़हारे को धोखा दिया, वह भी चला गया।

रात लकड़हारे ने एक सपना देखा कि उस आदमी ने जंगल में जाकर खोज लिया गड्ढा। और वह बारहसिंगे को घर ले गया। वह आधी रात उठकर उसके घर

पहुंच गया। दरवाजा खटखटाया। दरवाजा खोला तो बारहसिंगा आंगन में पड़ा था। तो उसने कहा, यह तो बड़ा धोखा दिया तुमने। मैंने सपना देखा, तुम्हें निकालते देखा और बारहसिंगा तुम्हारे द्वार पर पड़ा है। ऐसी बेईमानी तो नहीं करनी थी।

मुकदमा अदालत में गया। मजिस्ट्रेट बड़ा मुश्किल में पड़ा। मजिस्ट्रेट ने कहा, अब यह बड़ी उलझन की बात है। लकड़हारा सोचता है कि उसने सपना देखा था। तुम्हारी पत्नी कहती है कि तुमने सपना देखा कि लकड़हारा देखा था। अब लकड़हारा कहता है कि सपने में उसने देखा कि तुम बारहसिंगा ले आए। जो हो, इस पंचायत में मैं न पडूंगा। यह कानून के भीतर आता भी नहीं सपनों का निर्णय। एक बात सच है कि बारहसिंगा है, सो आधा-आधा तुम बांट लो।

यह फाइल राजा के पास पहुंची दस्तखत के लिए, स्वीकृति के लिए। राजा खूब हंसने लगा। उसने कहा, यह भी खूब रही। मालूम होता है इस न्यायाधीश का दिमाग फिर गया है। इसने यह पूरा मुकदमा सपने में देखा है। उसने अपने वजीर को बुला कर कहा कि इसको सुलझाना पड़ेगा।

वजीर ने कहा, देखिए, ज्ञानी कहते हैं, जिसको हम सच कहते हैं वह सपना है। और अब तक कोई पक्का नहीं कर पाया है कि क्या सपना है और क्या सच है। और जो जानते थे प्राचीन पुरुष—लाओत्सु जैसे, वे अब मौजूद नहीं दुर्भाग्य से, जो तय कर सकें कि क्या सपना और क्या सच। यह हमारी सामर्थ्य के बाहर है। न्यायाधीश ने जो निर्णय दिया, आप चुपचाप स्वीकृति दे दें। इस उलझन में पड़ें मत। क्योंकि केवल ज्ञानी पुरुष ही तय कर सकते हैं कि क्या सच है और क्या सपना है।

मैं तुमसे कहना चाहता हूं, ज्ञानी पुरुष ही तय कर सकते हैं कि क्या सपना है और क्या सच है। लेकिन हम क्यों नहीं तय कर पाते? हम चूकते क्यों चले जाते हैं? हम चूकते चले जाते हैं क्योंकि हम सोचते हैं, जो देखा उसमें ही तय करना है। जो देखा उसमें क्या सच और जो देखा उसमें क्या झूठ।

दिन में देखा वह सच हम कहते हैं, रात जो देखा वह झूठ। जाग कर जो देखा वह सच, सोकर जो देखा वह झूठ। आंख खुली रख कर जो देखा वह सच, आंख बंद रख कर देखा जो झूठ। सबके साथ जो देखा सच, अकेले में जो देखा वह झूठ। लेकिन हम एक बात कभी नहीं सोचते कि हम देखे और देखे में ही तौल करते रहते हैं।

ज्ञानी कहते हैं, जिसने देखा वह सच, जो देखा वह सब झूठ—जाग कर देखा कि सोकर देखा, अकेले में देखा कि भीड़ में देखा, आंख खुली थी कि आंख बंद थी--जो भी देखा वह सब झूठ। देखा देखा सो झूठ। जिसने देखा, बस वही सच।

द्रष्टा सत्य और दृश्य झूठ।

दो दृश्यों में तय नहीं करना है कि क्या सच और क्या झूठ, द्रष्टा और दृश्य में तय करना है। द्रष्टा का हमें कुछ पता नहीं है।

अष्टावक्र का यह पूरा संदेश द्रष्टा की खोज है। कैसे हम उसे खोज लें जो सबका देखने वाला है।

तुम अगर कभी परमात्मा को भी खोजते हो तो फिर एक दृश्य की भांति खोजने लगते हो। तुम कहते हो, संसार तो देख लिया झूठ, अब परमात्मा के दर्शन करने हैं। मगर दर्शन से तुम छूटते नहीं, दृश्य से तुम छूटते नहीं। धन देख लिया, अब परमात्मा को देखना है। प्रेम देख लिया, संसार देख लिया, संसार का फैलाव देख लिया, अब संसार के बनाने वाले को देखना है; मगर देखना है अब भी। जब तक देखना है तब तक तुम झूठ में ही रहोगे। तुम्हारी दुकानें झूठ हैं। तुम्हारे मंदिर भी झूठ हैं, तुम्हारे खाते-बही झूठ हैं, तुम्हारे शास्त्र भी झूठ।

जहां तक दृश्य पर नजर अटकी है वहां तक झूठ का फैलाव है। जिस दिन तुमने तय किया अब उसे देखें जिसने सब देखा, अब अपने को देखें, उस दिन तुम घर लौटे। उस दिन क्रांति घटी। उस दिन रूपांतरण हुआ। द्रष्टा की तरफ जो यात्रा है वही धर्म है।

ये सारे सूत्र द्रष्टा की तरफ ले जाने वाले सूत्र हैं।

और उस बूढ़े वजीर ने राजा से ठीक ही कहा कि अब वे प्राचीन पुरुष न रहे, वे विरले लोग—चीन की कथा है इसलिए उसने लाओत्सु का नाम लिया, भारत की होती तो अष्टावक्र का नाम लेता। विरले हैं वे लोग और दुर्भाग्य से कभी-कभी होते हैं; मुश्किल से कभी होते हैं, जो जानते हैं कि क्या सत्य है और क्या सपना है। अष्टावक्र ऐसे विरले लोगों में एक हैं। एक-एक सूत्र को स्वर्ण का मानना। एक-एक सूत्र को हृदय में गहरे रखना, सम्हाल कर रखना। इससे बहुमूल्य मनुष्य के चैतन्य में कभी घटा नहीं है।

पहला सूत्रः

अकर्तृत्वमभोक्तृत्वं स्वात्मनो मन्यते यदा।
तदा क्षीणा भवंन्येव समस्ताश्चित्तवृत्तयः।।

'जब मनुष्य अपनी आत्मा के अकर्तापन और अभोक्तापन को मानता है तब उसकी संपूर्ण चित्तवृत्तियां निश्चयपूर्वक नाश को प्राप्त होती हैं।'

दृश्य में हम उलझे क्यों हैं? दृश्य में हम उलझे हैं क्योंकि दृश्य में ही सुविधा है कर्ता के होने की, भोक्ता के होने की। जब तक हम कर्ता होना चाहते हैं तब तक हम द्रष्टा न हो सकेंगे। क्योंकि जो कर्ता होना चाहता है वह तो द्रष्टा हो ही नहीं सकता। वे आयाम विपरीत हैं। वे आयाम एक साथ नहीं रहते। अंधेरे और प्रकाश की भांति

हैं। प्रकाश ले आए, अंधेरा चला गया। ऐसे ही जिस दिन साक्षी आएगा, कर्ता चला जाएगा। या कर्ता चला जाए तो साक्षी आ जाए। दोनों साथ नहीं होते।

और हमारा रस भोक्ता होने में है। दृश्य को हम देखना क्यों चाहते हैं? यह दृश्य की इतनी लीला में हम उलझते क्यों हैं? क्योंकि हमें लगता है, देखने में ही भोग है।

तुम देखो, संसार को देखने से तुम नहीं चुकते तो फिल्म देखने चले जाते हो। जानते हो भलीभांति कि पर्दे पर कुछ भी नहीं है। ना-कुछ के लिए तीन घंटे बैठे रहते हो। कुछ भी नहीं है पर्दे पर। भलीभांति जानते हो, फिर भी भूल-भूल जाते हो। रो भी लेते हो, हंस भी लेते हो। रूमाल आंसुओं से गीले हो जाते हैं। तरंगित हो लेते हो, प्रसन्न हो लेते हो, दुखी हो लेते हो। तीन घंटे भूल ही जाते हो।

जहां-जहां टेलीविजन फैल गया है वहां लोग घंटों...अमरीकन आंकड़े मैं पढ़ रहा था, प्रत्येक अमरीकन कम से कम छह घंटे प्रतिदिन टेलीविजन देख रहा है—छह घंटे! छोटे-छोटे से बच्चे से लेकर बड़े-बड़े तक बचकाने हैं। तुम देख क्या रहे हो?

ज्ञानी कहते हैं, संसार झूठ है, तुम झूठ में भी सच देख लेते हो। तुम पर्दे पर जहां कुछ भी नहीं है, धूप-छाया का खेल है, आंदोलित हो जाते हो, सुखी-दुखी हो जाते हो, सब भांति अपने को विस्मरण कर देते हो। फिल्म में जाकर बैठ जाने का सुख क्या है? थोड़ी देर को तुम भूल जाते हो। फिल्म एक तरह की शराब है। दृश्य इतना जकड़ लेता है तुम्हें कि कर्ता बिलकुल संलग्न हो जाता है, भोक्ता संलग्न हो जाता है और साक्षी भूल जाता है। उस विस्मरण में ही शराब है। तीन घंटे बाद जब तुम जागते हो उस विस्मरण से, जो फिल्म तुम्हें सुला देती है तीन घंटे के लिए अपने साक्षीभाव में, उसी को तुम अच्छी फिल्म कहते हो। जिस फिल्म में तुम्हें अपनी याद बार-बार आ जाती है, तुम कहते हो, कुछ मतलब की नहीं है। जिस उपन्यास में तुम भूल जाते हो अपने को पढ़ते समय, कहते हो, अदभुत कथा है।

अदभुत तुम कहते उसको हो जिसमें शराब झरती है, जहां तुम भूल जाते हो, जहां विस्मरण होता है। जहां स्मरण आता है वहीं तुम कहते हो कथा में कुछ सार नहीं, डुबा नहीं पाती। बार-बार अपनी याद आ जाती है।

'जब मनुष्य अपनी आत्मा के अकर्तापन और अभोक्तापन को मानता है तब उसकी संपूर्ण चित्तवृत्तियां निश्चयपूर्वक नाश को प्राप्त होती हैं।'

जानने योग्य, मानने योग्य, होने योग्य एक ही बात है और वह है, अकर्तापन और अभोक्तापन। अकर्तापन, अभोक्तापन एक ही सिक्के के दो पहलू हैं।

भोक्ता और कर्ता साथ-साथ होते हैं। जो भोक्ता है वही कर्ता बन जाता है। जो कर्ता बनता है वही भोक्ता बन जाता है। एक दूसरे को सम्हालते हैं।

जो इन दोनों से मुक्त हो जाता है उसकी चित्तवृतियां निश्चयपूर्वक नाश को उपलब्ध होती हैं। फिर उसे निरोध नहीं करना पड़ता, चेष्टा नहीं करनी पड़ती। कैसे अपनी चित्तवृत्तियों को त्याग दूं इसके लिए कोई उपाय नहीं करना पड़ता। ऐसा जान कर, ऐसा देख कर, ऐसा समझ कर कि मैं केवल साक्षी हूं, चित्तवृत्तियां अपने से ही शांत हो जाती हैं।

साक्षी के साथ मन जीता नहीं। साक्षी के साथ मन की तरंगें खो जाती हैं। और मन की तरंगों का खो जाना ही तो फिर परमात्मा की तरंगों का उठना है। जहां तुम्हारा मन गया वहीं प्रभु आया। इधर तुम विदा हुए, उधर प्रभु का पदार्पण हुआ। तुम करो खाली सिंहासन तो प्रभु आ जाता है।

तुम अकड़ कर बैठे हो, कर्ता-भोक्ता बने बैठे हो। तुम किसी तरह अगर छूटते भी हो संसार से तो भी तुम कर्ता-भोक्तापन से नहीं छूटते। फिर तुम कहते हो स्वर्ग चाहिए। वहां भी भोगेंगे। भोग जारी है। अगर तुम संसार से छूटते भी हो तुम कहते हो, तप करेंगे, ध्यान करेंगे; जप करेंगे, पूजा, प्रार्थना, यज्ञ, हवन, करेंगे; लेकिन करेंगे। कर्तापन फिर भी जारी रहा।

समस्त धर्मों का जो अंतिम निचोड़ है वह है, ऐसी घड़ियों को पा लेना जब न तो तुम भोगते और न कुछ करते; जब तुम बस हो। होने में भोक्ता की तरंग उठी कि चूक गए, कर्ता की तरंग उठी कि चूक गए। होने में कोई तरंग न उठी, बहने लगा रस। रसो वै सः! वहीं आनंद की धार, वहीं अमृत की धार उपलब्ध हुई।

इसे समझो। रात तुम सपना देखते हो, तुम भलीभांति जानते हो झूठ है। रात नहीं, सुबह जागकर जानते हो कि झूठ है। रात जान लो तो तुम प्रबुद्ध पुरुष हो जाओ, बुद्ध हो जाओ। रात तो तुम फिर भूल जाते हो। यह तुम्हारी पुरानी आदत है दृश्य में भूल जाने की। फिल्म में भूल जाते हो, टी. वी. पर देखते-देखते भूल जाते हो, किताब पढ़ते-पढ़ते भूल जाते हो। रात सपना देखते हो, अपनी ही कल्पना का जाल, वहां भूल जाते हो। और लगता है सब सच है, सब ठीक है। बिलकुल असंगत बातें भी ठीक लगती हैं। जो जरा भी संभव नहीं है वह भी ठीक लगता है।

एक पत्थर पड़ा है राह के किनारे, पास तुम पहुंचते हो, अचानक पत्थर उचक कर खरगोश हो जाता है, फिर भी तुम्हें कोई अड़चन नहीं आती। घोड़ा चला आ रहा है, बदल कर पत्नी हो जाती है, तुम्हें कुछ अड़चन नहीं मालूम होती। तुम यह भी नहीं सोचते एक क्षण को, यह कैसे हो सकता है।

नहीं, तुम दृश्य में इतने लीन हो कि सोचने वाला है कहां? जाग कर देखने वाला है कहां? निर्णय कौन करे? तुम तो हो ही नहीं। तुम तो सिफर, तुम तो नकार हो। तुम्हारी मौजूदगी नहीं है। तुम्हारी मौजूदगी की किरण आ जाए तो सपना अभी टूटने लगे, अभी बिखरने लगे।

गुरजिएफ अपने शिष्यों को साधना के पूर्व तीन महीने के लिए एक ही प्रयोग करवाता था कि किसी भांति सपने में जागना आ जाए। बहुत सी विधियां उसने खोजी थीं। उनमें एक विधि यह थी कि तीन महीने तक चलो, उठो, बैठो, बाजार जाओ, दुकान जाओ, दफ्तर जाओ, मगर एक बात खयाल रखो कि जो भी तुम देख रहे हो झूठ है। इसको स्मरण रखो। इस स्मरण को गहराओ। इस बात का अभ्यास करो कि जो भी देख रहे, सब झूठ है।

बड़ी कठिनाई है। राह पर तुम चल रहे हो, जो लोग चल रहे—झूठ, जो कारें दौड़ रहीं—झूठ, जो बसें चल रहीं—झूठ; सब झूठ है। पहले तो अड़चन होती है। पहले तो बड़ी अड़चन होती है। बार-बार भूल जाते हो, क्योंकि जन्मों-जन्मों तक इसे सच माना है। लेकिन गुरजिएफ कहता है, चेष्टा करते रहो। कोई महीने भर के प्रयोग के बाद यह बात थमने लगती है। यह भाव बना रहने लगता है कि सब झूठ।

तीन महीने पूरे होते-होते एक दिन तुम अचानक पाओगे कि रात सपने में, अचानक बीच सपने में तुम्हें स्मरण आ जाता है—झूठ! और वहीं सपना टूट कर बिखर जाता है। तीन महीने तुमने अभ्यास किया कि जो दिखाई पड़ रहा है—झूठ, जो दिखाई पड़ रहा है—झूठ, जो दिखाई पड़ रहा है—झूठ। यह अभ्यास गहरे चला गया। इसका तीर प्रवेश कर गया तुम्हारे हृदय की आखिरी सीमा तक। फिर एक दिन वहीं से रात सपना भी दिखाई ही पड़ेगा। यह अभ्यास एक दिन बोलेगा सपने में—'झूठ'।

झूठ कहते ही, यह भाव उठते ही कि यह झूठ है, यह सपना है—सपना बिखर जाता है। सन्नाटा छा जाता है। और जिस क्षण तुम्हें याद आता है कि यह सपना है, इधर सपना टूटा, उधर तुम जागे। दृश्य गया, द्रष्टा उठा।

और जिस दिन तुम सपने में जान लोगे कि यह झूठ है, सपना झूठ है, दृश्य झूठ है, द्रष्टा सच है; उस दिन तुम सुबह जाग कर पाओगे, अब अभ्यास की जरूरत न रही। अब तो जो दिखाई पड़ता है वह झूठ है। झूठ का यह अर्थ नहीं है कि नहीं है, झूठ का इतना ही अर्थ है : आभास है। झूठ का इतना ही अर्थ है : शाश्वत नहीं है, क्षणभंगुर है। पानी का बबूला है। पानी पर बबूले उठते हैं, झूठ तो नहीं हैं, हैं तो। लेकिन झूठ इस अर्थ में हैं, टिकेंगे नहीं। अभी उठे, अभी गए। क्षणभंगुर हैं। आई लहर, गई लहर। टिकती नहीं, स्थिर नहीं है, थिरता नहीं है। कल नहीं थी, आज है, कल फिर नहीं हो जाएगी।

इस परिभाषा को याद रखना। पूरब की सत्य की यह परिभाषा है : जो सदा रहे वह सत्य। जो सतत रहे वही सत्य। सतत का निचोड़ ही सत्य। सत्य और सतत एक ही अर्थ रखते हैं। वह जो सातत्य है, वही सत। जो आज है कल नहीं हो जाए, वही असत। जिसका सातत्य न रहे, वही असत।

असत को खयाल रखना। असत का यह मतलब नहीं होता कि नहीं है। पानी का बबूला भी है तो। रात का सपना भी है तो। सपना है, तो भी है तो। पानी पर उठी लहर है, मगर है तो। थोड़ी देर को है, बस इतना ही अर्थ है। और थोड़ी देर को जो है, उसमें जो उलझ गया वह दुख पाएगा। क्योंकि जो थोड़ी देर को है, थोड़ी देर बाद नहीं हो जाएगा।

तुम एक प्रेम में पड़ गए। तुमने एक स्त्री को चाहा, एक पुरुष को चाहा, खूब चाहा। जब भी तुम किसी को चाहते हो, तुम चाहते हो तुम्हारी चाह शाश्वत हो जाए। जिसे तुमने प्रेम किया वह प्रेम शाश्वत हो जाए। यह हो नहीं सकता। यह वस्तुओं का स्वभाव नहीं। तुम भटकोगे। तुम रोओगे। तुम तड़पोगे। तुमने अपने विषाद के बीज बो लिए। तुमने अपनी आकांक्षा में ही अपने जीवन में जहर डाल लिया। यह टिकने वाला नहीं है। कुछ भी नहीं टिकता यहां। यहां सब बह जाता है। आया और गया।

अब तुमने यह जो आकांक्षा की है कि शाश्वत हो जाए, सदा-सदा के लिए हो जाए; यह प्रेम जो हुआ, कभी न टूटे, अटूट हो; यह शृंखला बनी ही रहे, यह धार कभी क्षीण न हो, यह सरिता बहती ही रहे—बस, अब तुम अड़चन में पड़े। आकांक्षा शाश्वत की और प्रेम क्षणभंगुर का; अब बेचैनी होगी, अब संताप होगा। या तो प्रेम मर जाएगा या प्रेमी मरेगा। कुछ न कुछ होगा। कुछ न कुछ विघ्न पड़ेगा। कुछ न कुछ बाधा आएगी।

ऐसा ही समझो, हवा का एक झोंका आया और तुमने कहा, सदा आता रहे। तुम्हारी आकांक्षा से तो हवा के झोंके नहीं चलते। वसंत में फूल खिले तो तुमने कहा सदा खिलते रहें। तुम्हारी आकांक्षा से तो फूल नहीं खिलते। आकाश में तारे थे, तुमने कहा दिन में भी रहें। तुम्हारी आकांक्षा से तो तारे नहीं संचालित होते। जब दिन में तारे न पाओगे, दुखी हो जाओगे। जब पतझड़ में पत्ते गिरने लगेंगे, और फूलों का कहीं पता न रहेगा, और वृक्ष नग्न खड़े होंगे दिगंबर, तब तुम रोओगे, तब तुम पछताओगे। तब तुम कहोगे, कुछ धोखा दिया, किसी ने धोखा दिया।

किसी ने धोखा नहीं दिया है। जिस दिन तुम्हारा और तुम्हारी प्रेयसी के बीच प्रेम चुक जाएगा, उस दिन तुम यह मत सोचना कि प्रेयसी ने धोखा दिया है; यह मत सोचना कि प्रेमी दगाबाज निकला। नहीं, प्रेम दगाबाज है। न तो प्रेयसी दगाबाज है, न प्रेमी दगाबाज है—प्रेम दगाबाज है।

जिसे तुमने प्रेम जाना था वह क्षणभंगुर था, पानी का बबूला था। अभी-अभी बड़ा होता दिखता था। पानी के बबूले पर पड़ती सूरज की किरणें इंद्रधनुष का जाल बुनती थीं। कैसा रंगीन था! कैसा सतरंगा था! कैसे काव्य की स्फुरणा हो रही थी! और अभी गया। गया तो सब गए इंद्रधनुष! गया तो सब गए सतरंग। गया तो गया सब काव्य! कुछ भी न बचा।

क्षणभंगुर से हमारा जो संबंध हम बना लेते हैं और शाश्वत की आकांक्षा करने लगते हैं उससे दुख पैदा होता है। शाश्वत जरूर कुछ है; नहीं है, ऐसा नहीं। शाश्वत है। तुम्हारा होना शाश्वत है। अस्तित्व शाश्वत है। आकांक्षा कोई भी शाश्वत नहीं है। दृश्य कोई भी शाश्वत नहीं है। लेकिन द्रष्टा शाश्वत है।

देखो, रात तुम सपना देखते हो, सुबह पाते हो सपना झूठ था। फिर दिन भर खुली आंखों जगत का फैलाव देखते हो, हजार-हजार घटनायें देखते हो। रात जब सो जाते हो तब सब भूल जाता है, सब झूठ हो जाता है।

दिन में तुम पति थे, पत्नी थे, मां थे, पिता थे, बेटे थे; रात सो गए, सब खो गया। न पिता रहे, न पत्नी, न बेटे। दिन तुम अमीर थे, गरीब थे; रात सो गए, न अमीर रहे न गरीब। दिन तुम क्या-क्या थे! रात सो गए, सब खो गया। दिन में जवान थे, बूढ़े थे; रात सो गए, न जवान रहे, न बूढ़े। सुंदर थे, असुंदर थे, सब खो गया। सफल-असफल सब खो गया। रात ने दिन को पोंछ दिया।

जैसे सुबह रात को पोंछ देती है, वैसे ही रात दिन को पोंछ देती है। जैसे दिन के उगते ही रात सपना हो जाती है, वैसे ही रात के आते ही दिन भी तो सपना हो जाता है। इसे जरा गौर से देखो। दोनों ही तो भूल जाते हैं। दोनों ही तो मिट जाते हैं। लेकिन एक बना रहता है—रात जो सपना देखता है वही जागृति में दिन का फैलाव देखता है। देखने वाला नहीं मिटता। रात सपने में भी मौजूद होता है।

कभी-कभी सपना भी खो जाता है और इतनी गहरी तंद्रा, इतनी गहरी निद्रा होती है कि स्वप्न नहीं होते, सुषुप्ति होती है स्वप्नशून्य, तब भी द्रष्टा होता है। सुबह तुमने कभी-कभी उठ कर कहा है—रात ऐसे गहरे सोए, ऐसे गहरे सोए कि सपने की भी खलल न थी। बड़ा आनंद आया। बड़े ताजे उठे।

तो जरूर कोई बैठा देखता रहा रात भी। कोई जाग कर अनुभव करता रहा रात भी। गहरी निद्रा में भी कोई जागा था। कोई किरण मौजूद थी। कोई प्रकाश मौजूद था। कोई होश मौजूद था। कोई देख रहा था। नहीं तो सुबह कहेगा कौन? तुम सुबह ही जाग कर अगर जागे होते तो रात की खबर कौन लाता? उस गहरी प्रसुप्ति की कौन खबर लाता? रात भी तुम कहीं जागते थे किसी गहरे तल पर। किसी गहरे अंतश्चेतन में कोई जागा हुआ हिस्सा था, कोई प्रकाश का छोटा सा पुंज था। वही याद रखे है; उसी की स्मृति है सुबह कि रात बड़ी गहरी नींद सोए। अपूर्व थी, आनंदपूर्ण थी।

एक बात तय है, जागो कि सोओ, सपना देखो कि जगत देखो, सब बदलता रहता है, द्रष्टा नहीं बदलता। इसलिए द्रष्टा शाश्वत है। बचपन में भी द्रष्टा था, जवानी में भी द्रष्टा था, बुढ़ापे में भी द्रष्टा था। जवानी गई, बचपन गया, बुढ़ापा भी चला जाएगा, द्रष्टा बचा रहता है। तुम जरा गौर से छानो, तुम्हारे जीवन में तुम एक ही चीज को शाश्वत पाओगे, वह द्रष्टा है। कभी हारे, कभी जीते; कभी धन था, कभी

निर्धन हुए; कभी महलों में वास था, कभी झोपड़े भी मुश्किल हो गए, लेकिन द्रष्टा सदा साथ था। जंगलों में भटको कि राजमहलों में निवास करो, हार तुम्हें गड्ढों में गिरा दे कि जीत तुम्हें शिखरों पर बिठा दे, सिंहासन पर बैठो कि कौड़ी-कौड़ी को मोहताज हो जाओ, एक सत्य सदा साथ है : द्रष्टा। देखने वाला सदा साथ है।

और अगर तुम इस देखने वाले को ठीक-ठीक पहचानने लगो तो जब तुम मरोगे तब भी यह साथ रहेगा। बस यही साथ रहेगा, और सब छूट जाएगा। मृत्यु तो एक घटना है। जैसे जीवन देखा वैसे मृत्यु को भी तुम देखोगे। जैसे दिन देखा—दिन जीवन है; और रात देखी—रात मौत है; ऐसे ही बड़ी रात आएगी मौत की, अमावस आएगी, वह भी तुम देखोगे। मगर द्रष्टा से पहचान बना लो। द्रष्टा से दोस्ती बना लो। द्रष्टा के साथ गठबंधन कर लो।

हालत तो ऐसी है कि तुम अभी दिन में ही बेहोश तो रात में तो बेहोश रहोगे ही। जीवन ही सोए-सोए जा रहा है तो मौत तो और गहरी नींद है, वहां तो तुम जाग न पाओगे। और जिसने एक बार मौत को जाग कर देख लिया, उसका फिर जो नया जन्म होगा वह भी जाग कर होगा। जब मौत तक को देख लिया, फिर क्या अड़चन रही? तुम जागते हुए जन्मोगे। बस, जाग कर एक बार मौत हो जाए तो उसके बाद जो जन्म होगा वह जागा हुआ होगा। तुम देखते हुए जन्मोगे। और उसके बाद फिर कुछ भी नहीं है। फिर आखिरी जीवन आ गया, फिर जो मौत होगी वही मोक्ष है।

कर्ता और भोक्ता दृश्य में उलझाव है, द्रष्टा भीतर की यात्रा है।

'धीर पुरुष को स्वाभाविक उच्छृंखल स्थिति भी शोभती है'—सुनना सूत्र को—'धीर पुरुष को स्वाभाविक उच्छृंखल स्थिति भी शोभती है, लेकिन स्पृहायुक्त चित्तवाले मूढ़ की बनावटी शांति भी नहीं शोभती।'

उच्छृंखलाप्यकृतिका स्थितिर्धीरस्य राजते।
न तु संस्पृहचित्तस्य शांतिर्मूढ़स्य कृत्रिमा।।

अष्टावक्र कह रहे हैं कि अगर ज्ञान को उपलब्ध, साक्षी में जागा पुरुष हो, धीर पुरुष हो तो उसको अशांति भी शोभती है। उसके जीवन में दुख भी आभूषण हैं। उसे अगर तुम क्रोधयुक्त भी पाओगे तो उसके क्रोध में भी तुम पाओगे एक गरिमा, एक गौरव, एक दिव्यता। अगर वैसा व्यक्ति उच्छृंखल भी होगा तो तुम उसकी उच्छृंखलता के गहरे में शांति की अपूर्व धारा पाओगे।

और इससे विपरीत भी सच है : 'स्पृहायुक्त चित्त वाले मूढ़ की बनावटी शांति भी नहीं शोभती।'

'स्पृहायुक्त चित्त वाले...।'

जिसके जीवन में अभी ईर्ष्या है, द्वेष है, स्पर्धा है, कॉम्पिटीशन है। खयाल करो, द्रष्टा होने में तो कोई स्पृहा नहीं हो सकती। क्योंकि मैं द्रष्टा हो जाऊं तो तुमसे

कुछ छीनता नहीं। तुम द्रष्टा हो जाओ तो मुझसे कुछ छीनते नहीं। लेकिन मैं अगर भोक्ता बनूं तो तुमसे बिना छीने न बन सकूंगा। मुझे अगर बड़ा महल चाहिए तो किन्हीं के मकान गिरेंगे। मुझे अगर बहुत धन चाहिए तो किन्हीं की जेबें कटेंगी। मुझे अगर बहुत यश चाहिए तो किन्हीं के जीवन से यश के दीये बुझेंगे। मुझे अगर पद चाहिए तो जो पद पर हैं उन्हें नीचे गिराना होगा। स्पृहा! भोग में तो स्पृहा है।

अगर मुझे कर्ता होना है तो संघर्ष होगा, कलह होगी। क्योंकि और भी कर्ता बनने निकले हैं, मैं अकेला नहीं। और कर्ता का जो जगत है, वह बाहर है। सभी निकले हैं विजेता होने, सभी सिकंदर बनने निकले हैं। संघर्ष होगा। हिंसा होगी। कष्ट फैलेगा। दुख आएगा। मनुष्य-जाति का पूरा इतिहास स्पृहा से भरे हुए पागलों का इतिहास है। तैमूरलंग, चंगीजखान, सिकंदर, नेपोलियन और सब। लेकिन एक ऐसा जगत भी है जहां दूसरे से कोई स्पृहा नहीं है।

अगर मैं द्रष्टा बनने निकलूं तो किसी से मेरा कोई संघर्ष नहीं। मैं अप्रतियोगी हो गया। मेरी किसी से कोई दुश्मनी न रही। लाख तुम लोगों को समझाओ कि मित्रता रखो, सभी तुम्हारे भाई-बंधु हैं, देखो पिता सबका एक है, परमात्मा एक है और हम सब उसके बेटे हैं तो हम सब भाई-बंधु हैं, लेकिन यह हल नहीं होता इससे कुछ, कितना ही यह कहो।

स्कूल में तीस बच्चे हैं, एक क्लास में पढ़ते हैं, हम उनको कितना ही कहें कि तुम एक-दूसरे के मित्र हो, यह बात हो नहीं सकती। क्योंकि स्पर्धा तो मौजूद है, प्रथम आने की दौड़ तो मौजूद है। कोई एक प्रथम आएगा उनतीस को हरा कर। तो हरेक हरेक का दुश्मन है। लाख समझाओ-बुझाओ। लाख ऊपर से हम रोगन पोतें और कहें कि हम एक-दूसरे के मित्र हैं, यह सब मित्रता दिखावा है, पाखंड है, औपचारिकता है।

शायद यह दिखावा भी जरूरी है उस भीतरी संघर्ष को चलाए रखने के लिए। यह मुखौटा भी जरूरी है, नहीं तो संघर्ष बिलकुल खुल कर हो जाएगा; गर्दनें कट जाएंगी। तो गर्दन काटते भी हैं हम और इस ढंग से काटते हैं कि कहीं कोई पता भी न चले, शोरगुल भी न हो, आवाज भी न हो। हम जेब काटते भी हैं और जेब में हाथ भी नहीं डालते।

एक बड़े राजनेता ने एक बहुत बड़े दर्जी से अपने कपड़े बनवाए। जब वे कपड़े पहन कर उसने देखे तो बड़ा खुश हुआ। पूरी कुशलता दर्जी ने बरती थी। कोट भी सुंदर था, कमीज भी सुंदर थी, पैंट भी सुंदर था। राजनेता बहुत खुश हुआ। तभी उसने खीसे में हाथ डाल कर देखा तो खीसा नहीं था। तो उसने दर्जी से पूछा कि इतना सुंदर तुमने वेश तैयार किया, खीसा तो है ही नहीं। यह भूल कैसे हो गई? उसने कहा, मैं तो सोचा कि आप राजनेता हैं; राजनेता अपने खीसे में हाथ तो डालते ही नहीं। तो

खीसे की जरूरत क्या? राजनेता तो दूसरे के खीसे में हाथ डालते हैं। इस कुशलता से डालते हैं कि दूसरे को पता भी नहीं चलता। चोर भी चुराते हैं मगर पता चल जाता है। राजनेता भी चुराते हैं लेकिन पता नहीं चलता।

इस जगत में तो सब तरफ संघर्ष है। कोई बहुत सज्जनता से करता है, कोई बड़ी कुशलता से करता है, कोई छीना-झपटी कर देता है। जो छीना-झपटी कर देता है वह अकुशल है, बस। बेईमान तो सब एक जैसे हैं। बेईमानी में तो कुछ भेद नहीं है। इस जगत में ईमानदार होना तो असंभव है। क्योंकि इस जगत की दौड़ ऐसी है कि वहां बेईमान होना ही पड़ेगा। जो कर्ता बनने निकला है उसे लड़ना पड़ेगा। और लड़ना कहीं नैतिक हो सकता है? जो भोक्ता बनने निकला है उसे दूसरे की गर्दन काटनी ही होगी। अब दूसरे की गर्दन भी कहीं धार्मिक ढंग से काटी जा सकती है? मित्रता इत्यादि सब नाम हैं, बातचीत है, बकवास है, ऊपर का पाखंड है, धोखा है। जिसको तुम संस्कृति कहते हो, सभ्यता कहते हो, वह सब बातचीत है। उस बातचीत—सुंदर बातचीत के नीचे एक-दूसरे की जेबें काटी जाती हैं, एक-दूसरे की गर्दन काटी जाती है, एक-दूसरे की जड़ काटी जाती है। यहां दुश्मन तो दुश्मन हैं ही, यहां मित्र भी दुश्मन हैं।

ऑस्कर वाइल्ड ने लिखा है, हे प्रभु, दुश्मनों से तो मैं निपट लूंगा, मित्रों का तू जरा खयाल करना! दुश्मन से निपटना तो बहुत आसान है; कम से कम मामला साफ है। मित्रों से निपटना बहुत मुश्किल है, क्योंकि मामला बिलकुल साफ नहीं है, मित्र होने का दावा है। अंततः मित्र ही बड़े शत्रु सिद्ध होते हैं। क्योंकि वे ही निकट होते हैं और छुरा भोंकना उन्हें ही आसान होता है।

स्पृहा हिंसा है। स्पृहा शत्रुता है। स्पृहा में सारा रोग है, महारोग है। अष्टावक्र कहते हैं:

उच्छृंखलाप्यकृतिका स्थितिर्धीरस्य राजते।

अगर कभी तुम धीर पुरुष को क्रोध में भी देखो, उच्छृंखल भी देखो, नाराज भी देखो, तो भी गौर से देखना, उसकी नाराजगी के पीछे गहन शांति होगी। और तुम अगर स्पृहा से भरे हुए व्यक्ति को शांत बैठा देखो तो उसकी शांति ऊपर-ऊपर होगी और भीतर गहन अशांति का तूफान, अंधड़ चलता होगा।

रोजे के दिन थे और मुल्ला नसरुद्दीन ने अपने तीन मित्रों के साथ एक दिन मौन से बैठने का निर्णय किया; दिन भर मौन रखना है। बैठे ही थे मौन से, आधा घड़ी भी न गुजरी थी कि एक व्यक्ति थोड़ा बेचैन सा होने लगा और एकदम से बोला कि पता नहीं, मैं घर में ताला लगा पाया कि नहीं। दूसरे ने कहा, नालायक! बोल कर सब खराब कर दिया। टूट गया व्रत। तीसरे ने कहा, किसको समझा रहे? तुम भी बोल गए। मुल्ला नसरुद्दीन ने कहा कि हमीं भले; अभी तक नहीं बोले।

अशांत आदमी चेष्टा करके बैठ भी जाए तो भी कुछ फर्क तो नहीं पड़ता। अशांत तो अशांत है, ऊपर-ऊपर से थोप भी ले तो कुछ अंतर नहीं आता। सच तो यह है, अगर तुम अशांत हो तो जब तुम शांत बैठोगे तब तुम्हारी अशांति जितनी प्रकट होगी उतनी कभी भी प्रकट नहीं होगी। क्योंकि उस वक्त तो अशांति ही अशांति बचेगी। एक झीनी सी पर्त तुम ऊपर से ओढ़ लोगे—एक चादर, और भीतर तो अंधड़ चल रहे होंगे। जीवन के कामों में उलझे रहते हो तब उतने अंधड़ चलते भी नहीं। क्योंकि ऊर्जा कामों में उलझी रहती है। शांत होकर बैठ गए तो ऊर्जा का क्या होगा, शक्ति का क्या होगा? जो दुकान में लगी है, लड़ने में लगी है, मरने-मारने में लगी है, वह सब खाली पड़ी है। वह एकदम भीतर घुमड़ने लगेगी। वह सारी भाप तुम्हारे भीतर इकट्ठी होने लगेगी। तुम्हारी केतली शोरगुल करने लगेगी, फूटने का क्षण करीब आने लगेगा।

अक्सर ऐसा होता है, जब लोग ध्यान करने बैठते हैं तब उन्हें अशांति का पता चलता है। मेरे पास लोग आकर कहते हैं कि जब हम ध्यान के लिए नहीं बैठते तब सब ठीक रहता है, जब ध्यान के लिए बैठते हैं, हजार-हजार सवाल उठते हैं, हजारों विचार उठते हैं। न मालूम कहां-कहां के—वर्षों पहले की यादें आती हैं। जिनको हम सोचते हैं भूल ही चुके थे, वे अभी ताजे मालूम पड़ते हैं। जो घाव हम सोचते थे भर चुके हैं, वे फिर खुल जाते हैं। यह क्या ध्यान हुआ? यह कैसा ध्यान है?

लेकिन कारण है। साधारणतः तुम व्यस्त रहते हो। तुम्हें अपने भीतर झांकने का मौका भी नहीं मिलता। अगर तुम घड़ी भर को शांत होकर बैठ जाओ तो भीतर का सारा रोग साक्षात्कार होने लगता है, सामने आ जाता है। सारा ज्वर, सारी मवाद भीतर बहती हुई दिखाई पड़ने लगती है।

'धीर पुरुष को स्वाभाविक उच्छृंखल स्थिति भी शोभती है।'

खयाल करना इस वचन का—'स्वाभाविक'।

मैंने तुम्हें पीछे कहा, चादविक ने लिखा है कि रमण को कभी उसने नाराज न देखा था। लेकिन एक दिन एक पंडित आया और उनसे ऐसे-ऐसे प्रश्न पूछने लगा; और उन्होंने उसे बहुत समझा-समझा कर कहा, लेकिन वह माने ही नहीं। वह शास्त्रों के उद्धरण दे, और विवाद के लिए बिलकुल तत्पर खड़ा। चादविक ने लिखा है कि हम सब परेशान हो गए कि वह नाहक उन्हें परेशान कर रहा है। और उन्हें जो कहना था, कह दिया। समझ ले ठीक, न समझे, जाए। लेकिन वह वेद, उपनिषद, गीता इनके उद्धरण देने लगा और सिद्ध करने लगा कि मैं सही हूं।

चादविक ने लिखा है, तब एक घटना घटी जो अलौकिक थी। रमण ने उठाया डंडा और उसके पीछे दौड़े। रमण महर्षि किसी के पीछे डंडा उठा कर दौड़ें! सब भक्त

भी चौंक गए। और वह आदमी भागा एकदम घबड़ा कर। उसे बाहर खदेड़ कर वे हंसते हुए भीतर आए। डंडा रख कर अपनी जगह बैठ गए।

अब यह जो घटा यह बिलकुल स्वाभाविक है। यह आदमी दूसरी भाषा समझता ही न था। कोई उपाय ही न था। यह कुछ क्रोध नहीं है। यह वैसा क्रोध नहीं है जैसा तुम जानते हो। इसमें रमण कहीं भी अपने केंद्र से च्युत नहीं हुए। अपने केंद्र पर थिर हैं। लेकिन यह आदमी दूसरी भाषा समझता ही नहीं। इसको सब तरफ से समझाने की कोशिश कर ली, यह सिर्फ डंडे की भाषा ही समझेगा। ऐसा देख कर—और ऐसा भी किसी निर्णय से नहीं कि ऐसा सोच-विचार कर डंडा उठाया हो, डंडा उठा लिया बालवत, स्वाभाविक। यही मौजूं था इस स्थिति में, यह स्वाभाविक था।

चादविक ने लिखा है, उस दिन जैसी शांति रमण में पहले नहीं देखी थी। शांति, अपूर्व शांति थी। इतनी गहरी शांति थी इसीलिए इतने स्वाभाविक रूप से क्रोध को भी हो जाने दिया। इससे भी कोई बाधा न थी।

अष्टावक्र कहते हैं, स्वाभाविक उच्छृंखल स्थिति भी शोभती है। चादविक ने लिखा है, वह रूप रमण का जो उस दिन देखा, अपूर्व था, बड़ा प्यारा था। यह भी शोभती है।

'लेकिन स्पृहायुक्त चित्तवाले मूढ़ की बनावटी शांति भी नहीं शोभती।'

मूढ़ तो बोले तो मुश्किल में पड़े, न बोले तो मुश्किल में पड़े।

मैंने सुना है, लाला करोड़ीमल की छोटी सी दुकान थी। एक बार दुकान में से दस रुपये का नोट कम हो गया। तो उन्होंने अपने नौकर ननकू से कहा, आज सुबह से शाम तक दुकान में कोई कौवा भी नहीं आया। दुकान में तुम्हारे और मेरे अलावा कोई भी न था। तुम्हीं कहो, दस रुपये कहां जा सकते हैं? ननकू ने तपाक से अपनी जेब से पांच रुपये निकाल कर देते हुए कहा, हुजूर, यह लीजिए मेरा हिस्सा। मैं आपकी इज्जत खराब नहीं करना चाहता।

मूढ़ बोले तो फंसे, न बोले तो फंसे। मूढ़ फंसा ही हुआ है; कुछ भी करे। हर जगह उसकी मूढ़ता का दर्शन हो जाएगा।

इसलिए असली सवाल शांत बैठने, न बैठने का नहीं है, असली सवाल मूढ़ता को तोड़ने का है। असली सवाल जागने का है, अमूर्च्छा को लाने का है। ध्यान, तप, जप काम न आएंगे। क्योंकि मूढ़ जप भी करेगा तो मूढ़ता ही प्रकट होगी। तप भी करेगा तो मूढ़ता ही प्रकट होगी। तुम्हारे भीतर जो है वही तो प्रकट होगा। तुम कुछ भी करो, इससे कुछ फर्क नहीं पड़ता, जब तक कि भीतर के केंद्र पर ही क्रांति घटित न हो।

इसलिए अष्टावक्र कहते हैं, उपर की व्यर्थ बातों में मत उलझना। सारी शक्ति भीतर लगाओ, जागने में लगाओ।

तुमने गौर से देखा कभी? मूढ़ अगर शांत बैठे तो सिर्फ जड़ मालूम होता है, मुर्दा मालूम होता है, प्रतिभाशून्य मालूम होता है, सोया-सोया मालूम होता है। ज्ञानी अगर शांत बैठे तो उसकी शांति जीवंत होती है। तुम गौर से सुनो तो उसकी शांति का कलकल नाद तुम्हें सुनाई पड़ेगा। ज्ञानी शांत बैठे तो उसकी शांति नाचती होती, उत्सवमग्न होती। मूढ़ की शांति डबरे की भांति है। ज्ञानी की शांति कलरव करती बहती हुई सरिता की भांति है, गत्यात्मक है। मूढ़ की शांति कहीं नहीं जा रही, कब्र की शांति है। ज्ञानी की शांति कब्र की शांति नहीं है, जीवन का अहोभाव है; जीवन का महारास, जीवन का नृत्य, जीवन का संगीत है। मूढ़ की शांति में कोई संगीत नहीं। बस तुम शांति ही पाओगे। ज्ञानी की शांति संगीतपूर्ण है—छंदोबद्ध, स्वच्छंद है।

तो ध्यान रखना, शांति को लक्ष्य मत बना लेना, नहीं तो बहुत जल्दी तुम मूढ़ की शांति में पड़ जाओगे। क्योंकि वह सस्ती है और सुगम है। कुछ भी करना नहीं पड़ता। बैठ गए! इसीलिए तो तुम्हारे बहुत से साधु-संन्यासी बैठ गए हैं। तुम उनके पास जाकर मूढ़ता ही पाओगे। उनकी प्रतिभा निखरी नहीं है, और जंग खा गई। ऐसी शांति का क्या मूल्य है जो निष्क्रिय हो? ऐसी शांति चाहिए जो सृजनात्मक हो। ऐसी शांति चाहिए जो गुनगुनाए। ऐसी शांति चाहिए जिसमें फूल खिलें। ऐसी शांति चाहिए जिसमें जीवन का स्पर्श अनुभव हो, और महाजीवन अनुभव हो; मरघट की नहीं। तुम्हारे मंदिर भी मरघट जैसे हो गए हैं। नहीं, कहीं भूल हो रही है।

अष्टावक्र ठीक कहते हैं, मूढ़ की बनावटी शांति भी शोभा नहीं देती।

ऐसा ही समझो कि कोई कुरूप स्त्री खूब गहने पहन ले। तुमने देखा? स्त्री और कुरूप हो जाती है, अगर कुरूप है और गहने पहन ले। और अक्सर ऐसा होता है, कुरूप स्त्रियों को गहने पहनने का खूब भाव पैदा होता है। कुरूप स्त्रियां सोचती हैं कि शायद जो कुरूपता है वह गहनों में ढांक ली जाए। तो खूब रंग-बिरंगे कपड़े पहनो, खूब गहने ढांक लो, हीरे-जवाहरात लटका लो। लेकिन कुरूपता हीरे-जवाहरातों से नहीं मिटती, और उभर कर दिखाई पड़ने लगती है। कितने ही बहुमूल्य वस्त्र पहन लो, कुरूपता वस्त्रों से नहीं मिटती। इतना आसान नहीं।

और कोई सुंदर हो तो निर्वस्त्र भी, बिना वस्त्रों के भी सुंदर है; साधारण वस्त्रों में भी सुंदर है, बिना गहनों के भी सुंदर है, बिना आभूषणों के भी सुंदर है। हां, अगर सुंदर व्यक्ति के हाथ में आभूषण हों तो आभूषण भी सुंदर हो जाते हैं। कुरूप व्यक्ति के हाथ में पड़े आभूषण भी कुरूप हो जाते हैं।

तुम जैसे हो वही तुम्हारे जीवन पर फैल जाता है—वही रंग। इसलिए असली सवाल आभूषणों का नहीं है, असली सवाल अंतःसौंदर्य को जगाने का है। तुम्हारे

भीतर एक सौंदर्य की आभा होनी चाहिए, जो तुम्हारे पोर-पोर से बहे और झलके; तुम्हारे रोएं-रोएं में जिसकी मौजूदगी हो; तुम्हारी श्वास-श्वास में जिसकी महक हो।

'कल्पनारहित, बंधनरहित और मुक्त बुद्धिवाले धीर पुरुष कभी बड़े-बड़े भोगों के साथ क्रीड़ा करते हैं और कभी पहाड़ की कंदराओं में प्रवेश करते हैं।'

विलसन्ति महाभोगैः विशन्ति गिरिगह्वरान्।
निरस्तकल्पना धीरा अबद्धा मुक्तबुद्धयः।।

और अष्टावक्र कहते हैं, मुक्त पुरुष को न तो महल से मोह है, और न झोपड़े से मोह है।

इसे खयाल रखना। जिनका महलों से मोह छूट जाता उनका झोपड़ों से मोह बंध जाता है, लेकिन मोह जारी रहता। जिनका धन से मोह छूट जाता उनका निर्धनता से मोह बंध जाता है, लेकिन मोह जारी रहता।

अष्टावक्र कहते हैं, 'कल्पनारहित, बंधनरहित और मुक्त बुद्धि वाले धीर पुरुष कभी बड़े-बड़े भोगों के साथ क्रीड़ा करते हैं।'

जैसा हो, उसमें ही राजी हैं। महल, तो महल में राजी। सुख, तो सुख में राजी। सिंहासन, तो सिंहासन पर राजी। और कभी पहाड़ की कंदराएं, तो वे भी सुंदर हैं।

सच तो यह है, मुक्त पुरुष महल में होता है तो महल प्रकाशित हो जाते हैं। मुक्त पुरुष कंदराओं में होता है, कंदराएं प्रकाशित हो जातीं। मुक्त पुरुष जहां होता वहीं सौंदर्य झरता। मुक्त पुरुष की मौजूदगी सभी चीजों को अपूर्व गरिमा से भर देती है। वह पत्थर छुए तो हीरा हो जाता है। हीरा छुए तो स्वभावतः हीरे में भी सुगंध आ जाती है। सोने में सुगंध।

लेकिन मुक्त पुरुष का किसी चीज से कोई आग्रह नहीं है। ऐसा ही हो, ऐसा ही होगा तो ही मैं सुखी रहूंगा, ऐसा कोई आग्रह नहीं है। जैसा हो, उसमें वह राजी है। उसका राजीपन प्रगाढ़ है, गहरा है, पूर्ण है। समस्तरूपेण उसने स्वीकार कर लिया है। जो दिखाए प्रभु, जहां ले जाए उसके लिए राजी है। न वह महल छोड़ता है, न वह झोपड़े को चुनता है। जीता है सूखे पत्ते की भांति; हवा जहां ले जाए।

'धीर पुरुष के हृदय में पंडित, देवता और तीर्थ का पूजन कर तथा स्त्री, राजा और प्रियजन को देख कर कोई भी वासना नहीं होती।'

श्रोत्रियं देवतां तीर्थमंगनां भूपतिं प्रियम्।
दृष्ट्वा सम्पूज्य धीरस्य न कापि हृदि वासना।।

'धीर पुरुष के हृदय में पंडित, देवता और तीर्थ का पूजन कर...।'

तुम तो पूजन भी करते हो तो वहां भी वासना आ जाती है। तुम्हारा तो पूजन भी कामना से दूषित हो जाता है। तुम्हारे तो पूजन में भी सुगंध नहीं रहती, वासना की दुर्गंध

आ जाती है। धीर पुरुष भी पूजन करता है, लेकिन उसके पूजन में और तुम्हारे पूजन में जमीन-आसमान जितना फर्क है। धीर पुरुष भी कभी मंदिर जाता है, कभी मग्न होकर प्रतिमा के सामने नाचता है। कभी गंगा भी नहाता है, कभी तीर्थों की यात्रा भी करता है, लेकिन उसके मन में कोई वासना नहीं है। मंदिर इसलिए नहीं जाता कि कुछ मांगना है; मंदिर भी परमात्मा का है। धीर पुरुष मंदिर भी जा सकता है, मस्जिद भी जा सकता है। गुरुद्वारा भी जा सकता है, गिरजा भी जा सकता है। सभी परमात्मा का है।

धीर पुरुष जहां है, वहीं मंदिर। कोई मंदिर में ही सुख लेगा ऐसा भी नहीं है, लेकिन मंदिर का कोई त्याग भी नहीं है। कभी पूजा भी कर सकता है। क्योंकि पूजन का भी एक मजा है। पूजन का भी एक रस है। पूजन भी एक अहोभाव है। लेकिन यह सब है अहोभाव, एक धन्यवाद। तूने खूब दिया है उसके लिए धन्यवाद। और तुझसे मांगने की कोई चाह नहीं। और की कोई वासना नहीं है।

तुम जाते भी मंदिर, झुकते भी, तो भी तुम्हारे हृदय में कुछ वासना है। कुछ मिल जाए। तुम भिखारी की तरह ही जाते हो। धीर पुरुष हो गया सम्राट; नाचता है। जगत को तो बहुत कुछ देता ही है, परमात्मा को भी देता है, मांगता नहीं। परमात्मा के हाथों में भी स्वयं को उंडेल देता है। वहां भी नाच कर थोड़ा नाच परमात्मा को दे आता है।

'पंडित, देवता और तीर्थ का पूजन कर तथा स्त्री, राजा और प्रियजन को देख कर कोई भी वासना नहीं होती।'

सुंदरतम स्त्री को देख लेता है तो भी वासना नहीं होती। क्या इसका यह अर्थ हुआ कि उसे सुंदर स्त्री में सौंदर्य दिखाई नहीं पड़ता? ऐसा लोग समझाते हैं। ऐसा तुम्हारे पंडित-पुरोहित तुम्हें कहते हैं।

बात गलत है। उसे सौंदर्य तो दिखाई पड़ता है—दिखाई पड़ेगा ही। उसको ही दिखाई पड़ेगा, तुम्हें क्या दिखाई पड़ेगा? तुम तो अंधे हो। जहां सौंदर्य होता, उसे दिखाई पड़ता है। लेकिन वासना पैदा नहीं होती, वहां भी अहोभाव पैदा होता है। सुंदर स्त्री में भी प्रभु का ही दर्शन होता है, सुंदर पुरुष में भी प्रभु का ही दर्शन होता है। अगर कमल में देख कर प्रभु का दर्शन होता है तो मनुष्यों के कमल जहां खिलते हैं उन्हें देख कर क्या घबड़ाहट? घबड़ाहट तो जिन्हें होती है वे खबर दे रहे हैं कि अभी वासना जागती है, जीती है। अभी वासना चुकी नहीं। अभी ईंधन जारी है। अभी घबड़ाहट है। वे आंख फेर लेते हैं, आंख बंद कर लेते हैं।

नहीं, धीर पुरुष सौंदर्य को देखेगा और हर सौंदर्य उसे उस परम सौंदर्य की याद दिलाएगा। हर सौंदर्य उस परम प्रकाश की ही एक किरण है। किसी स्त्री में नाची वह किरण, किसी बच्चे की आंखों में झलकी वह किरण, किसी झरने में गुनगुनाई वह किरण, लेकिन सब तरफ वही है। यह सूरज की ही धूप है सब तरफ। तुम्हें चाहे सूरज

दिखाई न भी पड़े, लेकिन जो भी धूप है, यह सब सूरज की है। चाहे सूरज को सीधा देखना संभव भी न हो।

शायद परमात्मा को सीधा देखने में आंखें काम न आएं। शायद परमात्मा को सीधा देखना संभव ही नहीं है, क्योंकि हमारी आंखों की सीमा है। इसलिए हम प्रतिफलन में देखते हैं। किसी स्त्री के चेहरे पर, किसी बच्चे की आंखों में। किसी वीणाकार के स्वर में, पक्षियों के कलरव में, सागर की चट्टानों से टकराती लहरों के शोरगुल में। यह सब प्रतिफलन है। यह सब उसी की गूंज, अनुगूंज है। यह एक ही छाया है। इस अनेक में वही अनेक की तरह उतरा है।

तो स्त्री, राजा और प्रियजन को देख कर कोई भी वासना नहीं होती। सम्राटों को देखकर भी धीर पुरुष आनंदित होता है। क्योंकि सम्राटों में भी उसी का साम्राज्य है। वह जो सम्राट की चाल में गौरव है, गरिमा है, वह जो कुलीनता है, वह जो श्रेष्ठता है, वह जो आभिजात्य है, वह भी उसी का आभिजात्य है। वह जो सम्राट की आंखों में एक चमक है, वह भी उसी की चमक है।

सब चमक उसकी है। इसलिए सम्राट को देख कर भी उसे ऐसा नहीं होता कि वासना पैदा होती हो कि मैं सम्राट हो जाऊं। वह तो सम्राट हो ही गया है। वह तो सम्राटों का सम्राट हो गया है। वह तो राजराजेश्वर है। लेकिन अब किसी सम्राट में भी देखता है तो याद करता है, उसी का छोटा सा टुकड़ा यहां भी उतरा। धूप थोड़ी सी यहां भी है; उसी की है।

धूप का यह गुनगुना स्पर्श
चौकड़ी भरते किरन के इंगुरी छौने
फिर लगे तृण-पालकी मृदु ओस की ढोने
पर्त कोहरे की हटा दुर्धर्ष
धूप का खोल वातायन धुआंते कक्ष में झांका
भोर ने फिर सूर्य नीलाकाश में टांका
सुर्ख मूंगे की तरह आकर्ष
धूप का यह गुनगुना स्पर्श

जहां भी धूप है वहां परमात्मा का ही गुनगुना स्पर्श है। प्रियजन को देख कर भी कोई वासना पैदा नहीं होती। जो अपने हैं वे तो अपने हैं ही, जो पराए हैं वे भी अपने हैं। क्योंकि वस्तुतः न तो कोई अपना है, न कोई पराया है। यहां तो एक ही है। अपना कहो तो वही, पराया कहो तो वही। अपना न कहो तो वही, पराया न कहो तो वही। यहां तो एक ही है। यहां तो एक ही स्व का विस्तार है। स्व ही सर्व है; वासना कैसी?

'योगी नौकरों से, पुत्रों से, पत्नियों से, पोतों से और संबंधियों से हंसकर धिक्कारे जाने पर भी जरा भी विकार को प्राप्त नहीं होता है।'

भृत्यैः पुत्रैः कलत्रैश्च दौहित्रैश्चापि गोत्रजैः।
विहस्य धिक्कृतो योगी न याति विकृतिं मनाक्।।

समझना। वह जो ज्ञानी पुरुष है, अगर अपने नौकर भी उसका अपमान कर दें तो भी नाराज नहीं होता। क्यों नौकर को ही विशेष रूप से सूत्र में कहा है? क्योंकि नौकर अंतिम है, जिससे तुम अपेक्षा करते हो कि तुम्हारा अपमान कर देगा। नौकर और तुम्हारा अपमान कर दे? नौकर तो तुम्हारा खरीदा हुआ है, स्तुति के लिए ही है। वह तुम्हारी निंदा कर दे? असंभव। वह हंसकर धिक्कार कर दे। यह असंभव है। तुम और सबका धिक्कार चाहे स्वीकार भी कर लो, अपने नौकर का धिक्कार तो स्वीकार न कर सकोगे। तुम उसे कहोगे, नमकहराम! तुम उसे कहोगे कि जिस दोने में खाया, जिस पत्तल में खाया, उसी में छेद किया। तुम कहोगे, जिसका नमक खाया उसका बजाया नहीं। नमकहराम! तुम बड़े नाराज हो जाओगे।

इसलिए पहला अष्टावक्र कहते हैं, नौकर भी अगर धिक्कार कर दे—और साधारण धिक्कार नहीं, हंसकर धिक्कार कर दे। हंसी और भी जहर हो जाती है धिक्कार में मिल जाए तो; व्यंगात्मक हो जाती है, गहरी चोट करती है। फिर अपने नौकर से? यह तो अंतिम है जिससे तुम अपेक्षा करते हो। हां, तुम्हारा मालिक अगर धिक्कार कर दे तो तुम बरदाश्त कर लो—करना पड़े। महंगा है न बरदाश्त करना। मालिक गाली भी दे तो भी तुम्हें धन्यवाद देना पड़ता है।

नौकर प्रशंसा भी करे तो भी तुम कहां धन्यवाद देते हो? तुम अखबार पढ़ रहे हो बैठे अपने कमरे में, नौकर गुजर जाता, तुम इतना भी स्वीकार नहीं करते कि कोई गुजरा। तुम नौकर में व्यक्तित्व ही कहां मानते? नौकर की कहीं कोई आत्मा होती है? कोई दूसरा गुजरता तो तुम उठ कर खड़े होते। कोई दूसरा आता तो तुम कहते, आओ, बैठो, विराजो। नौकर गुजर जाए तो तुम्हारे ऊपर कुछ भी भाव नहीं आता। तुम अपना अखबार पढ़ते रहते हो, जैसे कोई भी नहीं गुजरा। नौकर को तुम स्वीकार ही नहीं करते कि वह मनुष्य है। तो नौकर अगर अपमान कर दे, धिक्कार कर दे, तो बड़ी कठिनाई हो जाएगी।

अष्टावक्र कहते हैं, 'योगी नौकर से, पुत्रों से...।'

अपने पुत्र से तो कोई धिक्कार की संभावना नहीं मानता। बेटा अपना और हंस दे, धिक्कार कर दे? तुम सबको माफ कर सकते हो लेकिन अपने बेटे को तो न कर सकोगे। क्योंकि बेटा तो तुम्हारा ही विस्तार है। तुम्हारा ही एक रूप, तुम्हीं पर हंस दे? यह तो जैसा अपना ही हाथ अपने को चांटा मारने लगे तो तुम कैसे बरदाश्त कर सकोगे? यह तो बहुत ज्यादा हो जाएगा।

'पत्नियों से...।'

अष्टावक्र ने जब ये सूत्र कहे तब पत्नी आज जैसी तो नहीं थी, आधुनिक तो नहीं थी। पत्नी तो खरीदी हुई थी। स्त्री धन-संपत्ति थी। ये सूत्र इतने पुराने हैं कि तब अगर कोई अपनी स्त्री को मार भी डालता था तो भी अपराध नहीं था। अपनी स्त्री मारी। किसी से कुछ प्रश्न ही नहीं है, अदालत का कोई सवाल नहीं है। अपनी थी, मारी। तुम अपनी कुर्सी तोड़ डालो, तुम अपने मकान को गिरा डालो, तुम अपने नोट में आग लगा दो, तुम्हारी मर्जी। तुमने अपनी पत्नी मार डाली, तुम जानो।

मैं एक घर में रहता था रायपुर में, कोई दो-चार ही दिन मुझे वहां हुए थे, कि बगल में एक रात कोई एक बजे मेरी नींद खुली। वह पति अपनी पत्नी को मार रहा है। दोनों मकानों की छतें मिलती थीं तो मैं छत उतर कर उसके मकान में गया। मैंने उस आदमी को रोकने की कोशिश की कि तुम यह क्या पागलपन कर रहे हो? रुको। वह बोला, आप कौन हैं बीच में बोलने वाले? यह मेरी पत्नी है। मैं चाहे इसे बचाऊं, चाहे मारूं, आप कौन हैं बीच में बोलने वाले?

वह ठीक बोल रहा है, शास्त्र की भाषा बोल रहा है। मनु महाराज की भाषा बोल रहा है। जैसे पत्नी उसकी कोई चीज है! वह इस बुरी तरह मार रहा है, उसके सिर से खून बह रहा है। और मुझसे कहता है, आप बीच में न पड़ें। आप कौन हैं बीच में बोलने वाले? यह मेरी पत्नी है।

अष्टावक्र कहते हैं, 'अपनी पत्नी से, पोतों से, संबंधियों से हंसकर धिक्कारे जाने पर भी जरा विकार को प्राप्त नहीं होता।'

क्योंकि जिसे ज्ञान घटा, न कोई अपना रहा, न कोई पराया। कौन बेटा, कौन बाप? जिसे ज्ञान घटा, कौन मालिक, कौन नौकर? जिसे ज्ञान घटा, कौन पत्नी, कौन पति? जिसे ज्ञान घटा, एक ही बचा। और जिसे ज्ञान घटा वह तो मिट गया। वह घाव ही न रहा जिस पर चोट लगती है धिक्कार की, अपमान की, असम्मान की, कोई हंस दे इस बात की। वह घाव ही भर गया, वह घाव ही न रहा। अहंकार न रहा तो अपमान जरा भी पीड़ा नहीं देता।

विहस्य धिक्कृतो योगी न याति विकृतिं मनाक्।

जरा भी, किंचित भी अंतर नहीं पड़ता। मैं ही नहीं बचा तो तुम चोट कैसे करोगे? तुम जो चोट कर रहे हो वह व्यर्थ जा रही है, खाली जा रही है। वहां कोई है नहीं जो चोट को पकड़े, जिसमें चोट चुभे।

'धीर पुरुष संतुष्ट होकर भी संतुष्ट नहीं होता है, और दुखी होकर भी दुखी नहीं होता है। उसकी आश्चर्यमय दशा को वैसे ही ज्ञानी जानते हैं।'

यह सूत्र बहुत अनूठा है; इसे समझने की कोशिश करें।

संतुष्टोऽपि न संतुष्टः खिन्नोऽपि न च खिद्यते।
तस्याश्चर्यदशां तां तां तादृशा एव जानन्ते।।

'धीर पुरुष संतुष्ट होकर भी संतुष्ट नहीं होता।'

क्या इसका अर्थ होगा? क्योंकि संतोष और संतोष में भेद है। एक संतोष है, जो वही खट्टे अंगूर वाला संतोष है। नहीं मिला इसलिए किसी तरह अपने को संतुष्ट कर लिया। एक सांत्वना है, एक भुलावा है कि क्या करें, मिलता तो है नहीं, रोने से भी सार क्या है? इसलिए मन मारकर बैठ गए। अब यह भी स्वीकार करने की हिम्मत नहीं होती कि हार गए हैं। हार भी क्या स्वीकार करनी! यह हार का रोना भी क्या रोना! तो अपनी हार को ही सजा कर बैठ गए। अपनी हार को ही गले का हार बना कर बैठ गए। इसका ही गुणगान करने लगे। कहने लगे कि रखा ही क्या है? संसार में है क्या? संतुष्ट हो गए। कहते हैं, हम तो संतुष्ट हैं।

एक ऐसा संतोष है जो मुर्दा दिलों की सुरक्षा करता है, हारे हुओं की सुरक्षा बनता है। और जो जीवन के संघर्ष में, चुनौती में, विजययात्रा पर, अंतर्यात्रा पर निकलने का साहस नहीं रखते उनको जड़ बना देता है। यह एक तरह की शराब है, जिसको पीकर बैठ गए, कहीं जाने की जरूरत न रही।

मनोवैज्ञानिक कहते हैं, हारे हुए लोग अगर यह भी स्वीकार कर लें कि हम हार गए तो भी गरिमा पैदा होती है। तो भी जीवन में एक गति आती, गत्यात्मकता आती। लेकिन हारे हुए लोग यह स्वीकार नहीं करते कि हम हार गए। वे तो हार को भी लीप-पोत कर जीत जैसा दिखाना चाहते हैं। एक ऐसा संतोष है।

जब अष्टावक्र कहते हैं, संतुष्टोऽपि न संतुष्टः—वह जो धीर पुरुष है, संतुष्ट होकर भी इस अर्थ में संतुष्ट नहीं है। उसका संतोष बड़ा और है। उसका संतोष आनंद से जन्मता है, हार से नहीं। उसका संतोष अंतर-रस से उपजता है। उसका संतोष सांत्वना नहीं है। उसका संतोष उदघोषणा है विजय की। जीवन को जाना, जीया, पहचाना; उस पहचान से आया संतोष। उसका संतोष, आनंद नहीं मिला इसलिए मन मारकर बैठ गए ऐसा नहीं है, आनंद मिला इसलिए संतुष्ट है। उसका संतोष आनंद का पर्यायवाची है—पहली बात।

दूसरी बात : जो पहला संतोष है वह तुम्हें रोक देगा, तुम्हारी गति को मार देगा; वह तुम्हें आगे न बढ़ने देगा। दूसरा जो संतोष है, वह मुक्त है। वह गति को मारता नहीं, वह गति को बढ़ाता है। तुममें और जीवन-ऊर्जा आती है। तुम जितने आनंदित होते हो और उतने ज्यादा आनंदित होने की क्षमता और पात्रता आती है। तुम जितना नाचते हो उतना नाचने की कुशलता बढ़ती है।

इसलिए जीसस ने कहा है, जिनके पास है उनको और भी दिया जाएगा। और जिनके पास नहीं है उनसे वह भी ले लिया जाएगा जो उनके पास है। कितना ही कठोर लगता हो यह वचन, लेकिन यह वचन परम सत्य है। जिनके पास है उन्हें और भी दिया जाएगा। वे ही मालिक हैं। उन्हें और-और मिलेगा, उन्हें मिलता ही रहेगा। उनके मिलने का कोई अंत नहीं आता। उन्हें सदा मिलेगा, शाश्वत तक मिलेगा। कहीं कोई आखिरी घड़ी नहीं आती, जहां उनके मिलने का द्वार बंद हो जाता हो। एक द्वार चुकता है, दूसरा खुलता है। एक पहाड़ पूरा चढ़े, दूसरा उत्तुंग शिखर सामने आ जाता है।

तो एक तो संतोष है कि बैठ गए मारकर मन, कि अब कहां जाना है! हो गए संतुष्ट। नहीं है कुछ सार कहीं। समझा लिया अपने मन को, कि अपने से यह होगा नहीं। अपनी हालत पहचान ली। दबा ली पूंछ और बैठ गए। नहीं, ज्ञानी का संतोष ऐसा संतोष नहीं।

संतुष्टोऽपि न संतुष्टः।

संतुष्ट होकर भी इस अर्थ में संतुष्ट नहीं।

और एक अर्थ : एक तो संतोष है, जो असंतोष के विपरीत है। और एक ऐसा संतोष है जो असंतोष के विपरीत नहीं। एक ऐसा संतोष है, जो असंतोष से विपरीत है इस अर्थ में कि फिर तुम्हें जरा भी असंतुष्ट नहीं होने देता। लेकिन तब तो गति मर जाएगी।

समझो। लोग तुम्हें समझाते हैं, संतुष्ट हो जाओ। जैसे हो, जहां हो, संतुष्ट हो जाओ। यह बात अधूरी है। ज्ञानियों ने कहा है, बाहर से संतुष्ट हो जाओ, भीतर से संतुष्ट मत हो जाना। धन, पद, मर्यादा, इससे हो जाओ संतुष्ट। इसमें कुछ सार भी नहीं है। रुक गए तो कुछ खोया नहीं, क्योंकि चलने वाले कुछ पाते नहीं। ठहर गए तो कुछ जाता नहीं, क्योंकि जो दौड़ते रहे वे कुछ पाते नहीं। इसमें संतुष्ट हो जाओ। लेकिन भीतर संतुष्ट मत हो जाना। भीतर तो और-और अनंत यात्रा है। शुरू तो है वहां, अंत नहीं है वहां। अनंत है यात्रा। भीतर तो और-और खोजना है।

तो एक दिव्य असंतोष की आग भीतर जलती रहे। राजी मत हो जाना, क्योंकि परमात्मा इतना बड़ा है, तुम छोटा-मोटा टुकड़ा लेकर बैठ मत जाना। तुम तो बढ़ते ही जाना जब तक कि पूरे परमात्मा को न पा लो। और पूरे को कभी कोई पाता है? पाता जाता है, पाता जाता है, पूरे को कोई कभी नहीं पाता। यह मंजिल ऐसी नहीं है कि कभी चुक जाए। और यह सौभाग्य है कि मंजिल चुकती नहीं। नहीं तो फिर क्या करते? मंजिल चुक जाती, पा लिया पूरा परमात्मा, बंद कर दिया तिजोड़ी में, बैठ गए। फिर क्या करते? नहीं, यह चुकती नहीं। जितना तुम पाओगे, उतना ही पाने को शेष मालूम पड़ेगा।

तो जीसस के वचन में एक वचन और जोड़ देना चाहिए। जीसस कहते हैं, जिनके पास है उसे मिलेगा; और मिलेगा। और जिसके पास नहीं है उनसे वह भी छीन लिया जाएगा जो उनके पास है। इसमें एक वचन और जोड़ देना चाहिए कि जिसके पास है उसे और मिलेगा। और जिसे और मिलेगा उसे और खोजना पड़ेगा। जो जितना पाएगा उतना ही पाएगा और पाने को शेष है।

परमात्मा कभी अशेष होता ही नहीं। सदा शेष है; और शेष है, और शेष है। उसका दूसरा कोई किनारा नहीं है। नाव छोड़ दी एक दफा सागर में तो सागर—और सागर—और सागर—विराट होता चला जाता है। जितनी तुम्हारी हिम्मत बढ़ती, जितनी तुम्हारी पात्रता बढ़ती, जितनी तुम्हारी योग्यता अर्जित होती उतना ही सागर बड़ा होता चला जाता।

संतुष्टोऽपि न संतुष्टः—इसलिए ज्ञानी संतुष्ट होकर भी संतुष्ट कहां?

खिन्नोऽपि न च खिद्यते—और खिन्न होकर भी खिन्न नहीं।

कभी-कभी तुम ज्ञानी को खिन्न भी देखोगे, फिर भी वह खिन्न नहीं है। उसकी खिन्नता भी अदभुत है। कभी-कभी तुम उसे उदास भी देखोगे। उसकी उदासी तुम्हारी खुशियों से ज्यादा मूल्यवान है। क्योंकि वह अपने लिए कभी उदास नहीं होता, वह सदा औरों के लिए उदास होता है। इसलिए कहा है, 'खिन्नोऽपि न च खिद्यते।'

बुद्ध के पास एक आदमी आया और उसने कहा कि मैं दुनिया की कैसे सेवा करूं, आप मुझे समझा दें। और कहते हैं, बुद्ध ने आंख बंद कर ली और उनकी आंख से एक आंसू टपका। ऐसा बहुत मुश्किल से होता है कि बुद्ध रोएं। वह आदमी भी घबड़ा गया कि मैंने कुछ ऐसी बात तो नहीं कह दी कि उन्हें चोट लगी हो? कि मैंने उनके फूल जैसे कोमल हृदय को कोई आघात तो नहीं पहुंचा दिया? ऐसा मैंने कुछ कहा तो नहीं। वह तो सोच कर ही आया था कि बुद्ध बड़े प्रसन्न होंगे, जब सुनेंगे कि मैं अपना सारा जीवन मनुष्य जाति की सेवा में लगाना चाहता हूं। और यह क्या हुआ कि बुद्ध की आंख से आंसू टपका?

आनंद भी विल हो गया, और भी भिक्षु विल हो गए। उन्होंने कहा, तुमने कहा क्या आखिर? उस आदमी ने कहा, मैंने कुछ ऐसी बात कही नहीं, इतना ही कहा है। बुद्ध से पूछा उन्होंने, कि क्या हुआ? आपकी आंख में आंसू? उन्होंने कहा, मैं इस आदमी के लिए रोया। इसने अभी अपनी ही सेवा नहीं की और यह सारी दुनिया की सेवा करने चला। इसने अभी अपने को भी नहीं जाना। यह आदमी महादुख में है। यह अपने दुख से बचने के लिए दूसरों की सेवा करने में उलझना चाहता है। यह इसका बचाव है। इसलिए मैं रोता हूं। इसकी करुणा वास्तविक करुणा नहीं है, इसकी करुणा आत्मपलायन है। इसलिए मैं रोता हूं।

बुद्ध और रोते?

खिन्नोऽपि न च खिद्यते।

ज्ञानी पुरुष अगर कभी उदास हो, दुखी हो, उसकी आंख में आंसू भी आ जाएं तो जल्दी निष्कर्ष मत लेना। वह अपने लिए नहीं रोता।

समझो। तुम तो जब भी रोते हो, अपने लिए रोते हो। जब तुम बताते हो कि दूसरों के लिए रो रहे हो तब भी तुम अपने लिए ही रोते हो। पति मर गया किसी का और पत्नी रो रही है; लेकिन वह अपने लिए ही रो रही है, पति के लिए नहीं रो रही। यह सहारा था, सुरक्षा थी, अर्थ की व्यवस्था थी। यह पति का सहारा छूट गया। इस पति के कारण हृदय भरा-पूरा था, एक खाली जगह छूट गई। वह अपने लिए रो रही है। वह पति के लिए नहीं रो रही है।

मैंने सुना है, एक पति मरा—स्वभावतः घटना अमरीका की है—इंश्योरेंस कंपनी का आदमी आया, उसने एक लाख डालर का चेक पत्नी को दिया। पति का बीमा था। पत्नी ने कहा, धन्यवाद। अगर मेरा पति मुझे वापस मिल जाए तो इसमें से आधी राशि मैं अभी भी लौटा सकती हूं—आधी! वह भी पूरी न लौटा सकी। पति वापस मिलने को है भी नहीं, पति तो मर गया। इसमें से अभी भी आधी राशि वापस लौटा सकती हूं!

कनफ्यूशियस की बड़ी प्राचीन कथा है कि कनफ्यूशियस एक गांव से गुजरता था और उसने एक स्त्री को एक कब्र पर पंखा करते देखा। बड़ा हैरान हुआ। इसको कहते हैं प्रेम! पति तो मर गया, कब्र को पंखा कर रही है? उसने पूछा कि देवी, सुना है मैंने पुराणों में कि ऐसी देवियां हुई हैं, लेकिन अब होती हैं सोचता नहीं था। लेकिन धन्य! तेरे दर्शन हुए, चरण छू लेने दे। उसने कहा, रुको। पहले पूछ तो लो कि क्यों पंखा हिला रही है? क्यों हिला रही है? कनफ्यूशियस ने पूछा। उसने कहा कि जब मेरा पति मरा तो उसने कहा कि देख, विवाह तो तू करेगी ही, लेकिन जब तक मेरी कब्र न सूख जाए, मत करना। पंखा हिला रही हूं? कब्र को सुखा रही हूं। गीली कब्र। अब पति को वचन दे दिया।

हम अपने लिए ही रोते हैं। जब कोई मर जाता है तब भी हम अपने लिए रोते हैं। जब राह से किसी की अरथी गुजरती है, और तुम्हारे मन में एक धक्का लगता है। तुम कहते हो कि अरे! कोई मर गया। तब तुम्हें याद आती है अपने मरने की कि मुझे भी मरना होगा। जल्दी करो, जाने का वक्त आता होगा। यह अरथी इसी की नहीं सजी, मेरी भी सजने के करीब है।

तुम जब भी रोते हो, अपने लिए रोते हो। तुम जब भी खिन्न होते हो, अपने लिए खिन्न होते हो। तुम जब भी क्रोधित होते हो, अपने लिए क्रोधित होते हो। तुम्हारा सारा जीवन अहं-केंद्रित है। ज्ञानी पुरुष अगर कभी खिन्न भी मालूम पड़े तो किसी और के

लिए। ज्ञानी पुरुष अगर कभी क्रोधित भी हो जाए तो किसी और के हित के लिए। ज्ञानी पुरुष अगर कभी उदास भी हो तो खयाल करना, जल्दी निर्णय मत ले लेना। उसकी उदासी उसकी करुणा का हिस्सा होती है।

'धीर पुरुष संतुष्ट होकर भी संतुष्ट नहीं, दुखी होकर भी दुखी नहीं होता।'

तो कितने ही दुख में तुम पाओ बुद्धपुरुष को, वह दुखी नहीं है। उसके भीतर अब दुख का कोई वास नहीं रहा। अहंकार गया, उसी दिन अहंकार की छाया दुख भी गया।

'...उसकी उस आश्चर्यमय दशा को वैसे ही ज्ञानी जान सकते हैं।'

बड़ी कठिन बात है लेकिन, तुम कैसे पहचानोगे? तुम्हारी तो सब पहचान तुमसे ही निकलती है। तुम्हीं तो कसौटी हो तुम्हारे लिए। तुम जब रोते हो तो तुम जैसा सोचते हो, वैसा ही कोई किसी और को भी रोते देखोगे तो वही सोचोगे। तुम जब हंसते हो, जैसा तुम सोचते हो वैसा किसी और को हंसते देखोगे तब भी तुम वैसा ही सोचोगे। तुम अपने ही मापदंड से सोचते हो। तुम्हारा मापदंड तुम्हीं हो। इसलिए ज्ञानी पुरुष को तुम समझ नहीं पाते।

अष्टावक्र ठीक कहते हैं, तस्य आश्चर्यदशां—ऐसे ज्ञानी पुरुष की बड़ी आश्चर्यमय दशा है। और तुम उसे समझ न पाओगे, क्योंकि तुम्हारा वैसी दशा का कोई भी अनुभव नहीं है।

तां तां तादृशा एव जानन्ते।

उसे तो वे ही जान सकते हैं जिन्होंने वैसी दशा का अनुभव किया हो। बुद्ध को बुद्ध जान सकते हैं। जिन को जिन जान सकते हैं। कृष्ण को कृष्ण जान सकते हैं। उस परम दशा को जानने का और कोई उपाय नहीं है, जब तक कि वह परम दशा तुम्हारे भीतर न घट जाए।

मेरे पास लोग आते हैं, वे कहते हैं, हम कैसे सदगुरु को पहचानें? बहुत मुश्किल है। असंभव है। तुम नहीं पहचान सकते। कोई उपाय नहीं है। तुम जो भी उपाय करोगे वह गलत होगा। तुम्हारे पास तो एक ही उपाय है कि जहां तुम्हें लगे—अनुमान ही होगा तुम्हारा, कोई प्रमाण नहीं हो सकता। जहां तुम्हें लगे, जिसके पास तुम्हें लगे कि तुम्हारे जीवन में कुछ रसधार बहती है वहां रुक जाना। अनुभव करना कुछ। अनुभव बढ़ने लगे तो समझना कि ठीक जगह रुक गए। अनुभव न बढ़े तो समझना कि कहीं और चलना पड़ेगा, कहीं और खोजना पड़ेगा। टटोलते रहना; और कोई उपाय नहीं।

तुम चाहो कि तुम्हारे पास कोई पक्की गारंटी हो सके—असंभव। क्योंकि तुम जांचोगे कैसे? जिन अनुभवों का तुम्हारे जीवन में कोई अब तक स्वाद ही नहीं है, तुम कैसे पहचानोगे? तुम जो भी तय कर लोगे वह गलत होगा। तुम अगर किसी ज्ञानी पुरुष को खिलखिला कर हंसते देखोगे तो तुम सोचोगे, अरे यह कैसा ज्ञानी है? ऐसे

तो हमीं हंसते हैं। तुम अगर किसी ज्ञानी पुरुष की आंख में आंसू टपकते देख लोगे, तुम कहोगे यह कैसा ज्ञानी है? ऐसे तो हम रोते हैं।

तुम किसी ज्ञानी पुरुष को किसी भी अवस्था में देखोगे तो वे ही सारी अवस्थाएं अज्ञान में भी होती हैं, इसको खयाल में रखना। ज्ञान में जो होता है वही सब अज्ञान में भी होता है। कारण अलग-अलग होते हैं, कारण में भेद होता है, लेकिन कार्य वही के वही होते हैं। करीब-करीब एक सी घटनाएं घटती हैं। उन घटनाओं से ही तो तुम तौलोगे। कारण का तो तुम्हें कुछ पता नहीं है। भूल हो जाएगी। इस झंझट में पड़ना ही मत।

इसलिए मैं कहता हूं, तुम तो जहां तुम्हारा मन लग जाए, अनुमान जहां हो—अनुमान ही कहता हूं—जहां तुम्हें लगे कि हां, कुछ यहां हो सकता है, ऐसी तुम्हें थोड़ी सी छाया प्रतीत हो, मालूम हो, रुक जाना। कोशिश करना। हिम्मत करना। प्रयोग करना।

अगर कुछ है वहां तो धीरे-धीरे तुम्हारा जीवन रूपांतरित होने लगेगा। धीरे-धीरे तुम्हारी नाव किनारे से छूटने लगेगी। बंधन कटने लगेंगे। धीरे-धीरे आनंद की तरंगें उठने लगेंगी। धीरे-धीरे एक नया लोक तुम्हारे भीतर अपने द्वार खोलने लगेगा।

खुलने लगें द्वार तो रुके रह जाना। न खुलें द्वार, कहीं और टटोलना। और जिस दिन तुम किसी सदगुरु को छोड़ो क्योंकि तुम्हारे द्वार नहीं खुल रहे हैं, उस दिन भी तय मत करना कि वह सदगुरु है या नहीं। क्योंकि कई बार यह होता है, तुम्हारे द्वार जहां न खुलें वहां किसी और के खुल जाते हों। कई बार यह होता है, जहां किसी और के द्वार न खुलें तुम्हारे खुल जाते हों। क्योंकि लोग भिन्न हैं। लोग बड़े भिन्न हैं।

और कोई एक गुरु सभी का गुरु नहीं हो सकता। इतने भिन्न लोग हैं। बुद्ध के पास किसी के द्वार खुलते, महावीर के पास किसी के द्वार खुलते हैं। कृष्ण के पास किसी और के द्वार खुलते हैं। इसलिए तुम यह निर्णय ही मत करना। न जाने के पहले निर्णय करना, न छोड़ते वक्त निर्णय करना। तुम तो कहना, कोशिश करके देख लेते हैं। कुछ होने लगे, ठीक; रुक जाएंगे। कुछ न हो, धन्यवाद देकर हट जाएंगे। हटते वक्त भी धन्यवाद से ही भरा हुआ मन हो। हटते वक्त शिकायत से भरा हुआ मन न हो कि इतने दिन खराब गए। क्योंकि कुछ खराब जाता नहीं। वह जो गलत दरवाजों पर हमने दस्तक दी है, वे दस्तकें भी व्यर्थ नहीं जातीं। वे दस्तकें ही हमें ठीक दरवाजे पर ले जाती हैं।

तस्य आश्चर्यदशां तां तां तादृशा एव जानन्ते।

जान तो उन्हीं को वे ही लोग पाएंगे, जो उन्हीं की दशा को उपलब्ध हो जाते हैं।

'कर्तव्य ही संसार है और उस कर्तव्य को शून्याकार, निराकार, निर्विकार और निरामय ज्ञानी नहीं देखते हैं।'

ममेदं कर्तव्यं। शास्त्रों में एक वचन है—मेरे को यह कर्तव्य है। ममेदं कर्तव्यं, ऐसे निश्चय का नाम ही संसार है। जब तक तुम्हें लगता है, ऐसा मेरा कर्तव्य, ऐसा मुझे करना ही पड़ेगा, तब तक तुम संसार में हो। जिस दिन तुम्हें लगा कि मेरा क्या कर्तव्य? जिसने सारे को रचा, उसका ही होगा। मैं तो थोड़ा सा अपना पार्ट है जो दिया, अदा कर देता हूं। कर्तव्य नहीं, अभिनय। जिस दिन तुम कर्ता न होकर अभिनेता होकर जीने लगे, बस उसी दिन क्रांति घट गई।

कर्तव्यतैव संसारो न तां पश्यन्ति सूरयः।
शून्याकारा निराकारा निर्विकारा निरामयाः।।

कर्तव्यतैव संसारो।

जब तक तुम सोचते, ऐसा मेरा कर्तव्य है, ऐसा मुझे करना है, करना पड़ेगा, ऐसी मेरी जिम्मेवारी है। चार बच्चों का पिता हूं, पत्नी है, कर्तव्य है, पूरा करना है, तब तक तुम संसार में जी रहे हो। पत्नी छोड़ कर मत भागो, बच्चे छोड़ कर मत भागो। पत्नी और बच्चे में संसार नहीं है। इस सूत्र को समझो।

ममेदं कर्तव्यं—मेरे को यह कर्तव्य है, ऐसे निश्चय का नाम संसार है।

कर्तव्यतैव संसारो।

जब तक कर्तव्य तब तक संसार। कर्तव्य को ही छोड़ दो। पत्नी को रहने दो, बच्चे को रहने दो। दफ्तर भी जाओ, दुकान भी जाओ, काम भी करो। कर्ता परमात्मा को बना दो, तुम कर्ता न रहो। तुम कहो, जो लीला तुझे दिखानी, जो अभिनय तूने दे दिया, जिस नाटक में पात्र बना दिया, पूरा कर देंगे। राम मत बनो। रामलीला के राम ही रहो। मंच पर जो खेल खेलने को कहा गया है उसे पूरा-पूरा कर दो। उसे परिपूर्ण हृदय से पूरा कर दो, लेकिन कर्ता की तरह नहीं।

न तां पश्यन्ति सूरयः।

जो ज्ञानी हैं वे कर्तव्य को देखते ही नहीं। उन्हें कोई कर्तव्य नहीं दिखाई पड़ता। जो परमात्मा करवाता है, वे करते हैं। जो नहीं करवाता, वे नहीं करते। उनकी कोई जिम्मेवारी नहीं। इसलिए तो अष्टावक्र उन्हें कहता है स्वच्छंद।

शून्याकारा निराकारा निर्विकारा निरामयाः।

ऐसी चार उनकी लक्षणा है।

शून्यकारा—वे अपने भीतर शून्य रहते हैं। बाहर हजार-हजार रूप धर लेते हैं, भीतर शून्य बने रहते हैं। क्रोध में उन्हें पाओ, रमण को भागते देखो डंडा लिए, तब भी भीतर शून्याकारा। कि गुरजिएफ को क्रोध से उबलते देखो...।

गुरजिएफ के शिष्यों ने बहुत से संस्मरण लिखे हैं कि जब वह क्रुद्ध होता था तो तूफान-आंधी आ जाए ऐसा क्रुद्ध होता था। ऐसा लगता था, सब मिटा डालेगा। और

क्षण भर में जैसे आंधी चली गई। और क्षण भर बाद उसे देखो तो पता ही न चलता कि वह कभी क्रोधित हो सकता है।

और कभी-कभी तो गुरजिएफ गजब कर देता था; बड़ा कुशल अभिनेता था। दो आदमी बैठे हों तो एक आदमी को तो एक आंख से वह क्रोध दिखलाता और दूसरे आदमी को प्रेम दिखलाता। और दोनों जब बाहर मिलते तो उनमें विवाद छिड़ जाता कि यह आदमी अच्छा है कि बुरा। वह एक कहता, बड़ा खतरनाक है। मेरी तरफ ऐसा देख रहा था, जैसे मार डालेगा। और दूसरा कहता, मेरी तरफ उसने इतने प्रेम से देखा, तुम गलत बात कह रहे हो। कोई आदमी एक-एक आंख से अलग-अलग थोड़े ही देख सकता है।

लेकिन इसकी संभावना है, क्योंकि तुम्हारे भीतर दो मस्तिष्क हैं और दोनों का अलग-अलग उपयोग हो सकता है। बाईं आंख अलग मस्तिष्क से चल रही है; दाएं मस्तिष्क से चल रही है। दाईं आंख बाएं मस्तिष्क से चल रही है। दोनों अलग हैं। दोनों का प्रयोग ठीक से कर लो तो दोनों का उपयोग किया जा सकता है।

अभी पश्चिम में कुछ प्रयोग चलते हैं। अनूठे प्रयोग हैं, भविष्य में काम आएंगे। अब तक आदमियत ने आधे का ही उपयोग किया है इसलिए हमारा एक हाथ चलता है, और एक हाथ नहीं चलता। अब पश्चिम में वे अभ्यास कर रहे हैं कि दूसरा हाथ भी इतना ही चल सकता है। कोई कारण नहीं है।

तो अब बच्चों को भविष्य में ऐसा सिखाया जाना है कि दोनों हाथ चलें। तो दोहरी शक्ति हाथ में आ जाएगी। और जब दोनों हाथ चलेंगे तो दोनों मस्तिष्क काम करेंगे। आदमी अब तक अधूरा जीया है। आदमी में बड़ी क्षमता प्रकट होगी अगर दोनों मस्तिष्क काम करने लगें।

और अगर तुम्हारी कला-कुशलता बढ़ गई...जो बढ़ जाएगी, क्योंकि आदमी को खयाल आ जाए तो फिर उपाय शुरू हो जाते हैं। तो फिर पारी-पारी बदली जा सकती है। आधा मस्तिष्क काम करता है, इसको छह घंटे काम लेने दो, फिर इसको बदल दो। फिर दूसरे मस्तिष्क को काम करने दो। तो एक का विश्राम चलेगा, दूसरे का काम चलेगा। काम की क्षमता बहुत बढ़ सकती है।

गुरजिएफ इस पर प्रयोग कर रहा था। लेकिन गुरजिएफ का सारा मामला नाटक था। उसके एक शिष्य ने लिखा है कि उसके साथ यात्रा की उसने एक स्टेशन से दूसरे स्टेशन तक। कहा कि फिर कसम खा ली कि जिंदगी में अब कभी इसके साथ यात्रा नहीं करेंगे। क्योंकि उसने ऐसा उपद्रव मचाया!

पहले तो स्टेशन पर ही उसने इतना शोरगुल मचाया कि भीड़ इकट्ठी कर ली। गाड़ी दस मिनट लेट हो गई उसके उपद्रव के कारण। फिर वह किसी तरह अंदर चढ़ा,

तो जहां सिगरेट नहीं पीना है वहां सिगरेट पीने लगा बैठ कर। जहां शराब नहीं पीनी है वहां शराब पीने लगा; फिर वहां शोरगुल मचा। फिर ड्राइवर और कंडक्टर भागे आए, फिर किसी तरह उसको समझाया। तो वह अनर्गल बकने लगा। और वह शिष्य जानता है कि वह बिलकुल होश में है। वह कुछ गड़बड़ नहीं कर रहा है। वह कितनी ही शराब पीए, बेहोश होता नहीं था।

वह भी एक गहरा अभ्यास है; भारत में अघोरपंथी साधु बहुत दिन से करते रहे। ध्यान की परीक्षा है कि शराब तुम्हारे ध्यान को प्रभावित न करे। कितनी ही शराब पी जाओ और ध्यान अछूता बचा रहे। क्योंकि शराब से अगर ध्यान डूब जाए तो यह कोई ध्यान हुआ! यह तो जरा सी शराब ने बदल दिया, यह तो जरा से रसायन ने बदल दिया। यह कोई बहुत गहरा नहीं है।

तो शिष्य जानता है, वह सबको समझाता है कि नाटक है, मगर कौन उसकी माने? क्योंकि यह कैसा नाटक? रात दो बजे तक उसने सारी ट्रेन को परेशान कर रखा। यहां तक हालत आ गई कि जहां नहीं उतरना था वहां ड्राइवर ने गाड़ी खड़ी कर दी और कहा, इस आदमी को उतारना पड़ेगा। यह चलने ही नहीं देता, यात्रियों को परेशान कर रहा है। पूरी गाड़ी जुड़ी है तो वह इस कोने से लेकर उस कोने तक आ-जा रहा है, शोरगुल मचा रहा है, सोए आदमियों को हिला कर जगा रहा है।

और वह शिष्य परेशान है। और वह शिष्य जानता है, सब उसी के लिए किया जा रहा है। बामुश्किल उस शिष्य ने हाथ-पैर जोड़ कर किसी तरह कहा कि अगले स्टेशन पर हमें उतरना ही है, वहां तक तो चले जाने दो। अब जो हो गई भूल, हो गई।

अगले स्टेशन पर उतर कर जब वे कार में बैठे तब वह हंसने लगा। उसने कहा, कहो, कैसी रही? तुम बहुत घबड़ा गए थे। घबड़ा गए थे? वह कहता, मैं कंपता रहा। अब कभी तुम्हारे साथ यात्रा नहीं करूंगा। और मैं जानता था कि सब नाटक है। और तुमने मेरी खूब परीक्षा ली। इतना मैंने कोसा तुम्हें इस पूरे वक्त। क्योंकि तुमको तो लोग समझ रहे थे, तुम बेहोश हो, सब मुसीबत मुझ पर आ रही थी कि तुम किस आदमी को लेकर चढ़ गए ट्रेन में!

वह आदमी प्रसिद्ध आदमी था; एक बड़ा पत्रकार था, लेखक था। उसको लोग जानते भी थे। उसकी खूब बेइज्जती करवाई उसने। लेकिन उस पत्रकार ने लिखा है कि उस दिन के बाद मेरे जीवन में बड़े फर्क भी हुए। दूसरे दिन सुबह मैं बिलकुल हलका उठा, जैसे मेरा पहाड़ उतर गया। वह अहंकार, कि मैं बड़ा प्रसिद्ध फलां-ढिकां...उसने सब मिट्टी करवा दिया। वही मेरा इलाका था जहां लोग मुझे जानते हैं। उसने सब पानी फेर दिया। और दूसरे दिन मैं बिलकुल हलका उठा-निर्भार!

कठिन है कहना, ज्ञानी का व्यवहार कैसा हो?

कर्तव्यतैव संसारो न तां पश्यन्ति सूरयः।

शून्याकारा—वह भीतर तो शून्य बना रहता; बाहर कुछ भी व्यवहार करे।

निराकारा—बाहर कैसा ही अभिनय करे, भीतर निराकार बना रहता है।

निर्विकारा—तुम उसे शराबघर में देखो कि वेश्यालय में, कोई फर्क नहीं पड़ता। वह भीतर निर्विकार बना रहता है।

निरामया—तुम उसे कैसी भी दशा में देखो, वह दुखरहित होता।

गुरजिएफ के जीवन में और भी उल्लेख हैं, जो बड़े महत्वपूर्ण हैं। गुरजिएफ ने आखिरी समय अपनी कार को टकरा लिया एक वृक्ष से। उसे कार चलाने का शौक था और दौड़ाता था सीमा के बाहर। जब उसकी कार टकराई तो ऐसी कार की हालत हो गई थी कि उसे कार से निकालने में डेढ़ घंटा लगा—गुरजिएफ को बाहर निकालने में। उसका शरीर इस बुरी तरह उलझ गया था कार के भीतर, सब चकनाचूर हो गया था।

लेकिन जो लोग निकाल रहे थे उनको उसने सब बताया कि कैसे निकालो। वह पूरे होश में था। जब उसे बाहर निकाल लिया गया तो उसने बताया कि कहां-कहां पट्टियां बांधो। सारा शरीर चकनाचूर था। और जब छत्तीस घंटे बाद उसे बड़े अस्पताल में लाया गया तो डाक्टरों ने माना ही नहीं कि आदमी जिंदा रह सकता है। यह असंभव है। उसके सारे फेफड़ों में खून भरा था, उसके सारे मस्तिष्क में खून भरा था। न केवल वह जिंदा था, वह परिपूर्ण होश से जिंदा था। वह डाक्टरों से बात करता रहा और डाक्टरों को भरोसा न आया कि आदमी बेहोश नहीं है।

उसके शिष्य जानते थे कि उसने जानकर किया। वह मरने के पहले मृत्यु को स्वेच्छा से देख लेना चाहता था। वह अपने शरीर को आखिरी विकृति में डाल कर देख लेना चाहता था कि फिर भी मेरा होश रह सकता है कि नहीं। डाक्टरों ने कहा, यह बच ही नहीं सकता। यह आदमी मर ही जाना चाहिए। ऐसा कोई उल्लेख ही नहीं अब तक कि ऐसा आदमी बच सके। लेकिन वह बच गया। न केवल बच गया, उसने कोई दवा न ली। उसने किसी तरह का इंजेक्शन न लिया। उसने किसी तरह की शामक ट्रेंक्वेलाइजर न ली। उसने कहा कि नहीं, कुछ भी नहीं।

और इतना ही नहीं, वह दूसरे दिन सुबह अपने शिष्यों के बीच बैठा समझा रहा था। उसको लाया गया स्ट्रेचर पर। मगर वह समझा रहा था, जो बातें उसे समझानी थीं। और तीन सप्ताह के भीतर वह बिलकुल चंगा था; फिर चलने लगा, फिर ठीक हो गया।

जब वह मरा—कई साल बाद मरा इस घटना के—जब वह मरा तो उसका एक बहुत प्रसिद्ध अनुयायी बेनेट पहुंच नहीं पाया समय पर। खबर कर दी गई थी, शिष्य

आ जाएं, क्योंकि उसे बोध था कि वह कब शरीर छोड़ देगा। लेकिन वह नहीं पहुंच पाया। पहुंचने की कोशिश की लेकिन प्लेन देर से आया। जब पहुंचा तो वह मरे कोई बारह घंटे हो चुके थे।

रात, आधी रात बेनेट पहुंचा। जिस चर्च में उसकी लाश रखी थी, वह अंदर गया। वहां कोई भी न था रात में, सब शिष्य जा चुके थे। वह बड़ा हैरान हुआ। उसे ऐसा लगा कि वह जिंदा है। और बेनेट एक बड़ा विचारक है, गणितज्ञ है, वैज्ञानिक है। वह पास गया, उसने हृदय के पास कान रख कर सुनना चाहा। उसे ऐसा लगा कि वह सांस ले रहा है। वह बहुत घबड़ाया। मरे बारह घंटे हो गए और यह आदमी क्या अब भी कोई खेल कर रहा है, मरने के बाद भी?

उसे इतना भय लगा कि वह बाहर आ गया निकलकर, लेकिन फिर भी उसकी आकांक्षा बनी रही कि एक दफा और जाकर देख लूं कि सच में यह बात है कि मैं किसी भ्रम में हूं? वह भीतर गया, उसने सब तरह से—अपनी सांस रोक कर बैठा। कहीं मेरी सांस की आवाज ही तो मुझे नहीं सुनाई पड़ रही है? लेकिन तब भी उसे सांस लेने की आवाज सुनाई पड़ती रही।

गुरजिएफ उस समय भी प्रयोग कर रहा था देह के बाहर खड़े होकर। देह के भीतर प्रयोग किए, देह के बाहर प्रयोग किए। गुरजिएफ अब भी, मर जाने के बाद भी उसके शिष्यों को उपलब्ध है—उतना ही जीवित, जितना तब था जब वह जीवित था।

मृत्यु में भी मरता नहीं ज्ञानी। दुख में दुखी नहीं होता—निरामयाः। ज्ञानी को पहचानने के लिए लेकिन तुम्हें ज्ञानी हो जाना पड़े। जैसे को जानना हो, वैसा होना ही उपाय है।

आज इतना ही।

* * *

प्रवचन : 72

सदगुरुओं के अनूठे ढंग

22 जनवरी, 1977

पहला प्रश्न : कृष्णमूर्ति परम ज्ञानी होकर भी अन्य सदगुरुओं के कार्यों की निंदा, आलोचना क्यों करते हैं?

जब तक परम ज्ञानी न हो जाओ, न समझ सकोगे। अज्ञान के तल से जो निंदा और आलोचना मालूम होती है, ज्ञान के तल से वह केवल करुणा है। तुम भटक न जाओ इसलिए; तुम गलत में न पड़ जाओ इसलिए; जब श्रेष्ठ उपलब्ध हो तो तुम निकृष्ट न चुन लो इसलिए।

फिर खयाल रहे कि सत्य की अनंत अभिव्यक्तियां हैं। और सत्य की प्रत्येक अभिव्यक्ति 'मैं सही हूं', इस भाव के साथ ही पैदा होती है। सत्य स्वतः प्रमाण है। इसलिए जब भी सत्य का अनुभव होता है तो जो भी अभिव्यक्ति सत्य को मिलती है, वह इतनी प्रगाढ़ता से मिलती है कि इससे अतिरिक्त सब गलत है, यह भाव उसमें सम्मिलित होता है।

बुद्ध ने आलोचना की है महावीर की। महावीर ने आलोचना की है मखली गोशाल की। कुछ कृष्णमूर्ति नया नहीं करते हैं। लाओत्से ने आलोचना की है कनफ्यूशियस की। और क्राइस्ट ने तो इतनी ज्यादा आलोचना की कि सूली बिना चढ़ाए लोग रह न सके।

लेकिन तुम्हारे तल पर कठिनाई भी मेरे समझ में आती है। तुम आलोचना ही जानते हो, निंदा ही जानते हो। तो जब तुम कृष्णमूर्ति जैसे व्यक्ति को कोई वक्तव्य देते देखते हो तो तुम अपना रंग उस पर चढ़ा देते हो। तुम्हें ऐसा लगता है कि सदगुरु को तो आलोचना नहीं करनी चाहिए। लेकिन कभी कोई सदगुरु हुआ है जिसने आलोचना न की हो?

जिन्होंने नहीं की है वे न तो गुरु थे—सदगुरु तो दूर, वे राजनैतिक नेता रहे होंगे। राजनैतिक नेता हिसाब से चलता है। वह वही कहता है जो तुम सुनना चाहते हो। उसे सत्य से कोई प्रयोजन नहीं है, उसे तुम पर अधिकार करने से प्रयोजन है। तुम जिसके साथ हो, वह उसको भी ठीक कहता है। इसका कोई उसके मन में मूल्य ही नहीं है कि वह जो कह रहा है, वह ठीक है या गलत। राजनेता अक्सर समन्वय की बात करता हुआ मिलेगा। सदगुरु अक्सर प्रगाढ़ रूप से जो कह रहे हैं, उसके लिए प्रमाण जुटाते मिलेंगे और उससे अन्यथा को गलत कहते मिलेंगे।

लेकिन समन्वय का तुम्हारे मन में बड़ा आग्रह पैदा हो गया है। ऐसी भ्रांत धारणा पैदा हो गई है कि जो व्यक्ति आलोचना करता है वह ज्ञानी नहीं। राजनीतिज्ञों ने समन्वय के नाम पर काफी प्रचार किया है। उस प्रचार के कारण जितना अहित हुआ है, किसी और बात से नहीं हुआ।

जैसे महात्मा गांधी हैं; कुरान भी ठीक है और पुराण भी ठीक है, और महावीर भी ठीक हैं और कृष्ण भी ठीक हैं। सबको ठीक कहे चले जाते हैं। न कृष्ण से मतलब है, न मोहम्मद से मतलब है, न महावीर से मतलब है। मतलब है मोहम्मद को मानने वाले से, कृष्ण को मानने वाले से, महावीर को मानने वाले से। सब पीछे चलें, इसकी आकांक्षा है। अगर कृष्ण की आलोचना करेंगे, हिंदू नाराज हो जाता है। अगर मोहम्मद की आलोचना करेंगे, मुसलमान नाराज हो जाता है। अगर महावीर की आलोचना करेंगे तो जैन नाराज हो जाता है। इन सबको राजी रखना है। इन सबको पीछे चलाए रखना है। ये सब किसी तरह से अनुयायी बने रहें। इनके सब गुरुओं की प्रशंसा करनी है। फिर चाहे इनके गुरुओं ने जो कहा है, वह एक-दूसरे से मेल खाता हो, न खाता हो।

अब कृष्ण की गीता में और महावीर के वक्तव्यों में क्या मेल हो सकता है? मैं यह नहीं कह रहा हूं कि कृष्ण के परम अनुभव में और महावीर के अनुभव में मेल नहीं होगा। है मेल, लेकिन कृष्ण ने जो अभिव्यक्ति दी और महावीर ने जो अभिव्यक्ति दी, उनमें कोई मेल नहीं है; जरा भी मेल नहीं है। उनसे विपरीत अभिव्यक्तियां नहीं हो सकतीं।

महावीर कहते हैं, किसी की शरण मत जाना। उन्होंने सत्य को बिना किसी की शरण जाकर पाया। तो जो पाया वही कहेंगे न! वही कहनी भी चाहिए निष्ठावान व्यक्ति को। जिस मार्ग से चले, जो परिचित है, जो अनुभव में आया उसके अतिरिक्त

कोई बात नहीं कहनी चाहिए, अन्यथा सुनने वाला भटकेगा। और कृष्ण कहते हैं, 'सर्व धर्मान् परित्यज्य मामेकं शरणं व्रज।' तू सब छोड़ और मेरी शरण आ। कृष्ण ने वैसे ही जाना। कृष्ण ने शरणागत होकर जाना, समर्पण से जाना।

तो कृष्ण ने जैसे जाना वैसे ही कहेंगे न! महावीर ने जैसा जाना वैसा ही कहेंगे न! फिर अगर कोई महावीर के पास जाकर कहे कि कृष्ण कहते हैं, शरणागति और आप कहते हैं, अशरण भाव; हम क्या चुनें? तो निष्ठावान महावीर कहेंगे, कृष्ण गलत कहते होंगे। यह कहना तुम्हारे प्रति करुणा के कारण है। क्योंकि अगर महावीर कहें कि कृष्ण भी ठीक, मैं भी ठीक, तो तुम वैसे ही उलझे हो, तुम और भी उलझ जाओगे। तुम्हारी उलझन सुलझेगी न, गुत्थी और बिगड़ जाएगी। तब तुम बिलकुल किंकर्तव्यविमूढ़ खड़े रह जाओगे कि अब मैं क्या करूं?

तुम पर दया करके महावीर कहते हैं, कृष्ण गलत। जो मैं कहता हूं उसे समझने की कोशिश करो। किसी की भी शरण मत जाओ तो आत्मशरण घटेगी। किसी की भी शरण गए तो तुम आत्मा से चूक जाओगे, वंचित रह जाओगे। और स्वयं को जान लेना, स्वयं हो जाना पहली शर्त है सत्य को जानने की। जो स्वयं ही न रहा वह सत्य को कैसे जानेगा?

तुम कृष्ण के पास जाओ और कहो कि महावीर कहते हैं, अशरण; किसी की शरण मत जाना। समर्पण भूल कर मत करना। अपने पैर पर खड़े होना। किसी के कंधे पर झुकना मत, क्योंकि सब झुकना गुलामी है। और किसी पर निर्भर अगर हो गए तो बंधन निर्मित होगा। परम स्वतंत्रता, मोक्ष उपलब्ध कैसे होगा? तो कृष्ण कहेंगे, गलत कहते होंगे। निश्चित गलत कहते हैं, क्योंकि मैंने झुक कर पाया। मैं झुका और भर गया। और जब तक मैं अकड़ा खड़ा रहा तब तक खाली रहा। मैं तुम्हें अपने अनुभव से कहता हूं कि महावीर गलत कहते होंगे। यह भी कृष्ण तुम्हारे प्रति करुणा से कहते हैं।

इसका परिणाम यह होता है अंततः कि जिनको कृष्ण की बात जंच जाती है, वे कृष्ण के मार्ग पर चल पड़ते हैं; जिनको महावीर की बात जंच जाती है, वे महावीर के मार्ग पर चल पड़ते हैं। अगर दोनों कहते हैं कि वे भी ठीक कहते होंगे, मैं भी ठीक कहता हूं—अगर दोनों ऐसा कहें तो कोई किसी के मार्ग पर न चल पाएगा। लोग डांवाडोल खड़े रह जाएंगे, कहां जाएं? और ये इतनी विपरीत बातें—अशरण-भावना, शरण-भावना। कहां जाएं? महावीर कहते हैं, कोई परमात्मा नहीं है, किसकी शरण जाते हो? बस, आत्मा है।

तो महावीर को चुनें कि कृष्ण को चुनें? और महावीर खुद ही कहते हों कि कृष्ण भी ठीक होंगे, मैं भी ठीक हूं। तो तुम्हारी उलझन बढ़ेगी, घटेगी नहीं। महावीर को बहुत साफ होना चाहिए कि नहीं, मैं जो कहता हूं वही ठीक है, कोई और ठीक नहीं।

इसके दो परिणाम होंगे। जिनको बात जंच जाएगी वे निश्चिंतमना महावीर के मार्ग पर चल सकेंगे। जिनको बात नहीं जंचेगी वे निश्चिंतमना कृष्ण के मार्ग पर चल पड़ेंगे। हानि इसमें जरा भी नहीं है। हानि तो महात्मा गांधी जैसे व्यक्तियों से होती है, जो कहते हैं, वह भी ठीक, यह भी ठीक; सब ठीक। सब ठीक में सब गलत हो जाता है। एक साधे सब सधे, सब साधे सब जाए।

लेकिन महावीर और कृष्ण राजनेता नहीं हैं, गांधी राजनेता हैं। लेकिन गांधी की बात तुम्हें भी जंचती है। सबको ठीक कहते हैं। यही संत का भाव होना चाहिए। इसमें करुणा की तुम्हें चिंता ही नहीं है। शायद इसके पीछे भी कारण है। तुम भी चलना नहीं चाहते। यह सदी सत्य की तरफ जाना नहीं चाहती। इसलिए जो लोग भी सत्य की तरफ जाने के मार्ग को ढीला करवाते हैं वे तुम्हें रुचते हैं। गांधी की बात जंचती है कि सब ठीक।

इसका कुल परिणाम यह होता है कि तुम कहीं जाते नहीं। न कुरान, न गीता; न महावीर, न मोहम्मद, कुछ भी नहीं पकड़ते। तुम कहते हो, सभी ठीक हैं। जब सभी ठीक हैं तो पकड़ना क्या है? जाना कहां है? सभी के ठीक का एक ही परिणाम होता है, तुम किसी रास्ते पर नहीं जाते। चौरस्ते पर खड़े हो, और मैं तुमसे कहता हूं, चारों रास्ते ठीक हैं। इसका कुल परिणाम इतना होता है, तुम चौरस्ते पर खड़े रह जाते हो। मुझे कहना चाहिए कि एक रास्ता ठीक है और इससे मैं चला हूं, इससे मैं गया हूं। यह मेरा परिचित है। बाकी तीन मैंने जाने नहीं, मैं गया नहीं। गलत ही होंगे। पहुंचता है आदमी इस रास्ते में। मैं पहुंच कर कह रहा हूं।

फिर चौरस्ते पर लोग बंट जाएंगे। जिसको जिसकी बात जम जाएगी, जो जिसके साथ अपना तालमेल पाएगा, जिसके हृदय में जिसकी वीणा बजने लगेगी, जिसका हृदय जिसके प्रेम में डूब जाएगा, वह उस मार्ग पर चल पड़ेगा निश्चिंतमना। फिर वह लौट कर भी नहीं देखेगा कि बाकी तीन मार्गों का क्या हुआ। पृथ्वी पर तीन सौ धर्म हैं। तुम अगर तीन सौ धर्मों के बीच समन्वय जुटाते रहे, अल्लाह ईश्वर तेरे नाम करते रहे, तुम कभी भी चलोगे नहीं। चौरस्ते पर खड़े-खड़े मरोगे।

इसलिए सदगुरु आलोचना करते हैं। निंदा उसमें जरा भी नहीं है। और करुणा है, गहन करुणा है। तुम चलो, यह प्रयोजन है। तुम कहीं पहुंचो, यह प्रयोजन है।

और अपना वक्तव्य बिलकुल साफ होना चाहिए। उसमें रत्ती भर भी संदेह की सुविधा नहीं होनी चाहिए। कबीर ने आलोचना की है, नानक ने आलोचना की है, अष्टावक्र ने आलोचना की है। तुम एकाध सदगुरु का नाम ले सकते हो, जिसने आलोचना न की हो? वह सदगुरु ही नहीं। क्योंकि आलोचना का अर्थ ही केवल इतना है कि बाकी जो और रास्ते हैं, वह कह रहा है, वे रास्ते नहीं हैं, यह रास्ता है;

ताकि तुम चुन सको। तुम वैसे ही उलझे खड़े हो—बीमार, रुग्ण, विक्षिप्त। तुम्हारी विक्षिप्तता और बढ़ानी है? तुम्हारे मस्तिष्क को और विकृतियों से भरना है?

तो सदगुरु आलोचना करता है। निंदा तो जरा भी नहीं है वहां। निंदा का तो कोई प्रश्न नहीं है। निंदा तो व्यक्ति की तरफ होती है, आलोचना सिद्धांत की तरफ होती है। निंदा में दूसरा व्यक्ति बुरा है यह बताने की चेष्टा होती है। आलोचना में उस मार्ग पर मत जाना...।

पूछते हो, 'कृष्णमूर्ति परम ज्ञानी होकर भी अन्य सदगुरुओं के कार्यों की निंदा, आलोचना करते हैं...?'

तुम निंदा और आलोचना का ऐसा उपयोग कर रहे हो, जैसे वे पर्यायवाची हैं। निंदा व्यक्ति की तरफ उन्मुख होती है, आलोचना मार्ग की तरफ।

और फिर तुम्हें इसकी चिंता में नहीं पड़ना चाहिए कि कृष्णमूर्ति आलोचना क्यों करते हैं। तुम्हें कृष्णमूर्ति से क्या लेना-देना? तुम्हें बात जंच जाए, चल पड़ो। बात न जंचे, छोड़ दो। दो सदगुरु अगर एक-दूसरे की आलोचना करते हैं तो तुम अपना चुन लो कि तुम्हें किसकी बात जंचती है।

मगर तुम बड़े होशियार हो। तुम यह चुन रहे हो कि ये दोनों आदमी गलत होने चाहिए क्योंकि आलोचना करते हैं। तुमने अपने को चुन लिया इन दोनों को चुनने की बजाय। तुम किसी मार्ग पर न गए। तुमने कहा, ये तो ठीक होने नहीं चाहिए। ये तो एक-दूसरे की आलोचना कर रहे हैं। सदगुरु कहीं आलोचना करते हैं?

तुम एकाध सदगुरु का नाम तो बताओ, जिसने आलोचना न की हो। समय बीत जाता है, लोग भूल जाते हैं। समय बीत जाता है, लोग शास्त्रों को उलट कर भी देखते नहीं। तुम अष्टावक्र को सुन रहे हो अभी, तुम्हें खयाल नहीं आया कि अष्टावक्र से और गहरी आलोचना हो सकती है कोई? इससे ज्यादा प्रगाढ़ और कोई खंडन हो सकता है—ध्यान का, योग का, समाधि का, त्याग का, तप का, जप का, संन्यास का, स्वर्ग का, मोक्ष का? इतनी प्रगाढ़ आलोचना! ऐसी तलवार की धार! एक-एक को काटे चले जाते हैं।

लेकिन तुम्हारे प्रति करुणा के कारण है। अब तुम यह सोच लो कि अष्टावक्र को ज्ञान न हुआ होगा, नहीं तो यह आलोचना क्यों करते अगर ज्ञान हो जाता? तो तुम चूकोगे। तुम पहले से परिभाषाएं मत बनाओ कि सदगुरु आलोचना नहीं करते। यह गलत स्थिति है। तुम सदगुरुओं का जरा प्राचीन समय से लेकर आज तक का उल्लेख देखो और तुम पाओगे, उन सबने आलोचना की है और गहरे रूप से आलोचना की है।

महावीर और बुद्ध साथ-साथ जीए और एक-दूसरे की खूब आलोचना की। रत्ती भर भी संकोच नहीं बरता। क्योंकि रत्ती भर भी संकोच, वह जो पीछे आ रहा है उसको डांवाडोल कर जाता है। उन्हें बहुत स्पष्ट होना चाहिए।

और फिर भी मैं तुमसे कहता हूं, सभी सदगुरु जहां पहुंचते हैं वह एक जगह है। जहां पहुंचना है वह तो एक है, लेकिन जिन मोर्गों से पहुंचना है वे अनेक हैं। और जब सदगुरु किसी की आलोचना करता है तो वह मार्ग की आलोचना कर रहा है। तुम इतना ही उसमें से समझने की कोशिश करना कि मुझे क्या ठीक लगता है।

ऐसा हुआ, एक नगर में दो हलवाइयों में झगड़ा हो गया। आमने-सामने दुकान थी। हलवाई तो हलवाई! लड्डू और बर्फी एक-दूसरे पर फेंकने लगे।

लूट मच गई। लोगों की भीड़ इकट्ठी हो गई। लोग लड्डू और बर्फियां बीच में पकड़ने लगे। और लोग बोले कि ऐसी लड़ाई तो रोज हो। मजा आ गया।

दो हलवाई लड़ेंगे, तुम लड्डू-बर्फी पकड़ लेना। तुम इसकी फिकर छोड़ना कि हलवाई लड़ रहे हैं। वे शायद इसीलिए लड़ रहे हैं कि तुम्हें थोड़े लड्डू और बर्फियां मिल जाएं।

फिर सत्य को देखने के इतने कोण हैं...। एक तो सत्य को देखने का परंपरागत कोण है, जैसा शास्त्रों में कहा है, परंपरा में कहा है, संप्रदाय में कहा है। एक कोण है सत्य को देखने का, निजी अनुभव से। दोनों ही तरह के लोग दुनिया में हुए हैं, सदा हुए हैं। महावीर, उनके पहले जो तेईस तीर्थंकरों ने कहा था, उसी परिभाषा के भीतर सत्य को देख रहे हैं। बुद्ध एक नई परंपरा शुरू कर रहे हैं। संघर्ष स्वाभाविक है। बुद्ध एक नई भाषा को जन्म दे रहे हैं। महावीर पुरानी मान्य भाषा के भीतर अपने अनुभव को ढाल रहे हैं। वैसा भी ढाला जा सकता है। कोई जरूरी नहीं है कि तुम्हें जब कोई नया अनुभव हो तो तुम नई भाषा भी बनाओ। भाषा तो पुरानी काम में लायी जा सकती है। अनुभव तो सत्य का सदा नया है। लेकिन कोई परंपरागत भाषा का उपयोग करता है, कोई नई भाषा ढालता है। यह भी निर्भर करता है व्यक्तियों के ऊपर।

बुद्ध ने नई भाषा ढाली। एक नई परंपरा का जन्म हुआ। अब यह तुम सोचो। कोई पुरानी परंपरा में अपने नये सत्य के अनुभव को ढाल देता है। कोई अपने नये सत्य के अनुभव में नई भाषा को निर्मित करता है और एक नई परंपरा को जन्म दे देता है। एक में परंपरा पहले है, दूसरे में परंपरा पीछे है। संयोजन का भेद है। महावीर के पीछे परंपरा है, बुद्ध के आगे; मगर परंपरा कहीं जाती थोड़े ही!

सब क्रांतियां परंपराएं बन जाती हैं। और सब परंपराएं पुनः राख को झाड़ दो तो क्रांतियां बन सकती हैं। परंपरा और क्रांति कोई दो अलग चीजें थोड़े ही हैं; एक ही चीज के दो पहलू हैं।

कृष्णमूर्ति ने चुना है नये ढंग से कहना। ठीक है, सुंदर है। रमण ने चुना पुराने ढंग से कहना। अपना-अपना चुनाव है। और कोई का चुनाव किसी के ऊपर थोपा

नहीं जा सकता। रमण ने भी खूब गहराई से कहा; पुराने ढंग से कहा। पुराने शब्दों की राख झाड़ दी, फिर अंगारे प्रकट हो गए! अंगारे मरते थोड़े ही हैं। जहां भी सत्य कभी रहा है, वहां सत्य है। राख जम जाती है समय के कारण। धूल इकट्ठी हो जाती है। धूल झाड़ दो। रमण ने पुराने अंगारों पर से धूल झाड़ दी, कृष्णमूर्ति नया अंगारा पैदा करते हैं। लेकिन नये अंगारे पर भी धूल जमेगी।

चालीस साल से कृष्णमूर्ति बोल रहे हैं, चालीस साल में कृष्णमूर्ति को मानने वाले लोग कृष्णमूर्ति के शब्दों को दोहराने लगे। धूल जमने लगी। संप्रदाय बनने लगा। लाख तुम कहो, कृष्णमूर्ति कितना ही कहें लोगों को कि तुम मेरे अनुयायी नहीं हो, लेकिन क्या फर्क पड़ता है? इससे कुछ फर्क नहीं पड़ता। लोग इसको भी मानते हैं। लोग ऐसे अनुयायी हैं कि वे कहते हैं, आप ठीक कह रहे हैं। यही तो हम भी मानते हैं।

अनुयायी का मतलब होता है, हम मानते हैं। आप जो कहते हैं उसको मानते हैं। आप कहते हैं, तुम हमारे अनुयायी नहीं? बिलकुल ठीक कहते हैं। हम आपके अनुयायी नहीं। आपको ही मान कर चलते हैं। जैसा आप कहते हैं, ठीक अक्षरशः हम वैसा ही मानते हैं। अनुयायी पैदा हो गया।

जहां सत्य की घोषणा होगी वहां अनुगमन पैदा होगा। जहां धर्म होगा वहां संप्रदाय पैदा होगा। इससे बचा नहीं जा सकता। जहां संप्रदाय है वहां भी धर्म पैदा हो सकता है और जहां धर्म है वहां संप्रदाय पैदा हो जाता है।

अपना-अपना रुझान। रमण को प्रीतिकर हैं पुराने शब्द। पुराने शब्दों में कुछ बुराई नहीं। किसी को प्रीतिकर है नये शब्दों का गढ़ना। इसमें भी कुछ बुराई नहीं है। अपनी मौज।

फिर तुममें से किसी को नये शब्द प्रीतिकर लगते होंगे तो ठीक। कैसे भी चलो, चलो तो! किसी को पुराने शब्द ठीक लगते हों तो भी ठीक। कैसे भी चलो, चलो तो! इस बिबूचन में मत पड़ो, इस विडंबना में मत पड़ो—कौन ठीक? तुम्हें जो ठीक लग जाए, तुम्हें जिसमें रस आ जाए। चल पड़ो, समय मत गंवाओ।

कृष्णमूर्ति का वक्तव्य बगावत का है। लेकिन ऐसा ही तो वक्तव्य किसी दिन अष्टावक्र का था। ऐसा ही वक्तव्य किसी दिन बुद्ध का था। ऐसा ही वक्तव्य किसी दिन कृष्ण का था। फिर उनके पीछे संप्रदाय बन गए। और ऐसे ही तो बुद्ध ने भी चाहा था कि कोई संप्रदाय न बने लेकिन फिर भी संप्रदाय बना। संप्रदाय से बचा नहीं जा सकता। बोले कि संप्रदाय बना। कहा कि संप्रदाय बना। शब्द में बांधा कि शास्त्र निर्मित हुआ।

चुप भी नहीं रहा जा सकता, क्योंकि जो मिला है वह प्रकट होना चाहता है। जो हुआ है, अभिव्यक्त होना चाहता है। मेघ घने हो गए हैं, बरसना चाहते हैं। फूल खिल

गया है, गंध लुटना चाहती है। नाच जन्मा है, प्राण थिरकना चाहते हैं। गीत गुनगुनाने की अनिवार्यता आ गई। जब गीत पैदा होता है तो गुनगुनाना ही पड़ता है। और जब तुमने गीत गुनगुनाया तो किसी न किसी का सिर हिलेगा, कोई न कोई प्रेम में पड़ेगा, संप्रदाय निर्मित हो जाएगा। फिर तुम लाख सिर धुनो, इससे कुछ फर्क नहीं पड़ता।

एक तहजीब है दोस्ती की
एक मियार है दुश्मनी का
दोस्तों ने मुरव्वत न सीखी
दुश्मनों को अदावत तो आए

एक स्तर है दोस्ती का, और एक स्तर होता है दुश्मनी का भी। तुम तो दोस्ती भी करते हो तो भी कुछ स्तर नहीं होता। सदगुरु दुश्मनी भी करते हैं तो भी एक स्तर होता है।

एक तहजीब है दोस्ती की
एक मियार है दुश्मनी का

एक दुश्मनी का भी तल है। एक दुश्मनी की भी खूबी है, रहस्य है।

एक तहजीब है दोस्ती की

एक संस्कृति है दोस्ती की, एक संस्कृति है दुश्मनी की भी।

एक मियार है दुश्मनी का
दोस्तों ने मुरव्वत न सीखी
दुश्मनों को अदावत तो आए

तुम तो गलत दोस्त चुन लेते हो, सदगुरु ठीक दुश्मन भी चुनते हैं। लड़ने का बड़ा मजा है। लेकिन खयाल रखना, अदावत की भी एक तहजीब है, एक संस्कृति है। अदावत सिर्फ अदावत ही नहीं है।

महावीर और बुद्ध के बीच जो संघर्ष हुआ उससे सदियां लाभान्वित हुई हैं। अगर महावीर चुप रहे होते, बुद्ध का खंडन न किया होता, बुद्ध अगर चुप रहे होते, महावीर का खंडन न किया होता तो बुद्ध और महावीर के वचनों में जो निखार है, जो पैनापन है वह नहीं हो सकता था। वह धार कहां से आती? संघर्ष धार लाता है।

जैसे तलवार पर धार रखनी हो तो चट्टान पर घिसनी पड़ती है। ऐसा जब बुद्ध और महावीर जैसे दो कगार टकरा जाते हैं तो दोनों में धार आती है। यह अदावत अदावत नहीं, यह किसी लंबे अर्थों में बड़ी गहरी मैत्री है। और यह अदावत किसी के अहित में नहीं। तुम शब्दों में मत पड़ जाना। तुम यह मत सोच लेना कि दोस्ती ही सदा शुभ होती है। तुम्हारी तो दोस्ती भी क्या खाक शुभ होती है! तुम्हारी तो दोस्ती में से भी अशुभ ही निकलता है। तुम्हारी दोस्ती में से भी शत्रुता ही तो निकलती है, और क्या निकलता है? ऐसी भी अदावत होती है कि दोस्ती निकले।

इल्मो-तहजीब तारीखो-मंतब
लोग सोचेंगे इन मसलों पर
जिंदगी के मुसक्कल कदे में
कोई अहदे-फरागत तो आए

ज्ञान और सभ्यता : इल्म-औ-तहजीब; तारीख-औ-मंतब : इतिहास और दर्शन; लोग सोचेंगे इन मसलों पर। लोग सोचते रहे हैं, सोचते रहेंगे।

जिंदगी के मुसक्कल कदे में
कोई अहदे-फरागत तो आए

यह जो जिंदगी का बंधा हुआ घर है, यह जो कारागृह जैसी हो गई जिंदगी...।

जिंदगी के मुसक्कल कदे में
कोई अहदे-फरागत तो आए

लेकिन कुछ अवकाश मिले इस श्रम से भरी जिंदगी में। कोई खाली रिक्त स्थान आए, जहां थोड़ी देर को हम जिंदगी के ऊपर उठ सकें; जहां थोड़ी देर हम जिंदगी के पार देख सकें। कोई झरोखा खुले।

ये सदगुरु सोच-विचार वाले लोग नहीं हैं। ये तो जिंदगी में थोड़े से झरोखे खोलते हैं। और जब तुम्हें किसी को अपने झरोखे पर बुलाना हो तो सिवाय इसके कोई उपाय नहीं कि वह कहे कि सब झरोखे व्यर्थ हैं। तुम कहां अटके हो? यह खुल गया झरोखा।

और खयाल रखना, यह करना ही पड़ेगा। क्योंकि लोग झरोखों पर अटके हैं। हो सकता है, झरोखे बंद हो चुके हों, समय ने झरोखे बंद कर दिए हों। हो सकता है, झरोखों पर धूल की पर्तें जम गई हों, सदियों ने धूल जमा दी हो, लेकिन लोग वहीं अटके हैं। जब कोई नया झरोखा खोलता है तो खयाल रखना, उसे उन्हीं लोगों में से अपने संगी-साथी खोजने पड़ते हैं, जो किन्हीं झरोखों पर पहले से अटके हैं। इसलिए आलोचना बिलकुल जरूरी हो जाती है।

समझो कि मैंने एक झरोखा खोला। जब मैंने झरोखा खोला तो कोई हिंदू था, कोई मुसलमान था, कोई ईसाई था, कोई जैन था, सब लोग पहले से ही बंटे थे। इनको बुलाओ कैसे? इनको पुकारो कैसे? अगर मैं यह कहूं कि जहां-जहां तुम खड़े हो, बिलकुल ठीक खड़े हो तो मैंने जो झरोखा खोला है—जो अभी ताजा है, कल उस पर भी धूल जम जाएगी। और ये लोग जिन झरोखों पर खड़े हैं, ये भी कभी ताजे थे, अब धूल जम गई है। अब वहां से कुछ भी दिखाई नहीं पड़ता। मगर खड़े हैं; पुरानी आदत के वश खड़े हैं। इनके बाप खड़े रहे, उनके बाप खड़े रहे, बाप के बाप खड़े रहे, ये भी खड़े हैं। क्यू में वहां आ गए हैं। क्यू सरकता-सरकता आ गया है, वे भी उसी में लगे-लगे झरोखे पर आ गए हैं।

कुछ दिखायी नहीं पड़ता तो सोचते हैं, अपनी आंख में खराबी होगी। हमारे पिता को दिखाई पड़ता था, पिता के पिता को दिखाई पड़ता था, पुरखों को दिखाई पड़ता था। हमको नहीं दिखाई पड़ता है, हमारा कोई पाप, कोई कर्म, आंख पर कोई गड़बड़, हम अंधे होंगे, जीवन में कुछ बुराई होगी। चरित्र को सुधारेंगे, नीति को बदलेंगे तब दिखाई पड़ेगा। समय आएगा, प्रभु की कृपा होगी, तब दिखाई पड़ेगा। ऐसे अपने को समझाते हैं और अंधे की तरह खड़े हैं। और झरोखे पर सदियों की धूल जमी है।

जब मैंने नया झरोखा खोला तो और सारे लोग तो बंटे थे। इनको पुकारने का क्या उपाय था? इनको पुकारने का एक ही उपाय था कि तुम जहां खड़े हो वहां से सत्य का दर्शन नहीं होगा। तुम आ जाओ, जहां मैं खड़ा हूं। नया झरोखा खुला है। नया झरना खोदा है। तुम आओ और पी लो और तृप्त हो जाओ।

और जल्दी ही यहां भी धूल जम जाएगी। तुम जो मेरे पास आए हो, तुमने तो चुनाव किया है। तुम्हारे बच्चे क्यू में लगे आएंगे। तुम संन्यास ले लेते हो, तुम्हारा छोटा बच्चा भी संन्यास लेने को आतुर हो जाता है—सिर्फ अनुकरण करने के लिए। जब पिता ने ले लिया, मां ने ले लिया तो वह भी गैरिक वस्त्र पहनना चाहता है। वह भी माला डालना चाहता है।

छोटे बच्चे तो अनुकरण करने में बड़े कुशल होते हैं। वे भी क्यू में खड़े हो जाते हैं। तुम तो मेरे आकर्षण से आए हो। तुमने तो चुनाव किया है। तुमने तो साहस किया, हिम्मत जुटाई। तुम तो कोई झरोखा छोड़ कर आए हो। तुम हिंदू थे, मुसलमान थे, जैन थे, ईसाई थे, तुम कोई तो थे ही। तुम किसी झरोखे पर खड़े थे, किसी शास्त्र को पकड़े थे। तुमने कुछ त्याग किया है। तुम कुछ छोड़ कर आए हो। तुमने कुछ सुविधाएं छोड़ी हैं। तुमने असुविधा हाथ में ली है। तुमने सुरक्षा छोड़ी है, असुरक्षा चुनी है। तुमने हिम्मत की है। तुम अज्ञात में उतरने का साहस किए हो। तुमने एक अभियान किया है।

लेकिन तुम्हारा बच्चा तो तुम्हारे पीछे, तुम्हारे अंगरखे को पकड़े चला आया है। जब मैं जा चुका होऊंगा और इस झरोखे पर धूल लगने लगेगी और तुम भी जा चुके होगे और धूल की पर्तें जम जाएंगी तब भी तुम्हारा बेटा यहीं खड़ा रहेगा। वह कहेगा, हमारे पिता को दिखाई पड़ता था। अगर मुझे दिखाई नहीं पड़ता तो मेरी कोई भूल होगी। तो अपनी भूल सुधारूं। मेरा संन्यास सच्चा न होगा। मेरा ध्यान पक्का न होगा। तो अपनी भूल सुधारूं। और उसके भी बेटे उसके पीछे रहेंगे। और बेटों के बेटे, और बेटों के बेटे—धीरे-धीरे पर्तें जमती जाएंगी। समय हजार धूलें जमा देगा।

हजार साल बाद किसी की जरूरत होगी कि कोई नया झरोखा खोले और तुम्हें पुकारे कि तुम कहां खड़े हो? वहां कुछ भी नहीं है, दीवाल है। और मैं तुमसे कहता हूं, वह ठीक ही करेगा। उस वक्त जो मेरे झरोखे पर खड़े हुए पुरोहित बन गए होंगे वे

नाराज होंगे। वे शोर-गुल मचाएंगे, क्योंकि उनके आदमी हटने लगेंगे। वे कहेंगे, यह निंदा, आलोचना सदगुरु करते ही नहीं। यह कैसी बात?

हम भी ठीक, तुम भी ठीक, ऐसा पुरोहित कहते हैं। क्योंकि पुरोहित राजनीति में है। वह कहता है, तुम्हारे आदमी तुम्हारे पास रहें, हमारे आदमी हमारे पास रहें। हम भी ठीक, तुम भी ठीक। न तुम हमारे आदमी छीनो, न हम तुम्हारे आदमी छीनें। ऐसा समझौता है। ऐसा षडयंत्र है। और जब कोई सदगुरु पैदा होगा तो वह चिल्ला कर कहेगा कि छोड़ो सब झरोखे। नई रोशनी उतरी है, आओ। मैं नया पैगाम ले आया, नया पैगंबर आया हूं, आओ। तब नाराजगी होगी।

इन झरोखों पर खड़े हुए जो पंडित-पुरोहित हैं वे भी सदगुरुओं का दावा करते हैं कि वे भी सदगुरु हैं। वे सिर्फ पुरानी साख पर जी रहे हैं। तुम जाओ, देखो अपने जैन मुनि को, पुरी के शंकराचार्य को, वेटिकन के पोप को। जीसस ने जो साख पैदा की थी उसके आधार पर दो हजार साल बीत गए हैं, पोप उसी आधार पर जी रहा है। पोप के जीवन में जीसस जैसा कुछ भी नहीं है। कोई रोशनी नहीं है। लेकिन अब प्रतिष्ठा है। पुरानी दुकान है, दुकान की प्रतिष्ठा है। नाम भी बिकता है न दुकान का! पुरानी दुकान की तख्ती लगा लो तो बिक्री चलती है। साख पैदा हो जाती है, क्रेडिट पैदा होती। दो हजार साल पुराना, तो दो हजार साल की क्रेडिट है। और सबसे पहले जीसस का स्मरण अभी तक ताजा है।

हिंदू खड़े हैं, शंकराचार्य हैं पुरी के। एक हजार साल पुरानी...आदि शंकराचार्य ने जो विरासत पैदा की थी उसका सहारा है।

कृष्णमूर्ति के पास तो कोई सहारा नहीं। मेरे पास तो कोई सहारा नहीं। हम किसी पुरानी दुकान के मालिक नहीं हैं। हमें तो चिल्ला कर कहना होगा कि ये सब गलत हैं। और जब हम चिल्ला कर कहेंगे, ये सब गलत हैं, तो हिंदू भी नाराज होगा, मुसलमान भी नाराज होगा, ईसाई भी नाराज होगा। स्वभावतः नाराज बहुत लोग हो जाएंगे। क्योंकि सभी पंडे-पुरोहित नाराज होंगे। और उन दुकानों पर बैठे हुए जो लोग सदगुरु होने का धोखा खा रहे हैं और धोखा दे रहे हैं वे भी नाराज होंगे।

और स्वभावतः तुम्हें लगेगा कि जिस आदमी का हिंदू गुरु भी विरोध करते हैं, मुसलमान गुरु भी विरोध करते हैं, ईसाई गुरु भी विरोध करते हैं, यहूदी गुरु भी विरोध करते हैं, जैन गुरु भी विरोध करते हैं, वह ठीक कैसे हो सकता है! लेकिन मैं तुमसे कहता हूं, इसको तुम कसौटी समझना। जब पुरानी सारी दूकानें किसी एक आदमी का विरोध करें तो खयाल रखना, उस आदमी में कुछ होगा। नहीं तो इतने लोग विरोध न करते। कुछ होगा प्रबल आकर्षण। क्योंकि पुराने सायेदार, पुराने सरमायेदार, पुराने ठेकेदार घबड़ा गए हैं, बेचैन हो गए हैं।

कांप उठें कसरेशाही के गुंबद
थरथराए जमीं मोबदों की
कूचागर्दों की वहशत तो जागे
गमजदों को बगावत तो आए
कांप उठें कसरेशाही के गुंबद
राजमहलों की मीनारें कांप जाएं। मंदिरों-मस्जिदों की मीनारें कांप जाएं।
थरथराए जमीं मोबदों की
और मंदिरों की जमीन, मस्जिदों की जमीन थरथराए।
कूचागर्दों की वहशत तो जागे

और गलियों में जो आवारा घूम रहे हैं, जीवन की गलियों में जो आवारा भटक रहे हैं—

कूचागर्दों की वहशत तो जागे
उनकी नींद तो टूटे किसी तरह।
गमजदों को बगावत तो आए

और ये दुखी लोग किसी तरह विद्रोही बनें। इसलिए आलोचना है; निंदा जरा भी नहीं।

दूसरा प्रश्न भी पहले से संबंधित है:
यदि दो सदगुरु एक-दूसरे की निंदा और आलोचना करें तो शिष्यों को क्या समझना चाहिए?

यदि तुम शिष्य हो तो तुम जो तुम्हारे हृदय से मेल खा जाए उसे चुन लोगे और चल पड़ोगे। तुम इसकी फिर चिंता ही न करोगे कि किसने आलोचना की। तुम फिर जिसने आलोचना की है उसका विरोध भी न करोगे। तुम हो कौन निर्णय करने वाले! शिष्य और निर्णय करे कि कौन सदगुरु है, कौन सदगुरु नहीं है? बात ही मूढ़ता की है।

यह तो अंधा निर्णय करने लगा कि किसको दिखाई पड़ता और किसको नहीं दिखाई पड़ता। अंधा कैसे निर्णय करेगा, किसको दिखाई पड़ता है, किसको नहीं दिखाई पड़ता? अंधे को इतना ही जानना चाहिए कि मुझे दिखाई नहीं पड़ता। अब मुझे जिससे दोस्ती बन गई हो, उसका हाथ पकड़ कर चल जाना चाहिए। और अपने अनुभव से देख लेना चाहिए कि इस आदमी के साथ चलने से गड्ढों में गिरना तो नहीं होता? इस आदमी के साथ चलने से रास्ते पर टकराहट तो नहीं होती? इस आदमी के साथ चलने से हाथ-पैर तो नहीं टूटते?

ऐसा अनुभव में आने लगे तो समझना कि इस आदमी के पास आंखें होंगी, यह तुम्हारा अनुमान ही होगा। लेकिन यह अनुमान धीरे-धीरे तुम्हारे अनुभव से प्रमाणित होता जाएगा। और ऐसे साथ-साथ चल कर एक दिन तुम्हारी अपनी आंख भी खुल जाएगी।

और शिष्य का अर्थ यही होता है कि जिसने अपना हृदय किसी को दे दिया। जिसने हृदय दे दिया है वह तो मजे से सुन लेगा। अगर तुम कृष्णमूर्ति को सुनने जाओ और वे मेरी आलोचना करते मिलें और तुम नाराज हो जाओ तो तुमने मुझे अभी ठीक से चुना नहीं। क्योंकि तुम्हारी नाराजगी सिर्फ इतना ही बताती है कि अभी भी तुम डांवाडोल हो जाते हो। अगर तुम कृष्णमूर्ति को चुन लिंए हो और मेरे पास आओ, मैं उनकी आलोचना करूं और तुम क्रोधित हो जाओ तो तुम्हारा क्रोध इतना ही बताता है कि तुमने हृदयपूर्वक कृष्णमूर्ति को नहीं चुना। तुम्हें अभी डर है कि अगर मेरी बातों को तुमने सुना तो शायद तुम अपना पंथ बदल लो। उसी डर को बचाने के लिए तुम क्रोधित हो जाते हो। अगर तुमने ठीक से चुन लिया है, तुम शांति से और आनंद से मेरी बात सुन लोगे। तुम मेरी बात में से भी कुछ खोज लोगे जिससे तुम्हारे हृदय की बात ही परिपुष्ट होगी।

दिल उसको पहले ही नाजो-अदा से दे बैठे
हमें दिमाग कहां हुस्न के तकाजे का?

पूछने का समय कहां मिलता है, सुविधा कहां है कि तुम सुंदर हो या नहीं।

दिल उसको पहले ही नाजो-अदा से दे बैठे

पहले ही देखने में, पहले ही दर्शन में बात हो गई। गंवा बैठे अपने को। अब चुनाव का कोई उपाय न रहा।

और इसलिए मैं कहता हूं, यह अच्छा ही है कि सदगुरु एक-दूसरे की आलोचना करते हैं। इससे जो कच्चे घड़े हैं वे फूट जाते हैं और उनसे झंझट छूट जाती है। अगर समझो कि कृष्णमूर्ति का कोई कच्चा घड़ा यहां आ जाए तो कृष्णमूर्ति की झंझट छूटी। मेरा कोई कच्चा घड़ा वहां पहुंच जाए, मेरी झंझट छूटी। तो पके घड़े ही बचते हैं, कच्चे यहां-वहां चले जाते हैं। अच्छा ही है। जितने जल्दी चले जाएं उतना अच्छा है। सदगुरु का अर्थ क्या होता है?

तुम्हें पहले पहल देखा तो दिल कुछ इस तरह धड़का
कोई भूली हुई सूरत मुझे याद आ गई जैसे

सदगुरु का अर्थ होता है, जिसके पास, जिसको देख कर तुम्हें अपनी भूली स्मृति आ गई। जिसकी आंखों में तुम्हें अपनी आंखें दिखाई पड़ गईं। जिसकी वाणी में तुम्हें अपने भीतर का दूर का संगीत सुनाई पड़ गया। जिसकी मौजूदगी में तुम्हें जैसा

होना चाहिए इसकी तुम्हें याद आ गई। तुम जो हो सकते हो, तुम्हारी जो संभावना है वह बीज फूटा और अंकुरित होने लगा।

तुम्हें पहले पहल देखा तो दिल कुछ इस तरह धड़का
कोई भूली हुई सूरत मुझे याद आ गई जैसे

यह कोई दिमाग और बुद्धि का निर्णय नहीं है सदगुरु, यह तो हृदय की बात है। यह तो प्रेम में पड़ जाना है। यह तो एक तरह का मतवालापन है।

एक बार तुम शिष्य बन गए...और जब तुम शिष्य बनते हो तो खयाल रखना, अगर बुद्धि से बने तो तुम टूटोगे; आज नहीं कल छूटोगे। बुद्धि से बने तो कोई भी आलोचना तुम्हें अलग कर देगी। हृदय से बने तो कोई आलोचना तुम्हें अलग न कर पाएगी; हर आलोचना तुम्हें और मजबूत कर जाएगी। हर तूफान और आंधी तुम्हारी जड़ों को और जमा जाएगी। हर चुनौती तुम्हारे हृदय को और भी मजबूत, दृढ़ कर जाएगी। चुनौतियों में ही तो पता चलेगा कि जड़ें भी हैं या नहीं!

सदगुरु का अर्थ होता है कि तुम तो मिटे, अब वही बचा। फिर तो तुम्हारी श्वास-श्वास में वही प्रविष्ट हो जाता है।

रात भर दीदाए-नमनाक में लहराते रहे
सांस की तरह से आप आते रहे जाते रहे

रात है अभी। सोए हो तुम। जागने में समय लगेगा। सदगुरु का अर्थ है, नींद में ही जिसका हाथ पकड़ लिया। अब जो तुम्हारी श्वासों की श्वास हो गया। अब कोई लाख निंदा करे, लाख आलोचना करे, लाख विरोध करे, कुछ अंतर न पड़ेगा। अंतर पड़ जाए तो भी अच्छा। तो तुम किसी और को चुन लेना। शायद तुमने जिसे चुन लिया था उससे हृदय मेल नहीं खाया था।

और असली सवाल तो सत्य पर पहुंचना है। तुम किसको चुन कर पहुंचते हो यह बात गौण है। तुम यात्रा बैलगाड़ी से करते हो, कि रेलगाड़ी से, कि मोटर गाड़ी से, कि हवाई जहाज से, कि पैदल जाते हो, यह बात फिजूल है। तुम पहुंच जाओ सत्य पर।

तो मैं तुमसे कहता हूं, एक सदगुरु की दूसरे सदगुरु की आलोचना बड़ी हितकर है, कल्याणकारी है। जो उसमें डांवांडोल हो जाता है, उसके भी लाभ में है, जो उसमें मजबूती से जम जाता है, उसके भी लाभ में है। वह जो अंधड़ उठता है आलोचना से, उसमें जो उखड़ गया वह इतना ही कहता है कि अभी हमारी यहां जड़ें न थीं, कहीं और जड़ें जमाएंगे। ठीक ही हुआ। जल्दी झंझट मिटी। कहीं और जड़ें जमा लेंगे। कोई और भूमि हमारी भूमि होगी।

जो उस अंधड़ में और जम कर खड़ा हो गया वह बलवान हो गया। उसने कहा, अब अंधड़ भी आएं तो कोई फर्क नहीं पड़ता। अब कोई सदगुरु से मुझे अलग न कर

सकेगा। लेकिन तुम हो कमजोर। तुम ऐसे अधूरे-अधूरे, कुनकुने-कुनकुने हो। जरा किसी ने आलोचना कर दी, तुम चारों खाने चित्त! किसी ने कुछ कह दिया तुम्हारे गुरु के खिलाफ, तुम्हें भी बात जंचने लगी। उसी लिए तो तुम नाराज हो जाते हो।

नाराज होने का कारण क्या है? किसी ने कह दिया खिलाफ, तुम्हें भी जंचने लगा कि बात तो ठीक है। अब तुम घबड़ाए। वह जो जड़ें उखड़ने लगीं, तो तुम घबड़ाए। तुम उस आदमी को दुश्मन की तरह देखने लगे। यह सुरक्षा कर रहे हो तुम। नहीं, ऐसी सुरक्षा की कोई जरूरत नहीं। जाओ। घूमो। सुनो, समझो। बहुतों को सुनकर ही तुम अगर मेरे पास वापस लौट आओगे तो ही आए। तुमने किसी को सुना नहीं, आलोचना नहीं सुनी मेरी, मेरा विरोध नहीं सुना और इसलिए तुम यहां बने हो, यह बना होना कुछ बहुत काम का नहीं होगा।

शिष्यों को आलोचना से भी लाभ ही होता है। शिष्य को किसी चीज से हानि होती ही नहीं। जो झुक गया है हृदयपूर्वक, वह हर चीज से लाभान्वित होता है।

तीसरा प्रश्न : कैसा है यह अहंकार! जब-जब मैंने इसे तोड़ने की कोशिश की तब-तब वह बड़ी बेशर्मी के साथ मुझ पर हावी होकर अट्टहास करता रहा। अब और नहीं लड़ा जाता इससे प्रभु!

तो मैंने तो तुमसे कहा भी नहीं कि तुम लड़ो। यही तो मैं कह रहा हूं कि अहंकार से लड़ना मत, अन्यथा तुम कभी जीतोगे न। क्योंकि तुम सोचते हो, तुम अहंकार से लड़ रहे हो, असल में जो लड़ रहा है वही अहंकार है, इसलिए जीत हो नहीं सकती।

कौन लड़ रहा है यह? यह कौन है जो अहंकार पर विजय पाना चाहता है! यह विजय पाने की आकांक्षा ही तो अहंकार है। पहले तुम संसार पर विजय पाना चाहते थे, अब आत्मविजय पाना चाहते हो। मगर विजय का नशा चढ़ा है। जीत कर रहोगे। पहले दुनिया को हराना चाहते थे, अब अपने को हराने में लगे हो। मगर जीतना है। भीतर तुम्हारे जो जीतने का रोग है वही तो अहंकार है।

अब तुम कहते हो, 'कैसा है यह अहंकार! जब-जब मैंने इसे तोड़ने की कोशिश की तब-तब वह बड़ी बेशर्मी के साथ मुझ पर हावी होकर अट्टहास करता रहा।'

वह जो तोड़ने की कोशिश कर रहा है, वही अहंकार है। इसीलिए तो बेशर्मी के साथ अट्टहास जारी रहा, जारी रहेगा। तुम समझे ही नहीं बात। अहंकार से लड़ कर कोई कभी जीता नहीं, अहंकार को समझ कर। और तब भी मैं यह नहीं कहता कि तुम जीत जाओगे। क्योंकि अहंकार को समझा तो अहंकार है ही नहीं; जीतने

को कुछ बचता नहीं। जरा आंख को गौर से गड़ाओ अहंकार पर। यह हारने-जीतने का पागलपन छोड़ो। पहले समझो कि यह अहंकार है क्या! है भी? पहले पक्का तो कर लो। जिस दुश्मन से लड़ने चले हो वह मौजूद भी है? कहीं ऐसा तो नहीं कि रात के अंधेरे में छायाओं से लड़ना शुरू कर दिया? टंगा है लंगोट रस्सी पर, सोच रहे हैं भूत खड़ा है। उससे लड़ने लगे। हारोगे। हार निश्चित है। मुश्किल में पड़ जाओगे। पहले रोशनी जला कर ठीक से देख तो लो, कहीं लंगोट भूत-प्रेत का भ्रम तो नहीं दे रहा?

और जिन्होंने भी रोशनी जला कर देखा, उन्होंने पाया कि अहंकार नहीं है। अहंकार है ही नहीं, इसीलिए उस पर जीतना मुश्किल है। जो होता तो जीत भी लेते। जो है ही नहीं उसको जीतोगे कैसे? अगर अंधेरे से लड़े तो हारोगे क्योंकि अंधेरा है ही नहीं। प्रकाश से लड़ो तो जीत भी सकते हो क्योंकि प्रकाश है। बुझा सकते हो प्रकाश को। जला सकते हो प्रकाश को। अंधेरे का क्या करोगे? न जला सकते, न बुझा सकते, न हटा सकते।

तुमने देखा? कितने अवश हो जाओगे। छोटी सी कोठरी में अंधेरा भरा है, तुम धक्के दे-दे कर बाहर निकालो। एक दिन हारोगे, थकोगे, अपने आप परेशान हो जाओगे। और तब तुम्हें ऐसा लगेगा कि अंधेरा बड़ा शक्तिशाली है। देखो, मैं कितना लड़ता हूं, फिर भी हार रहा हूं। सचाई उलटी है; अंधेरा है ही नहीं इसलिए तुम हार रहे हो। अंधेरा होता तो कोई उपाय बन जाता। दंड-बैठक लगा लेते, व्यायाम कर लेते, योगासन करते, और दस-पांच पहलवानों को ले आते, मित्रों को निमंत्रित कर लेते, नौकर-चाकर रख लेते। धक्का देकर निकाल ही देते। तलवारें ले आते, कुछ कर लेते।

लेकिन अंधेरा हो तो तलवार काम करे। तलवार घूम जाएगी, अंधेरा नहीं कटेगा। जो है ही नहीं उसे काटोगे कैसे? अंधेरे के साथ एक ही काम किया जा सकता है: रोशनी जला कर देखो। रोशनी जला कर देखा, तुम पाओगे अंधेरा है ही नहीं, न कभी था। रोशनी का अभाव अंधेरा है।

ध्यान का अभाव अहंकार है। इसलिए तुम अहंकार से मत लड़ो, तुम ध्यान को जलाओ। तुम ध्यान को जगाओ। तुम थोड़े शांत बैठ कर देखने की क्षमता जुटाओ, दर्शन की पात्रता बनाओ। और तुम एक दिन पाओगे, अहंकार नहीं है। तब तुम हंसोगे। अभी अहंकार अट्टहास कर रहा है, तब तुम हंसोगे कि अच्छा पागल था मैं भी। उससे लड़ता था, जो नहीं है।

चौथा प्रश्न : जिस आकाश का अथक वर्णन आप बार-बार करते हैं उसी आकाश के साथ बार-बार घुल-मिल कर एक होने के बाद भी तृप्ति क्यों नहीं मिलती? बाह्य जगत में तो हर तरह की तृप्ति है, हर बात की तृप्ति, लेकिन अंतस में एक अतृप्ति हर क्षण है कि कुछ छूटा-छूटा है, कुछ और है जो अभी जाना न जा सका। कुछ और आगे...कुछ और आगे की प्यास बढ़ती ही जाती है। जितना ही आपका प्रसाद पाता हूं उतनी ही प्यास बढ़ती जाती है।

जीवन के संक्रांति-क्षण में, जब तुम बाहर से भीतर की तरफ मुड़ते हो तो ऐसी घटना घटती है। वह जो बाहर की अतृप्ति थी वह भीतर संलग्न हो जाती है। पहले धन था, और चाहिए था। पद था, और बड़ा चाहिए था। मकान था, महल बनाना था। तुम्हारी अतृप्ति बाहर लगी थी। अब तुमने बाहर से मन मोड़ा तो बाहर तो तृप्ति हो गई। खयाल करो, पहले भीतर कोई अतृप्ति न थी, भीतर तृप्ति थी, बाहर अतृप्ति थी। अब तुमने संयोजन बदल दिया। तुमने भीतर की तरफ मन मोड़ा। तुमने कहा, भीतर जो है उसे जानना। प्रभु को पहचानना, आत्मा को खोजना, सत्य के दर्शन करने हैं, मोक्ष पाना। तुमने अतृप्ति भीतर की तरफ मोड़ ली तो तृप्ति बाहर चली गई। वे एक ही सिक्के के दो पहलू हैं।

जैसे सिक्के को हाथ में रखा था, ऊपर सिक्के का पहला पहलू था, समझो कि सम्राट की तस्वीर थी, और पीछे दूसरा पहलू था। अब तुमने सिक्का उलट लिया। तस्वीर उस तरफ चली गई सिक्के का उल्टा हिस्सा आंख के सामने आ गया। तृप्ति-अतृप्ति एक सिक्के के दो पहलू हैं।

पहले तुम बाहर अतृप्त थे तो भीतर तृप्ति थी। संसारी आदमी को भीतर कोई अतृप्ति होती ही नहीं। वह कभी सोचता ही नहीं कि आत्मा मिले, कि और आत्मा मिले, कि सत्य मिले कि और सत्य मिले। वह तो जो लोग सत्य इत्यादि की बात करते हैं, वह बड़ा चौंकता है, इनको हो क्या गया?

पश्चिम के एक बहुत बड़े विचारक जान विसडम ने अपने एक वक्तव्य में कहा है कि जो आदमी भी दर्शनशास्त्र और धर्मशास्त्र के प्रश्न उठाए, समझो कि इसका दिमाग खराब हो गया है।

कल मैं उनका वक्तव्य पढ़ रहा था। मजेदार वक्तव्य है। और उनका नाम है जान विसडम! और ऐसा बुद्धिहीन वक्तव्य दिया है। कहा है कि उसका दिमाग खराब हो गया है और उसे समझाने-बुझाने की बजाय मनो-चिकित्सालय में ले जाकर इलाज करना चाहिए।

ऐसा लगता है ठीक ही है। ऐसा अधिक लोगों को लगता है। अब जो आदमी धन के पीछे दौड़ रहा है उसे तुम कहो कि मुझे तो आत्मा पानी है। तो वह कहेगा कि

होश ठीक है? कहां के चक्कर में पड़ रहे हो? दिमाग खराब हो गया? यह छोड़ो पागलों के लिए। सुध-बुध में आओ, व्यावहारिक बनो। यह क्या कर रहे हो?

या तुम कहो कि मुझे तो ईश्वर खोजना है तो लोग हंसेंगे। कि मैं तो ईश्वर के दर्शन पाकर रहूंगा। तुम रोने-गाने लगो तो उनको बड़ी चिंता पैदा होगी कि अब क्या करना? इलाज करवाना या क्या करना! अब ईश्वर कैसे मिलता है? सीधी-सीधी बातें करो कि दिल्ली जाना है। चुनाव करीब आ रहे हैं, दिल्ली जाओ। चुनाव लड़ लो, मिनिस्टर बनो, चीफ मिनिस्टर बनो, प्राईम मिनिस्टर बनो, राष्ट्रपति बन जाओ। इतना सब कुछ पड़ा है फैलाव, तुम कहां की ईश्वर की बातें कर रहे हो? किसने देखा? किसने सुना? यह तुम पागलों के लिए छोड़ दो।

तो जब तुम्हारी अतृप्ति बाहर लगी होती है तो भीतर तुम तृप्त होते हो। भीतर की तुम्हें चिंता ही नहीं होती। भीतर कोई उपद्रव ही नहीं होता। फिर तुमने बदला। संक्रांति का क्षण।

संन्यास यानी संक्रांति। संन्यास यानी तुमने सारा रूप बदला। तुमने कहा, अब भीतर चलें। देख लिया बाहर, नहीं कुछ पाया। या जो पाया, व्यर्थ था। जिसको धन समझा, कूड़ा-कर्कट हुआ; जिसको प्रेम समझा वह सिर्फ मन की कल्पनाओं का जाल था, सपने थे। टूट गए सपने।

तुम बाहर से ऊबे, तुम भीतर आए। लेकिन हुआ क्या, अब जो अतृप्ति बाहर लगी थी वह भीतर लग गई। अब तुम कहते, और ध्यान, और ध्यान...और समाधि। इसके भी आगे—परमात्मा मिले, मोक्ष मिले, निर्वाण मिले। और आगे क्या है? अब तुम दौड़े। अब तुम बड़े मकान भीतर बनाने लगे।

अब भीतर तुम्हें तृप्ति नहीं है। बाहर अब तृप्ति है। तुम कहते हो, बाहर अब तृप्ति है। कल तक बाहर तृप्ति नहीं थी। और बाहर की स्थिति अभी भी पहले जैसी है, संन्यास लेने से थोड़ी बिगड़ भला गई हो, सुधर तो नहीं सकती। बाहर की स्थिति अब भी पहले जैसी है, लेकिन बाहर तृप्ति है।

तुम थोड़ा समझो।

स्थिति से तृप्ति का कोई संबंध नहीं है। क्योंकि बाहर सब वैसे का वैसा है। वही पत्नी है, वही घर है, वही नौकरी है, वही दुकानदारी है—शायद पहले से कुछ अस्तव्यस्त हो गई हो। क्योंकि अब यह नया जो काम शुरू हुआ है, यह भी तो शक्ति लेगा न! तो ग्राहक कम आते हों।

बचपन में मैं अपने पिता की दुकान पर बैठता था। तो मेरे काका हैं, वे कवि हैं, तो मैं बड़ा हैरान होता। मैं उनको देखता रहता। कोई ग्राहक दुकान पर आए तो वे उसको धीरे से इशारा कर देते कि आगे चला जा। और मुझसे कहते, किसी को बताना

मत। मैं पूछता, बात क्या है? वे कहते, अभी कोई एक कड़ी उतर रही है। अभी यह ग्राहक कहां बीच में आ रहा है!

धीरे-धीरे सबको पता चल गया कि जब भी वे दुकान पर बैठते हैं तो कोई बिक्री होती ही नहीं। यह बात क्या है? कोई और बैठता है तो बिक्री होती है। फिर ग्राहक भी शिकायत करने लगे आकर कि यह मामला क्या है? किसको दुकान पर बिठाला हुआ है? हम कुछ लेने आते हैं, और इशारा करते हैं कि आगे। जैसे हम कोई मांगने आए हों। ग्राहक को लोग बुलाते हैं कि आइए, विराजिए, बैठिए। पान-सुपारी देते। ये हाथ से इशारा करते हैं और कहते आवाज भी मत करो, चुपचाप निकल जाओ। यह बात क्या है?

अब जो कवि है उसके लिए दुकान बड़ी अड़चन है। अब यहां कोई कड़ी उतर रही है। अब कड़ियों को कोई पता थोड़े ही है कि अभी ग्राहक आ रहा है! कड़ी जब उतर रही, जब उतर रही। अब उनको कुछ गुनगुनाहट आ रही और ये सज्जन आ गए। अब ये उनको जमीन पर खींच रहे हैं। एक साड़ी खरीदना है, कपड़ा खरीदना है, यह करना है, वह करना है। अब उनको दाम बताओ...इतने में तो सब खो जाएगा।

अब तुम संन्यस्त हो गए तो दुकान पर बैठे-बैठे ध्यान लग जाएगा। काम करते-करते भीतर की तल्लीनता पैदा होने लगेगी। तो बाहर की हालत सुधरेगी, यह तो है ही नहीं; थोड़ी बिगड़ भला जाए। यह तुम भीतर की तरफ मुड़ने लगे तो बाहर तो हालत थोड़ी डांवाडोल होने वाली है।

मेरे पास लोग आते हैं, वे कहते हैं, अगर ध्यान करेंगे तो सुख-सुविधा बढ़ेगी? कुछ पक्का नहीं है। भीतर तो कुछ होगा लेकिन बाहर का मैं कुछ कह सकता नहीं। बढ़े, घट जाए, न बढ़े, जैसी है वैसी रहे, हजार संभावनाएं हैं। कोई वचन देकर मैं तुम्हें आश्वासन नहीं दे सकता। हां, भीतर रस उमगेगा। भीतर खूब वर्षा होगी। बाहर का मैं कुछ कह सकता नहीं।

वे बड़े परेशान होते हैं। वे कहते हैं, महर्षि महेश योगी तो कहते हैं कि जो ध्यान करेगा, खूब सुख-संपत्ति भी बढ़ती है। तो मैंने कहा, तुम्हें सुख-संपत्ति बढ़ानी हो तो तुम कहीं और किसी को खोजो। मैं तुम्हें यह वायदा नहीं कर सकता। क्योंकि यह वायदा बुनियादी रूप से झूठ है।

और अगर कोई ध्यान ऐसा हो जो बाहर की सुख-संपत्ति बढ़ाता हो तो वह ध्यान नहीं है। या तो यह वायदा झूठ है या वह ध्यान ध्यान नहीं है। दो में से कुछ एक ही होगा। क्योंकि जिसका अंतस-जगत की तरफ प्रवाह होना शुरू हो गया, बाहर के जगत में थोड़ी-बहुत अड़चन आएगी।

तुम कहते हो कि बाहर खूब तृप्ति है, अब हर बात की तृप्ति है। जिसने पूछा है, मैं जानता हूं उनके पास कुछ ज्यादा नहीं, लेकिन अब बाहर तृप्ति है। कल तक भीतर तृप्ति थी, आज बाहर तृप्ति है। भीतर अतृप्ति है।

तुम समझो। अतृप्ति के इस स्वभाव को समझो। जैसे बाहर से इसको छोड़ दिया ऐसे ही भीतर से भी छोड़ दो। इस सिक्के को ही फेंको। यह तृप्ति-अतृप्ति की भाषा ही जाने दो। तुम तो इस क्षण में मगन हो रहो। तृप्ति-अतृप्ति का तो अर्थ ही यह है कि कल...कल और ज्यादा होगा तब।

मैं तुमसे कहता हूं अभी, अभी, कल कभी नहीं। कल कभी आता ही नहीं। या तो अभी, या कभी नहीं। इस क्षण को जीयो।

लेकिन तुम मेरी बातें भी सुनते हो तो भी मेरी बातें तुम्हारे भीतर जाकर नई अतृप्ति का कारण बन जाती हैं। तुम्हें और जोर से दौड़ पैदा होती है, और ज्वर चढ़ता है कि हे प्रभु! जल्दी मिलना हो।

नहीं, मिलना होगा। मिलन अभी हो सकता है, यह 'जल्दी' जानी चाहिए। और ज्यादा का भाव जाना चाहिए। जिस दिन तुम्हारा और ज्यादा का भाव चला जाएगा उसी दिन और ज्यादा मिलता है, उसके पहले नहीं।

और तुम मंजिल की बहुत फिकर मत करो। यात्रा बड़ी सुखद है। नहीं देखते? नहीं अनुभव में आता? यात्रा बड़ी सुखद है। ध्यान अपने में सुखद है, तुम समाधि की चिंता छोड़ो। प्रेम अपने में सुखद है, तुम और क्या चाहते हो?

रहरवे-राहे-मुहब्बत रह न जाना राह में
लज्जते-सहरानवर्दी दूरि-ए-मंजिल में है
हे प्रेममार्ग के पथिक! राह में रह मत जाना।
लज्जते-सहरानवर्दी दूरि-ए-मंजिल में है

वह जो दूर की मंजिल है उसमें थोड़े ही रस है। वह जो दूर की मंजिल की तरफ जाने वाला मार्ग है, वह जो जंगल में घूमना है, उसमें ही आनंद है। लज्जते-सहरानवर्दी—वह जो जंगल में घूमने का आनंद है। दूर की मंजिल तो सिर्फ बहाना है जंगल में घूमने के लिए।

समाधि तो बहाना है ध्यान के लिए। तुम उसको लक्ष्य मत बना लेना। वह तो सिर्फ खूंटी है ध्यान को टांगने के लिए। तुम कहीं ऐसा मत सोचने लगना कि समाधि मिलेगी तब हम आनंदित होंगे। अभी तो ध्यान ही कर रहे हैं। अभी तो ध्यान ही चल रहा है। तो ध्यान में भी रस न आएगा। और ध्यान में रस न आया तो समाधि कभी पकेगी नहीं। तुम ध्यान को इस तरह लेना, जैसे कहीं जाना नहीं है।

तुम मुझे सुन रहे हो, तुम दो तरह से सुन सकते हो। या तो इस तरह कि मन में नोट कर रहे हो कि काम-काम की बातें नोट कर लें, जिनका अपन उपयोग करेंगे; और जिनके द्वारा जल्दी से जल्दी परमात्मा को पा लेंगे। एक तो इस तरह का सुनना है। यह दुकानदार का सुनना है। यह गणित का सुनना है। और जिंदगी में गणित काम नहीं आते।

मैं अंग्रेजी स्कूल में भर्ती हुआ था और गणित के हमारे शिक्षक थे, वे बड़े पक्के गणित के आदमी थे। गणित ही उनकी दृष्टि थी। मेरी उनसे अक्सर झंझट हो जाती थी। और अक्सर मुझे उनकी कक्षा में तो क्लास के बाहर ही खड़ा रहना पड़ता था। क्योंकि जैसे ही मैं खड़ा होता, वे कहते तुम बाहर जाओ। तुम गड़बड़ न करो। नहीं तो तुम सब समय खराब कर दोगे। तुम बाहर...। तुम जब शांत बैठना हो तो भीतर आ जाना।

वे नाराज मुझसे हुए एक बात से कि उन्होंने कहा कि एक मकान को दस मजदूर तीन महीने में बना पाते हैं तो बीस मजदूर कितने दिन में बना पाएंगे?

मैंने उनको कहा कि इसके पहले कि आप सवाल पूछें, मैं आपसे एक बात पूछना चाहता हूं। सवाल से जाहिर है कि आप सोचते हैं, बीस मजदूर डेढ़ महीने में बना पाएंगे तो चालीस मजदूर और आधे दिन में, अस्सी मजदूर और आधे दिन में, एक सौ साठ मजदूर और आधे दिन में। इसका तो मतलब यह हुआ कि अगर लाख-दो लाख मजदूर हों तो मिनट में बना देंगे।

बस, वे नाराज हो गए। उन्होंने कहा, तुम बाहर निकलो। मैंने उनसे कहा, लाख मजदूर हों तो सालों लग जाएंगे। यह गणित बुनियादी रूप से गलत है। आप पूछ ही गलत बात रहे हैं। बस उन्होंने कहा, तुम बाहर निकलो। और अब दुबारा तुम इस तरह की बात पूछना ही मत...तुमको गणित पता ही नहीं है कि गणित क्या चीज है। मैंने कहा कि सीधी-सीधी बात है कि ऐसे नहीं चलता। जिंदगी ऐसे गणित से नहीं चलती।

लेकिन बहुत लोग हैं जिनका जीवन में ढंग ही गणित का है। वे बैठे हैं यहां आकर तो भी उनके भीतर गणित चल रहा है कि ऐसा-ऐसा करेंगे तो कितनी देर से समाधि आ जाएगी। तो ठीक, यह मिल गई कुंजी, सम्हाल कर रख लो। कुछ तो अपनी नोटबुक भी ले आते हैं। जल्दी से उसमें नोट कर लेते हैं कि कहीं भूल न जाएं। तो अब कल जाकर प्रयोग करना है। लेकिन कल...।

एक और ढंग भी सुनने का है : कि तुम मुझे सुनो सिर्फ। इस भांति मत सोचो कि जो मैं कह रहा हूं उसका साधन बनाना है; कि कितनी जल्दी मोक्ष मिल जाएगा। यह तुम सोचो ही मत। तुम सिर्फ मुझे सुन लो मन भरकर। ऐसा सुन लो कि जैसे तुम मोक्ष में बैठे हो। अब कहीं और जाना नहीं है। कहां जाओगे, मोक्ष में बैठे हो। जरा देखो तो चारों तरफ। मोक्ष मौजूद है।

और मैं तुम्हें कोई विधियां नहीं बता रहा हूं कहीं जाने की। सिर्फ अपना गीत गा रहा हूं। तुम ऐसे सुनो कि मोक्ष में बैठे हैं और किसी का गीत सुन रहे हैं। तब तुम बड़े चकित हो जाओगे। गणित के हटते ही, यह पाने की दौड़ के हटते ही तुम पाओगे, तृप्ति की वर्षा हो गई। ऐसी वर्षा, जैसी तुमने कभी नहीं जानी थी। रोआं-रोआं पुलकित हो गया। श्वास-श्वास सुवासित हो गई। धड़कन-धड़कन नाच उठी। तुम इसी क्षण किसी और लोक में प्रवेश कर गए।

जो अभी हो सकता है उसे तुम कभी के लिए क्यों टाल रहे हो? स्थगित मत करो। मैं तुमसे कहता हूं, तुम मोक्ष में बैठे हो। और तुम्हें जो होना चाहिए, ठीक वैसा इसी क्षण हो सकता है। लेकिन गणित हटाना पड़े। और यह जो तुम अतृप्ति बाहर की भीतर ले आए हो, इसको भी छोड़ देना पड़े। अतृप्ति ही छोड़ दो।

यह प्रश्न उठा होगा तुम्हारे मन में कल अष्टावक्र के सूत्र को सुन कर कि 'ज्ञानी संतुष्ट होकर भी संतुष्ट नहीं होता।' लेकिन यह ज्ञानी का लक्षण है, तुम्हारा नहीं। यह तो परम अवस्था की बात है। अष्टावक्र ने इतना ही कहा है कि ज्ञानी संतुष्ट होकर संतुष्ट नहीं होता। सूत्र अधूरा है। अष्टावक्र कहीं मिल जाएं, तो उनसे कह दो इसको और पूरा कर दो, कि ज्ञानी असंतुष्ट होकर असंतुष्ट भी नहीं होता। नहीं तो यह सूत्र अधूरा है। इसमें कई अज्ञानी झंझट में पड़ जाएंगे।

असल में ज्ञानी कुछ भी होकर कुछ भी नहीं होता। न संतुष्ट होकर संतुष्ट होता, न असंतुष्ट होकर असंतुष्ट होता। न दुखी होकर दुखी होता, न क्रोधित होकर क्रोधित होता। न हंसते समय हंसता और न रोते समय रोता। क्योंकि ज्ञानी अभिनेता है। क्योंकि ज्ञानी ने कर्ता-भाव छोड़ दिया है। इसलिए अब कुछ होने का उपाय न रहा। अब तो ज्ञानी के माध्यम से जो भी हो, परमात्मा ही होता है। अब तो ज्ञानी केवल अभिनय कर रहा है। अब तो वह कहता है, जो तेरी मर्जी। जैसा नाच नचाए वैसा ही नाच लेंगे। न नचाए तो नहीं नाचेंगे। अब अपनी तरफ से कुछ करता ही नहीं ज्ञानी।

इसलिए न तो उसके संतोष में उसका संतोष है। उसके संतोष में परमात्मा का ही संतोष है। और उसके असंतोष में भी परमात्मा का ही असंतोष है। ज्ञानी तो वही है जो बीच से हट गया। जो अपने और परमात्मा के बीच से हट गया वही ज्ञानी है।

पांचवां प्रश्न : भगवान, तेरी करुणा हम पाषाणों को न पिघला सकेगी। खाई है हमने कसम न बदलने की। सुनते हैं हम हर रोज तुझे एक नशे के भांति। लेते हैं मजा तेरी अदभुत बातों का, लेकिन हटना नहीं चाहते हैं इंच भर भी। थक जाएगा तू, पर हम न थकेंगे। तेरी करुणा हम पाषाणों को न हिला सकेगी।

इंच भर तो तुम सरक गए। इतना भी समझ में आ गया कि हम न हटेंगे—हट गए। इतना बोध क्या कम है कि तुम पहचान गए कि तुम पाषाण हो!

जो पहचान गया कि मैं पाषाण हूं, यात्रा शुरू हो गई। पाषाण न रहा। चोट लग गई। तुम्हें ही याद आ गई यह बात, तो काम शुरू हुआ।

और ध्यान रखना, पाषाण जितने पाषाण मालूम होते हैं इतने पाषाण हैं नहीं। देखा कभी? नदी गिरती है पहाड़ से, चट्टानों पर गिरती है। चट्टानें कितनी कठोर और

जल कितना कोमल! पर रोज-रोज गिरती रहती है नदी। पहले दिन जब गिरती होगी तब तो पत्थर भी सोचते होंगे कि गिरती रहो, इससे कुछ होने वाला नहीं। लेकिन रोज-रोज ठीक आठ बजे सुबह गिरती है। गिरती ही चली जाती। पत्थर तो यही सोचते होंगे कि चलो ठीक है, मजा आ रहा है, शीतलता आ रही है। मजा ले लेते हैं तेरे गिरने का। लेकिन एक दिन तुम पाओगे, नदी अब भी गिर रही है और पत्थर रेत के कण होकर सागर में खो गए। पत्थर टूट जाते हैं।

रसरी आवत-जात है सिल पर पड़त निशान।

रस्सी से पत्थर पर निशान पड़ जाता है—रस्सी से! रोज-रोज आती रहती है, जाती रहती है।

तुम बैठे रहो। यही तो तुमसे कहता हूं, बात का मजा लेते रहो। तुम कुछ और ना भी किए अगर, तुम अगर मेरी बात का मजा ही लेते रहे, अगर यह स्वाद ही तुम पर चढ़ता चला गया—नशा ही सही, चलो यही सही। तुम मुझे नशे की तरह ही पीते रहो, तुम बदल जाओगे। पहले दिन तुम्हें लगेगा, तुम पाषाण जैसे हो। एक दिन अचानक तुम पाओगे, खोजोगे और पाषाण न मिलेगा। वह जो नशे की तरह तुमने पीया था वह तुम्हारे भीतर धार की तरह बहने लगेगा।

नहीं, तुम रुक न सकोगे। बदलना ही होगा। बदलाहट शुरू ही हो गई है। और कारण बदलाहट का कि सत्य अगर है तो क्रांति उसके पास घटती ही है, रुक नहीं सकती। यह कुछ तुम्हारे करने न करने की बहुत बात नहीं है।

श्रवणमात्रेण!

अष्टावक्र कहते हैं, मात्र सुन कर भी क्रांति घट जाती है।

श्रवणमात्रेण!

तुम सिर्फ सुनते रहो। तुम सिर्फ मुझे आने दो भीतर। तुम बाधा न डालो। बस तुम्हारे हृदय तक यह धार पहुंचती रहे, तुम्हारे सब पाषाण पिघल जाएंगे और बह जाएंगे। क्योंकि जो मैं कह रहा हूं उसके सत्य को तुम कितने दिन तक झुठलाओगे! जो मैं तुमसे कह रहा हूं, तुम आज सिर्फ मजे की तरह सुन लोगे लेकिन उसके सत्य को कितने दिन तक झुठलाओगे। सुनते-सुनते उसका सत्य तुम्हारी पकड़ में आना शुरू हो जाएगा। शायद तुम्हारे अनजाने में ही सत्य तुम्हारी पहचान में आना शुरू हो जाए।

और फिर जो मैं तुमसे कह रहा हूं उसकी छाया तुम्हें जीवन में भी दिखाई पड़ेगी, जगह-जगह दिखाई पड़ेगी। अगर मैंने तुमसे आज कहा कि मंदिरों में क्या रखा है, और तुमने सुन लिया। तुम भूल भी गए। लेकिन अचानक एक दिन तुम पाओगे, मंदिर के पास से गुजरते हुए तुम्हें याद आती है कि मंदिरों में क्या रखा है। कि आज

मैंने तुमसे कहा कि शास्त्रों में तो कोरे शब्द हैं। किसी दिन गीता को उलटते, बाइबिल को पलटते अचानक तुम्हें याद आएगी कि शास्त्रों में तो केवल शब्द हैं।

और यह याद प्रगाढ़ हो जाएगी। क्योंकि शब्द ही हैं। इस बात की सचाई को तुम ज्यादा दिन तक छोड़ न पाओगे। आज तुमने सुना कि तुम्हारे मंदिर-मस्जिदों में बैठे हुए संन्यासी कोरे हैं। कहीं कुछ हुआ नहीं। किसी दिन अपने मुनि को, अपने स्वामी को सिर झुकाते वक्त तुम्हें उसकी आंखें दिखाई पड़ जाएंगी। उसका खाली चेहरा, उसके आस-पास छाई हुई मूढ़ता, मूर्च्छा! तुम बच न सकोगे। सत्य याद आ जाएगा।

श्रवणमात्रेण!

सुनते रहो। और फिर जीवन की हर घटना तुम्हें याद दिलाएगी। अगर मैंने कहा कि यह जो दिखाई पड़ रहा है, सब सपना है। कितने दिन तक तुम इससे बचोगे? यह सपना है। यह तुम्हें बार-बार अनेक-अनेक मौकों पर कांटे की तरह चुभने लगेगा। और मैंने तुमसे कहा, यह जिंदगी तो मौत में जा रही है। यह जिंदगी तो मौत में बदल रही है। यह जिंदगी तो जाएगी। यह जिंदगी तो सिर्फ मरती है और कुछ भी नहीं होता।

तुम कब तक बचोगे? राह पर किसी अरथी को गुजरते देख कर तुम्हें लगेगा, तुम बंधे अरथी में चले जा रहे। ये बातें सिर्फ बातें नहीं हैं। ये बातें सत्य की अभिव्यक्तियां हैं। बात को जाने दो भीतर। उसके साथ थोड़ा सा सत्य भी सरक गया। बात के पीछे-पीछे सरक गया—श्रवणमात्रेण!

और रोज-रोज तुम्हें मौके आएंगे। प्रतिपल तुम्हें मौके आएंगे जब इन बातों की सचाई प्रकट होने लगेगी। और प्रमाण जीवन से जुटने लगेंगे। मैं तो जो कह रहा हूं वे तो केवल मौलिक सिद्धांत हैं। प्रमाण तो तुम्हें जीवन में मिलेंगे। तुम्हारा जीवन इनके लिए प्रमाण जुटाएगा।

अब इब्तदाए-इश्क का आलम कहां हफीज
कश्ती मेरी डुबो कर वह साहिल उतर गया

एक न एक दिन जब तुम पाओगे कि वह जवानी, वह प्रेम, वह माया-मोह, वह सब तुम्हारी कश्ती को डुबो कर वह बाढ़ उतर गई और तुम किनारे पर लुटे खड़े रह गए। कारवां गुजर गया गुबार देखते रहे। उस दिन तुम याद न करोगे? उस दिन तुम्हें खयाल न आएगा? उस दिन तुम चौंक कर जागोगे नहीं?

नहीं, तुम बच नहीं सकते क्योंकि इन बातों में सचाई है।

कोई मोती गूंथ सुहागिन तू अपने गलहार में
मगर विदेशी रूप न बंधने वाला है सिंगार में
एक हवा का झोंका, जीवन दो क्षण का मेहमान है

अरे ठहरना कहां, यहां गिरवी हरेक मकान है
व्यर्थ सुनहली धूप और यह व्यर्थ रुपहली चांदनी
हर प्रकाश के साथ किसी अंधियारे की पहचान है
चमकीली चोली चुनरी पर मत इतरा यूं सांवरी
सबको चादर यहां एक सी मिलती चलती बार में
सुनते रहो।
चमकीली चोली चुनरी पर मत इतरा यूं सांवरी
सबको चादर यहां एक सी मिलती चलती बार में

यहां कितना ही उपाय करो, झूठ सच नहीं हो पाता। तुम्हारी जिंदगी झूठ को सच करने का उपाय है। मैं तुमसे जो कह रहा हूं वह सीधा-सीधा सच है—श्रवणमात्रेण। उसकी चोट पड़ने दो।

आज तुम मजे से सुन रहे हो, मजे से सुनो। इसी मजे-मजे के बहाने उतर जाएगा सत्य गहरे में। पाषाण कटेंगे। क्योंकि तुम्हारा जीवन झूठ है और जो मैं तुमसे कह रहा हूं, सच है। झूठ जीत नहीं सकता। कितनी ही देर हो जाए, झूठ जीत नहीं सकता। सत्यमेव जयते। सत्य ही जीतता है।

आखिरी प्रश्नः निमित्त होना और स्वच्छंद होना क्या मात्र अभिव्यक्ति भेद हैं? कृपा करके समझाएं।

ऐसा ही है। अभिव्यक्ति का ही भेद है। दो अलग मार्गों के शब्द हैं। कृष्ण कहते हैं, निमित्त मात्र हो जाओ। अष्टावक्र कहते हैं, स्वच्छंद हो जाओ। जो निमित्त-मात्र हो गया वह स्वच्छंद हो जाता है। जो स्वच्छंद हो गया वह निमित्तमात्र हो जाता है।

समझो। निमित्तमात्र का अर्थ है, तुम कर्ता न रहो, प्रभु को करने दो। तुम करने की भाषा ही भूल जाओ। तुम बांसुरी हो जाओ, पोली बांसुरी। जो गाए प्रभु, बहे तुमसे। तुम बाधा न डालो।

अगर ऐसी तुम पोली बांसुरी हो गए और प्रभु तुम्हारे भीतर से बहा तो अचानक तुम पाओगे कि यह प्रभु जो तुम्हारे भीतर से बह रहा है, यह तुम्हारा ही स्वभाव है। यह प्रभु तुमसे भिन्न नहीं है। तुम्हारे अहंकार से भिन्न है, तुमसे भिन्न नहीं है। तुम्हारे अहंकार को ही छोड़ने की बात थी। वह तुमने छोड़ दिया, निमित्तमात्र हो गए। निमित्तमात्र होने में तुम मिटते थोड़े ही! याद रखना, तुम पहली दफा होते हो। मिट कर होते हो। हार कर जीतते हो। खोकर पाते हो।

जीसस ने कहा है, जो बचाएंगे वे न बचा पाएंगे। जो खो देंगे, वे बचा लेंगे। जीसस के वचन बड़े अदभुत हैं। जो बचाएंगे, न बचा पाएंगे।

तुम बचाओगे तो बचाओगे क्या? तुम वही बचाने की कोशिश करोगे जो नहीं बचाया जा सकता—अहंकार! अकड़! तुम खो दो इसे। इसे खोते ही तुम पाओगे, जो सदा ही बचा हुआ है। जिसे खोने का उपाय ही नहीं कोई। जो आधारभूत है। जो तुम्हारा स्वभाव है।

निमित्तमात्र हो जाओ और तुम स्वच्छंद हो गए। प्रभु के हाथों में सब छोड़ कर तुम गुलाम थोड़े ही होते हो, तुम मालिक हो जाते हो।

पश्चिम से लोग आते हैं तो उनको समर्पण में बड़ी अड़चन मालूम होती है। वे कहते हैं, समर्पण कर देंगे तो हम गुलाम हो जाएंगे। समर्पण कर देंगे तो फिर हम कहां रहे? उनको समझने में समय लगता है कि समर्पण का अर्थ इतना ही है कि तुम्हारा जो नहीं है वही छोड़ दो। मैं उनसे कहता हूं, जो तुम्हारे पास नहीं है और तुम सोचते हो है, वह तुम मुझे दे दो, ताकि तुम्हारे पास जो है और तुम सोचते हो नहीं है, वह तुम्हें दिखाई पड़ जाए। मैं तुम्हें वही देता हूं जो तुम्हारे पास है। और तुमसे वही छीन लेता हूं जो तुम्हारे पास था ही नहीं, है भी नहीं, हो भी नहीं सकता, सिर्फ भ्रांति है।

निमित्तमात्र का अर्थ है, इधर अहंकार गया, वहां स्वभाव प्रकट हुआ। निमित्तमात्र का अर्थ है, अहंकार की चट्टान हटी कि झरना स्वभाव का बहा। वही तो स्वच्छंदता है। लेकिन कृष्ण की भाषा में उसका नाम परमात्मा है।

अष्टावक्र की भाषा में निमित्त की बात नहीं है, वह सीधी स्वच्छंदता की बात है। तुम स्वच्छंद हो जाओ। तुम स्वयं के छंद को खोज लो। तुम्हारे भीतर जो गहराई में पड़ा है उसको प्रकट होने दो। परिधि में मत भटको, केंद्र को प्रकट होने दो। ऊपर-ऊपर मत सतह पर भटकते रहो, गहरे...गहरे उतरो। अपनी आखिरी गहराई को छुओ। और उस गहराई को प्रकट होने दो।

इसके प्रकट होते ही तुम पाओगे, तुम निमित्तमात्र हो गए। क्योंकि यह गहराई तुम्हारी ही गहराई नहीं है, यह गहराई परमात्मा की भी गहराई है। असल में गहराई में हम सब एक हैं, सतह पर हम सब अलग हैं। केंद्र हमारा एक है, परिधि हमारी अलग है। जैसे ही हम गहरे उतरते हैं वैसे ही पाते हैं कि हम एक हैं।

ऐसा समझो कि लहरें हैं सागर पर, करोड़ों लहरें हैं। लहर ऊपर से तो अलग मालूम पड़ती है दूसरी लहर से, लेकिन हर लहर गहराई में उतरे अगर तो एक ही सागर में है। जो व्यक्ति अपनी स्वच्छंदता में उतरेगा, स्वयं में उतरेगा, वह पहुंच जाएगा सागर में। वह पहुंच गया परमात्मा में। हो गया निमित्त।

ये भाषा के भेद हैं। तुम चाहे निमित्त बनो, चाहे तुम स्वच्छंद बनो, ऊपर से देखने में विरोध है। यही अड़चन है। ज्ञानियों की भाषा में यही अड़चन है। और ऊपर से देखो तो बड़ा विरोध है। अगर तर्क से सोचो तो बड़ा विरोध है। निमित्त का तो अर्थ हुआ, स्वयं को गंवा दो। तो स्वच्छंद कैसे होओगे? स्वच्छंद का अर्थ तो हुआ कि परमात्मा इत्यादि को सबको इनकार कर दो, अपनी घोषणा करो। ये तो विपरीत हो गए। लेकिन अनुभव में जाओगे तो पाओगे, यह विपरीत नहीं है। ये एक ही बात को कहने के दो ढंग थे।

फिर कुछ लोग हैं जो निमित्त हो सकते हैं; उनको स्वच्छंद होने की झंझट में नहीं पड़ना चाहिए। फिर कुछ लोग हैं जो स्वच्छंद हो सकते हैं; उनको निमित्त होने की झंझट में नहीं पड़ना चाहिए। मार्ग पर तो लोग अलग-अलग होंगे, मंजिल पर एक हो जाते हैं। अंत में हम सब मिल जाते हैं। हिंदू, मुसलमान, ईसाई, बौद्ध, जैन, सब मिल जाते हैं अंत में। लेकिन प्रथम में हमारे मार्ग बड़े अलग-अलग हैं।

और इतने मार्गों की जरूरत है, क्योंकि इतने तरह के लोग हैं। कोई मार्ग व्यर्थ नहीं है। किसी न किसी के काम का है। कोई न कोई है पृथ्वी पर, जो उसी मार्ग से पहुंचेगा। इसलिए पृथ्वी से कोई भी मार्ग विदा नहीं होना चाहिए। अभी तो और कुछ मार्ग पैदा होने चाहिए। अभी कुछ ऐसे लोग हैं जिनके लिए कोई भी मार्ग नहीं है। दुनिया में मार्ग बढ़ते जाएंगे। जैसे-जैसे मनुष्य की चेतना गहरी होती जाएगी, वैसे-वैसे मार्ग बढ़ते जाएंगे।

मुझसे कोई पूछता था दो दिन पहले कि दुनिया में इतने धर्मों की जरूरत क्या है? मैंने उससे कहा, अगर दुनिया में चैतन्य बढ़ेगा तो उतने धर्म होंगे जितने लोग होंगे। एक-एक व्यक्ति का एक-एक धर्म होगा। क्योंकि सच में एक-एक व्यक्ति इतना भिन्न है कि वह किसी दूसरे के मार्ग से कैसे चल सकता है?

तुमने कभी खयाल किया? कभी किसी दूसरे आदमी के जूते पहन कर देखे? तो जरा पहन कर देखना। बाहर जाकर आज ही एक-दूसरे के जूते पहन कर देखना। तुम शायद ही एकाध ऐसा जूता खोज पाओगे, जो तुम्हारे पैर से मेल खा जाए। नंबर भी एक हो तो भी तुम शायद ही कोई ऐसा जूता खोज पाओगे, जो तुम्हारे पैर से मेल खा जाए। क्योंकि नंबर एक होता, फिर भी पैर अलग-अलग होते हैं।

दुकान पर तुम जाओगे तो तुम्हें बारह नंबर का, दस नंबर का जूता लगता, वही दस नंबर का दूसरे को लगता। लेकिन एक दफा एक आदमी ने जूता पहन लिया दस नंबर का, उसका नंबर अलग हो गया। वह आदमी का पैर धीरे-धीरे जूते को बदल देता है। कहीं उसकी अंगुली, कहीं उसका अंगूठा, कहीं उसकी एड़ी अलग ढांचे बना

देती है। एक दफा दस नंबर का जूता एक आदमी ने पहन लिया, फिर दस नंबर के नंबर वाला दूसरा आदमी उसके जूते को पहने, वह पाएगा, यह नहीं चलेगा। यह पैर में बैठता नहीं। एक-एक पैर अलग है।

तुम दूसरे का जूता तक नहीं पहन सकते तो दूसरे का मार्ग कैसे ओढ़ोगे? न दूसरे के जूते पहने जा सकते, न दूसरे के पदचिह्नों पर चला जा सकता। हरेक को अपना ही मार्ग खोजना पड़ता है। सदगुरु के पास तुम्हें सिर्फ साहस मिलता, हिम्मत मिलती, बढ़ावा मिलता। वह कहता है, बढ़ो। फिकर न करो। डरो मत। झिझको मत। राह है, और राह के आगे मिल जाने वाली मंजिल भी है। और मैं देख कर आया हूं, तुम चलो। तुम हिम्मत करो।

सदगुरु मार्ग थोड़े ही देता है, अगर ठीक से समझो तो साहस देता, आत्मविश्वास देता। फिर जब तुम्हें वह मार्ग भी देता है तो भी जो मार्ग है वह धीरे-धीरे तुम्हारे ढांचे में ढल जाता है।

मैं ध्यान देता हूं अलग-अलग लोगों को। कभी-कभी एक ही ध्यान दो व्यक्तियों को देता हूं लेकिन आखिर में पाता हूं कि परिणाम अलग होने शुरू हो गए। एक ही नंबर के जूते दिए थे लेकिन उन्होंने अलग आकृति और अलग शकल लेनी शुरू कर दी। होगा ही। स्वाभाविक है। जैसे तुम्हारे अंगूठे के चिह्न अलग-अलग हैं, ऐसी तुम्हारी आत्माओं के चिह्न भी अलग-अलग हैं।

तो जिसको निमित्त होना जंच जाए, जिसको सुगमता से, सरलता से, सहजता से निमित्त होना जंच जाए, ठीक। पहुंच जाएगा वहीं, जहां स्वच्छंद होने वाला पहुंच जाता। जिसको स्वच्छंद होना जंच जाए वह भी पहुंच जाएगा वहीं। घबड़ाहट मत लेना, मंजिल तो एक ही है, क्योंकि सत्य एक ही है। लेकिन बहुत द्वार हैं।

जीसस ने फिर कहा है कि मेरे प्रभु के मंदिर के बहुत द्वार हैं। और मेरे प्रभु के मंदिर में बहुत कक्ष हैं। मंदिर एक ही है, द्वार बहुत, कक्ष बहुत।

निमित्त का अर्थ होता है, जो हो वह प्रभु कर रहा है। तुम स्वीकार कर लो। तथाता!

बाग है यह हर तरह की वायु का इसमें गमन है
एक मलयज की वधू तो एक आंधी की बहन है
यह नहीं मुमकिन कि मधुऋतु देख तू पतझर न देखे
कीमती कितनी ही चादर हो, पड़ी सब पर शिकन है
दो बरन के सूत की माला प्रकृति है किंतु फिर भी
एक कोना है जहां श्रृंगार सबका है बराबर

फूल पर हंस कर अटक तो शूल को रोकर झटक मत
ओ पथिक, तुझ पर यहां अधिकार सबका है बराबर
कोस मत उस रात को जो पी गई घर का सवेरा
रूठ मत उस स्वप्न से जो हो सका जग में न तेरा
खीझ मत उस वक्त पर, दे दोष मत उन बिजलियों को
जो गिरीं तब-तब कि जब-जब तू चला करने बसेरा
सृष्टि है शतरंज औ हैं हम सभी मोहरे यहां पर
शाह हो पैदल कि शह पर वार सबका है बराबर
फूल पर हंस कर अटक तो शूल को रोकर झटक मत
ओ पथिक! तुझ पर यहां अधिकार सबका है बराबर

फूल का, शूल का; दिन का, रात का; जीवन का, मृत्यु का; सुख का, दुख का; सबका अधिकार बराबर है।

निमित्त का अर्थ है : दोनों स्वीकार। दोनों समभाव से स्वीकार। जो हो वही हो। जैसा हो रहा है वैसा ही हो। मेरी कोई अन्यथा की मर्जी नहीं है। ऐसा जिसको जंच जाए, फिर उसे स्वच्छंद की बात ही नहीं उठानी चाहिए।

मगर ऐसा न जंचे तो ऐसा नहीं है कि परमात्मा संकीर्ण है और एक ही मार्ग से कोई पहुंचता है। तो ऐसा नहीं है कि एक ही मार्ग है। तो तुम फिर पहुंच ही न पाओगे। ऐसा न जंचे तो? तो परमात्मा की करुणा विराट है। वह कहता है, तो इससे विपरीत जंचता है? यह नहीं जंचता तो इससे विपरीत जंचता है! स्वच्छंदता जंचती है? विद्रोह जंचता है? जंचता है यह घोषणा कर देना कि बस, मैं मेरे ही ढंग से जीयूंगा? तो वैसे ही जीयो। उसी स्वयं के छंद में अपने को ढाल दो। परिपूर्ण स्वतंत्रता में जीयो। बिलकुल मत बनो निमित्त। मत करो समर्पण। स्वच्छंद जीयो।

जिसको अष्टावक्र स्वच्छंद कहते हैं, उसी को महावीर ने अशरण कहा है। वे एक ही बातें हैं। जिसको कृष्ण ने निमित्तमात्र होना कहा है, उसी को चैतन्य ने, मीरा ने समर्पण कहा है। वे एक ही बातें हैं। अगर इन सारी बातों को ठीक-ठीक निचोड़ कर संक्षिप्त में कहा जाए तो एक मार्ग ऐसा है जो स्त्री का है और एक मार्ग ऐसा है जो पुरुष का है। पुरुष के मार्ग का अर्थ होता है, वह समर्पण न कर पाएगा। वह निमित्त न बन पाएगा। पुरुष के मार्ग का अर्थ होता है, वह अपनी उदघोषणा करेगा। स्वच्छंदता का, अशरण का मार्ग उसको जमेगा। स्त्री का अर्थ होता है, वह अपनी घोषणा न करेगी। वह उसके स्वभाव में नहीं है। वह विनम्र होगी। वह झुकेगी, वह समर्पण करेगी। वह निमित्तमात्र बनेगी।

खयाल रखना, जब मैं कहता हूं स्त्री-पुरुष का, तो मेरा मतलब ऐसा नहीं है कि सभी स्त्रियां इस मार्ग से जाएंगी और सभी पुरुष पुरुष के मार्ग से जाएंगे। नहीं, शरीर की बात नहीं है, मन की बात है। बहुत पुरुषों के पास स्त्रैण मन है। बहुत सी स्त्रियों के पास पुरुष-मन है। इसलिए तुम शरीर पर ध्यान मत देना।

कई बार कोई पुरुष मेरे पास आता है और इतना समर्पण भाव वाला कि वैसी स्त्री खोजनी मुश्किल है। कभी कोई स्त्री आती है और ऐसी स्वच्छंद प्रकृति की कि वैसा पुरुष खोजना मुश्किल है। इसलिए यह जो मैं कह रहा हूं स्त्री-पुरुष, यह केवल प्रतीकात्मक शब्द हैं। लेकिन दो ही तरह के मार्ग हैं: स्वच्छंदता की घोषणा या निमित्त हो जाने का समर्पण।

इतना ही खयाल रखना कि जो तुम्हें मौजूं पड़ जाए। थोपना मत। आग्रहपूर्वक, हठपूर्वक आरोपण मत करना। जबरदस्ती दबाना मत। साधो सहज समाधि भली। उसे स्मरण रखना। उतना स्मरण रहे, तुम कभी भटकोगे नहीं। जो तुम्हारे स्वभाव के अनुकूल पड़े वही तुम्हारे लिए सत्य का मार्ग है। स्वभाव, सहजता, इन कसौटियों पर कसते रहना।

अक्सर उलटा होता है। अक्सर जो तुम्हारे अनुकूल नहीं पड़ता उसको तुम थोपते हो। उपवास काम नहीं आता, उपवास करते हो। मरते हो भूखे, मगर उपवास करते हो। दुखवादी हो। खुद को दुख देने में रस लेते हो। जो बात तुम्हारे सहज नहीं मालूम होती, उसमें एक तरह का अहंकार को आकर्षण मालूम होता है। और अहंकार बाधा है।

इसको मैं फिर तुम्हें दोहरा दूं: अहंकार का एक आकर्षण है कि जो अनुकूल न पड़े उसको चुन ले। क्योंकि अनुकूल को चुनने में तो अहंकार बचता नहीं, प्रतिकूल को चुनने में बचता है। जितना बड़ा पहाड़ हो, अहंकार उतना ही उसको चढ़ना चाहता है। जितनी कठिन बात हो, उतना ही करना चाहता है। सरल में अहंकार को कोई रस नहीं। क्योंकि सरल में क्या सार!

मैंने देखा, मुल्ला नसरुद्दीन एक झील के किनारे बैठा मछली मार रहा है। मैंने उससे कहा कि नसरुद्दीन, कुछ पकड़ीं? उसने कहा कि नहीं, आज दिन भर तो हो गया, सूरज ढलने को आ गया, एक भी मछली नहीं पकड़ी। मैंने कहा, तुम्हें पता है, इस झील में मछली है ही नहीं। उसने कहा, मुझे पता है। तो मैंने कहा, पास ही दूसरी झील है, जहां मछलियां ही मछलियां हैं। मुल्ला ने कहा, वहां पकड़ने में क्या सार! वहां तो कोई भी पकड़ ले। बच्चे पकड़ लें। इसीलिए तो यहां बैठा हूं कि यहां कोई भी नहीं पकड़ पाता। यहां पकड़ी तो कुछ पकड़ी। वहां पकड़ी तो क्या पकड़ी!

अहंकार हमेशा असंभव को संभव करना चाहता है और असंभव संभव होता नहीं। अहंकार दो और दो को तीन बनाना चाहता है या पांच बनाना चाहता है और ऐसा कभी होता नहीं।

तो अहंकार के कारण अक्सर लोग उसे चुन लेते हैं जो कठिन है। और कठिन से कभी कोई नहीं पहुंचता। साधो सहज समाधि भली। जो तुम्हारे अनुकूल पड़ जाए, बिलकुल स्वाभाविक हो। इतनी सरलता से हो जाए कि कानोंकान खबर न पता चले। फूल की तरह हो जाए, कांटे की तरह न चुभे। वही मार्ग है।

इतना स्मरण रहे तो तुम भटकोगे नहीं, पहुंच जाओगे। पहुंचना सुनिश्चित है। सहज मार्ग से कभी कोई भटका ही नहीं है।

आज इतना ही।

* * *

प्रवचन : 73

मूढ़ कौन, अमूढ़ कौन!

23 जनवरी, 1977

अष्टावक्र उवाच।

अकुर्वन्नपि संक्षोभात् व्यग्रः सर्वत्र मूढ़धी।
कुर्वन्नपि तु कृत्यानि कुशलो हि निराकुलः।।234।।
सुखमास्ते सुखं शेते सुखमायाति याति च।
सुखं वक्ति सुखं भुंक्ते व्यवहारेऽपि शांतधीः।।235।।
स्वभावाद्यस्य नैवार्तिलोकवदव्यवहारिणः।
महाह्रद इवाक्षोभ्यो गतक्लेशः सुशोभते।।236।।
निवृत्तिरपि मूढ़स्य प्रवृत्तिरुपजायते।
प्रवृत्तिरपि धीरस्य निवृत्तिफलभागिनी।।237।।
परिग्रहेषु वैराग्यं प्रायो मूढ़स्य दृश्यते।
देहे विगलिताशस्य क्व रागः क्व विरागता।।238।।
भावनाभावनासक्ता दृष्टिर्मूढ़स्य सर्वदा।
भाव्यभावनया सा तु स्वस्थयादृष्टिरूपिणी।।239।।

अकुर्वन्नपि संक्षोभात् व्यग्रः सर्वत्र मूढ़धीः।
कुर्वन्नपि तु कृत्यानि कुशलो हि निराकुलः।।

शास्त्रों का सार इतना ही है कि प्रश्न करने का नहीं, जानने का है। समस्त ज्ञानियों को एक छोटे सूत्र में निचोड़ा जा सकता है कि करने से कुछ न होगा, जानने

से होगा। अगर जानने की घटना न घटी तो तुम जो भी करोगे, तुम्हारे अज्ञान में ही उसकी जड़ें होंगी। अज्ञान से किया गया शुभ कर्म भी अशुभ हो जाता। ज्ञान से अशुभ जैसा जो दिखाई पड़ता, वह भी शुभ है। इसलिए मौलिक रूपांतरण प्रज्ञा का है, ज्ञान का है, ध्यान का है, आचरण का नहीं।

पहला सूत्र अष्टावक्र का:

'अज्ञानी कर्मों को नहीं करता हुआ भी सर्वत्र संकल्प-विकल्प के कारण व्याकुल होता है—नहीं करता हुआ भी व्याकुल होता है और ज्ञानी सब कर्मों को करता हुआ भी शांत चित्तवाला ही होता है।'

इसलिए प्रश्न कर्म को छोड़ कर भाग जाने का नहीं है, कर्म-संन्यास का नहीं है। प्रश्न है, अज्ञान से मुक्त हो जाने का। और अज्ञान से तुम यह मत समझना: सूचनाओं की, जानकारी की कमी। नहीं, अज्ञान से अर्थ है आत्मबोध का अभाव।

तुम कितनी ही सूचनाएं इकट्ठी कर लो, कितना ही ज्ञान इकट्ठा कर लो, उससे ज्ञानी न होओगे जब तक कि भीतर का दीया न जले, जब तक कि प्रभा भीतर की प्रकट न हो। तब तक तुम बाहर से कितना ही इकट्ठा करो, उस कचरे से कुछ भी न होगा। पंडित बनोगे, प्रज्ञावान न बनोगे। विद्वान हो जाओगे, लेकिन विद्वान हो जाना धोखा है। विद्वान हो जाना ज्ञानी होने का धोखा है। बुद्धिमानी नहीं है विद्वान हो जाना। दूसरों को तो धोखा दिया ही दिया, अपने को भी धोखा दे लिया।

बुद्ध से कम हुए बिना न चलेगा। जागे मन, हो प्रबुद्ध, तो ही कुछ गति है।

न करते हुए भी अज्ञानी उलझा रहता है। विचार में ही करता रहता है। बैठ जाए गुफा में तो भी सोचेगा बाजार की। ध्यान के लिए बैठे तो भी न मालूम कहां-कहां मन विचरेगा। संकल्प-विकल्प उठेंगे—ऐसा कर लूं, ऐसा न करूं। कल्पना में करने लगेगा। कल्पना में ही हत्या कर देगा, हिंसा कर देगा, चोरी कर लेगा, बेईमानी कर लेगा। हाथ भी नहीं हिला, पलक भी नहीं हिली और भीतर सब हो जाएगा। क्योंकि संसार अज्ञान में फैलता है।

संसार के होने के लिए और कोई चीज जरूरी नहीं है, सिर्फ अज्ञान जरूरी है। जैसे स्वप्न के होने के लिए और कुछ जरूरी नहीं है, केवल निद्रा जरूरी है। सो गए कि सपना शुरू। और कोई साधन-सामग्री नहीं चाहिए, सिर्फ नींद काफी है। नींद एकमात्र जरूरत है। फिर तुम यह नहीं कहते कि कहां है मंच? कहां हैं परदे? कहां है निर्देशक? कहां है अभिनेता? कैसे हो यह खेल सपने का? नहीं, एक चीज के पूरे होने से सब पूरा हो गया—नींद आ गई तो तुम ही बन गए अभिनेता, तुम ही बन गए निर्देशक, तुम्हीं ने लिख ली कथा, तुम्हीं ने लिख लिए गीत, तुम्हीं बन गए मंच, तुम्हीं फैल गए सब चीजों में। तुम्हीं बन गए दर्शक भी। और सारा खेल रच डाला।

एक चीज जरूरी थी—नींद।

ऐसे ही संसार के लिए भी एक चीज जरूरी है—मूर्च्छा, बेहोशी। बस, फिर संसार फैला। फिर किसी की भी आवश्यकता नहीं है।

तो तुम यह मत सोचना कि बाजार को छोड़ कर अगर हिमालय चले गए तो संसार छूट जाएगा। क्योंकि संसार के होने के लिए एक ही चीज जरूरी है : मूर्च्छा। गुफा में बैठे-बैठे मूर्च्छा की झपकी आ गई, झोंका आ गया, संसार फैल गया। वहीं तुम विवाह रचा लोगे, वहीं बच्चे पैदा हो जाएंगे।

पुरानी कथा है। एक युवा संन्यासी ने अपने गुरु को पूछा, यह संसार है क्या? गुरु ने कहा, तू ऐसा कर, तू आज गांव में जा, फलां-फलां द्वार पर भिक्षा मांग लेना। लौट कर जब आएगा तब संसार क्या है, बता दूंगा। युवक तो भागा। ऐसी शुभ घड़ी आ गई कि गुरु ने कहा कि संसार क्या है, बता दूंगा। तू भिक्षा मांग ला।

उसने जाकर द्वार पर दस्तक दी। एक सुंदर युवती ने द्वार खोला। अति सुंदर युवती थी। युवक ने ऐसी सुंदर स्त्री कभी देखी न थी। उसका मन मोह गया। वह यह तो भूल ही गया कि गुरु के लिए भिक्षा मांगने आया था, गुरु भूखे बैठे होंगे। उसने तो युवती से विवाह का आग्रह कर लिया। उन दिनों ब्राह्मण किसी से विवाह का आग्रह करे तो कोई मना कर नहीं सकता था। युवती ने कहा, मेरे पिता आते होंगे। वे खेत पर काम करने गए हैं। हो सकेगा। घर में आओ, विश्राम करो।

वह घर में आ गया। वह विश्राम करने लगा। पिता आ गए, विवाह हो गया। वह गुरु की तो बात ही भूल गया। वह भिक्षा मांगने आया था, यह तो बात ही भूल गया। उसके बच्चे हो गए, तीन बच्चे हो गए। फिर गांव में बाढ़ आई, नदी पूर चढ़ी। सारा गांव डूबने लगा। वह भी अपने तीन बच्चों को और अपनी पत्नी को लेकर भागने की कोशिश कर रहा है। और नदी विकराल है। और नदी किसी को छोड़ेगी नहीं। सब डूब गए हैं, वह किसी तरह बचने की कोशिश कर रहा है। एक बच्चे को बचाने की कोशिश में दो बच्चे बह गए। इधर हाथ छूटा, दो बह गए। पत्नी को बचाने में बच्चा भी बह गया। फिर अपने को बचाने की ही पड़ी तो पत्नी भी बह गई। किसी तरह खुद बच गया, किसी तरह लग गया किनारे, लेकिन इस बुरी तरह थक गया कि गिर पड़ा। बेहोश हो गया।

जब आंख खुली तो गुरु सामने खड़े थे। गुरु ने कहा, देखा संसार क्या होता है? तब उसे याद आया कि वर्षों हो गए, तब मैं भिक्षा मांगने निकला था। गुरु ने कहा, कुछ भी नहीं हुआ है सिर्फ तेरी झपकी लग गई थी। जरा आंख खोल कर देख। वह भिक्षा मांगने भी नहीं गया था। सिर्फ झपकी लग गई थी। वह गुरु के सामने ही बैठा था। कुछ घटना घटी ही न थी। वह जो सुंदर युवती थी, सपना थी। वे जो बच्चे हुए,

सपने थे। वह जो बाढ़ आई, सपना थी। वे जो वर्ष पर वर्ष बीते, सब सपना था। वह अभी गुरु के सामने ही बैठा था। झपकी खा गया था। दोपहर रही होगी, झपकी आ गई होगी।

तुम यहां बैठे-बैठे कभी झपकी खा जाते हो। तुम जरा सोचो, तब एक क्षण की झपकी में यह पूरा सपना घट सकता है। क्यों? क्योंकि जागते का समय और सोने का समय एक ही नहीं है। एक क्षण में बड़े से बड़ा सपना घट सकता है। कोई बाधा नहीं है।

तुमने कभी अनुभव भी किया होगा, अपनी टेबल पर बैठे झपकी खा गए। झपकी खाने के पहले ही घड़ी देखी थी दीवाल पर, बारह बजे थे। लंबा सपना देख लिया। सपने में वर्षों बीत गए। कैलेंडर के पन्ने फटते गए, उड़ते गए। आंख खुली, एक मिनट सरका है कांटा घड़ी पर और तुमने वर्षों का सपना देख लिया। अगर तुम अपना पूरा सपना कहना भी चाहो तो घंटों लग जाएं। मगर देख लिया।

स्वप्न का समय जागते के समय से अलग है। समय सापेक्ष है। अलबर्ट आइंस्टीन ने तो इस सदी में सिद्ध किया कि समय सापेक्ष है, पूरब में हम सदा से जानते रहे हैं, समय सापेक्ष है। जब तुम सुख में होते हो तो समय जल्दी जाता मालूम पड़ता है। जब तुम दुख में होते हो तो समय धीमे-धीमे जाता मालूम पड़ता है। जब तुम परम आनंद में होते हो तो समय ऐसा निकल जाता है कि जैसे वर्षों क्षण में बीत गए। जब तुम महादुख में होते हो तो वर्षों की तो बात दूर, क्षण भी ऐसा लगता है कि वर्षों लग रहे हैं और बीत नहीं रहा, अटका है। फांसी लगी है।

समय सापेक्ष है। दिन में एक, रात दूसरा। जागते में एक, सोते में दूसरा। और महाज्ञानी कहते हैं कि जब तुम्हारा परम जागरण घटेगा तो समय होता ही नहीं। कालातीत! समय के तुम बाहर हो जाते हो।

सपना देखने के लिए नींद जरूरी है, संसार देखने के लिए अज्ञान जरूरी है। तो अज्ञान एक तरह की निद्रा है, एक तरह की मूर्च्छा है, जिसमें तुम्हें यह पता नहीं चलता कि तुम कौन हो। नींद का और क्या अर्थ होता है? नींद में तुम यही तो भूल जाते हो न कि तुम कौन हो? हिंदू कि मुसलमान, स्त्री कि पुरुष, बाप कि बेटे, गरीब कि अमीर, सुंदर कि कुरूप, पढ़े-लिखे कि गैर-पढ़े लिखे—यही तो भूल जाते हो न नींद में कि तुम कौन हो।

मूर्च्छा में भी और गहरे तल से हम भूल गए हैं कि हम कौन हैं।

कल एक युवती मुझसे पूछती थी कि मैं यहां क्या कर रही हूं? संन्यासिनी है। मैं यहां क्या कर रही हूं यह मेरी समझ में नहीं आता। यह प्रश्न बार-बार उठता है कि मैं यहां कर क्या रही हूं। तो मैंने उससे कहा कि मेरे सिवाय यहां किसी को भी पता नहीं

है कि कौन क्या कर रहा है। और यह प्रश्न यहीं उठता है ऐसा नहीं, तू कहीं भी होगी संसार में, वहीं उठेगा। यह उठता ही रहेगा। क्योंकि अभी तो तुझे यह भी पता नहीं कि तू कौन है। तो तू क्या कर रही है यह कैसे पता चलेगा? अभी तो मौलिक प्रश्न का ही उत्तर नहीं मिला, अभी तो आधार ही नहीं रखे गए उत्तर के, तू भवन उठा रही है!

होना पहले है, कर्म तो पीछे है। बिना हुए कर्म तो न कर सकोगे। हां, बिना कर्म किए हो सकते हो; इसलिए होना मौलिक है, आधारभूत है। तो पहले यह जानो कि मैं कौन हूं तो ही समझ पाओगे कि क्या कर रहे हो। मैं कौन हूं, ऐसा जिसने जान लिया उसका संसार मिट जाता है। क्योंकि उस परम जागरण में तंद्रा रह नहीं जाती, निद्रा रह नहीं जाती, मूर्च्छा रह नहीं जाती तो संसार को फैलाने का उपाय नहीं रह जाता। इसलिए तो ज्ञानियों ने कहा है, संसार और सपना एक।

तुम समझो अर्थ। सपना और संसार एक का यही अर्थ है कि दोनों के फैलने की प्रक्रिया एक है। दोनों के होने का ढंग, ढांचा एक है। दोनों के लिए मूर्च्छा जरूरी है—सपने के लिए भी, संसार के लिए भी। और एक बात और तुमसे कह दूं, सपने के लिए गहरी मूर्च्छा जरूरी नहीं है, संसार के लिए गहरी मूर्च्छा जरूरी है। सपना तो जरा सी झपकी आ जाती है, उसमें भी दिख जाता है। यह संसार की जो झपकी है, यह बड़ी प्राचीन है। जन्मों-जन्मों की है। यह बड़ी गहरी है।

इसीलिए सपना व्यक्तिगत होता है और संसार सामूहिक। तुम सपना देखते हो, तुम मुझे अपने सपने में निमंत्रित नहीं कर सकते। तुम अपने मित्र को नहीं कह सकते कि कल मेरे सपने में आना। इसका कोई उपाय नहीं है।

सपना वैयक्तिक है। इसका अर्थ हुआ कि सपना व्यक्तिगत मूर्च्छा से उठा है।

यह संसार सामूहिक है। ये जो वृक्ष तुम्हें दिखाई पड़ रहे हैं, मुझे भी दिखाई पड़ रहे हैं। सभी को दिखाई पड़ रहे हैं। इसमें हम साझीदार हैं। सपने में मैं जो वृक्ष देखता हूं, मुझे दिखाई पड़ता है, तुम्हें दिखाई नहीं पड़ता। तुम जो देखते हो, तुम्हें दिखाई पड़ता है, मुझे दिखाई नहीं पड़ता। यह वृक्ष मुझे भी दिखाई पड़ता है, तुम्हें भी दिखाई पड़ता है, सबको दिखाई पड़ता है।

इसका केवल इतना ही अर्थ हुआ कि यह मूर्च्छा कुछ इतनी गहरी होगी कि सार्वभौम है। यह सबके भीतर फैली होगी। यह हमारा सामूहिक सपना है : कलेक्टिव ड्रीम। आधुनिक मनोविज्ञान कलेक्टिव अनकांशस की खोज पर पहुंच गया है : सामूहिक अचेतन।

पहले फ्रायड ने जब पहली दफा यह कहा कि चेतन मन के नीचे छिपा हुआ अचेतन मन होता है तो लोग चौंके। क्योंकि पश्चिम में यह कोई धारणा न थी। बस,

चेतन मन सब था। फ्रायड अचेतन मन को लाया। लोग बहुत चौंके। वर्षों मेहनत करके वह समझा पाया कि अचेतन मन है। बड़ी कठिनाई थी इसको सिद्ध करने में।

क्यों? मन का तो अर्थ ही लोग समझते हैं, चेतन। तो अचेतन मन, यह तो विरोधाभास मालूम पड़ता है। जिसका हमें पता ही नहीं है वह हमारा मन कैसे हो सकता है? अचेतन का अर्थ, जिसका हमें पता नहीं है। लेकिन फ्रायड ने समझाया। तुम भी समझोगे। कोशिश करोगे तो खयाल में आ जाएगा।

किसी का नाम तुम्हें याद नहीं आ रहा है और तुम कहते हो जबान पर रखा है। और फिर भी तुम कहते हो याद नहीं आ रहा है। अब तुम क्या कह रहे हो? तुम कहते हो, जबान पर रखा है; और तुम कहते हो, याद भी नहीं आ रहा है। और तुम जानते हो कि तुम्हें मालूम है। तो यह कहां सरक गया? यह तुम्हारे अचेतन में सरक गया। तो अचेतन में खड़खड़ भी कर रहा है, लेकिन जब तक चेतन में न आ जाए तब तक तुम पकड़ न पाओगे। फिर तुम जितनी चेष्टा करते हो उतना ही मुश्किल। तुम जितनी चेष्टा करते हो पकड़ लें, उतना ही छिटकता है।

फिर तुम थक कर हार जाते हो। तुम कहते हो, भाड़ में जाने दो। तुम अपनी सिगरेट पीने लगे, कि अखबार पढ़ने लगे, कि रेडिओ खोल लिया। अचानक यह आ रहा—एकदम से आ गया। था; तुम्हें एहसास भी होता था कि है, लेकिन तुमने जब बहुत चेष्टा की, तो तुम संकीर्ण हो गए। चेष्टा में आदमी का चित्त संकीर्ण हो जाता है। दरवाजा छोटा हो जाता है, सिकुड़ जाता है। जब तुम बहुत आतुर होकर खोजने लगे तो तुम्हारी आतुरता ने तनाव पैदा कर दिया। तनाव के कारण जो आ सकता था बह कर वह नहीं आ सका। तुम बाधा बन गए।

फिर तुम सिगरेट पीने लगे। तुमने कहा, छोड़ो भी, जाने भी दो। अब नहीं आता तो क्या कर सकते हो? क्योंकि ऐसी घड़ियों में तुम अगर ज्यादा कोशिश करोगे तो लगेगा, पागल हो जाओगे। जबान पर रखा है और आता नहीं। बहुत घबड़ाने लगोगे, पसीना-पसीना होने लगोगे। कहते हो, छोड़ो। शिथिल हुए, विश्राम आया। जो चीज तनाव में न घटी वह विश्राम में तैर कर आ गई। नाम याद आ गया। यह अचेतन में था। याद थी इसकी। यह भी याद थी कि याद है, और फिर भी पकड़ में न आती थी।

फ्रायड को हजारों उपायों से सिद्ध करना पड़ा कि अचेतन है। बात वहीं नहीं रुकी। फ्रायड के शिष्य जुंग ने और एक गहरी खोज की। उसने कहा, यह अचेतन तो व्यक्तिगत है। एक-एक व्यक्ति का अलग-अलग है। इसके और गहराई में छिपा हुआ सामूहिक अचेतन है—कलेक्टिव अनकांशस। वह हम सबका समान है।

यंह और भी मुश्किल है सिद्ध करना, क्योंकि यह और गहरी बात हो गई। लेकिन ऐसा भी है। कभी-कभी तुम्हें इसका भी अनुभव होता है। तुम बैठे हो, अचानक तुम्हें अपने मित्र की याद आ गई कि कहीं आता न हो। और तुमने आंख

खोली और वह दरवाजे पर खड़ा है। एक क्षण तुम्हें विश्वास ही नहीं आता कि यह कैसे हुआ! तुम कहते हो, संयोग होगा। संयोग के नाम पर तुम न मालूम कितने सत्यों को झुठला देते हो। तुम कहते हो, संयोग होगा।

मेरे एक मित्र हैं। कवि हैं, कवि सम्मेलन में भाग लेने गए थे। बस में बैठे-बैठे बीच रास्ते में उन्हें ऐसा लगने लगा कि लौट जाऊं। घर लौट जाऊं। कोई चीज खींचने लगी, घर लौट जाऊं। मगर कोई कारण नहीं घर लौटने का। घर सब ठीक है। पत्नी ठीक है, पिता ठीक हैं, बच्चे ठीक हैं। घर लौटने का कोई कारण नहीं है, अकारण। कुछ समझ में नहीं आया। वे लौटे भी नहीं, क्योंकि ऐसे लौटने लगे तो मुश्किल हो जाएगी। चले गए।

रात एक होटल में ठहरे। कोई दो बजे, रात किसी ने आवाज दी, दरवाजे पर दस्तक दी, 'मुन्नू'। वे बहुत घबड़ाए, क्योंकि मुन्नू सिर्फ उनके पिता ही कहते उनको—बचपन का नाम—और तो कोई मुन्नू कहता नहीं। बड़े कवि हैं, प्रसिद्ध हैं सारे देश में। और कौन उनको मुन्नू कहेगा? बहुत घबड़ा गए। सोचा, मन का ही खेल होगा। और चादर ओढ़ कर सो रहे।

लेकिन फिर द्वार पर दस्तक, कि 'मुन्नू!' अब की बार तो बहुत बात साफ थी। उठे, घबड़ाहट बढ़ गई। दरवाजा खोला, कोई भी नहीं है। हवा सन्नाती है। दो बजे रात। कोई भी नहीं है, सारा होटल सो गया है। कहीं कोई पक्षी भी पर नहीं मारता।

फिर दरवाजा बंद करके सो रहे कि मन का ही खेल होगा। लेकिन बिस्तर पर गए नहीं कि फिर आवाज आई, 'मुन्नू!' अब तो आवाज बहुत जोर से थी। तो गए उठ कर, नीचे जाकर उन्होंने फोन लगाने की कोशिश की। वे तो फोन लगा रहे थे तभी फोन आ गया। उनका तो फोन लगा ही नहीं था, लग ही नहीं पाया था कि घर से फोन आ गया कि पिता दस मिनट हुए, चल बसे।

यह सामूहिक अचेतन है। इसका व्यक्तिगत अचेतन से कोई संबंध नहीं है। यह कुछ ऐसी जगह की बात है कि जहां पिता से बेटा जुड़ा है। जहां पिता और बेटे के बीच कोई सेतु है। यह हजारों मील पर जुड़ा होता है। जहां मां बेटे से जुड़ी है, जहां प्रेमी प्रेमी से जुड़ा है, जहां मित्र मित्र से जुड़े हैं। और अगर तुम गहरे उतरते जाओ तो जो मित्र नहीं हैं वे भी जुड़े हैं, जो अपने नहीं हैं वे भी जुड़े हैं। और गहरे उतर जाओ तो आदमी जानवर से जुड़ा है, और गहरे उतर जाओ तो आदमी वृक्षों से जुड़ा है। और गहरे उतर जाओ तो आदमी पत्थरों-पहाड़ों से जुड़ा है। हम जो भी रहे हैं अपने अतीत में, उन सबसे जुड़े हैं। जितने गहरे जाओगे उतना ही पाओगे, हम सामूहिक के करीब आने लगे। यह सामूहिक अचेतन है। मनुष्य ऐसा ऊपर-ऊपर दिखाई पड़ता है वहीं नहीं समाप्त हो गया है।

जब पूरब में यह बात कही गई कि संसार भी सपना है, और सपना तो सपना है ही, तो इतना ही अर्थ था कि सपना तो व्यक्तिगत अचेतन में उठता है और संसार सामूहिक अचेतन में उठता है। इसलिए संसार और संसार की वस्तुओं के लिए हममें झगड़ा नहीं होता। क्योंकि हम सब राजी हो सकते हैं। एक टेबल रखी है, दस आदमी देख सकते हैं, इसलिए कोई झगड़ा नहीं है। हम सब कहते हैं कि टेबल है। क्योंकि सबको दिखाई पड़ रही है, अब और क्या प्रमाण चाहिए?

इसीलिए तो हम गवाही को इतना मूल्य देते हैं अदालत में। दस आदमी कह दें तो बात खतम हो गई। गवाह मिल गए तो मुकदमा जीत गए। गवाह का मतलब यह है कि देखने वाले चश्मदीद लोग हैं। फिर बात खतम हो गई। अब और क्या करना है? और क्या प्रमाण चाहिए?

संसार ऐसा सपना है जिसके लिए गवाह मिल जाते हैं। तुम्हारा सपना ऐसा संसार है जिसका कोई गवाह नहीं है। बस, इतना ही फर्क है। सपने तो दोनों हैं, तल का भेद है। एक सतह पर है, एक गहराई में है, लेकिन दोनों सपने हैं।

अब अगर संसार से मुक्त होना हो तो क्या करें! कहां जाएं? जब तक तुम्हारे अचेतन में रोशनी न पहुंच जाए तब तक तुम संसार से मुक्त न हो सकोगे। तुम भाग जाओ इस बाहर दिखाई पड़ने वाले संसार से, भीतर तो संकल्प-विकल्प उठते रहेंगे। संक्षोभात—वहां तो संक्षोभ होता रहेगा। वह भीतर का अचेतन तो लहरें लेता रहेगा। वहां तो तुम सपने देखते रहोगे। और उन्हीं सपनों में तुम्हारा संसार फैलता रहेगा। तुम शांत न हो सकोगे।

अकुर्वन्नपि संक्षोभात् व्यग्रः सर्वत्र मूढ़धीः।

वह जो मूढ़ है, वह जो अज्ञान और अंधेरे में डूबा हुआ है—मूढ़धीः, वह कर्मों को न भी करे तो भी संकल्प-विकल्प के कारण व्याकुल होता है।

तुमने कई दफे पाया होगा, तुम ऐसी चीजों के लिए भी व्याकुल हो जाते हो जो हैं ही नहीं। जरा कभी बैठ कर कल्पना करना शुरू करो। तुम ऐसी चीजों के लिए व्याकुल हो जाओगे, जो हैं ही नहीं। तब तुम हंसोगे भी कि यह भी मैंने क्या किया। यह तो है ही नहीं बात।

एक अदालत में मुकदमा था। दो आदमियों ने एक-दूसरे का सिर फोड़ दिया था। जब मजिस्ट्रेट पूछने लगा कारण तो बताओ, तो वे दोनों हंसने लगे। उन्होंने कहा, क्षमा करें, दंड जो देना हो दे दें। अब कारण न पूछें। मजिस्ट्रेट ने कहा, मैं दंड बिना कारण पूछे दे कैसे सकता हूं? और तुम इतने घबड़ाते क्यों हो कारण बताने से? झगड़ा हुआ, कारण होगा।

वे दोनों एक-दूसरे की तरफ देखने लगे। वह कहने लगा, अब तू ही बता दे। वह कहने लगा, अब तू बता दे। कारण ही ऐसा था कि बताने में संकोच लगने लगा। फिर बताना ही पड़ा। जब मजिस्ट्रेट ने जोर-जबरदस्ती की कि अगर न बताया तो दोनों को सजा दे दूंगा। तो बताना पड़ा। कारण ऐसा था कि बताने जैसा नहीं था।

दोनों नदी के किनारे बैठे थे। दोनों पुराने मित्र। और एक ने कहा कि मैं भैंस खरीदने की सोच रहा हूं। दूसरे ने कहा कि देख, भैंस तू खरीदना ही मत क्योंकि मैं खेत खरीदने की सोच रहा हूं, एक बगीचा खरीद रहा हूं। अब कभी यह भैंस घुस गई मेरे बगीचे में, झगड़ा-झंझट हो जाएगा। पुरानी दोस्ती यह भैंस को खरीद कर दांव पर मत लगा देना। और देख, मैं तेरे को अभी कहे देता हूं कि अगर मेरे बगीचे में भैंस घुस गई तो मुझसे बुरा कोई नहीं।

उस आदमी ने कहा, अरे हद हो गई! तूने समझा क्या है? तेरे बगीचे के पीछे हम भैंस न खरीदें? तू मत खरीद बगीचा, अगर इतनी बगीचे की रक्षा करनी है। भैंस तो खरीदी जाएगी, खरीद ली गई। और कर ले जो तुझे करना हो।

बात इतनी बढ़ गई कि उस आदमी ने वहीं रेत पर एक हाथ से लकीर खींच दी और कहा, यह रहा मेरा बगीचा। और घुसा कर देख भैंस। और दूसरे आदमी ने अपनी अंगुली से भैंस घुसा कर बता दी। सिर खुल गए।

उन्होंने कहा, मत पूछें कारण। जो दंड देना हो दे दें। न अभी मैंने बगीचा खरीदा है, न इसने अभी भैंस खरीदी है। और हम पुराने दोस्त हैं। अब जो हो गया सो हो गया। दोनों पकड़ कर ले आए गए अदालत में।

तुमने भी कई दफे ऐसे बगीचों के पीछे झंझटें खड़ी कर लीं, जो अभी खरीदे नहीं गए। तुम जरा अपने मन की जांच-पड़ताल करना, तुम्हें हजार उदाहरण मिल जाएंगे। बैठे-बैठे न मालूम क्या-क्या विचार उठ आते हैं! और जब कोई विचार उठता है तो तुम क्षण भर को तो भूल ही जाते हो कि यह विचार है। क्षण भर तो मूर्च्छा छा जाती है, और विचार सच मालूम होने लगता है।

वह जो विचार का सच मालूम होना है, वही संसार है। एक बार विचारों से तुम मुक्त हो गए तो संसार से मुक्त हो गए। निर्विचार होना संन्यास है। और कोई उपाय संन्यासी होने का नहीं है।

कुर्वन्नपि तु कृत्यानि कुशलो हि निराकुलः।

'और ज्ञानी सब कर्मों को करता हुआ भी शांत चित्तवाला होता है।'

कर्म नहीं बाधा डालते। ज्ञानी भी उठता, बैठता, चलता, बोलता, काम करता, लेकिन भीतर उसके कोई संक्षोभ नहीं है। वह एक बात में कुशल हो गया है, उसकी कुशलता आंतरिक है। भीतर विचार नहीं उठते। भीतर वह बिलकुल मौन में है,

शून्यवत है। चलता है तो शून्य चलता है। बैठता है तो शून्य बैठता है। करता है, तो शून्य करता है।

और जो व्यक्ति अपने भीतर शून्य हो गया है वही ज्ञान को उपलब्ध हुआ है। उसी को ज्ञानी कहते हैं। जिसने शून्य के साथ अपनी भांवर डाल ली वही ज्ञानी है।

क्योंकि जो शून्य हो गया उसी से पूर्ण प्रकट होने लगता है। जो अपने भीतर अहंकार से खाली हो गया, उसके भीतर से परमात्मा बहने लगता है।

'ज्ञानी व्यवहार में भी सुखपूर्वक बैठता है, सुखपूर्वक आता है और जाता है, सुखपूर्वक बोलता है और सुखपूर्वक भोजन करता है।'

सुखमास्ते सुखं शेते सुखमायाति याति च।
सुखं वक्ति सुखं भुंक्ते व्यवहारेऽपि शांतधीः।।

बुद्ध के जीवन पर जो कथा-सूत्र लिखे गए हैं, हर सूत्र के पहले जो बात आती है, वह पढ़नेवालों को कभी बड़ी हैरान करने लगती है।

एक बौद्ध भिक्षु कुछ दिन मेरे पास रुके। वे मुझसे कहने लगे कि आपका बुद्ध से गहरा लगाव है। और मैं तो बौद्ध भिक्षु हूं, लेकिन एक बात मेरी समझ में नहीं आती, हर सूत्र के पहले यही आता है : 'भगवान आए, उनकी चाल बड़ी शांत थी, उनकी श्वासें बड़ी शांत थीं। वे सुखपूर्वक आसन में बैठे। उन्होंने आंख बंद कर ली, क्षण भर को सन्नाटा छा गया। फिर उन्होंने आंख खोली, फिर वे सुखपूर्वक बोले।' तब सूत्र शुरू होता है।

तो उस बौद्ध भिक्षु ने मुझसे पूछा कि हर सूत्र के पहले यह बात दोहराने की क्या जरूरत है?

मैंने उससे कहा, जो सूत्र में कहा है उससे ज्यादा महत्वपूर्ण यह है। सूत्र नंबर दो है—दोयम; यह नंबर प्रथम है। क्योंकि जिससे सूत्र निकला है उसके संबंध में पहले बात होनी चाहिए तो ही सूत्र मूल्यवान है। ये सूत्र तो तुम भी बोल सकते हो। इसमें कुछ बड़ी अड़चन नहीं है। तुम्हें भी पता है। लेकिन बुद्ध की भांति तुम उठ न सकोगे, बैठ न सकोगे। बुद्ध की भांति तुम श्वास न ले सकोगे। ये सूत्र तो तुम भी बोल सकते हो।

एक जापानी बौद्ध भिक्षु की पुस्तक मैं कल रात पढ़ रहा था। वह मनोवैज्ञानिक है और उसने झेन ध्यान के ऊपर एक किताब लिखी है। कैसे झेन ध्यान से चिकित्सा हो सकती है पागलों की, विक्षिप्तों की। और सारी चिकित्सा का मूल जो आधार है वह है श्वास की गति। श्वास जितनी शांत हो उतना ही चित्त शांत हो जाता है।

साधारणतः हम एक मिनट में कोई सोलह से लेकर बीस श्वास लेते हैं। धीरे-धीरे-धीरे-धीरे झेन फकीर अपनी श्वास को शांत करता जाता है। श्वास इतनी शांत और धीमी हो जाती है कि एक मिनट में पांच...चार-पांच श्वास लेता। बस, उसी जगह ध्यान शुरू हो जाता।

तुम अगर ध्यान सीधा न कर सको तो इतना ही अगर तुम करो तो तुम चकित हो जाओगे। श्वास ही अगर एक मिनट में चार-पांच चलने लगे, बिलकुल धीमी हो जाए तो यहां श्वास धीमी हुई, वहां विचार धीमे हो जाते हैं। वे एक साथ जुड़े हैं। इसलिए तो जब तुम्हारे भीतर विचारों का बहुत आंदोलन चलता है तो श्वास ऊबड़-खाबड़ हो जाती है। जब तुम पागल होने लगते हो तो श्वास भी पागल होने लगती है। जब तुम वासना से भरते हो तो श्वास भी आंदोलित हो जाती है। जब तुम क्रोध से भरते हो तो श्वास भी उद्विग्न हो जाती है, उच्छृंखल हो जाती है। उसका सुर टूट जाता है, संगीत छिन्न-भिन्न हो जाता है, छंद नष्ट हो जाता है। उसकी लय खो जाती है।

झेन फकीर श्वास पर बड़ा ध्यान देते हैं। यह जो मनोवैज्ञानिक प्रयोग कर रहा था, यह एक झेन फकीर के मस्तिष्क में यंत्र लगा कर जांच कर रहा था कि कब ध्यान की अवस्था आती है। कब अल्फा तरंगें उठती हैं। बीच में अचानक अल्फा तरंगें खो गईं एक सेकेंड को। और उसने गौर से देखा तो फकीर की श्वास गड़बड़ा गई थी। फिर फकीर सम्हल कर बैठ गया, फिर उसने श्वास व्यवस्थित कर ली। फिर तरंगें ठीक हो गईं। फिर अल्फा तरंगें आनी शुरू हो गईं।

झेन फकीर कहते हैं, श्वास इतनी धीमी होनी चाहिए कि अगर तुम अपनी नाक के पास किसी पक्षी का पंख रखो तो वह कंपे नहीं। इतनी शांत होनी चाहिए श्वास कि दर्पण रखो तो छाप न पड़े। ऐसी घड़ी आती ध्यान में, जब श्वास बिलकुल रुक गई जैसी हो जाती है। कभी-कभी साधक घबड़ा जाता है कि कहीं मर तो न जाऊंगा! यह हो क्या रहा है?

घबड़ाना मत, कभी ऐसी घड़ी आए—आएगी ही—जो भी ध्यान के मार्ग पर चल रहे हैं, जब श्वास, ऐसा लगेगा चल ही नहीं रही। जब श्वास नहीं चलती तभी मन भी नहीं चलता। वे दोनों साथ-साथ जुड़े हैं।

ऐसा ही पूरा शरीर जुड़ा है। जब तुम शांत होते हो तो तुम्हारा शरीर भी एक अपूर्व शांति में डूबा होता है। तुम्हारे रोएं-रोएं में शांति की झलक होती है। तुम्हारे चलने में भी तुम्हारा ध्यान प्रकट होता है। तुम्हारे बैठने में भी तुम्हारा ध्यान प्रकट होता है। तुम्हारे बोलने में, तुम्हारे सुनने में।

ध्यान कोई ऐसी बात थोड़े ही है कि एक घड़ी बैठ गए और कर लिया। ध्यान तो कुछ ऐसी बात है कि जो तुम्हारे चौबीस घंटे के जीवन पर फैल जाता है। जीवन तो एक अखंड धारा है। घड़ी भर ध्यान और तेईस घड़ी ध्यान नहीं, तो ध्यान होगा ही नहीं। ध्यान जब फैल जाएगा तुम्हारे चौबीस घंटे की जीवन धारा पर...। ध्यानी को तुम सोते भी देखोगे तो फर्क पाओगे। उसकी निद्रा में भी एक परम शांति है।

यही है यह सूत्रः

सुखमास्ते सुखं शेते सुखामायाति याति च।
सुखं वक्ति सुखं भुंक्ते व्यवहारेऽपि शांतधीः।।

वह जो ज्ञानी है, शांतधीः, जिसकी प्रज्ञा शांत हो गई है, वह व्यवहार में भी सुखपूर्वक बैठता है।

तुम तो ध्यान में भी बैठो तो सुखपूर्वक नहीं बैठ पाते। तुम तो प्रार्थना भी करते हो तो व्यग्र और बेचैन होते हो। ज्ञानी व्यवहार में भी सुखपूर्वक बैठता है। उसका सुखासन खोता ही नहीं। यह सुखासन कोई योग का आसन नहीं है, यह उसकी अंतर्दशा है। सुखमास्ते—वह सुख में ही बैठा हुआ है। सुखासन। सुखमास्ते। सुख में ही बैठा हुआ है।

सुखं शेते सुखमायाति याति च।

उसके सारे जीवन का स्वाद सुख है। तुम कहीं से उसे चखो, तुम सुख ही सुख चखोगे।

बुद्ध से किसी ने पूछा कि आपके जीवन का स्वाद क्या? तो बुद्ध ने कहा, जैसे सागर को तुम कहीं से भी चखो तो खारा, ऐसे तुम बुद्धों को कहीं से भी चखो तो आनंद, शांति, प्रकाश। तुम मुझे कहीं से भी चखो।

'सुखपूर्वक बैठता है।'

तुम ही तो बैठोगे न! तुम अगर बेचैन हो तो तुम्हारे बैठने में भी बेचैनी होगी। तुम देखते आदमियों को? बैठे हैं कुर्सी पर तो भी पैर हिला रहे हैं। अब बैठे हो—चल रहे होते, पैर हिलते तो ठीक थे। अब बैठ कर कम से कम बैठे हो तो बैठ ही जाओ। सुखमास्ते। मगर उसमें भी पैर हिला रहे हैं।

बुद्ध बड़ा ध्यान रखते थे। एक बार एक आदमी उन्हीं के सामने बैठा सुन रहा था उनका प्रवचन, और अंगूठा हिलाने लगा अपने पैर का। उन्होंने प्रवचन रोक दिया और कहा कि सुन, यह अंगूठा क्यों हिल रहा है? जब उन्होंने कहा तो उस आदमी को खयाल आया, नहीं तो उसको तो खयाल ही कहां था? जैसे ही बुद्ध ने कहा यह अंगूठा क्यों हिल रहा है, अंगूठा रुक गया। तो बुद्ध ने कहा, अब यह भी बता कि अंगूठा रुक क्यों गया? तो उसने कहा, मैं इसमें क्या कहूं? मुझे कुछ पता ही नहीं। तो बुद्ध ने कहा, तेरा अंगूठा और तुझे पता नहीं तो क्या मुझे पता? तेरा अंगूठा हिल रहा है और तुझे पता नहीं है, तो तू होश में बैठा है कि बेहोश बैठा है? यह अंगूठा तेरा है या किसी और का है? तुझे कहना ही पड़ेगा कि क्यों हिल रहा था। वह कहने लगा, मुझे आप क्षमा करें! मगर मैं कोई उत्तर देने में असमर्थ हूं। मुझे पता ही नहीं।

जब तुम भीतर से बेचैन हो तो उसका कंपन तुम्हारे जीवन पर प्रकट होता रहता है। अंगूठा ऐसे ही नहीं हिल रहा है। भीतर जो ज्वर भरा है, बेहोशी भरी है। भीतर तुम उबल रहे हो। वह उबलन कहीं न कहीं से निकल रही है। भीतर भाप ही भाप इकट्ठी हो गई है तो केतली का बर्तन ऊपर-नीचे हो रहा है। भाप भरी है तो कहीं न कहीं से तो निकालोगे। कहीं पीठ खुजाओगे, कहीं सिर खुजाओगे, कहीं हाथ हिलाओगे, कहीं जम्हाई लोगे, कहीं अंगूठा हिलाओगे, करवट बदलोगे। कुछ न कुछ करोगे। क्योंकि इस करने में थोड़ी सी ऊर्जा बाहर जाएगी और थोड़ा हलकापन लगेगा। तुम ऊर्जा से भरते जा रहे हो।

छोटे बच्चों को देखते? बैठ ही नहीं सकते। ऊर्जा भरी है। बैठेंगे तो भी तुम पाओगे...एक मां अपने बच्चे से कह रही थी कि अब तू बैठ जा। देख, छः दफा मैं तुझसे कह चुकी हूं। अब अगर नहीं बैठा तो यह सातवीं वक्त है। भला नहीं फिर अब तेरा। तब बच्चा समझ गया। बच्चे समझ जाते हैं कि कब आ गया आखिरी मामला। कि अब मां आखिरी घड़ी में है, अब झंझट खड़ी होगी। जब तक वह देखता है कि अभी चलेगा तब तक चला रहा था। तो उसने कहा, अच्छी बात है, बैठा जाता हूं। लेकिन याद रखना, भीतर से नहीं बैठूंगा। बाहर से ही बैठ सकता हूं। तो बैठा जाता हूं। वह बैठ गया कुर्सी पर हाथ-पैर बिलकुल स्थिर करके। लेकिन उसने कहा, एक बात बता दूं कि भीतर से नहीं बैठा हूं। भीतर से तो कोई ऐसे कैसे बैठ सकता है?

तुम भीतर से बैठ जाओ तो तुम्हारे जीवन में सुख की एक आभा तैरने लगती है। ऐसा नहीं कि तुम्हीं को सुख मालूम होगा, तुम्हारी छाया में भी जो आ जाएंगे उनको भी सुख मालूम होगा। तुम्हारे पास जो आ जाएंगे वे भी तुम्हारी शीतलता से आंदोलित हो जाएंगे।

तुम्हें भी कई बार लगता होगा, किसी व्यक्ति के पास जाने से तुम उद्विग्न हो जाते हो। और किसी व्यक्ति के पास जाने से तुम शांत हो जाते। किसी व्यक्ति के पास जाने का मन बार-बार करता है। और कोई व्यक्ति रास्ते पर मिल जाए तो तुम बच कर निकल जाना चाहते हो। शायद साफ-साफ तुमने कभी सोचा भी न हो कि ऐसा क्या है? कभी तो ऐसा होता है कि व्यक्ति से तुम पहले कभी मिले नहीं थे और पहले ही मिलन में दूर हटना चाहते हो, भागना चाहते हो। और ऐसा भी होता है कि कभी पहले मिलन में किसी पर आंख पड़ती है और उसके हो गए। सदा के लिए उसके हो गए।

क्या हो जाता है? भीतर की तरंगें हैं जो गहरे में छूती हैं। कोई व्यक्ति तुम्हें धक्के मार कर हटाता है। कोई व्यक्ति तुम्हें किसी प्रबल आकर्षण में अपने पास खींच लेता है। किसी के पास सुख का स्वाद मिलता है। किसी के पास होने ही से लगता है कि

तुम हलके हो गए; जैसे बोझ उतर गया। और किसी के पास जाने से ऐसा लगता है, सिर भारी हो आया; न आते तो अच्छा था। उदास कर दिया उसकी मौजूदगी ने। उसने अपने दुख, अपनी पीड़ाएं, अपनी चिंताएं कुछ तुम पर भी फेंक दीं।

स्वाभाविक है, क्योंकि प्रत्येक व्यक्ति तरंगित हो रहा है। प्रत्येक व्यक्ति अपनी समस्तता को ब्रॉडकास्ट कर रहा है। उससे तुम बच नहीं सकते। उसके भीतर का गीत चारों वक्त चारों दिशाओं में आंदोलित हो रहा है। तुम उसके पास गए कि तुम पकड़ोगे उसके गीत को। अगर गीत बेसुरा है तो बेसुरेपन को पकड़ोगे। अगर गीत शास्त्रीय संगीत में बंधा है तो डोलोगे, मस्त हो जाओगे।

हर व्यक्ति का स्वाद है। सत्संग का इसीलिए इतना मूल्य है। किसी ऐसे व्यक्ति के पास बैठ जाना, जो शांत हो गया है। तो उससे कभी तुम्हें झलक मिलेगी अपने भविष्य की कि ऐसा कभी मेरे जीवन में भी हो सकता है। जो एक के जीवन में हुआ, दूसरे के जीवन में क्यों नहीं हो सकता? और स्वाद लेते-लेते ही तो आकांक्षा उठती है, अभीप्सा उठती है।

सुखमास्ते सुखं शेते सुखमायाति याति च।
सुखं वक्ति सुखं भुंक्ते व्यवहारेऽपि शांतधीः।।

ज्ञानी व्यवहार में भी, साधारण व्यवहार में भी तुम उसे पाओगे सदा सुख से आंदोलित, आनंदमग्न, मस्ती से भरा। वह बैठा भी होगा तो तुम पाओगे कि उसके पास कोई अलौकिक ऊर्जा नाच रही है। उसके पास किसी ओंकार का नाद है। उसके आस-पास कोई अलौकिक संगीतज्ञ, कोई गंधर्व गीत गा रहे हैं।

और अज्ञानी तो जब तुम्हें सुख में भी बैठा हुआ मालूम पड़े तब भी तुम पाओगे, नये दुखों की तैयारियां कर रहा है। अज्ञानी अपने सुख के समय को भी दुखों के बीज बोने में ही तो व्यतीत करता है। और तो क्या करेगा? जब सुख होता है तो वह दुख के बीज बोता है। वह कहता है, अब बो लो, मौका आया है, फसल बो लो। थोड़ा समय मिला है, कर लो इसका उपयोग। लेकिन उपयोग अज्ञानी अज्ञानी की तरह ही तो करेगा न! ज्ञानी दुख में भी सुख के बीज बोता।

हंसकर दिन काटे सुख के
हंस-खेल काट फिर दुख के दिन भी
मधु का स्वाद लिया है तो
विष का भी स्वाद बताना होगा
खेला है फूलों से वह
शूलों को भी अपनाना होगा
कलियों के रेशमी कपोलों को

तूने चूमा है तो फिर
अंगारों को भी अधरों पर
धर कर रे मुसकाना होगा
जीवन का पथ ही कुछ ऐसा
जिस पर धूप-छांव संग रहती
सुख के मधुर क्षणों के संग ही
बढ़ता है चिर दुख का क्षण भी
हंस कर दिन काटे सुख के
हंस-खेल काट फिर दुख के दिन भी

वह जो ज्ञानी है, वह दुख में भी सुख की ही याद करता। वह कहता है, सुख के दिन सुख से काटे, अब दुख के दिन भी सुख से काट। सुख के दिन नाच कर काटे, अब दुख के दिन भी नाच कर ही काट। सुख के दिन प्रार्थना में काटे, अब दुख के दिन भी प्रार्थना में ही रूपांतरित होने दे।

हंस कर दिन काटे सुख के
हंस-खेल काट फिर दुख के दिन भी

अज्ञानी दुख का अभ्यस्त हो जाता है। जब सुख होता है तब सुख से भी नये दुख पैदा करता है।

मैंने सुना है कि एक बार ऐसा हुआ कि एक गरीब दर्जी को लॉटरी मिल गई। हमेशा भरता रहता था लाटरी। हर महीने एक रुपया तो लॉटरी में लगाता ही था वह। ऐसा वर्षों से कर रहा था। वह उसकी आदत हो गई थी। उसमें कुछ चिंता की बात भी न थी। हर एक तारीख को एक रुपये की टिकट खरीद लेता था। ऐसा वर्षों से किया था। एक बार संयोग लग गया और मिल गई लाटरी—कोई दस लाख रुपये। जब लाटरी की खबर मिली और आदमी दस लाख रुपये लेकर आया तो उसने कहा, बस अब ठीक। उसने उसी वक्त दुकान में ताला लगाया, चाबी कुएं में फेंक दी। दस लाख रुपये लेकर वह तो कूद पड़ा संसार में। अब कौन दर्जी का काम करे! साल भर में दस लाख तो गए ही, स्वास्थ्य भी गया। पुरानी गरीब की जिंदगी की व्यवस्था, वह भी सब अस्तव्यस्त हो गई। पत्नी से भी संबंध छूट गया, बच्चे भी नाराज हो गए। और उसने तो वेश्यालयों में और शराबघरों में और जुआघरों में...सोचा कि सुख ले रहा है। जब साल भर बाद आखिरी रुपया भी हाथ से चला गया तब उसे पता चला कि इस साल मैं जितना दुखी रहा, इतना तो पहले कभी भी न था। यह भी खूब रहा। ये दस लाख तो जैसे जन्मों-जन्मों के दुख उभार कर दे गए। ये दस लाख तो ऐसे अब दुखस्वप्न हो गया।

किसी तरह जाकर फिर चाबी वगैरह बनवाई। अपनी दुकान खोल कर बैठा। लेकिन पुरानी आदत, तो एक रुपया महीने की लॉटरी फिर लगाता रहा। संयोग की बात! एक साल बाद फिर वह लॉटरी वाला आदमी खड़ा हो गया। उस दर्जी ने कहा, अरे नहीं, अब नहीं। अब क्षमा करो। क्या फिर मिल गई? उस आदमी ने कहा, चमत्कार तो हम को भी है, हम भी हैरान हैं कि फिर मिल गई। उसने कहा, मारे गए! अब रुक भी नहीं सकता वह, दस लाख फिर मिल गए। लेकिन कहा कि मारे गए। घबड़ा गया कि फिर मिल गई, अब फिर उसी दुख से गुजरना पड़ेगा। अब फिर वेश्यालय, फिर शराबघर, फिर जुआघर, फिर वही परेशानी। अब दिन सुख के कटने लगे थे, फिर से अपनी दुकान चलाने लगा था। अब यह फिर मुसीबत आ गई।

आदमी अगर अज्ञानी हो तो जो भी आए वही मुसीबत है। तुम अक्सर पाओगे कि तुम्हें जब सुख के क्षण आते हैं तो तुम उन सुख के क्षणों को भी दुख में रूपांतरित कर लेने में कुशल हो गए हो। तुम तत्क्षण उनको पकड़ लेते हो और कुछ इस ढंग से उनके साथ व्यवहार करते हो कि सब दुख हो जाता है।

धन में कोई दुख नहीं है। और जिन्होंने तुमसे कहा है, धन में दुख है; वे नासमझ रहे होंगे। दुख तुममें है। दुख तुम्हारी मूढ़ता में है। तुमको धन मिल जाता है तो अवसर मिला। धन न हो तो दुख को भी तो खरीदने के लिए सुविधा चाहिए न! दुखी होने के लिए भी तो अवसर मिलना चाहिए।

मैं तुमसे कहता हूं कि धन में दुख नहीं है, दुख तुम्हारी आदत है। हां, बिना धन के शायद तुम उतने दुखी नहीं हो पाते, क्योंकि धन चाहिए न खरीदने को! दुख भी खरीदने के लिए धन तो चाहिए, अवसर तो चाहिए। तुम वेश्यालय नहीं गए क्योंकि सुविधा नहीं थी। तुम सज्जन थे क्योंकि दुर्जन होने के लिए भी मौका चाहिए। तुमने जुआ नहीं खेला क्योंकि खेलने के लिए भी तो पैसे चाहिए। तुम लड़े-झगड़े नहीं क्योंकि कौन झंझट में पड़े—अदालत, मुकदमा, वकील!

लेकिन तुम्हारे पास पैसे आ जाएं तो ये सारी वृत्तियां तुममें भरी पड़ी हैं। और ये सारी वृत्तियां प्रकट होने लगेंगी। ऐसा ही समझो कि वर्षा होती है तो जिस जमीन में फूल के बीज पड़े हैं वहां फूल निकल आते हैं और जहां कांटे के बीज पड़े हैं वहां कांटे निकल आते हैं।

तो जिन्होंने तुमसे कहा है धन में दुख है, जरूर कहीं उनके जीवन में दुख की आदत थी। धन तो वर्षा है। जनक जैसे आदमी के पास धन हो तो कुछ अड़चन नहीं। कृष्ण जैसे आदमी के पास धन हो तो कुछ अड़चन नहीं। जिसको सुख की आदत है वह तो निर्धन अवस्था में भी धनी होता है, तो धनी होकर तो खूब धनी हो जाता है।

तुम इस बात को ठीक से समझ लेना। यह मेरे मौलिक आधारों में से एक है। इसलिए मैं तुमसे नहीं कहता कि धन से भागो। मैं तुमसे कहता हूं, धन तो तुम्हें एक आत्म-दर्शन का मौका देता है। लोग कहते हैं, अगर शक्ति हाथ में आ जाए तो शक्ति भ्रष्ट करती है। मैं कहता हूं, गलत कहते हैं। लार्ड बेकन ने कहा है, 'पॉवर करप्ट्स एण्ड करप्ट्स एब्सोल्यूटली।' गलत कहा है, बिलकुल गलत कहा है। शक्ति कैसे किसी को व्यभिचारी कर देगी? नहीं, तुम व्यभिचारी हो, शक्ति मौका देती है।

इधर इस देश में हुआ। गांधी के अनुयायी थे, सत्याग्रही थे, समाजसेवक थे। जब सत्ता हाथ में आई तो सब भ्रष्ट हो गए। लोग कहते हैं सत्ता ने भ्रष्ट कर दिया। मैं कहता हूं भ्रष्ट थे, सत्ता ने मौका दिया। सत्ता कैसे भ्रष्ट करेगी? तुम बुद्ध को सिंहासन पर बिठाल दो और बुद्ध भ्रष्ट हो जाएं तो इसका मतलब यह हुआ कि बुद्ध छोटे हैं, सिंहासन ज्यादा ताकतवर। यह कोई बात हुई! बुद्ध और सिंहासन से हार गए! नहीं, यह कोई बात जंचती नहीं।

अगर सिंहासन से हार जाता है तुम्हारा बुद्धत्व तो उसका इतना ही अर्थ है, बुद्धत्व थोपा हुआ होगा, जबरदस्ती आरोपित किया हुआ होगा। जब अवसर आया तो मुश्किल हो गई।

नपुंसक होने में ब्रह्मचारी होना नहीं है। जब तुममें ब्रह्मचर्य की वास्तविक ऊर्जा घटेगी तो वह काम-ऊर्जा की ही प्रगाढ़ता होगी। अगर काम-ऊर्जा ही नष्ट हो गई और फिर तुम ब्रह्मचारी हो गए तो वह कोई ब्रह्मचर्य नहीं है। वह धोखा है। वह आत्मवंचना है।

ज्ञानी तो व्यवहार में भी सुखपूर्वक है, शांत है बाजार में भी, दुकान में भी। व्यवहार यानी बाजार और दूकान। और जो ज्ञानी नहीं है वह तो हर हालत में...कभी तुम उसे मंदिर में भी बैठे देखो तो भी तुम उसे मंदिर में पाओगे नहीं। तुम उसके भीतर झांकोगे तो वह कहीं और है। ज्ञानी दुकान पर बैठा हुआ भी अपने भीतर बैठा है—सुखमास्ते। दुकान भी चल रही है। इन दोनों में कोई विरोध थोड़े ही है! दुकान के चलने में क्या विरोध है?

आत्मवान को कोई विरोध नहीं है। अज्ञानी को विरोध है। अज्ञानी कहता है, दुकान चलती है तो मैं तो अपने को भूल ही जाता हूं। दुकान ही चलती है, मैं तो भूल ही जाता हूं। तो मैं अब ऐसी जगह जाऊंगा जहां दुकान नहीं है, ताकि मैं अपने को याद कर सकूं। लेकिन यह अज्ञानी अज्ञान को तो छोड़ कर न जा सकेगा। अज्ञान तो साथ चला जाएगा।

ऐसा ही समझो कि जैसे फिल्म तुम देखने जाते हो तो पर्दे पर फिल्म दिखाई पड़ती है, लेकिन फिल्म पर्दे पर होती नहीं। फिल्म तो प्रोजेक्टर में होती है। वह पीछे छिपा है। जो आदमी संसार से भाग गया वह ऐसा आदमी है, जो पर्दे को छोड़ कर

प्रोजेक्टर लेकर भाग गया। प्रोजेक्टर साथ ही रखे हैं। अब पर्दा नहीं है तो देख नहीं सकता, यह बात सच है, मगर प्रोजेक्टर साथ है। कभी भी परदा मिल जाएगा, तत्क्षण काम शुरू हो जाएगा।

तुम स्त्रियों से भाग जाओ तो परदे से भाग गए। कामवासना तो साथ है, वह प्रोजेक्टर है। किसी दिन स्त्री सामने आ जाएगी, बस...। और ध्यान रखना, अगर तुम भाग गए हो स्त्री से तो स्त्री इतनी मनमोहक हो जाएगी, जितनी कभी भी न थी। क्योंकि जितने तुम तड़फोगे भीतर-भीतर उतनी ही स्त्री सुंदर होती जाएगी। जितने तुम तड़फोगे उतनी ही साधारण स्त्री अप्सरा बनती जाएगी। जितने तुम तड़फोगे उतना ही सौंदर्य तुम उसमें आरोपित करने लगोगे।

भूखा आदमी रूखी-सूखी रोटी में भी बड़ा स्वाद लेता। भरे पेट सुस्वादु भोजन में भी कोई स्वाद नहीं मालूम होता। इसलिए तुम्हारे साधु-संन्यासी स्त्रियों को गाली देते रहते हैं। दो चीजों को गाली देते रहते हैं: कामिनी और कांचन। दो चीजों से बड़े परेशान हैं: स्त्री और धन। बस उनका एक ही राग है—बचो कामिनी से, बचो कांचन से। और उनका राग यह बता रहा है कि ये दो ही चीजें उनको सता रही हैं। धन सता रहा है और स्त्री सता रही है।

स्त्री और धन क्या सताएंगे! उनके भीतर वासना पड़ी है, वासना के बीज पड़े हैं। परिस्थिति तो छोड़ कर भाग गए, मनस्थिति को कहां छोड़ोगे? मन तो साथ ही चला जाता है।

'जो ज्ञानी स्वभाव से व्यवहार में भी सामान्य जन की तरह नहीं व्यवहार करता और महासरोवर की तरह क्लेशरहित है, वही शोभता है।'

अज्ञानी तो लड़ता ही रहता, उलझता ही रहता। कोई बाहर न हो उलझने को तो भीतर उलझन बना लेता, लेकिन बिना उलझे नहीं रह सकता।

क्या-क्या हुआ है हमसे जुनूं में न पूछिए
उलझे कभी जमीं से कभी आसमां से हम

उलझता ही रहता, झगड़ता ही रहता। झगड़ा उसकी जीवन-शैली है। कोई बाहर न मिले तो वह भीतर निर्मित कर लेता है। कोई दूसरा न मिले लड़ने को तो अपने से लड़ने लगता है। लेकिन झगड़ा उसकी प्रकृति है। और अज्ञानी कहीं भी जाए, कुछ भी करे, कुछ भेद नहीं पड़ता।

मुल्ला नसरुद्दीन अपने गधे पर से गिर पड़ा। सारा गांव चकित हुआ, क्योंकि गधा उसको लेकर अस्पताल पहुंच गया। तो मुल्ला के घर लोग पहुंचे और लोगों ने कहा कि बड़े मियां, अल्लाह का शुक्र, लाख-लाख शुक्र कि आपको ज्यादा चोट नहीं लगी। और एक सज्जन ने कहा कि सच कहें तो विश्वास नहीं होता कि गधा इतना समझदार होता है। क्योंकि कहावत तो यही है कि गधा यानी गधा। मगर हद हो

गई! आपका गधा कुछ विशिष्ट गधा है! कितना समझदार जानवर कि आपको लेकर अस्पताल पहुंच गया! भरोसा नहीं आता इसकी समझदारी पर। मुल्ला नसरुद्दीन ने कहा, क्या खाक समझदार है, गधों के अस्पताल ले गया था!

गधा ले जाएगा तो गधों के अस्पताल ले जाएगा। वेटनरी अस्पताल ले गया होगा। गधा समझदारी भी करेगा तो कितनी करेगा? एक सीमा है। अज्ञानी समझदारी भी करेगा तो कितनी करेगा? एक सीमा है। उस सीमा के पार अज्ञान नहीं ले जा सकता।

इससे असली सवाल, असली क्रांति, असली रूपांतरण स्थितियों का नहीं है, बोध का है। अज्ञान से मुक्त होना है, संसार से नहीं। अज्ञान से जो मुक्त हुआ, संसार से मुक्त हुआ। मूर्च्छा टूटी, सब टूटा। सब सपने गए—व्यक्तिगत, सामूहिक, सब सपने गए। अज्ञान बचा, तुम कहीं भी जाओ, कहीं भी जाओ—मक्का कि मदीना, काबा कि कैलाश, कुछ फर्क नहीं पड़ता।

स्वभावात् यस्य नैवार्तिलोकवदव्यवहारिणः।
महाह्रद इवाक्षोभ्यो गतक्लेशः सुशोभते।।

'ज्ञानी स्वभाव से व्यवहार में भी...।'

ध्यान रखना स्वभाव से; योजना से नहीं, आचरण से नहीं, स्वभाव से। चेष्टा से नहीं, प्रयास से नहीं, साधना से नहीं, स्वभाव से—स्वभावात्। जहां समझ आ गई वहां स्वभाव से क्रियाएं शुरू होती हैं। एक आदमी शांत होता है चेष्टा से। गौर से देखोगे, भीतर उबलती अशांति, बाहर-बाहर थोपकर, लीप-पोत कर उसने अपने को सम्हाल लिया। ऊपर का थोपा हुआ ज्यादा काम नहीं आता।

मुल्ला नसरुद्दीन पकड़ा गया। किसी की मुर्गी चुरा ली। वकील ने उसको सब समझा दिया कि क्या-क्या कहना। रटवा दिया कि देख, इससे एक शब्द इधर-उधर मत जाना। वह सब रट लिया, कंठस्थ कर लिया। वकील को कई दफे सुना भी दिया। वकील ने कहा, अब बिलकुल ठीक। अपनी पत्नी को भी सुना दिया। रात गुनगुनाता रहा, सुबह अदालत में भी गया और मुकदमा जीत भी गया, क्योंकि वकील ने ठीक-ठीक पढ़ाया था। उसने वही-वही कहा जो वकील ने पढ़ाया था। मजिस्ट्रेट ने कई तरह से पूछा, विपरीत वकील ने कई तरह से खोज-बीन की, लेकिन वह टस से मस न हुआ। सबको पता है कि मुर्गी उसने चुराई है। मजिस्ट्रेट को भी पता—छोटा गांव। और वह कई औरों की भी मुर्गियां चुरा चुका है तो सभी को, गांव को पता है कि है तो मुर्गी—चोर। लेकिन डटा रहा।

आखिर मजिस्ट्रेट ने कहा कि अब हार मान गए। ठीक है तो तुम्हें मुक्त किया जाता है नसरुद्दीन। तो भी वह खड़ा रहा। मजिस्ट्रेट ने कहा, अब खड़े क्यों हो? तुम्हें मुक्त किया जाता है। तो उसने कहा, इसका क्या मतलब? मुर्गी मैं रख सकता हूं?

वह चोरी भीतर है तो कहां जाएगी? वह सब पढ़ाया-लिखाया व्यर्थ हो गया। आदमी कितना ही ऊपर से आरोपण कर ले, कोई न कोई बात भीतर से फूट ही पड़ती है, खबर दे जाती है।

तुम कितने ही शांत बनो ऊपर से, तुम कितने ही सज्जन बनो, तुम कितने ही सुशील बनो, तुम कितना ही अभिनय करो, कोई न कोई बात कहीं न कहीं से बह कर निकल आएगी। क्योंकि तुम जो हो उसको ज्यादा देर झुठलाया नहीं जा सकता।

गुरजिएफ कहता था कि मेरे पास कोई आदमी तीन घंटे रह जाए तो मैं जान लेता हूं क्या है उसकी असलियत। क्योंकि तीन घंटे तक भी अपने झूठ को खींचना मुश्किल हो जाता है। इसीलिए तो धोखा होता है।

जिनसे तुम रास्ते पर मिलते हो, जिनसे सिर्फ संबंध 'जयरामजी' का है, उनको तुम समझते हो, बड़े सज्जन हैं। रास्ते पर मिले, 'जयरामजी' कर लिया, अपने-अपने घर चल गए। उतनी देर के लिए आदमी सम्हाल लेता है। मुस्कुरा दिया, तुम्हें देख कर प्रसन्न हो गया, बाग-बाग हो गया। और तुमने कहा, कैसा भला आदमी है! जरा पास आओगे तब भलाई-बुराई पता चलनी शुरू होगी। निकट आओगे तब कठिन होने लगेगा।

यही तो रोज सारी दुनिया में होता है। किसी स्त्री के प्रेम में पड़ गए, कोई स्त्री तुम्हारे प्रेम में पड़ गई, तब दोनों कितने सुंदर! और दोनों का प्रेम कैसा अदभुत! ऐसा कभी पृथ्वी पर हुआ नहीं और कभी होगा भी नहीं।

फिर विवाह कर लो, फिर धीरे-धीरे जमीन पर उतरोगे। असलियत प्रकट होना शुरू होगी। वह जो ऊपर-ऊपर का आवरण था, वह जो लीपा-पोता आवरण था, वह टूटेगा। क्योंकि कितनी देर उसे खींचोगे? असलियत निकल कर रहेगी। आरोपण थोड़ी-बहुत देर चल सकता है, असलियत प्रकट होकर रहेगी।

तो जो दो व्यक्ति करीब-करीब रहेंगे तो असलियत प्रकट होनी शुरू होती है। दूर-दूर से सभी ढोल सुहावने मालूम होते हैं।

ज्ञानी की यही खूबी है कि वह स्वभावात, स्वभाव से...स्वभाव का अर्थ होता है, जाग्रत होकर जिसने स्वयं को जाना, पहचाना, जिसकी अंतर्प्रज्ञा प्रबुद्ध हुई, जिसके भीतर का दीया जला, जो अब अपने स्वभाव को पहचान लिया। अब इससे अन्यथा होने का उपाय न रहा। अब तुम उसे कैसी भी स्थिति में देखोगे, तुम उसे हमेशा अपने स्वभाव में थिर पाओगे।

'जो ज्ञानी स्वभाव से व्यवहार में भी सामान्य जन की तरह नहीं व्यवहार करता और महासरोवर की तरह क्लेशरहित है वही शोभता है।'

संस्कृत में जो शब्द है वह है, लोकवत। वह 'सामान्य जन' से ज्यादा बेहतर है। लोकवत का अर्थ होता है भीड़ की भांति। जो भीड़ की तरह व्यवहार नहीं करता।

भीड़ का व्यवहार क्या है? भीड़ का व्यवहार धोखा है। हैं कुछ, दिखाते कुछ। हैं कुछ, बताते कुछ। कहते कुछ, करते कुछ। दूर-दूर से एक मालूम होते हैं, पास आओ, कुछ और मालूम होते हैं। दूर से तो चमकते सोने की तरह, पास आओ तो पीतल भी संदिग्ध हो जाता है कि पीतल भी हैं या नहीं। हो सकता है, पीतल का भी पालिश ही हो। भीड़ का व्यवहार धोखे का व्यवहार है, प्रवंचना का व्यवहार है। ज्ञानी सहज होता, नग्न होता। जैसा है वैसा ही होता है। रुचे तो ठीक, न रुचे तो ठीक। तुम्हारे कारण ज्ञानी अपने को किन्हीं ढांचों में नहीं ढालता। तुम्हारी अपेक्षाओं के अनुकूल व्यवहार नहीं करता। जैसा है वैसा ही व्यवहार करता है। रुचे ठीक, न रुचे ठीक। ज्ञानी तुम्हें देख कर व्यवहार नहीं करता, अपने स्वभाव से व्यवहार करता है। शायद बहुतों को न भी रुचे। क्योंकि जो झूठ में बहुत पारंगत हो गए हैं उनको यह सचाई न रुचेगी। जो झूठ में बहुत कुशल हो गए हैं उनको इस सच में खतरा मालूम पड़ेगा। उनको उनके झूठ के टूट जाने का भय मालूम पड़ेगा।

इसलिए ज्ञानियों पर भीड़ सदा नाराज रहती है। हां, जब ज्ञानी मर जाते हैं, तब उनकी पूजा करती है। क्योंकि मरे ज्ञानियों में कोई खतरा नहीं है। जीवित ज्ञानी के सदा भीड़ विरोध में रहती है—रहेगी ही। क्योंकि जीवित ज्ञानी की मौजूदगी ही बताती है कि भीड़ झूठ है। और जीवित ज्ञानी के पास आकर तुम्हें अपनी असली तस्वीर दिखाई पड़ने लगती है। जीवित ज्ञानी कसौटी है; उसके पास आते ही पता चल जाता है कि तुम सोना हो कि पीतल।

और कोई मानने को तैयार नहीं होता कि पीतल है। जानते हो, फिर भी मानने को तैयार नहीं होते कि पीतल हो। जानते हो कि पीतल हो लेकिन फिर भी घोषणा करते रहते हो स्वर्ण होने की। जितना पता चलता है पीतल हो, उतने ही जोर से चिल्लाते हो कि स्वर्ण हूं। अपने को बचाना तो होता। अहंकार अपनी सुरक्षा तो करता। इसलिए ज्ञानी से लोग नाराज होते हैं।

महावीर नग्न खड़े हो गए। यह समस्त ज्ञानियों का व्यवहार है—चाहे उन्होंने कपड़े उतारे हों, या न उतारे हों; लेकिन समस्त ज्ञानी नग्न खड़े हो जाते हैं। जैसे हैं वैसे खड़े हो जाते हैं—बालवत, स्वाभाविक।

'जो ज्ञानी स्वभाव से व्यवहार में भी लोकवत व्यवहार नहीं करता...।'

जो साधारण स्थितियों में भी भीड़ का आचरण, अंधानुकरण नहीं करता, जिसके होने में एक निजता है, जिसके होने में अपने स्वभाव की एक धारा है, स्वच्छंदता है, जिसका स्वयं का गीत है, जो तुम्हारे अनुसार अपने को नहीं ढालता।

अब तुम जरा देखो, तुम्हारे मुनि हैं, तुम्हारे महात्मा हैं, वे तुम्हारे अनुसार अपने को ढाले बैठे हैं। इसलिए तुम उनकी पूजा कर रहे हो। तुमने महावीर की पूजा नहीं की, महावीर को पत्थर मारे और जैन मुनि की पूजा कर रहे हो। क्योंकि महावीर ने तुम्हारे अनुसार अपने व्यवहार को नहीं ढाला। महावीर ने तो अपनी उदघोषणा की। जैसे थे वैसी उदघोषणा की। वे तुम्हें न रुचे लेकिन तुम्हारा जैन मुनि तुम्हें रुचता है। क्योंकि वह तुम्हारा अनुयायी है। तुम जैसा कहते हो वैसा व्यवहार करता है। तुम कहते हो मुंह पर पट्टी बांधो तो मुंह पर पट्टी बांध कर बैठ जाता है; चाहे सर्कसी मालूम पड़े लेकिन मुंह पर पट्टी बांध कर बैठ जाता है। तुम जैसा कहते हो वैसा उठता, वैसा बैठता, वैसा चलता। वह बिलकुल आज्ञाकारी है। इतने आज्ञाकारी व्यक्तियों को तुम पूजा न दो तो किसको पूजा दो?

उनका व्यवहार लोकवत है, स्वाभाविक नहीं है। स्वाभाविक होने का तो अर्थ हुआ क्रांतिकारी। स्वभाव तो सदा विद्रोही है। स्वभाव का तो अर्थ हुआ कि जैसी मौज होगी, जैसा भीतर का भाव होगा, जैसी लहर होगी। स्वाभाविक आदमी तो लहरी होता है। उसके ऊपर कोई आचरण के बंधन और मर्यादाएं नहीं होतीं।

इसीलिए तो राम को तुम याद करते हो, कृष्ण को हटा कर रखा है। कृष्ण का व्यवहार स्वाभाविक है, राम का व्यवहार मर्यादा का है। राम हैं मर्यादा-पुरुषोत्तम। कृष्ण का व्यवहार बड़ा भिन्न है। कृष्ण का व्यवहार अनूठा है। कोई मर्यादा नहीं है, अमर्याद है। कृष्ण स्वच्छंद हैं। तो राम ज्यादा से ज्यादा सज्जन। संतत्व तो कृष्ण में प्रकट हुआ है। राम ज्यादा से ज्यादा लोकमान्य, क्योंकि लोकवत। कृष्ण लोकमान्य कभी नहीं हो सकते।

जो लोग उन्हें लोकमान्य बनाने की कोशिश करते हैं वे भी उनमें कांट-छांट कर लेते हैं। उतना ही बचा लेते हैं जितना ठीक। जैसे सूरदास हमेशा उनके बचपन के गीत गाते हैं, उनकी जवानी के नहीं। क्योंकि बचपन में ठीक है कि तुमने मटकी फोड़ दी, बचपन में ठीक है कि तुमने शैतानी की। लेकिन सूरदास को भी अड़चन मालूम होती है, जवान कृष्ण ने जो मटकियां फोड़ीं उन पर जरा अड़चन मालूम होती है। कि स्त्रियों के वस्त्र लेकर झाड़ पर बैठ गए, इसमें जरा अड़चन मालूम होती है।

महात्मा गांधी गीता के कृष्ण की बात करते हैं लेकिन भागवत के कृष्ण की बात नहीं करते। क्योंकि भागवत का कृष्ण तो खतरनाक है। गीता के कृष्ण में तो कृष्ण कुछ है ही नहीं, सिर्फ बातचीत है। कृष्ण के आचरण के संबंध में तो कुछ भी नहीं है। कृष्ण का वक्तव्य है गीता, कृष्ण का जीवन नहीं है। कृष्ण का जीवन तो भागवत है। गीता में तो बड़ी आसानी है। लेकिन वहां भी लीपा-पोती करनी पड़ती है। वहां भी गांधी को कहना पड़ता है, युद्ध सच्चा नहीं है, काल्पनिक है। यह जो युद्ध हो रहा है,

कौरव-पांडव के बीच नहीं है, बुराई और भलाई के बीच हो रहा है। इतनी उनको कहनी ही पड़ती बात, क्योंकि वे अहिंसक। युद्ध हो रहा है और अगर युद्ध असली है, और कृष्ण अगर असली युद्ध करवा रहे हैं तो पाप हो रहा है।

कृष्ण कोई मर्यादा नहीं मानते। अहिंसा की मर्यादा नहीं, समाज की मर्यादा नहीं, कोई मर्यादा नहीं मानते। जीवन की परम स्वतंत्रता और जीवन जैसा हो वैसा ही होने देने का अपूर्व साहस...।

नहीं, कृष्ण छोटे-मोटे ढांचे में नहीं ढाले जा सकते। अड़चन है। इसलिए राम भाते हैं।

गांधी कहते थे कि गीता मेरी माता है, लेकिन मरते वक्त जो नाम निकला, मुंह से निकला, 'हे राम!' कृष्ण कहीं गहरे गए नहीं। मरते वक्त वही निकला जो भीतर गहरे था। राम की याद आई।

इसे खयाल रखना।

'जो ज्ञानी व्यवहार में भी स्वाभाविक है और लोकवत व्यवहार नहीं करता और महासरोवर की तरह क्लेशरहित है वही शोभता है।'

अब यह महासरोवर की तरह क्लेशरहित, इसका मतलब समझो। महासरोवर को कभी तुमने लहरों से शांत देखा? महासरोवर का मतबल होता है सागर। सागर को तुमने कभी शांत देखा? वहां तो लहरें उठती हैं, उत्तुंग लहरें उठती हैं। लहरें ही लहरें उठती हैं। सागर कोई झील थोड़े ही है, कोई स्विमिंग पूल थोड़े ही है। सागर तो सागर है, महासागर है। जितना बड़ा सागर है उतनी बड़ी उत्तुंग लहरें हैं। आकाश छूनेवाली लहरें उठती हैं। अब यह वाक्य बड़ा अदभुत है :

महाह्रद इवाक्षोभ्यः गतक्लेशः सुशोभते।

और जैसा महासागर क्षोभरहित है ऐसा ही ज्ञानी है।

क्या मतलब हुआ इसका? महासागर तो सदा ही लहरों से भरा है। अष्टावक्र यह कह रहे हैं कि लहरों से खाली होकर जो क्षोभरहित हो जाना है वह भी कोई क्षोभरहितता है? लहरें उठ रही हैं और फिर भी शांति अखंडित है। संसार में खड़े हैं और संन्यास अखंडित है। जल में कमलवत। सागर लहरों से भरा है, लेकिन क्षुब्ध थोड़े ही है! जरा भी क्षुब्ध नहीं है, परम अपूर्व शांति में है। तुम्हें शायद लगता हो किनारे पर खड़े होकर कि क्षुब्ध है। वह तुम्हारी गलती है। वह सागर का वक्तव्य नहीं है, वह तुम्हारी व्याख्या है। सागर तो परम शांत है। ये लहरें उसकी शांति की ही लहरें हैं। इन लहरों में भी शांत है। इन लहरों के पीछे भी अपूर्व अखंड गहराई है। ये लहरें उसकी शांति के विपरीत नहीं हैं। इन लहरों का शांति में समन्वय है।

जीवन वहीं गहरा होता है जहां विरोधी को भी आत्मसात कर लेता है। इसे खूब खयाल में रखना। जहां विरोध छूट जाता है वहां जीवन अपंग हो जाता है। जहां विरोध कट जाता है वहां जीवन दुर्बल हो जाता है। जहां विरोध को तुम बिलकुल अलग काट कर फेंक देते हो वहीं तुम दरिद्र और दीन हो जाते हो। जीवन की महत्ता, जीवन का सौरभ, जीवन की समृद्धि विरोध में है। जहां विरोधों की मौजूदगी में संगीत पैदा होता है, बस वहीं।

विपरीत से भागना मत, विपरीत का अतिक्रमण करना। भगोड़े मत बनना।

सागर अगर लहरों से भाग जाए तो क्या होगा? जा सकता है भाग कर हिमालय। जम जाए बर्फ की तरह, फिर लहरें नहीं उठतीं। बर्फ की तरह जमा हुआ तुम्हारा संन्यास अब तक रहा है। बर्फ की तरह जमा हुआ, मुर्दा। कोई गति नहीं, कोई तरंग नहीं, कोई संगीत नहीं। ठंडा। कोई ऊष्मा नहीं, कोई प्रेम नहीं। निर्जीव!

होना चाहिए महासागर की तरह तुम्हारा संन्यास। नाचता हुआ! आकाश को छूने की अभीप्सा से भरा। उत्तुंग लहरोंवाला और फिर भी शांत। इसलिए यह अदभुत वचन है।

'मूढ़ पुरुष का वैराग्य विशेष कर परिग्रह में देखा जाता है। लेकिन देह में गलित हो गई है आशा जिसकी, ऐसे ज्ञानी को कहां राग है, कहां वैराग्य!'

यह सूत्र भी बड़ा अनूठा है।

परिग्रहेषु वैराग्यं प्रायो मूढ़स्य दृश्यते।
देहे विगलिताशस्य क्व रागः क्व विरागता।।

अनूठा है सूत्र।

परिग्रहेषु वैराग्यं प्रायो मूढ़स्य दृश्यते।

'मूढ़ का जो वैराग्य है वह परिग्रहकेंद्रित होता है।'

समझो। मूढ़ का जो वैराग्य है वह परिग्रह से ही निकलता है, परिग्रह के विपरीत निकलता है। वह कहता है, धन छोड़ो। पहले धन पकड़ता था, अब कहता है धन छोड़ो। मगर धन पर नजर अटकी है। पहले दीवाना था, कांचन...कांचन...कांचन। सोना...सोना...सोना...सोना। सोने में सोया था। अब कहता है, जाग गया हूं लेकिन अब भी सोने की ही बातें करता है। कहता है सोना छोड़ो, कांचन छोड़ो। यह छोड़ने में भी पकड़ जारी है। अभी छूटी नहीं है बात। यह कहता है सोना मिट्टी। लेकिन अगर मिट्टी ही है तो मिट्टी को क्यों मिट्टी नहीं कहते? सोने को क्यों? बात खतम हो गई।

मैंने सुना है, महाराष्ट्र की बड़ी प्राचीन कथा है रांका-बांका की। रांका ठीक वैसा ही रहा होगा, जिसका संन्यास परिग्रह के विपरीत निकला। तो वह लकड़ियां

काटता, बेचता, उससे जो मिल जाता उससे भोजन कर लेता। सांझ जो बचता वह बांट देता, रात घर में न रखता। परम त्यागी। लेकिन एक बार बेमौसम वर्षा हो गई। तीन चार दिन वर्षा होती रही। जंगल न जा सका। भूखे रहना पड़ा। उसकी पत्नी बांका, वे दोनों भूखे रहे। चौथे दिन गए जंगल, लकड़ियां काट कर आता था रांका आगे-आगे लकड़ियां लिए, पीछे पत्नी भी लकड़ियां ढो रही है। देखा, राह के किनारे एक अशर्फियों से भरी थैली पड़ी है। जल्दी से लकड़ियां नीचे पटकीं, थैली को गड्ढे में डाला, ऊपर से मिट्टी डाल दी।

जब वह मिट्टी डाल ही रहा था, डालने को चुक ही रहा था काम पूरा करके कि उसकी पत्नी आ गई। उसने पूछा क्या करते हो? तो कसम तो खाई थी सच बोलने की। झूठ बोल नहीं सकता था। तो उसने कहा, बड़ी मुश्किल हो गई। यह आचरण ऊपर से आरोपित होता तो ऐसी मुश्किल आती। कसम खाई थी सत्य बोलने की तो असत्य तो बोल नहीं सकता। तो कहा कि अब सुन। मैं चलता था तो देखा अशर्फियां पड़ी हैं। किसी राहगीर की गिर गई होंगी। उनको गड्ढे में डाल कर मिट्टी डाल रहा था कि कहीं तू है—तू ठहरी स्त्री! कहीं तेरा मन लुभायमान न हो जाए। फिर तीन दिन के भूखे हैं हम। कहीं मन में भाव न आ जाए कि उठा लें। तुझे बचाने के लिए इनको डाल दिया गड्ढे में, मिट्टी ऊपर से फेंक दी।

कहते हैं, बांका हंसने लगी। उसी दिन से उसका नाम बांका हुआ। बांकी औरत रही होगी। हंसने लगी, खूब हंसने लगी। रांका बड़ा हैरान हुआ। उसने कहा, बात क्या है? हंसती क्यों हो?

उसने कहा, मैं इसलिए हंसती हूं कि तुम मिट्टी पर मिट्टी डालते हो। मिट्टी पर मिट्टी डालते तुम्हें शर्म नहीं आती?

अब ये दो दृष्टिकोण हैं। एक है त्यागी। उसका त्याग भी परिग्रहकेंद्रित है। अभी सोना दिखाई पड़ता है। लाख कहे कि सोना मिट्टी है मगर अभी सोना दिखाई पड़ता है। मिट्टी कहता ही इसलिए है ताकि जो दिखाई पड़ता है उसको झुठला दे। अभी सोना पुकारता है। अभी सोना बुलाता है। अभी सोने में निमंत्रण है। मिट्टी कह-कह कर समझाता है अपने को कि मिट्टी है, कहां चले? मत जाओ, बिलकुल मत जाओ, मिट्टी है। मगर सोना अभी सोना है।

यह जो बांका ने कहा, यह परम त्याग है। यह ठीक संन्यास है। मिट्टी पर मिट्टी डालते हुए शर्म नहीं आती? यह बात ही बेहूदी है।

सोना जैसा है वैसा है। इसके पीछे पागल होना तो पागलपन है ही, इसको छोड़ कर भागना भी पागलपन है। जागना है। जान लेना है।

'मूढ़ पुरुष का वैराग्य विशेषकर परिग्रह में ही केंद्रित होता है।'

जिन चीजों से मूढ़ पुरुष भागता है उन्हीं से घिरा रहता है।

'लेकिन देह में गलित हो गई है आशा जिसकी, ऐसे ज्ञानी को कहां राग है, कहां वैराग्य?'

ऐसा ज्ञानी वीतराग है। वह विरागी नहीं है। विरागी कोई अच्छा शब्द नहीं है, वह रागी के विपरीत शब्द है। और जो रागी के विपरीत है वह राग से अभी बंधा है। विपरीत सदा बंधा रहता है।

तुमने खयाल किया? मित्र चाहे भूल भी जाएं, दुश्मन नहीं भूलता। दुश्मन से एक बंधन बना रहता है। दुश्मन से भी एक लगाव है, एक कड़ी जुड़ी है। जिससे तुम्हारा विरोध हो उससे तुम्हारी कड़ी जुड़ी है।

अष्टावक्र कहते हैं, ज्ञानी को कहां राग कहां वैराग्य! मजा यह है कि संसार से जो भाग जाते हैं उनका संसार समाप्त नहीं होता, नये-नये रूपों में प्रकट होता है। वैराग्य के नाम से प्रकट होता है।

कुम्हलाया देवता तक पहुंच कर भी फूल
रहा अम्लान धूल में गिर कर भी शूल

कभी देखा तुमने? फूल देवता के चरणों में भी चढ़ा दो तो भी कुम्हला जाता है। और शूल, कांटा धूल में भी गिर जाए तो भी नहीं कुम्हलाता।

इस जीवन में हमारी समझदारी फूल जैसी कोमल है। वह देवता के चरणों में भी चढ़ती है तो भी कुम्हला जाती है। और हमारी नासमझी शूल की तरह है। वह धूल में भी गिर जाती है तो भी नहीं कुम्हलाती; तो भी ताजी बनी रहती है। कांटा वृक्ष से टूट कर कुछ कम कांटा नहीं हो जाता, ज्यादा ही कांटा हो जाता है। फूल वृक्ष से टूट कर कुम्हला जाता है, नष्ट हो जाता है।

हमारी समझदारी बड़ी कोमल, बड़ी क्षीण। और हमारी नासमझी बड़ी प्रगाढ़। संसार से भी भाग जाते हैं तो भी नासमझी नहीं छूटती। जारी रहती नये-नये रूपों में, नये-नये ढंग में। नये-नये वेश पहन कर आ जाती है। अंतर नहीं पड़ता।

उसी की नासमझी मिटती है— 'हो गई है देह में गलित आशा जिसकी'। जिसने यह जान लिया कि मैं देह नहीं हूं। जिसने जान लिया कि मैं कौन हूं।

देहे विगलिताशस्य क्व रागः क्व विरागता।

जिसने पहचान लिया कि मैं शरीर नहीं हूं। सब राग, सब विराग शरीर के हैं। राग भी शरीर से होता है, विराग भी शरीर से होता है। तुम स्त्रियों के पीछे पागल थे, एक दिन थक गए और तुमने कहा अब तो विराग हो गया।

एक मेरे मित्र हैं, एक दिन आए और कहने लगे, अब तो संन्यास ले लेना है। मैंने कहा हुआ क्या? उन्होंने कहा, दिवाला निकल गया। दिवाला निकल गया

इसलिए संन्यास। यह कोई संन्यास होगा जो दिवाला निकलने से आता है? यह एक स्वाद था अब तक जो बेस्वाद हो गया। अब उसके विपरीत चले। अब दिवाला निकल गया, धन तो बचा नहीं, अब कम से कम विरागी होने का मजा ले लें। अब वैराग्य सही। मगर अंतर नहीं पड़ रहा है।

वीतरागता का अर्थ है, न कोई राग है न कोई वैराग्य है। संतुलित हुए। स्वयं में थिर हुए। ये दोनों दृष्टियां व्यर्थ हैं। अब न संसार में कुछ पकड़ है, न छोड़ने का कोई आग्रह है। रहे संसार, प्रभु-मर्जी। जाए संसार, प्रभु-मर्जी। यह संसार जैसा है वैसा ही रहा आए, ठीक। यह इसी क्षण खो जाए तो भी ठीक।

ज्ञानी अगर अचानक पाए कि सारा संसार खो गया है और वह अकेला ही खड़ा है तो भी चिंता पैदा न होगी कि कहां गया, क्या हुआ? उसके लिए तो वह कभी का जा चुका था। यह संसार और बड़ा हो जाए, हजार गुना हो जाए तो भी उसे कोई अंतर न पड़ेगा। जिसका संबंध टूट चुका देह से, हो गई गलित जिसकी आशा देह में, अब उसके लिए कोई अंतर नहीं पड़ता।

'मूढ़ पुरुष की दृष्टि सदा भावना और अभावना में लगी है लेकिन स्वस्थ पुरुष की दृष्टि भाव्य और अभावन से युक्त होकर भी दृश्य के दर्शन से रहित रूपवाली होती है।'

भावनाभावनासक्ता दृष्टिर्मूढ़स्य सर्वदा।
भाव्यभावनया सा तु स्वस्थयादृष्टिरूपिणी।।

यह सूत्र भी महत्वपूर्ण है।

मूढ़ पुरुष की दृष्टि सदा ऐसा कर लूं, वैसा कर लूं, ऐसा हो, वैसा हो, यह प्रीतिकर है, यह अप्रीतिकर है, इसमें मेरा राग है, इसमें विराग है, ऐसे चुनाव में पड़ी है। इसके मैं पक्ष में हूं, इसके विपक्ष में हूं, ऐसे द्वंद्व में उलझी है। भावना और अभावना में लगी है।

कभी कहता है धन में मेरा भाव है, कभी कहता है, धन से मेरा भाव चुक गया। कभी कहता है धन में आकर्षण है, कभी कहता है धन में मेरा विकर्षण पैदा हो गया है। लेकिन विकर्षण आकर्षण ही है शीर्षासन करता हुआ। कुछ फर्क नहीं हुआ—भावना या अभावना।

'लेकिन स्वस्थ पुरुष की दृष्टि भाव्य और अभावन से युक्त होकर भी दृश्य के दर्शन से रहित रूपवाली होती है।'

वह जो स्वस्थ पुरुष है—और स्वस्थ का अर्थ है, जो स्वयं में स्थित है। जो स्वस्थ पुरुष है, जो अपने घर आ गया, अपने केंद्र पर आ गया, जो अपने स्वयं के सिंहासन पर विराजमान हो गया, स्वभावात् हो गया, स्वभावात्—जो आ गया स्वभाव में, ऐसा पुरुष भाव्य और अभावन से युक्त होकर भी...।

इसका यह मतलब नहीं है कि ऐसे पुरुष के सामने तुम थाली में पत्थर रख दोगे तो वह पत्थर खाने लगेगा, क्योंकि अब उसे कुछ अंतर नहीं रहा। ऐसा पागलपन मत समझ लेना। कुछ लोगों को यह भी भ्रांति चढ़ी हुई है कि परमहंस का यही अर्थ होता है कि उनको कुछ भेद ही न रहा।

इस सूत्र को समझो। कि वह गंदगी भी रख दो उनकी थाली में तो उन्हें कोई अंतर नहीं है। कि उसी थाली में वे भोजन कर रहे हैं, उसी में कुत्ता भी आकर भोजन करने लगे, तो उन्हें कुछ भेद नहीं है। ऐसा लोगों को परमहंस के संबंध में खयाल है। और इस खयाल के कारण कई नासमझ इस तरह के परमहंस भी हो जाते हैं।

जिस चीज को आदर मिलता है, आदमी वही हो जाता है। इसका भी अभ्यास कर लो तो यह भी हो जाता है। इसमें भी कोई अड़चन नहीं है। कोई अड़चन नहीं है। गंदगी की भी आदत डाल लो तो कोई अड़चन नहीं है।

मैंने सुना है, एक गांव में एक पगले रईस को सनक सवार हुई। उसके पास एक मकान में बहुत सी भेड़ें और बकरियां थीं। वहां इतनी बदबू आती थी भेड़ और बकरियों की कि उसने ऐसे ही मजाक-मजाक में एक दिन अपने मित्रों से गोष्ठी में कह दिया कि जो व्यक्ति रात भर इस कमरे में रुक जाए उसको मैं एक हजार रुपया दूंगा।

कई ने कोशिश की। एक हजार रुपया कौन छोड़ना चाहे? रात भर की बात है। लेकिन घंटे भर से ज्यादा कोई नहीं टिक सका। बास ही ऐसी थी। भेड़ें और बकरियां! और सालों से वहां रह रही थीं, उनकी बास बुरी तरह भर गई थी। और अभी भी भेड़ें और बकरियां वहां अंदर थीं। उनके बीच में आसन लगा कर बैठना...कोई परमहंस ही कर सकता है। इतनी बदबू बढ़ जाए कि सिर भन्नाने लगे और आदमी भाग कर बाहर आ जाए। वह कहे कि भाड़ में जाएं तुम्हारे हजार रुपये। आखिरी आदमी जो कोशिश कर सका वह एक घंटे तक कर सका।

फिर आया मुल्ला नसरुद्दीन। उसने कहा, एक मौका मुझे भी दिया जाए। वह जैसे ही अंदर जाकर बैठा कि मालिक भी हैरान हुआ कि भेड़ें-बकरियां बाहर निकलने लगीं। घंटे भर में तो पूरा कमरा खाली हो गया। उसने खिड़की से जाकर भी देखा कि यह भगा तो नहीं रहा उनको? बाहर तो नहीं निकाल रहा? लेकिन वह तो अपना पद्मासन जमाए बीच में बैठा था। उसने कुछ गड़बड़ की नहीं थी। उसने हाथ भी नहीं लगाया था। वह बड़ा हैरान हुआ।

कहते हैं, उसने भेड़ों-बकरियों से पूछा कि सुनो भी! कहां भागी जा रही हो? उन्होंने कहा, वह आदमी इतनी भयंकर बदबू फेंक रहा है। कभी जन्मों से नहीं नहाया होगा यह आदमी। अंदर रहना मुश्किल है।

कुछ लोग इसको परमहंस होना समझते हैं। परमहंस होने का यह अर्थ नहीं होता कि पता नहीं चलता कि क्या सही और क्या गलत, क्या सुंदर क्या असुंदर! परमहंस होने का अर्थ अष्टावक्र के इस सूत्र में है।

'लेकिन स्वस्थ पुरुष की दृष्टि भाव्य और अभावन से युक्त होकर भी...।'

वह जानता है—क्या ठीक, क्या गलत; क्या सुंदर, क्या नहीं सुंदर; क्या करने योग्य, क्या नहीं करने योग्य, सब जानता है। लेकिन फिर भी अपने को इनसे भिन्न जानता है। द्रष्टा पर उसका ध्यान होता है, दृश्य पर उसका ध्यान नहीं होता। जानता है क्या भोजन करने योग्य है और क्या भोजन नहीं करने योग्य है, लेकिन इनमें बंधा नहीं होता। इनके पार अपने स्वयं के होने को जानता है कि मैं इनसे भिन्न हूं; दृश्य से सदा भिन्न हूं, ऐसे द्रष्टा में थिर होता है।

भावनाभावनासक्ता दृष्टिर्मूढ़स्य सर्वदा।

मूढ़ पुरुष की दृष्टि तो बस इसी में समाप्त हो जाती। मूढ़ पुरुष तो इसी में समाप्त हो जाता है कि यह अच्छा, यह बुरा। इससे अतिरिक्त उसका अपना कोई होना नहीं है। बस, क्या करूं क्या न करूं, क्या पाऊं क्या गवाऊं, इसी में सब समाप्त हो जाता है। इन दोनों के पार अतिक्रमण करने वाली कोई चैतन्य की दशा उसके पास नहीं है—कि मैं करने के पार हूं, न करने के पार हूं। सुख के पार हूं, दुख के पार हूं। सुंदर के पार हूं, असुंदर के पार हूं। ऐसी उसके पास कोई दृष्टि नहीं है। पार की दृष्टि नहीं है। पारगामी कोई दृष्टि नहीं है।

भाव्यभावनया सा तु स्वस्थयादृष्टिरूपिणी।

और ज्ञानी जो है, स्वस्थ जो है, उसे भी दिखाई पड़ता है, क्या करने योग्य है, क्या नहीं करने योग्य; क्या चुनने योग्य, क्या नहीं चुनने योग्य। लेकिन साथ ही साथ इससे गहरे तल पर उसे यह भी दिखाई पड़ता रहता है कि मैं द्वंद्व के पार हूं। मैं इन दोनों के पार हूं। मेरा होना बड़ी दूर है। मैं इनसे अछूता हूं, अस्पर्शित हूं। मैं द्रष्टा हूं, दृश्य नहीं। दिखाई तो उसे सब पड़ता है लेकिन उसे द्रष्टा भी दिखाई पड़ता है।

तुम्हें सिर्फ दिखाई पड़ती हैं चीजें, तुम स्वयं नहीं दिखाई पड़ते। तुम सब देख लेते हो, अपने से चूक जाते हो। द्रष्टा को सब दिखाई पड़ता और एक नई चीज और दिखाई पड़ती है : स्वयं का होना दिखाई पड़ता है।

तो ऐसा नहीं है कि परमहंस जो है वह दीवाल में से निकलने की कोशिश करेगा। क्योंकि उसको क्या भेद दीवाल में और क्या दरवाजे में! ऐसा आदमी मूढ़ है, परमहंस नहीं। और ऐसा अक्सर हुआ है कि पूरब में न मालूम कितने मूढ़ पुरुष पूजे जाते रहे हैं इस आशा में कि वे परमहंस हैं।

मैं जानता हूं, मेरे गांव में एक सज्जन थे, उनकी बड़ी दूर तक ख्याति थी। बड़े दूर-दूर से लोग उनका दर्शन करने आते थे। और मैं उन्हें बचपन से जानता था। फिर उन जैसा मूढ़ आदमी मैंने दुबारा देखा ही नहीं। वे बिलकुल मूढ़ थे। जिसको जड़बुद्धि कहते हैं वैसे थे। लेकिन लोग उनको परमहंस मानते थे। दूर-दूर से लोग उनका दर्शन करने आते थे। और लोग बड़े प्रसन्न होते थे उनका दर्शन करके। वे कुछ ठीक से बोल भी नहीं सकते थे। मूढ़ थे—ईडियट जिसको कहते हैं। अनर्गल कुछ न कुछ उनके मुंह से निकलता था, लोग उसी में से मतलब निकालते थे कि गुरुदेव ने क्या कहा। मैं उनके पास कई दफे बैठ कर सुनता रहा। मैं बड़ा हैरान होता कि उन्होंने कुछ कहा ही नहीं। मतलब निकालने वाले अपना मतलब निकाल लेते। उनको देख कर, उनके सिर हिलाने को देख कर या कुछ उनका हिसाब लगा कर कोई जाकर लाटरी का टिकट खरीद लेता, कोई दांव लगा देता, कोई कुछ कर लेता। और इसमें से कुछ जीत भी जाते, कुछ हार भी जाते। जो हार जाते, वे समझते हमने गलत मतलब लगाया। जो जीत जाते वे कहते, कहो गुरुदेव ने रास्ता बता दिया।

उनकी लार टपकती रहती। मगर लोग कहते वे परमहंस हैं। अरे उन्हें क्या! वे तो बालवत हो गए हैं। उसी लार टपकते में लोग उनको चाय पिलाते रहते, वे चाय पीते रहते। लार टपक जाती, वे दूसरे को वह चाय पकड़ा देते, वह पी लेता। वह अमृत का दान! उनसे ठीक से न बोलते बनता, न कुछ। अगर वे पश्चिम में होते तो पागलखाने में होते। पूरब में थे तो परमहंस थे।

इससे उलटी हालत पश्चिम में हो रही है। पश्चिम में कुछ परमंहस पागलखानों में पड़े हैं। क्योंकि वहां कोई परमहंस को नहीं मान सकता। वहां परमहंस पागल मालूम होता है, यहां पागल परमहंस बन जाते हैं।

आज इसके बाबत पश्चिम में चिंता पैदा हो रही है। आर. डी. लैंग नाम के बड़े प्रसिद्ध मनोवैज्ञानिक ने बड़ी क्रांतिकारी धारा पैदा की है, कि बहुत पागलखानों में बंद हैं जो पागल नहीं हैं। हां, जो सामान्य नहीं हैं, जिनकी दृष्टि सामान्य के जरा ऊपर चली गई है वे पागलखानों में डाल दिए गए हैं। क्योंकि उनकी दृष्टि कुछ ऐसी असामान्य है कि भीड़ उनको मानने को राजी नहीं है। वे विक्षिप्त नहीं हैं, वे पूजा के योग्य हैं। वे पागलखानों में पड़े हैं।

आर. डी. लैंग मुझे अपनी किताबें भेजते हैं, तो मैं सोचता हूं कभी न कभी वे यहां आएंगे। आएंगे तो उनको कहूंगा, इससे उलटी बात हम यहां कर चुके हैं। यहां हमने पागलों को परमहंस बना दिया है। दोनों खतरनाक बातें हैं। न तो पागल परमहंस हैं, न परमहंस पागल हैं। पागल पागल हैं, परमहंस परमहंस हैं। ये बड़ी अलग बातें हैं।

परमहंस का अर्थ होता है, जिसे दिखाई तो सब पड़ता है लेकिन एक और चीज दिखाई पड़ती है जो तुम्हें नहीं दिखाई पड़ती। उसे दिखाई जिसको पड़ रहा है वह भी दिखाई पड़ता है। उसे द्रष्टा भी दिखाई पड़ता है। वह जीता है द्रष्टा से। दृश्य में उसकी अब कोई राग-विराग की दशा नहीं रही।

इसे स्मरण रखना। एक-एक सूत्र अमूल्य है। अष्टावक्र का एक-एक सूत्र इतना अमूल्य है कि अगर तुम एक सूत्र को भी जीवन में उतार लो तो परमात्मा तुम्हारे जीवन में उतर जाएगा। एक सूत्र तुम्हारे जीवन का द्वार खोल सकता है। और तुम्हें कभी ऊपर-ऊपर से लगेगा कि ये सब सूत्र पुनरुक्ति करते मालूम होते हैं। यह पुनरुक्ति नहीं है, यह सत्य को सभी तरफ से कह देने की चेष्टा है—सब आयामों से, सब दिशाओं से, ताकि कहीं भूल-चूक न रह जाए। तुम सब भांति परिचित हो जाओ। सत्य की ठीक-ठीक धारणा तुम्हारे मन में स्पष्ट हो जाए तो तुम यात्रा पर निकल सकते हो।

जिसे हम खोजने लगते हैं वही मिलता है।

जिसे हम खोजने लगते हैं वही मिल सकता है।

आज इतना ही।

* * *

प्रवचन : 74

अवनी पर आकाश गा रहा

24 जनवरी, 1977

पहला प्रश्न : पूर्वीय मनीषा सदगुरुओं को मनोवैज्ञानिक का संबोधन क्यों नहीं देती? क्या सदगुरु मनोवैज्ञानिक से किन्हीं अर्थों में बिलकुल भिन्न है? कृपा करके समझाइए।

मनोवैज्ञानिक मनस्विद नहीं है। मन के संबंध में जानता है, मन को नहीं जानता। मन के संबंध में जानना एक बात है, मन को जानना बिलकुल दूसरी। मन के संबंध में जानना तो मन से ही हो जाता है। मन को जानना मन के पार गए बिना नहीं होता। साक्षी जानता है मन को। मन को जानने के लिए मन से भिन्न होना पड़ेगा, पार होना पड़ेगा। मन से ऊपर उठना पड़ेगा। मन से जो घिरे हैं वे मन को न जान पाएंगे।

जिन्होंने ऐसा जाना कि हम मन ही हैं वे तो मन को कैसे जान पाएंगे? जिसे भी हम जानते हैं उससे थोड़ी दूरी चाहिए, फासला चाहिए, तभी तो परिप्रेक्ष्य पैदा होता है। मैं तुम्हें देख रहा हूं क्योंकि तुम दूर हो। तुम मुझे सुन रहे हो क्योंकि मैं दूर हूं।

मन से जो दूरी पैदा करने के उपाय हैं वे ही ध्यान हैं। मन को भी दृश्य बना लेने की जो प्रक्रियाएं हैं वे ही ध्यान हैं। जहां मन भी तुम्हें अपने से अलग दिखाई पड़ने लगता है—देह भी, मन भी, और तुम सबके पार खड़े हो जाते हो।

मनस्विद नहीं है मनोवैज्ञानिक। मन का ज्ञाता नहीं है। मन के संबंध में जानकारी है उसे। जानकारी उधार है। अपने मन के संबंध में उसे कुछ भी पता नहीं है। मन के

संबंध में दूसरों ने जो कहा है उसका संग्रह किया है उसने। मन के संबंध में मनुष्य के व्यवहार को जांच कर, परख कर जो अनुमान किए जा सकते हैं, उन अनुमानों पर थिर है वह। मनोवैज्ञानिक तकनीशियन है।

इसलिए यह हो सकता है, अक्सर होता है कि मनोवैज्ञानिक जिन संबंधों में तुम्हें सलाह देता है उन्हीं संबंधों में स्वयं रुग्ण होता है।

तुम जान कर चकित होओगे कि मनोवैज्ञानिक जितने पागल होते हैं उतना कोई और पागल नहीं होता। और मनोवैज्ञानिक का सारा काम यही है कि पागलों को स्वस्थ करे।

मनोवैज्ञानिक के धंधे में पागलपन दोगुना घटता है, साधारण धंधे की बजाय। प्रोफेसर भी पागल होते, इंजीनियर भी पागल होते, डाक्टर भी पागल होते, लेकिन मनोवैज्ञानिक दोगुने पागल होते। ऐसा होना तो नहीं चाहिए। मनोवैज्ञानिक तो बिलकुल पागल नहीं होना चाहिए। जिसने मन को जान लिया वह कैसे पागल होगा?

मन को जाना नहीं, मन के संबंध में जानकारी कर ली है। तो शायद दूसरे को सलाह भी दे देते हैं। लेकिन दूसरों को दी गई सलाह अपने भी काम नहीं पड़ती। यह भी तुम स्मरण रखना कि मनोवैज्ञानिक के धंधे में लोग दोगुनी आत्महत्याएं करते हैं।

ये तथ्य घबड़ाने वाले हैं। फिल्म अभिनेता आत्महत्या करते हैं, राजनेता आत्महत्या करते हैं, कवि, लेखक आत्महत्या करते हैं, दार्शनिक आत्महत्या करते हैं, मनोवैज्ञानिक दोगुनी आत्महत्या करते हैं। मनोवैज्ञानिक को तो आत्महत्या करनी ही नहीं चाहिए। जिसने अपने मन को समझ लिया उसके लिए आत्महत्या जैसी रुग्ण दशा घटेगी? असंभव। पर ऐसा होता नहीं।

एक मनोवैज्ञानिक अपने मरीज से बोला कि तुम, ठीक किया, आ गए। अगर तुम दस मिनट और न आते तो मैं मनोविश्लेषण तुम्हारे बिना ही शुरू करने वाला था। ऐसे मनोवैज्ञानिक हैं।

एक मनोवैज्ञानिक अपने मरीज की बातें सुन रहा था। मरीज ने कहा कि मुझे ऐसा वहम हो गया है कि मेरे ऊपर कीड़े-मकोड़े चलते रहते हैं। जानता हूं कि यह भ्रम है, लेकिन दिन भर मुझे यह खयाल बना रहता है कि यह गया, यह चढ़ा, सिर पर जा रहा है, पैर में जा रहा है, कपड़े में घुस गया, और खड़े होकर उसने अपने कपड़े झटकारे। मनोवैज्ञानिक ने कहा, ठहर। इतने जोर से मत झटकार, कहीं मुझ पर न गिर जाएं।

जिसे हम मनोवैज्ञानिक कहते हैं, वह वहीं खड़ा है जहां रुग्ण व्यक्ति खड़े हैं। भेद अगर कुछ है तो जानकारी का है। भेद अगर कुछ है, अंतरात्मा का नहीं है। मनोवैज्ञानिक ने मन के संबंध में अध्ययन किया है, मन के संबंध में अभी जागरूक नहीं हुआ।

इसलिए हम सदगुरुओं को मनोवैज्ञानिक नहीं कहते।

और भी कुछ बात खयाल में लेने की है। दूसरी बात : मनोवैज्ञानिक का काम है कि जो असमायोजित हो गए हैं, मैल-एडजेस्टेड हो गए हैं, जो जीवन की धारा में पिछड़ गए हैं, जो किसी तरह रुग्ण हो गए हैं, उन्हें सुसमायोजित करे, एडजेस्ट कर दे। फिर से जीवन की धारा का अंग बना दे। जो लथड़ गए, पिछड़ गए, उन्हें जीवन के साथ चला दे। रुग्ण को सामान्य बना दे।

सदगुरु का काम रुग्ण की तरफ नहीं है। सदगुरु का काम है, स्वस्थ को सहायता देना। मनोवैज्ञानिक का काम है, अस्वस्थ को सहायता देना। वह जो अस्वस्थ है, उसे इस योग्य बना देना कि दफ्तर जा सके, फैक्टरी जा सके, काम कर सके, पत्नी-बच्चों की देखभाल कर सके, बात खतम हो गई।

सदगुरु का काम है, जिसे अपना पता नहीं है उसे अपना पता बता दे। जिसे जीवन के आत्यंतिक स्रोत का कोई अनुभव नहीं है उसे उसका स्वाद लगा दे, परमात्मा से मिला दे। वह जो जीवन का परम सत्य है उससे संबंध जुड़ा दे।

मनोवैज्ञानिक तुम्हें समाज का अंग बनाता है। सदगुरु तुम्हें सत्य का अंग बनाता है।

सोचना; समाज तो खुद ही रुग्ण है। इसके अंग बन कर भी तुम स्वस्थ थोड़े ही हो सकोगे! यह समाज तो बिलकुल रुग्ण है। यह हो सकता है कि जिनको तुम पागल कहते हो उनका रोग थोड़ा ज्यादा है और जिनको तुम पागल नहीं कहते उनका रोग थोड़ा कम है। मात्रा का भेद हो सकता है, परिमाण का अंतर हो सकता है, लेकिन कोई गुणात्मक भेद नहीं है। ऐसा हो सकता है, तुम निन्यानबे डिग्री पागल हो, जिसको तुम पागल कहते हो वह सौ डिग्री के पार चला गया। यह डिग्री की ही बात है। तुम जरा उबल गए। दिवाला निकल गया, पत्नी मर गई, तुम भी एक सौ एक डिग्री पर पहुंच जाओगे। जिनको तुम कहते हो पागल नहीं हैं, वे कभी भी पागल हो सकते हैं। जिनको तुम कहते हो पागल हैं, वे कभी भी फिर सामान्य हो सकते हैं। अंतर गुण का नहीं है, मात्रा का है।

समाज तो खुद ही पागल है। तीन हजार सालों में पांच हजार युद्ध लड़े गए हैं। और पागलपन क्या होगा? सच तो यह है, व्यक्ति इतने पागल कभी होते ही नहीं जितना समाज पागल है। व्यक्तियों ने इतने अपराध कभी किए ही नहीं जितने समाज ने अपराध किए हैं।

इस समाज के साथ व्यक्ति को समायोजित कर देना कोई स्वस्थ होने की बात नहीं है, कोई स्वस्थ होने का मापदंड नहीं है। यह समाज रुग्ण है। इस रुग्ण समाज के साथ किसी को समायोजित करने का अर्थ इतना ही हुआ कि भीड़ के रोग के साथ तुमने तालमेल बिठा दिया।

खलील जिब्रान की प्रसिद्ध कथा है। एक गांव में एक जादूगर आया और उसने

गांव के कुएं में मंत्र पढ़ कर कुछ दवा फेंक दी और कहा, जो भी इसका पानी पीएगा, पागल हो जाएगा। अब गांव में दो ही कुएं थे, एक गांव का और एक राजा का। सारा गांव पागल हो गया सिर्फ राजा, उसका वजीर, उसकी रानी, इनको छोड़ कर। राजा बड़ा खुश हुआ। उसने कहा, हम बचे। आज अलग कुआं था तो बच गए।

अब लोग प्यासे थे तो पानी तो पीना ही पड़ा। और एक ही कुआं था, तो कोई उपाय भी न था। सारा गांव पागल हो गया। राजा खुश है, परमात्मा को धन्यवाद देता है कि खूब बचाया। लेकिन सांझ होते-होते राजा को पता चला, यह बचना बचना न हुआ। क्योंकि सारे गांव में एक अफवाह जोर पकड़ने लगी कि मालूम होता है, राजा का दिमाग खराब हो गया है।

जब सारा गांव पागल हो जाए और एक आदमी स्वस्थ बचा हो तो सारा गांव सोचेगा ही कि पागल हो गया यह आदमी। भीड़ एक तरफ हो गई, राजा एक तरफ पड़ गया। इस भीड़ में राजा के सिपाही भी थे, सेनापति भी थे। इस भीड़ में राजा के पहरेदार भी थे, अंगरक्षक भी थे। राजा तो घबड़ा गया। सांझ होते-होते तो सारा गांव महल के चारों तरफ इकट्ठा हो गया। और लोगों ने नारे लगाए कि उतरो सिंहासन से। तुम्हारा दिमाग खराब हो गया है। हम किसी स्वस्थ-मन व्यक्ति को राजा बनाएंगे।

राजा ने अपने वजीर से कहा, अब बोलो, क्या करें? यह तो महंगा पड़ गया। यह कुआं आज न होता तो अच्छा था। वजीर ने कहा, कुछ घबड़ाने की बात नहीं। मैं इन्हें रोकता हूं, समझाता हूं, आप भागे जाएं, उस कुएं का पानी पी लें। गांव के कुएं का पानी पी लें। आप जल्दी पानी पीएं, अब देर करने की नहीं है।

वह भागा राजा। वजीर तो लोगों को बातों में उलझाए रहा। राजा वहां से पानी पीकर आया तो नंगधड़ंग, नाचता। गांव बड़ा खुश हुआ। उस रात बड़ा उत्सव मनाया गया। लोगों ने ढोल पीटे, बांसुरी बजाई। लोग खूब नाचे। लोगों ने कहा, हमारे राजा का मन स्वस्थ हो गया।

भीड़ पागल हो, समाज पागल हो, इस समाज के साथ किसी को समायोजित कर देने का कोई बड़ा मूल्य थोड़े ही है!

लोग धन के पीछे भागे जा रहे हैं। एक आदमी धन के पीछे भागना बंद कर देता है, हम उसको मनोवैज्ञानिक के पास ले जाते हैं। हम कहते हैं, इसे क्या हो गया? जैसे सब हैं वैसा यह क्यों नहीं है? सब धन कमा रहे हैं, यह कहता है धन में क्या रखा है?

अभी ऐसी घटना घटी न्यूयार्क में। एक आदमी बैंक से दस हजार डालर लेकर निकला। खूब धनी आदमी। और उसे ऐसे मौज आ गई रास्ते पर कि देखें क्या होता है। तो उसने सौ-सौ डालर के नोट लोगों को देने शुरू कर दिए। जो दिखा उसको कहा कि लो। लोगों ने नोट देखा, पहले तो भरोसा न आया कि सौ डालर का नोट कौन दे

रहा है ऐसे अचानक? फिर उस आदमी को देखा, सोचे कि पागल है। उसने जो रास्ते पर मिला उसको नोट देने शुरू कर दिए।

थोड़ी देर में खबर फैल गई कि वह आदमी पागल हो गया। थोड़ी देर में पुलिस आ गई, उस आदमी को पकड़ लिया कि तुम्हारा दिमाग खराब हो गया? वह कहने लगा, मेरे रुपये और मैं बांटना चाहूं तो तुम हो कौन? पर उन्होंने कहा, तुम पहले अदालत चलो। पहले तुम्हें प्रमाणपत्र लाना पड़ेगा मनोवैज्ञानिक का कि तुम स्वस्थ हो! क्योंकि ऐसा कोई करता?

यहां लोग पागल हैं धन इकट्ठा करने को। यहां अगर कोई बांटने लगे तो पागल मालूम होता है। बुद्ध लोगों को पागल मालूम हुए जब उन्होंने राजसिंहासन छोड़ा। महावीर भी पागल मालूम हुए जब उन्होंने साम्राज्य छोड़ा। पागल हैं ही।

वह आदमी जाकर अदालत में कहा कि यह भी खूब रही। मेरे रुपये मैं बांटना चाहता हूं। मजिस्ट्रेट ने कहा रुको, मनोवैज्ञानिक का प्रमाणपत्र...। मनोवैज्ञानिक कोई प्रमाणपत्र देने को तैयार नहीं, क्योंकि ऐसा आदमी पागल होना ही चाहिए। दस हजार डालर बांट दिए। और वह कहता है कि अगर तुम मुझे प्रमाणपत्र दे दो तो मैं दस हजार निकाल कर और बांट दूं। मेरे पास बहुत हैं। और मुझे बहुत मजा आया। जिंदगी में इतना मजा मुझे कभी आया ही नहीं। इकट्ठे मैंने रुपये किए, खूब किए। यह सुख मैंने कभी पाया नहीं। मुझे बड़ा सुख मिल रहा है। मुझे बांटने दो।

मनोवैज्ञानिक ने कहा, अगर तुम्हें फिर बांटना है तो तुम मुझे भी फंसाओगे। तो मैं तुम्हें प्रमाणपत्र नहीं दे सकता।

जहां भीड़ पागल है धन के लिए वहां कोई आदमी धन को छोड़ दे तो पागल मालूम होता है। जहां लोग हिंसा से भरे हैं वहां कोई प्रेम से भर जाए तो पागल मालूम होता है। जीसस को फांसी ऐसे ही थोड़े दी! पागल मालूम हुआ। क्योंकि लोगों से कहने लगा, कोई तुम्हारे गाल पर थप्पड़ मारे तो दूसरा गाल उसके सामने कर देना। अब यह पागल ही कोई कहेगा। ये होश की बातें हैं? कि जीसस ने लोगों से कहा, कोई तुम्हारा कोट छीन ले तो कमीज भी दे देना। ये कोई होश की बातें हैं? कभी किसी समझदार ने ऐसा कहा है? कोई कौटिल्य, कोई मेक्यावेली ऐसा कहेगा? बुद्धिमान कभी ऐसा कहे हैं? इस आदमी का दिमाग फिर गया है।

यह कहने लगा कि जो तुम्हें घृणा करें उन्हें प्रेम करना। और जो तुम्हें अभिशाप दें उन्हें वरदान देना। इसको सूली लगानी जरूरी हो गई। सूली पर लटक कर भी इसने अपना पागलपन न छोड़ा। सूली से अंतिम बात भी यही कही कि हे प्रभु! इन सबको क्षमा कर देना क्योंकि ये जानते नहीं, ये क्या कर रहे हैं। लेकिन उन करनेवालों से पूछो, वे भलीभांति जानते हैं कि क्या कर रहे हैं। वे एक पागल से छुटकारा पा रहे हैं। यह कोई बात है? कोई चांटा मारे, तुम दूसरा गाल कर देना।

जीसस से एक शिष्य ने पूछा कि कोई एक बार मारे तो हम माफ कर दें, लेकिन कितनी बार? जीसस ने कहा, सात बार... नहीं-नहीं, सतहत्तर बार। फिर देखा गौर से और कहा कि नहीं-नहीं, सात सौ सतहत्तर बार।

लेकिन तुम खयाल रखना, तुम इसमें से भी तरकीब निकाल लोगे पागलपन की।

मैंने सुना है, एक ईसाई फकीर को एक आदमी ने चांटा मार दिया तो उसने दूसरा गाल सामने कर दिया। जीसस ने कहा है तो करना पड़े। उसने दूसरे गाल पर भी चांटा मार दिया। वह आदमी भी अदभुत रहा होगा मारनेवाला। वह शायद फ्रेडरिक नीत्शे का अनुयायी रहा होगा। क्योंकि फ्रेडरिक नीत्शे ने कहा है कि अगर कोई, तुम चांटा मारो, और एक गाल पर चांटा मारो और दूसरा तुम्हारे सामने कर दे तो और भी जोर से मारना, नहीं तो उसका अपमान होगा। उसने गाल दिखाया और तुमने चांटा भी न मारा?

तो रहा होगा फ्रेडरिक नीत्शे का अनुयायी। उसने और कस कर एक चांटा मारा। सोचता था कि अब यह फिर पुराना गाल करेगा। लेकिन वह फकीर उसकी छाती पर चढ़ बैठा। वह बोला, भाई रुको। यह क्या बात है? तुम्हारे गुरु ने कहा है कि जो एक गाल पर चांटा मारे, दूसरा करना। उसने कहा कि दूसरा गाल बता दिया। तीसरा तो है ही नहीं। और गुरु ने इसके आगे कुछ भी नहीं कहा है। अब मैं मुखत्यार खुद। अब मैं तुझे बताता हूं।

आदमी पागल है। अगर वह नियम का थोड़ा पालन भी करता है तो बस, एक सीमा तक। जहां तक नियम, मुर्दा नियम पालन करना है, कर लेता है। लेकिन उसके बाद असलियत प्रकट होती है।

सदगुरु तुम्हें भीड़ के साथ एक नहीं करता, सदगुरु तुम्हें भीड़ से मुक्त करता है। इसलिए सदगुरु को मनोवैज्ञानिक कैसे कहें? कल तुमने सुना अष्टावक्र का सूत्र? जो ज्ञाता है, ज्ञानी है, वह लोकवत व्यवहार नहीं करता, भीड़ की तरह व्यवहार नहीं करता। उसके जीवन में न भीड़ होती है, न भेड़-चाल होती है। वह न किसी का अनुयायी होता है, न किसी के पीछे चलता है। अनुकरण उसकी व्यवस्था नहीं होती। वह अपने बोध से जीता है, वह स्वतंत्र होता है। अष्टावक्र कहते हैं, स्वच्छंद होता है। उसकी स्वतंत्रता परम है। अगर वह जीता है तो अपने अंतर्तम से जीता है। जो उसका अंतरतम कहता है वही करता है, चाहे कोई भी कीमत और कोई भी मूल्य क्यों न चुकाना पड़े।

सुकरात को जब सूली दी जाती थी, जहर पिलाया जाता था, मारने की आज्ञा दी गई थी तो मजिस्ट्रेट को भी उस पर दया आई थी और उसने कहा था, एक अगर तू वचन दे दे तो हम तुझे क्षमा कर दें। इतना तू वचन दे दे कि अब तू, जिसको तू सत्य कहता है उसकी बातचीत बंद कर देगा तो हम तुझे क्षमा कर दें।

सुकरात ने कहा, फिर जीकर क्या करूंगा? जीने का अर्थ ही क्या है जहां सत्य की बात न हो, जहां सत्य की चर्चा न हो? जहां सत्य की सुगंध न हो तो जीने का अर्थ

क्या है? इससे बेहतर मर जाना है। तुम मुझे मौत की सजा दे दो। मैं रहूंगा तो मैं सत्य की बातें करूंगा ही। मैं रहूंगा तो और कोई उपाय ही नहीं है, मेरे रहने से सत्य की सुगंध निकलेगी ही।

मजिस्ट्रेट को लगा होगा, सुकरात पागल है। मौत चुन रहा है। तुमने चुनी होती मौत? तुम कहते, छोड़ो सत्य इत्यादि। इसमें रखा क्या है? पाया क्या? उपद्रव में पड़े। अगर सब झूठ बोल रहे हैं और सारा जीवन झूठ से चल रहा है तो इसी में कुशलता है। इसी में है समझदारी कि तुम भी झूठ बोलो, लोगों के साथ चलो। लोग जैसे हैं वैसे रहो—भेड़चाल।

एक स्कूल में एक शिक्षक ने अपने बच्चों से पूछा कि अगर एक घर के भीतर आंगन में दस भेड़ें बंद हों और एक छलांग लगा कर दीवाल से बाहर निकल जाए तो कितनी भीतर रहेंगी? एक बच्चा जोर से हाथ हिलाने लगा। उसने कभी हाथ हिलाया भी न था। वह बच्चा सबसे ज्यादा कमजोर बच्चा था। शिक्षक बड़ा खुश हुआ; उसने कहा, अच्छा पहले तू उत्तर दे। उसने कहा, एक भी न बचेगी। शिक्षक ने कहा, पागल हुआ है? मैं कह रहा हूं दस भेड़ें भीतर हैं और एक छलांग लगा कर निकल जाए तो भीतर कितनी बचेंगी? तुझे गणित आता है कि नहीं? तुझे गिनती आती है कि नहीं?

उस छोटे लड़के ने कहा, गिनती आती हो या न आती हो, भेड़ें मेरे घर में हैं। मैं भेड़ों को जानता हूं। एक छलांग लगा गई, सब लगा गईं। गणित तुम समझो, भेड़ों को मैं समझता हूं। और भेड़ें गणित को नहीं मानतीं। भेड़ तो अनुकरण से जीती है।

भीड़ भेड़ है। सदगुरु तुम्हें भीड़ से मुक्त कराता है। सदगुरु तुम्हें समाज के पार ले जाता है। सदगुरु तुम्हें शाश्वत के साथ जोड़ता है। समाज तो सामयिक है, क्षणभंगुर है। रोज बदलता रहता है—आज कुछ, कल कुछ। नीति बदलती है इसकी, शैली बदलती है इसकी, ढंग-ढांचा बदलता है इसका, व्यवस्था रोज बदलती रहती है।

सदगुरु तुम्हें उससे जुड़ा देता है जो कभी नहीं बदलता, जो सदा जैसा था वैसा है, वैसा ही रहेगा। सदगुरु तुम्हें परमात्मा से मिलाता है। और परमात्मा ही तुम्हारा आत्यंतिक स्वभाव है। इसलिए हम सदगुरु को मनोवैज्ञानिक नहीं कहते। और मनोवैज्ञानिक सदगुरु नहीं है।

फिर यह भी खयाल रखना, मनोवैज्ञानिक के पास तुम जाते हो, जब तुम रुग्ण होते हो। सदगुरु के पास तुम तब जाते हो जब तुम सब भांति स्वस्थ होते हो और अचानक पाते हो, जीवन में कोई अर्थ नहीं। इस भेद को खयाल रखना।

मेरे पास लोग आ जाते हैं कभी, वे कहते हैं, हमारे सिर में दर्द है। मैं कहता हूं, डाक्टर के पास जाना चाहिए। कोई कहता है कि तबियत खराब रहती है। तो चिकित्सा करवानी चाहिए। मैं इसलिए यहां नहीं हूं कि तुम्हारी तबियत खराब रहती है, उसका मैं इंतजाम करूं। तो डाक्टर किसलिए हैं? जिसका काम वह करे।

तुम मेरे पास तब आओ जब सब ठीक हो और फिर भी तुम पाओ कि कुछ भी ठीक नहीं है। धन है, पद है, प्रतिष्ठा है, और हाथ में राख ही राख। सफलता मिली है और हृदय में कुछ भी नहीं। एक फूल नहीं खिला, एक गीत नहीं उमगा। कंठ सूखा का सूखा रह गया है। बाहर सब हरियाला है और भीतर सब मरुस्थल है। और एक भी मरूद्यान का पता नहीं है। जरा भी छाया नहीं है, धूप ही धूप है, तड़पन ही तड़पन।

जब तुम्हारे पास सब हो और तुम पाओ कि कुछ भी नहीं है तब खोजना सदगुरु को। जब तुम्हारी सफलता असफलता सिद्ध हो जाए तब खोजना सदगुरु को। जब तुम्हारा धन तुम्हारे भीतर की निर्धनता बता जाए तब खोजना सदगुरु को। जब तुम्हारी बुद्धिमानी बुद्धूपन सिद्ध हो जाए तब खोजना सदगुरु को। सदगुरु के पास जाना ही तब, जब यह जीवन व्यर्थ मालूम होने लगे। तो वह किसी और जीवन की तरफ तुम्हें ले चले। किसी नये आयाम की यात्रा कराए।

मनोवैज्ञानिक के पास तुम जाते हो तो तुम्हारा संबंध वही है जो तुम चिकित्सक के पास जाते हो। चिकित्सक तुम्हारा गुरु नहीं है। तुम्हारे पैर में चोट लग गई है, तुम डाक्टर के पास गए, उसने मलहम-पट्टी कर दी। डाक्टर तुम्हारा गुरु नहीं है। गुरु एक प्रेम का संबंध है। अपूर्व प्रेम का संबंध है। गुरु इस जगत में सबसे गहन प्रेम का संबंध है। उसने तुम्हारे पैर पर मलहम-पट्टी कर दी, तुमने उसकी फीस चुका दी, बात खतम हो गई। गुरु से जो नाता है वह हार्दिक है। तुम कुछ भी चुका कर गुरु-ऋण चुका न पाओगे। जब तक कि तुम उस अवस्था में न आ जाओ, जहां तुम्हारे भीतर छिपा गुरु प्रकट हो जाए तब तक गुरु-ऋण नहीं चुकेगा।

तो गुरु का संबंध कुछ किसी और दिशा से है। तुम्हारे हृदय में एक उमंग उठती है। किसी के पास होकर तुम्हें झलक मिलती है परम सत्य की। कोई तुम्हारे लिए झरोखा बन जाता। किसी के पास रह कर तुम्हें संगीत सुनाई पड़ता शाश्वत का। तुम्हारे मन में बड़ा शोरगुल है लेकिन फिर भी किसी के पास क्षण भर को तुम्हारा मन ठहर जाता और शाश्वत को जगह मिलती। किसी के पास तुम्हें स्वर सुनाई पड़ने लगते हैं दूर के, पार के, तारों के पार से जो आते हैं। और किसी की मौजूदगी में तुम्हारे भीतर कुछ उठने लगता, कुछ सोया जागने लगता।

सदगुरु केटलिटिक एजेंट है। उसकी मौजूदगी में कुछ घटता है। सदगुरु कुछ करता नहीं है, मनोवैज्ञानिक कुछ करता है। मनोवैज्ञानिक तकनीशियन है। सदगुरु कुछ करता नहीं, उसकी मौजूदगी में कुछ होता है। सदगुरु करता तो है ही नहीं, क्योंकि कर्ता छोड़ कर ही तो वह सदगुरु हुआ है। उसने प्रभु को कर्ता बना लिया है, खुद तो शून्य हो गया है, निमित्तमात्र। बांस की पोली बांसुरी हो गया है। अब सदगुरु कुछ करता नहीं लेकिन उसके पास महत घटता है, बहुत कुछ होता है।

सदगुरु को मनोवैज्ञानिक नहीं कहा जा सकता। पहली बात, सदगुरु वैज्ञानिक

नहीं है। अगर सदगुरु कुछ है तो शायद शाश्वत का कवि है। शायद तुकबंदी न भी करता हो, शायद छंद में बांधता भी न हो कुछ, शायद शब्दों और व्याकरण का धनी भी न हो, शायद मात्राओं का उसे बोध भी न हो लेकिन फिर भी सदगुरु शाश्वत का कवि है।

इसलिए तो हमने सदगुरुओं को ऋषि कहा है। ऋषि का अर्थ होता है, कवि। उन्होंने जो भी कहा है वह खुद नहीं कहा है, परमात्मा उनसे बोला है। इसलिए तो हमने वेदों को अपौरुषेय कहा है। पुरुष के द्वारा निर्मित नहीं। इसलिए तो कहा है कि कुरान उतरी। मोहम्मद ने रची नहीं, उन पर उतरी; इलहाम हुआ। इसलिए तो जीसस कहते हैं कि मैं नहीं बोलता, मेरे भीतर प्रभु बोलता है। ये वचन मेरे नहीं हैं।

सदगुरु शाश्वत की बांसुरी है। और तुम उसके प्रेम में पड़ जाओ, गहन प्रेम में पड़ जाओ, तर्क इत्यादि छोड़ कर उसके प्रेम में पड़ जाओ तो ही कुछ घटेगा।

मनोवैज्ञानिक के पास तुम्हें प्रेम में पड़ने की जरूरत नहीं है। सच तो यह है, तुम चकित होओगे जान कर कि फ्रायड, एडलर, जुंग और उनके पीछे आने वाले मनोवैज्ञानिकों की लंबी कतार कहती है कि मरीज अगर प्रेम में पड़ने लगे तो मनोवैज्ञानिक उसे रोके। इसे वे कहते हैं ट्रांसफरेंस। अगर मरीज मनोवैज्ञानिक के प्रेम में पड़ने लगे तो मनोवैज्ञानिक इसे रोके। क्योंकि अगर मरीज प्रेम में पड़ गया और मनोवैज्ञानिक भी मरीज के प्रेम में पड़ गया तो कौन किसकी सहायता करेगा? कैसे सहायता करेगा? फिर तो सहायता असंभव हो जाएगी।

देखा कभी? एक बड़ा सर्जन, उसकी पत्नी बीमार पड़ जाए, हजारों आपरेशन किए हों उसने, अपनी पत्नी का आपरेशन नहीं कर पाता। किसी दूसरे सर्जन को बुलाता है; चाहे नंबर दो सर्जन को बुलाए। नंबर एक सर्जन नंबर दो सर्जन को बुला कर आपरेशन करवाता है, क्योंकि खुद डरता है। प्रेम इतना है कि हाथ कंप जाएंगे, घबड़ाहट होगी, चिंता पकड़ेगी कि सफल हो पाऊंगा कि असफल हो जाऊंगा। पत्नी है, कहीं मर न जाए।

इतनी चिंता से घिरा हुआ निश्चिंत न रहेगा। सर्जन सर्जन कैसे हो पाएगा?

नहीं, दूरी चाहिए। सर्जन चाहिए बिलकुल निरपेक्ष। जिसे कुछ प्रयोजन ही नहीं। तुम जिंदा हो कि मुर्दा इससे भी प्रयोजन नहीं। तुम बचोगे कि नहीं बचोगे इसमें भी कोई आग्रह, लगाव नहीं। मर गए तो मर गए। बचे तो बचे। वह तो सिर्फ अपना शिल्प जानता है, अपनी कला जानता है। वह अपनी कला का उपयोग कर लेगा।

मैंने सुना है, एक सर्जन किसी के पेट का आपरेशन कर रहा था। और उसने अपने सहयोगी को मरीज के सिर के पास खड़ा किया था कि कुछ विशेष घटे तो खबर देना। कोई दस मिनट बाद सिर के पास खड़े हुए आदमी ने कहा, महानुभाव, रुकिए। उसने कहा, बीच में मत टोको। तो वह चुप रहा। फिर उसने कहा कि लेकिन सुनिए तो मैं क्या कहना चाहता हूं। मेरी तरफ का जो हिस्सा है वह मर चुका है। वह सिर की तरफ

का जो हिस्सा है, उसके सहयोगी ने कहा, वह मर चुका है। और आपरेशन आप किए ही चले जा रहे हैं। यह आदमी अब जिंदा नहीं है, अब आप बेकार मेहनत कर रहे हैं।

सर्जन को उसका भी पता नहीं होना चाहिए कि जिंदा भी है आदमी कि मुर्दा। वह अपनी कुशलता से अपना काम किए जा रहा है। उसे जरा भी डांवाडोल नहीं होना चाहिए।

तो फ्रायड ने कहा है कि मरीज और मनोचिकित्सक के बीच किसी तरह का रागात्मक संबंध न बने, अन्यथा मुश्किल हो जाएगी। फिर सहयोग देना मुश्किल हो जाएगा। दूरी रहे।

ठीक उलटी बात सदगुरु के साथ है। अगर रागात्मक संबंध न बने तो इतनी दूरी रहेगी कि कुछ हो ही न पाएगा। रागात्मक संबंध बने तो ही कुछ हो पाएगा। सदगुरु के पीछे तुम पागल होकर प्रेम में पड़े तो ही कुछ हो पाएगा, मतवाले हो जाओ तो ही कुछ हो पाएगा। यह संबंध प्रेम का है। सदगुरु तुम्हारे हृदय में बस जाए तो कुछ हो सकता है।

वह गंध मेरे मन बस गई रे

एक बन जूही एक बन बेला
अगणित गंधों का यह मेला
पाकर मुझको निपट अकेला
इन प्राणों को कस गई रे
वह गंध मेरे मन बस गई रे

एक दिन पश्चिम एक दिन पूरब
भटक रहे हैं गंध पंख सब
रोम-रोम के द्वार खोलकर
वह अंतर में धंस गई रे
वह गंध मेरे मन बस गई रे

नभ में जिसकी डालें अटकीं
थल पर जिसकी कलियां चटकीं
मेरे जीवन के कर्दम में
वह अनजाने फंस गई रे
वह गंध मेरे मन बस गई रे

जब तक सदगुरु की गंध तुम्हारे मन में न बस जाए, जब तक तुम दीवाने न हो जाओ, तब तक कुछ भी न होगा। सदगुरु और शिष्य का संबंध रागात्मक है। वह वैसा ही संबंध है जैसे प्रेमी और प्रेयसी का। निश्चित ही प्रेमी और प्रेयसी के संबंध से

बहुत पार। लेकिन उसी से केवल तुलना दी जा सकती है, और कोई तुलना नहीं है। दीवानगी का संबंध है।

रोम-रोम के द्वार खोलकर
वह अंतर में धंस गई रे
वह गंध मेरे मन बस गई रे

तो ही कुछ रूपांतरित होता है। तुम बदलोगे तभी, जब तुम प्रेम में झुकोगे।

मनोवैज्ञानिक के पास झुकना आवश्यक नहीं है। झुकने का कोई सवाल नहीं है, मनोवैज्ञानिक तकनीशियन है। मनोवैज्ञानिक के प्रति समर्पण का कोई प्रश्न नहीं है। मनोवैज्ञानिक कुछ जानता है, उसके जानने के तुम दाम चुका देते हो, बात खतम हो गई। धन्यवाद देने की भी आवश्यकता नहीं है।

सदगुरु कुछ जानता है, ऐसा नहीं, सदगुरु कुछ हो गया है। सदगुरु के आंगन में आकाश उतरा है। सदगुरु के सूने अंतरात्मा के सिंहासन पर प्रभु विराजमान हुआ है। यहां कंजूसी से न चल सकेगा। यहां तो उछल कर डुबकी ले सकोगे तो ही कुछ हो सकेगा।

इसलिए पश्चिम ने तो अब मनोवैज्ञानिक को भी गुरु कहना शुरू कर दिया है। पूरब ने कभी गुरु को मनोवैज्ञानिक नहीं कहा। और पूरब को कभी मनोवैज्ञानिक को जन्म देने की जरूरत नहीं पड़ी। जहां गुरु हो वहां मनोवैज्ञानिक की कोई खास जरूरत नहीं है। मनोवैज्ञानिक तो एक परिपूरक, सस्ता परिपूरक है। मनोवैज्ञानिक खुद उन उलझनों में उलझा है जिन उलझनों से वह मरीज को मुक्त करवाने की कोशिश कर रहा है। सदगुरु उन उलझनों के पार है। और जो पार है उसका ही सत्संग काम आ सकता है।

सदगुरु व्यक्ति नहीं है। इसलिए पूरब के मनीषी सदगुरु को परमात्मा कहते हैं, उसे ब्रह्मस्वरूप कहते हैं। उसका कारण है। सदगुरु व्यक्ति नहीं है, सदगुरु हो गया अव्यक्ति। उसने अपने को तो पोंछ कर मिटा डाला। उसने अपनी अस्मिता हटा दी। उसने अपना अहंकार गिरा दिया। अब उसके भीतर से जो काम कर रहा है वह परमात्मा है। जब सदगुरु तुम्हारा हाथ पकड़ता है तो परमात्मा ने ही तुम्हारा हाथ पकड़ा।

अगर तुम्हें ऐसा दिखाई न पड़े तो सदगुरु से तुम्हारा अभी संबंध नहीं बना। तुम अभी शिष्य नहीं हुए। अभी बात शुरू ही नहीं हुई। अभी बीज बोया नहीं गया, फसल काटने की मत सोचने लगना। बीज ही नहीं बोया गया है।

जब कभी गिरने लगा मन खाइयों में
कौन पीछे से अचानक थाम लेता?

सूखते जब जिंदगी के स्रोत सारे
धार से कटते चले जाते किनारे

कौन दृढ़ विश्वास इन कठिनाइयों में
जिंदगी को हर सुबह हर शाम देता?

जब निगाहों में सिमट आते अंधेरे
जिंदगी बिखरे समय के खा थपेड़े
कौन धुंधलायी हुई परछाइयों में
जिंदगी के कण समेट तमाम लेता?

जो जमाने से विभाजित हो न पाई
रह गई अवशेष वह जीवन इकाई
कौन फिर संयोग बन तनहाइयों में
जिंदगी को नित नये आयाम देता?

जब तुम्हें किसी व्यक्ति में अव्यक्ति का दर्शन हो जाए, जब किसी व्यक्ति में तुम्हें शून्य का आभास हो जाए, जब किसी आकृति में तुम्हें निराकार प्रतीत होने लगे, जब किसी की मौजूदगी तुम्हारे लिए परमात्मा की सघन मौजूदगी बन जाए तो सदगुरु से मिलना हुआ।

सदगुरु को खोजना पड़ता है, मनोवैज्ञानिक को खरीदना पड़ता। मनोवैज्ञानिक धन से मिल जाए, सदगुरु तो मन को चढ़ाने से मिलता है। दोनों अलग बातें हैं।

दूसरा प्रश्न : प्रभु,
मरना चाहता हूं, बस मरना चाहता हूं
इस देह में न अब रहना चाहता हूं
आपके स्नेह को बस भरना चाहता हूं
अब अपने को मैं अमीमय करना चाहता हूं
शून्य भर होना चाहता हूं।

पूछा है बोधिधर्म ने।समझना होगा। गहरे से समझना होगा। क्योंकि यह भाव अनेकों के मन में उठता है। जब मैं तुम्हें समझाता हूं कि मिट जाओ, समाप्त हो जाओ, ताकि प्रभु हो सके; तुम अपने को पोंछ डालो, जगह खाली करो, ताकि वह उतर सके; तो एक प्रबल आकांक्षा उठती है मिट जाने की। और उसी आकांक्षा में भूल हो जाती है।

जब मैं कहता हूं मिट जाओ तो मैं यही कह रहा हूं कि अब तुम और आकांक्षा न करो। क्योंकि आकांक्षा रहेगी तो तुम बने रहोगे। तुम आकांक्षा के सहारे ही तो बने

हो। कभी धन की आकांक्षा, कभी पद की आकांक्षा। आकांक्षा ही तो सघन होकर अहंकार बन जाती है। आकांक्षा ही तो अहंकार है। तो जब तक तुम आकांक्षा से भरे हो, तुम हो। जब तुम निराकांक्षा से भरोगे, कोई आकांक्षा न रहेगी...ध्यान रखना, आकांक्षा से मुक्त हो जाने की आकांक्षा भी जब न रही।

लेकिन तुम मुझे सुनते हो और बात कुछ की कुछ हो जाती है। मैं तुमसे कहता हूं कि मिट जाओ, मैं कहता हूं, आकांक्षा छोड़ो। तुम कहते हो, चलो ठीक, हम यही आकांक्षा करेंगे; मिट जाने की आकांक्षा करेंगे। तो तुम पूछते हो, हे प्रभु, कैसे मिट जाएं? अब मिटाओ।

अभी तक कहते थे, कैसे जीएं? कैसे और हो जीवन? और...और। अब कहते हो, कैसे मिटें? कैसे समाप्त हों? मगर बात तो वही की वही रही। कुछ फर्क न हुआ। तुम धन चाहते थे, अब तुम धर्म चाहने लगे। तुम पद चाहते थे, अब तुम परमात्मा चाहने लगे। तुम सुख चाहते थे, अब तुम स्वर्ग चाहने लगे। अब तक तुम वासनाओं के पीछे दौड़ रहे थे, अब तुमने एक नई वासना पैदा कर ली निर्वासना होने की। चूक गए। बात फिर गलत हो गई।

मैंने तुमसे यह नहीं कहा कि तुम मर जाने की आकांक्षा करो। मैंने तुमसे इतना ही कहा है कि अब तुम आकांक्षा न करो तो तुम मर जाओगे। यह जो मर जाना है, यह परिणाम है, कांसिक्वेंस है। तुम इसे चाह नहीं सकते। यह तुम्हारी चाहत का फैलाव नहीं हो सकता। अगर तुमने इसको भी चाह बना लिया, फिर चाह बच रही। चाह नये पंख पा गई। चाह नये घोड़े पर सवार हो गई। चाह ने तुम्हारे चित्त को फिर धोखा दे दिया। अब तुम यह चाह करने लगे।

बुद्ध ने कहा है, निर्वाण चाहा तो निर्वाण को कभी उपलब्ध न हो सकोगे।

और अष्टावक्र बार-बार कह रहे हैं कि अगर मोक्ष की भी चाह रह गई तो मुक्ति बहुत दूर। मोक्ष की चाह भी बंधन है। मोक्ष को भी न चाहो। चाहो ही मत। ऐसी कोई घड़ी, जब कोई भी चाह नहीं होती, उसी घड़ी तुम परमात्मा हो गए। चाह से शून्य घड़ी में परमात्मा हो जाते हो। इसलिए समझो, नहीं तो भूल हो जाएगी।

मेरे पास लोग आते हैं, वे कहते हैं कि ध्यान में कैसे उतरें? बड़ी चाह लेकर आए हैं। मैं उनसे कहता हूं, चाह है तो ध्यान में उतर न पाओगे। ध्यान में उतरने की पहली शर्त है कि चाह को बाहर रख आओ। वे कहते, अच्छी बात। फिर तो ध्यान में उतर सकेंगे न?

अब उनका समझ रहे हो मतलब? वे कहते हैं, चलो, अगर चाह रख आकर चाह पूरी होती है तो हम इसके लिए भी राजी हैं, मगर चाह पूरी होगी न? तो तुम रख कर कहां आए? वे दो-चार दिन कोशिश करते हैं फिर आकर कहते हैं, चाह भी नहीं की, फिर भी अभी तक हुआ नहीं।

अगर चाह ही नहीं की तो अब क्या पूछते हो कि फिर भी अभी तक हुआ नहीं। चाह बनी ही रही। चाह भीतर बनी ही रही। चाह ने कहा, चलो, कहा जाता है कि चाह छोड़ने से चाह पूरी होगी, चलो, यह ढोंग भी कर लो। मगर तुम चूक गए। तुम समझ न पाए।

इसीलिए तो निरंतर यह बात कही गई है, सारे शास्त्र कहते हैं कि जो कहा जाता है वही सुना नहीं जाता। जो सदगुरु समझाते हैं वही तुम सुन पाते हो ऐसा पक्का नहीं है। तुम कुछ का कुछ सुनते हो। तुम कुछ का कुछ कर लेते हो।

देख लिया, जीवन में कुछ पाया नहीं, अब तुम कहते हो, कैसे मिट जाएं? मगर पाने की धारणा अभी भी बनी है।

अक्सर ऐसा होता है कि कोई व्यक्ति ध्यान करता, अचानक एक दिन किरण उतरती, रोआं-रोआं रस से भर जाता। अभिभूत हो जाता। बस उसी दिन से मुश्किल हो जाती। फिर वह रोज चाह करने लगता है कि ऐसा अब फिर हो, ऐसा अब फिर हो। फिर वह मेरे पास आता, रोता, गिड़गिड़ाता; कहता है कि बड़ी मुश्किल हो गई। घटना घटी भी, और अब क्यों नहीं घट रही?

मैं उससे कहता हूं कि जब घटी तो कोई चाह न थी। तुम्हें पता ही न था तो चाह कैसे करते? चाह तो उसी की हो सकती है जिसका थोड़ा सा अंदाज हो, अनुमान हो। सुन कर हो, स्वाद से हो, लेकिन जिसका थोड़ा अनुमान हो, चाह तो उसी की हो सकती है न! अब तुम्हें पता चल गया। स्वाद लग गया, किरण उतरी। पंखुड़ियां खिल गईं हृदय की। कमल-कमल खिल गए भीतर। तुम गदगद हो उठे। अब तुम्हें पता चल गया, अब मुश्किल आई। अब बड़ी मुश्किल आई। ऐसी मुश्किल कभी भी न थी। अब तुम जब भी ध्यान में बैठोगे, यह चाह खड़ी रहेगी कि फिर हो; दुबारा हो।

मैंने एक तिब्बती कहानी पढ़ी है। कहते हैं दूर तिब्बत की पहाड़ियों में छिपा हुआ एक सरोवर है। उस सरोवर के किनारे एक वृक्ष है। वृक्ष बड़ा अनूठा है। वृक्ष से भी ज्यादा अनूठा सरोवर है। कहते हैं, उस वृक्ष को जो खोज ले, उस सरोवर को जो खोज ले, और वृक्ष पर से छलांग लगा कर सरोवर में कूद जाए तो रूपांतरित हो जाता है। कभी भूलचूक से कोई पक्षी गिर जाता है सरोवर में तो मनुष्य हो जाता है। कभी कोई मनुष्य खोज लेता है और उस वृक्ष से कूद जाता है तो देवता हो जाता है।

ऐसा एक दिन हुआ, एक बंदर और एक बंदरिया उस वृक्ष पर बैठे थे। उन्हें कुछ पता न था। और एक मनुष्य न मालूम कितने वर्षों की खोज के बाद अंततः वहां पहुंच गया। उस मनुष्य ने वृक्ष पर चढ़ कर झंपापात किया। सरोवर में गिरते ही वह दिव्य ज्योतिर्धर देवता हो गया। स्वभावतः बंदर और बंदरिया को बड़ी चाहत जागी। उन्हें पता ही न था। उसी वृक्ष पर वे रहते थे लेकिन कभी वृक्ष पर से झंपापात न किया था। कभी सरोवर में कूदे न थे। फिर तो देर करनी उचित न समझी। दोनों तत्क्षण कूद पड़े।

बाहर निकले तो चकित हो गए। दोनों सुंदर मनुष्य हो गए थे। बंदर पुरुष हो गया था, बंदरिया सुंदर, सुंदरतम नारी हो गई थी।

बंदर ने कहा, अब हम एक बार और कूदें। बंदर तो बंदर! उसने कहा, अब अगर हम कूदे तो देवता होकर निकलेंगे। बंदरिया ने कहा कि देखो, दुबारा कूदना या नहीं कूदना, हमें कुछ पता नहीं। स्त्रियां साधारणतः ज्यादा व्यावहारिक होती हैं। सोच-समझ कर चलती हैं ज्यादा। देख लेती हैं, हिसाब-किताब बांध लेती हैं, करने योग्य कि नहीं। आदमी तो दुस्साहसी होते हैं।

बंदर ने कहा, तू फिकर छोड़। तू बैठ, हिसाब कर। अब मैं चूक नहीं सकता। बंदरिया ने फिर कहा, सुना है पुरखे हमारे सदा कहते रहे : 'अति सर्वत्र वर्जयेत्'। अति नहीं करनी चाहिए। अति का वर्जन है। अब जितना हो गया इतना क्या कम है? मगर बंदर न माना। मान जाता तो बंदर नहीं था। कूद गया। कूदा तो फिर बंदर हो गया। उस सरोवर का यह गुण था—एक बार कूदो तो रूपांतरण। दुबारा कूदे तो वही के वही।

बंदरिया तो रानी हो गई। एक राजा के मन भा गई। बंदर पकड़ा गया एक मदारी के हाथों में। फिर एक दिन मदारी लेकर राजमहल आया तो बंदर अपनी बंदरिया को सिंहासन पर बैठा देख कर रोने लगा। याद आने लगी। और सोचने लगा, अगर मान ली होती बात दुबारा न कूदा होता! तो बंदरिया ने उससे कहा, अब रोओ मत। आगे के लिए इतना ही स्मरण रखो : अति सर्वत्र वर्जयेत्। अति वर्जित है।

ध्यान ऐसा ही सरोवर है। समाधि ऐसा ही सरोवर है जहां तुम्हारा दिव्य ज्योतिर्धर रूप प्रकट होगा। लेकिन लोभ में मत पड़ना। अति सर्वत्र वर्जयेत्।

यह जो तुम्हारा प्रश्न है, अत्यंत लोभ का है। प्रश्न को जरा गौर से देखो तो तुम्हें खयाल आ जाएगा। 'मरना चाहता हूं, भरना चाहता हूं, करना चाहता हूं, शून्य होना चाहता हूं।' चाहता हूं... चाहता हूं...चाहता हूं। चाह ही चाह। प्रत्येक पंक्ति में चाह ही चाह भरी है। और यही मैं तुम्हें समझा रहा हूं कि चाहे कि संसार पैदा हुआ। चाहत का नाम संसार है। अब तुम एक नया संसार पैदा कर रहे हो। अब यह मरना, निर्वाण, शून्य, समाधि—अब तुम्हें ये पकड़े ले रहे हैं। तुम जाल से कभी छूटोगे, न छूटोगे?

एक और कहानी तुमसे कहता।

कहते हैं कि एक बार शैतान का मन ऊब गया। सभी का ऊब जाता है। शैतान का भी ऊब गया हो तो आश्चर्य नहीं। शैतान का तो ऊब ही जाना चाहिए। कब से शैतानी कर रहा है! तो उसने संन्यास लेने का निश्चय कर लिया। तब उसने अपने गुलामों को बेचना शुरू कर दिया : बुराई, झूठ, ईर्ष्या, निरुत्साह, दर्प, हिंसा, परिग्रह आदि-आदि। सब पर तख्तियां लगा दीं। खरीददार तो सदा से मौजूद हैं। शैतान की दुकान पर कब ऐसा हुआ कि भीड़ न रही हो। परमात्मा के मंदिर खाली पड़े रहते हैं। शैतान की दुकान पर तो सदा भीड़ होती है, भारी भीड़ होती। जमघट होता है। क्यू लगे रहते हैं।

और जब यह लोगों को पता चला कि शैतान अपने विश्वस्त गुलामों को भी बेच रहा है तो सभी पहुंच गए। राजनेता पहुंचे, धनपति पहुंचे। सभी तरह के उपद्रवी पहुंच गए। क्योंकि शैतान के सुशिक्षित सेवक मिल जाएं तो फिर क्या? फिर तो दुनिया फतह! एक के बाद एक गुलाम बिकने लगे। शैतान के भक्त आते गए और अपनी-अपनी पहचान, अपनी-अपनी पसंद का गुलाम खरीदते गए। पर एक बहुत ही भोंडी और कुरूप औरत खड़ी थी जिसे कोई पहचान ही नहीं पा रहा था कि यह कौन है? और कठिनाई और भी थी कि उसके गले में जो तख्ती लगी थी, सबसे ज्यादा कीमत की थी।

अंततः एक आदमी ने पूछा कि महानुभाव, बड़ा आश्चर्य है, इस स्त्री को हम पहचान नहीं पा रहे हैं। यह कौन है आपकी सेविका? और ऐसी कुरूप और ऐसी भोंडी कि इसे देख कर ही जी मिचलाता। और सबसे ज्यादा कीमत लगा रखी है। बात क्या है? कोई खरीददार गया भी नहीं इसके पास। यह देवी कौन है? इसके संबंध में कुछ बता दें। शैतान से उस ग्राहक ने पूछा।

शैतान ने कहा, ओह, यह? यह मेरी सबसे प्रिय और वफादार गुलाम है। मैं इसके सहारे बड़ी आसानी से लोगों को अपने शिकंजे में कस लेता हूं। क्यों, पहचाना नहीं इसे? बहुत कम लोग इसे पहचानते हैं इसीलिए तो इसके द्वारा धोखा देना आसान होता है। इसे कोई पहचानता नहीं मगर यह मेरा दाहिना हाथ है।

फिर शैतान अट्टहास कर उठा और बोला, महत्वाकांक्षा है यह। महत्वाकांक्षा! एंबीशन! यह सबसे भोंडी और सबसे कुरूप मेरी सेविका है, लेकिन सबसे कुशल।

आदमी जीता महत्वाकांक्षा में। यह पा लूं, यह मिल जाए, और मिल जाए, और ज्यादा मिल जाए। तुम उसी महत्वाकांक्षा को धर्म की दिशा में मत फैलाओ।

संन्यास सत्य को पाने की महत्वाकांक्षा नहीं है, संन्यास महत्वाकांक्षा का त्याग है। संन्यास मोक्ष को पाने की नई चाह नहीं है, संन्यास सारी चाह की व्यर्थता को देख लेने का नाम है। अब तुम और मत चाहो। अब तुम चाह को जाने दो। अब इसे विदा कर दो। जिस दिन तुम चाह को विदा कर दोगे उसी दिन तुम शैतान के शिकंजे के बाहर हो गए हो। और जिस क्षण चाह को तुमने विदा कर दिया उसी क्षण तुम पाओगे, जो तुमने सदा चाहा था वह होने लगा। वह चाह के कारण ही नहीं हो पाता था। नहीं, ऐसी आकांक्षा न करो।

अब न अगले वलवले हैं और न अरमानों की भीड़
एक मिट जाने की हसरत अब दिले-बिस्मिल में है

यह मिट जाने की हसरत भी जाने दो। यह हसरत भी उपद्रव है। जल्दी न करो। मौत की इतनी क्या जल्दी!

मौत है वह राज जो आखिर खुलेगा एक दिन
जिंदगी वह है मुअम्मा कोई जिसका हल नहीं

मौत तो एक दिन खुल ही जाएगी, एक दिन हो ही जाएगी। उसकी क्या जल्दी में पड़े हो। मरने की भी क्या चाहत। जिंदगी को समझ लो। जिंदगी को समझ लिया, जिंदगी खुल गई। और जहां जिंदगी खुल गई वहां मौत खुल गई। क्योंकि मौत कुछ भी नहीं, जिंदगी का अंतिम शिखर है। मौत कुछ भी नहीं, जिंदगी की चरम अवस्था है। मौत कुछ भी नहीं, जिंदगी का आखिरी गीत है। जिंदगी समझ ली तो मौत समझ में आ जाती है। होना समझ लिया तो न होना समझ में आ जाता है।

इसलिए तो तुमसे कहता हूं, संसार से भागना मत। संसार को समझ लिया तो मोक्ष समझ में आ जाता है। लेकिन तुम जल्दबाजी में पड़ते हो। संसार को बिना समझे तुम मोक्ष को समझने चल पड़ते हो। फिर तुम्हारा मोक्ष भी नया संसार बन जाता है।

तीसरा प्रश्न : नृत्य कब घटित होता है? आप सदा नृत्य की बात करते हैं—किस नृत्य की? और कब घटित होता है यह नृत्य?

निश्चत ही मैं नृत्य की बात करता, क्योंकि मेरे लिए नृत्य ही पूजा है। नृत्य ही ध्यान है। नृत्य से ज्यादा सुगम कोई उपाय नहीं, सहज कोई समाधि नहीं। नृत्य सुगमतम है, सरलतम है। क्योंकि जितनी आसानी से तुम अपने अहंकार को नृत्य में विगलित कर पाते हो उतना किसी और चीज में कभी नहीं कर पाते।

नाच सको अगर दिल भर कर तो मिट जाओगे। नाचने में मिट जाओगे। नाच विस्मरण का अदभुत मार्ग है, अदभुत कीमिया है।

और नाच की और भी खूबी है कि जैसे-जैसे तुम नाचोगे, तुम्हारी जीवन-ऊर्जा प्रवाहित होगी। तुम जड़ हो गए हो। तुम सरिता होने को पैदा हुए थे, गंदे सरोवर हो गए हो। तुम बहने को पैदा हुए थे, तुम बंद हो गए हो। तुम्हारी जीवन-ऊर्जा फिर बहनी चाहिए, फिर झरनी चाहिए। फिर उठनीं चाहिए तरंगें। क्योंकि सरिता तो एक दिन सागर पहुंच जाती है, सरोवर नहीं पहुंच पाता। सरोवर अपने में बंद पड़ा रह जाता। इसलिए तुमसे कहता हूं, नाचो।

नाचने का अर्थ, तुम्हारी ऊर्जा बहे। तुम जमे-जमे मत खड़े रहो, पिघलो। तरंगायित होओ। गत्यात्मक होओ।

दूसरी बात : नाच में अचानक ही तुम प्रसन्न हो जाते हो। उदास आदमी भी नाचना शुरू करे, थोड़ी देर में पाएगा, उदासी से हाथ छूट गया। क्योंकि उदास होना और नाचना साथ-साथ चलते नहीं। रोता आदमी भी नाचना शुरू करे, थोड़ी देर में पाएगा, आंसू धीरे-धीरे मुस्कुराहटों में बदल गए। थका-मांदा आदमी भी नाचना

शुरू करे, शीघ्र ही पाएगा कि कोई नई ऊर्जा का प्रवाह भीतर शुरू हो गया। नृत्य दुख जानता ही नहीं। नृत्य आनंद ही जानता है।

इसीलिए तो हिंदुओं ने परमेश्वर के परम रूप को नटराज कहा है, कृष्ण को नाच की मुद्रा में, ओंठ पर बांसुरी रखे, मोरमुकुट बांधे चित्रित किया है। यह ऐसे ही नहीं, अकारण ही नहीं। यह सारा जीवन नाच रहा है।

जरा वृक्षों को देखो, पक्षियों को देखो। सुनते हो यह पक्षियों का कलरव? फूलों को देखो, चांद-तारों को देखो। विराट नृत्य चल रहा है। रास चल रहा है। यह अखंड रास! तुम इसमें भागीदार हो जाओ। तुम सिकुड़-सिकुड़ कर न बैठो। तुम कंजूस न बनो। तुम बहो।

पूछा है तुमने, 'नृत्य कब घटित होता है?'

नृत्य तब घटित होता है जब नर्तक मिट जाता है। नृत्य तब घटित होता है जब नाच तो होता है, तुम नहीं होते। नाचने वाला नहीं होता। याद ही नहीं रह जाती।

पश्चिम का बहुत बड़ा नर्तक हुआ निजिंस्की। ऐसा नर्तक, कहते हैं मनुष्य जाति के इतिहास में शायद दूसरा नहीं हुआ है। उसकी कुछ अपूर्व बातें थीं। एक अपूर्व बात तो यह थी कि जब वह नृत्य की ठीक-ठीक दशा में आ जाता था—जिसको मैं नृत्य की दशा कह रहा हूं, जब नर्तक मिट जाता है—तो निजिंस्की ऐसी छलांगें भरता था कि वैज्ञानिक चकित हो जाते थे। क्योंकि गुरुत्वाकर्षण के कारण वैसी छलांगें हो ही नहीं सकतीं। और साधारण अवस्था में निजिंस्की भी वैसी छलांगें नहीं भर सकता था। उसने कई दफे कोशिश करके देख ली थी। अपनी तरफ से भी उसने कोशिश करके देख ली थी, हर बार हार जाता था।

जब उससे किसी ने पूछा कि इसका राज क्या है? उसने कहा, मुझसे मत पूछो। मुझे खुद ही पता नहीं। क्योंकि मैंने भी कई दफे कोशिश करके देख ली। जब यह घटती है तब घटती है। जब नहीं घटती तब मैं लाख उपाय करूं, नहीं घटती। और जब घटती है तो मैं हैरान होता हूं। कुछ क्षण को ऐसा लगता है, गुरुत्वाकर्षण का मेरे ऊपर प्रभाव नहीं रहा। मैं एक पक्षी के पंख की तरह हलका हो जाता हूं। कैसे यह होता है, मुझे पता नहीं। एक बात भर समझ में आती है कि यह उन क्षणों में होता है जब मुझे मेरा पता नहीं होता, जब मैं लापता होता हूं। जब मैं होता ही नहीं तब यह घटता है।

यह तो योग का पुराना सूत्र है। यह तो तंत्र का पुराना आधार है। निजिंस्की को कुछ पता नहीं वह क्या कह रहा है। अगर उसे पूरब के शास्त्रों का पता होता तो वह व्याख्या कर पाता।

विज्ञान कहता है...न्यूटन ने खोजा वृक्ष के नीचे बैठे-बैठे। गिरा फल और न्यूटन को खयाल आया, हर चीज ऊपर से नीचे की तरफ गिरती है। पत्थर भी हम

ऊपर की तरफ फेंकें तो नीचे आ जाता है, तो जरूर जमीन में कोई गुरुत्वाकर्षण, कोई कशिश, कोई ग्रेविटेशन होना चाहिए। जमीन खींचती चीजों को अपनी तरफ।

न्यूटन ने एक बात देखी। हमने और भी एक बात देखी, जो न्यूटन ने नहीं देखी। और खयाल रखना, वही दिखाई पड़ता है जो हम देखने को तैयार होते हैं। कृष्ण ने कुछ और देखा, अष्टावक्र ने कुछ और देखा। उन्होंने यह देखा कि ऐसी कुछ घड़ियां हैं जब अहंकार नहीं होता तो आदमी ऊपर की तरफ उठने लगता है; जैसे आकाश की कोई कशिश, कोई आकर्षण है। जैसे वैज्ञानिक कहते हैं ग्रेविटेशन, गुरुत्वाकर्षण, ऐसे अंतरतम के मनीषियों ने कहा है कि प्रभु का आकर्षण। ऊर्ध्व, ऊपर की ओर से उतरती कोई ऊर्जा और खींचने लगती है। लेविटेशन या ग्रेस, प्रसाद कहें।

वही घट रहा था निजिंस्की को। कभी-कभी ऐसा हो जाता था, वह इतना तल्लीन...इतना तल्लीन हो जाता, ऐसा लवलीन हो जाता, ऐसा खो जाता कि फिर नर्तक न रहता, नृत्य ही बचता। कोई आयोजक न रह जाता भीतर, कोई नियंत्रक न रह जाता। कोई नृत्य करने वाला न रह जाता।

वही तो अष्टावक्र तुमसे कह रहे हैं। इसी नृत्य की व्याख्या कर रहे हैं कि कर्ता को जाने दो तो प्रभु तुम्हें सम्हाल ले अभी। तुम्हीं अपने को सम्हाले हो तो प्रभु को सम्हालने का मौका ही नहीं। तुम छोड़ो। तुम कहो, तू सम्हाल। तू जान। तेरी दुनिया। तेरा यह जीवन। तूने दिया जन्म, तू देगा मौत। तू ही सम्हाल। हम तो बीच में आ गए हैं।

सुनी हिकायते-हस्ती तो दर्मियां से सुनी
न इब्तदा की खबर है, न इन्तहा मालूम

हम तो बीच में हैं। न हमें पता है कि जन्म क्यों हुआ, न हमें पता है कि मौत क्यों होगी। न हमें प्रारंभ का कुछ पता है, और न अंत का। हम तो बीच में हैं। जिसको प्रारंभ का पता नहीं, अंत का पता नहीं, वह बीच की भी क्यों फिकर रखे हुए है? जो पहले सम्हालता है, पीछे सम्हालता है, वह बीच में भी सम्हाल लेगा।

ऐसा जो छोड़ दे उसको ही अष्टावक्र कहते हैं, वही हुआ ज्ञाता। वही हुआ द्रष्टा। वही अब न रहा भोक्ता, न रहा कर्ता। और जहां भोक्ता और कर्ता खो जाते हैं वहीं परमात्मा है।

मैं तुमसे कहता हूं नृत्य की परिभाषा : जब नर्तक मिट जाए। ऐसे नाचो, ऐसे नाचो कि नाच ही बचे। ऊर्जा रह जाए, अहंकार का केंद्र न रहे।

और नृत्य जितनी सुगमता से परमात्मा के निकट ले आएगा और कोई चीज कभी नहीं ला सकती। और नृत्य बड़ा स्वाभाविक है। आदमी है अकेला, जो भूल गया। सारा संसार नाच रहा है आदमी को छोड़कर। आदमी भी नाचता था। आदिम आदमी अब भी नाच रहे हैं, सिर्फ सभ्य आदमी वंचित हो गया है। सभ्य आदमी नाच भूल गया है। जड़ हो गया है। पत्थर की तरह हो गया है। झरना नहीं है कि बहे। निर्झर नहीं है।

थोड़ा अपने को पिघलाओ। थोड़ा छूने दो प्रभु को तुम्हें।

फागुन ने क्या छू लिया तनिक मन को
कर्पूरी देह अबीर हो गई है
क्या छुए मधुर गीतों ने रसिक अधर
धड़कन-धड़कन मंजीर हो गई है

अंगों पर फैल गई केसर क्यारी
नभ बाहों में भरने की तैयारी
बढ़ गई अचानक चंचलता लट की
सीमा-रेखाएं सिमटीं घूंघट की

सांसों को क्या छू गई मदिर सांसें
गंधायित मलय समीर हो गई है
फागुन ने क्या छू लिया तनिक मन को
कर्पूरी देह अबीर हो गई है

फागुन भी छू ले तो देह अबीर-अबीर हो जाती है। देह कस्तूरी-कस्तूरी हो जाती है। तुम जरा सोचो, परमात्मा छू ले तो तुम नाच उठोगे। तुम नाच उठो तो परमात्मा छू ले।

अब तुम यह मत पूछना कि क्या पहले है? तुम मुर्गी-अंडे के सवाल मत उठाना कि मुर्गी पहले कि अंडा पहले। उस उलझन में उलझोगे तो कभी सुलझ न पाओगे। इतना ही तुमसे कहता हूं, एक वर्तुल है। तुम नाचो तो परमात्मा छू ले। परमात्मा छू ले तो तुम नाच उठो।

अब परमात्मा छू ले यह तो तुम्हारे हाथ में नहीं, एक बात तुम्हारे हाथ में है कि तुम नाचो। तुम नाचो, उसे मौका दो कि तुम्हें छू ले। नाचते में ही छू सकता है तुम्हें। अभी तो तुम अकड़े-अकड़े बैठे हो। अभी तो तुम पानी जैसे जम गया, बरफ हो गए ऐसे हो गए हो। थोड़ा पिघलो। थोड़ा बहो।

तुम इधर बहे कि परमात्मा ने तुम्हें छुआ। उसने छुआ कि तुम और बहे। तुम और बहे कि उसने तुम्हें और छुआ। एक वर्तुल है। धीरे-धीरे तुम ज्यादा-ज्यादा हिम्मत जुटाते जाओगे। नर्तक खोता जाएगा, नृत्य बचेगा।

अवनी पर आकाश गा रहा
विरह मिलन के पास आ रहा
चारों ओर विभोर प्राण
झकझोर घोर में नाचें
निरख घोर घन

मुग्ध मोर मन
जल हिलोर में नाचे
जरा हिलोर बनो।
निरख घोर घन
मुग्ध मोर मन
जल हिलोर में नाचे
चारों ओर विभोर प्राण
झकझोर घोर में नाचें
निछावर इंद्रधनुष तुझ पर
निछावर प्रकृति-पुरुष तुझ पर
मयूरी उन्मन-उन्मन नाच
मयूरी छूम छनाछन नाच
मयूरी नाच, मगन-मन नाच
मयूरी नाच, मगन-मन नाच
गगन में सावन घन छाए
न क्यों सुधि साजन की आए
मयूरी आंगन-आंगन नाच
मयूरी नाच मगन-मन नाच

नाचो। हृदय खोल कर नाचो। सब तरह की कृपणता छोड़ कर नाचो। एक दिन तुम पाओगे : अचानक, विस्मयविमुग्ध, चकित-भाव, भरोसा न होगा कि तुम मिट गए हो, नाच चल रहा है। जिस दिन तुम पाओगे कि तुम नहीं हो और नाच चल रहा है, उसी दिन तुम पाओगे सब जो पा लेने जैसा है; सब, जिसको पाए बिना और सब पाना व्यर्थ है।

और तुमने पूछा है कि नाच कब घटित होता है और कब नहीं घटित होता है? जब तुम होते हो तब नहीं घटित होता है। जब तुम सम्हाल-सम्हाल कर नाच रहे होते हो तब नहीं घटित होता है। बेसम्हाले नाचो। नियंत्रण तोड़ कर नाचो। अराजक होकर नाचो। स्वच्छंद होकर नाचो, तभी होता है।

अगर तुम मालिक रहे और भीतर-भीतर नियंत्रण जारी रखा तो वह मनुष्य का नृत्य है; परमात्मा नहीं नाच पाता। तुमने बागडोर उसके हाथ में दी ही नहीं। तुम बागडोर उसके हाथ में दे दो, फिर होता है नाच। फिर तुम इस विराट नृत्य के एक अंग हो जाते हो।

चौथा प्रश्न : संन्यास में दीक्षा लेने पर आप अपने शिष्यों को सुंदर-सुंदर नाम देते हैं। इन सुंदर नामों का रहस्य और अर्थ समझाने की कृपा करें।

नाम बस नाम है। जब देना ही है तो सुंदर दे देता हूं, असुंदर क्यों दूं? ऐसे तो चाहूं तो कह सकता हूं, स्वामी चूहड़मल फूहड़मल। नाम बस नाम है। और जब देना ही है तो सुंदर दे देता हूं। इसमें कुछ बहुत अर्थ नहीं है।

नाम में अर्थ हो भी क्या सकता है? अर्थ तो होता काम में। तुम नाम के भरोसे मत रुके रह जाना। कुछ करोगे तो कुछ होगा। कुछ होने दोगे तो कुछ होगा। कितना ही सुंदर नाम दे दूं, इससे क्या होगा? काश, नाम बदल देने से जीवन बदलते होते, कितना सरल होता?

सुंदर नाम देकर मैं अपनी आकांक्षा, अपनी अभीप्सा प्रकट कर रहा हूं। सुंदर नाम देकर मैं अपना आशीष तुम्हें दे रहा हूं कि मैंने सुंदरतम तुममें चाहा है! अब तुम कुछ करो। सुंदर नाम देकर मैंने तुम्हें बड़ा उत्तरदायित्व दे दिया। अब तुम्हें पूरा करना है। सुंदर नाम देकर मैंने तुम्हें एक चुनौती दे दी। तुम्हें एक बुलावा दे दिया, एक आमंत्रण दे दिया कि अब यह यात्रा करनी है। अब यह नाम याद रखना। अब यह नाम तुम्हें सताएगा।

एक पुरानी कथा तुमसे कहूं। बहुत पुरानी कथा है। किसी बालक के मां-बाप ने उसका नाम पापक, पापी रख दिया। लोग भी खूब हैं। किसी का नाम रख देते हैं पोपट, घसीटामल, घासीराम; जैसे नामों की कुछ कमी है। पापक? अब ऐसे ही आदमी पापी है, अब और कम से कम नाम तो न रखो। इतनी तो कृपा करो। लेकिन रख दिया।

मैं माऊंट आबू शिविर लेने जाता था, वहां एक बगीचा है : शैतानसिंह उद्यान।

किसी का नाम शैतानसिंह है। और कोई नाम न सूझा?

तो किसी ने रख दिया होगा पापक। बालक बड़ा हुआ तो उसे यह नाम बहुत बुरा लगने लगा, खटकने लगा। हर कोई कहे, कहो पापी! कहां चले जा रहे हो? ऐसा नहीं कि पापी नहीं था; जैसे सब पापी हैं वैसा पापी था। लेकिन यह नाम एक मुसीबत हो गई।

तो उसने अपने आचार्य से प्रार्थना की, भंते, मेरा नाम बदल दें। अपने गुरु से कहा कि इतना कर दें। यह नाम मेरे पीछे बुरी तरह पड़ा है। यह नाम बड़ा अप्रिय है, अशुभ और अमांगलिक है। लेकिन आचार्य ने कहा, नाम तो केवल प्रज्ञप्ति के लिए है। व्यवहार-जगत में पुकारने के लिए होता है। नाम बदलने से क्या सिद्ध होगा? अरे, पाप ही बदल ले ताकि किसी की हिम्मत पापी कहने की न पड़े। मगर उसने कहा कि महाराज, वह जरा कठिन काम है, यह नाम तो बदल ही दो।

तो गुरु ने कहा, ठीक है, तो तू ऐसा कर कि तू गांव भर में घूम-फिर कर देख ले, कौन सा नाम तुझे प्रिय लगता है, वह तू आकर मुझे बता दे। वही तेरा रख देंगे। नहीं माना, तो गुरु ने कहा, चलो ठीक, बदल देंगे। जा तू, खोज ला। जब आग्रह ही करता है तो तेरी मर्जी। फिर भी तुझसे कहता हूं, गुरु ने कहा कि अर्थ सिद्ध तो कर्म के करने से होता है, कर्म सुधारने से होता है। पर तू नाम ही सुधारना चाहता है तो जा, गांव में खोज ले।

अब वह निकला गांव में। पहले ही आदमी से टकरा गया तो उसने कहा, अरे, देखते नहीं? उसने कहा, भाई, मैं अंधा हूं। उसने कहा, चलो कोई बात नहीं, तुम्हारा नाम? उन्होंने कहा, नयनसुख। वह जरा चौंका; उसने कहा, हद हो गई! नाम नयनसुख, आंख के अंधे! उसने कहा, होगा, अपने को इससे क्या लेना-देना। मगर नयनसुख नाम रखना ठीक नहीं, उसने कहा। क्योंकि अंधों का नाम नयनसुख!

और आगे चला तो एक अरथी जा रही थी। उसने पूछा, भाई, कौन मर गया? उन्होंने कहा, जीवक। उसने कहा, और सुनो। जीवक तो वह जो जीए; और ये सज्जन मर गए! यह तो बड़ा बुरा हुआ। जीवक और मृत्यु का शिकार हो गया! बुद्ध के चिकित्सक का नाम जीवक था। राजाओं ने उसे यह नाम दिया था। क्योंकि वह लोगों को...उसकी औषधि में ऐसा बल था कि जैसे मरों को जिला ले। लेकिन जीवक भी मरा। वह औषधि भी काम न आई, नाम भी काम न आया।

तो वह सोचने लगा, जीवक नाम भी ठीक नहीं। तो अरथी कसी जाएगी। फिर लोग हंसेंगे कि अरे, जीवक मर गए! जिंदगी भर हंसे क्योंकि नाम रहा पापक, मरते वक्त हंसेंगे कि हो गए जीवक! यह नहीं चलेगा।

और आगे बढ़ा तो देखा एक दीन-हीन गरीब दुखियारी स्त्री को मार-पीट कर घर के बाहर निकाला जा रहा था। तो उसने पूछा देवी, तेरा नाम? तो उसने कहा, धनपाली। पापक सोचने लगा, नाम धनपाली और पैसे-पैसे को मोहताज।

और आगे बढ़ा तो एक आदमी को लोगों से रास्ता पूछते पाया। तो उसने पूछा, भाई, रास्ता पीछे पूछ लेना, पहले एक बात बता दो, तुम्हारा नाम? तो उसने कहा, पंथक। पापक फिर सोच में पड़ गया कि अरे, पंथक भी पंथ पूछते हैं, पंथ भूलते हैं?

पापक वापस लौट आया। गुरु से उसने कहा कि बात खतम हो गई। नामों में क्या धरा! रास्ते पर अंधा मिला; जनम का अंधा, नाम नयनसुख। एक दुखिया मिला; जनम का दुखिया, नाम सदासुख। सब देख आया। यही ठीक है। पाप को ही बदल लूंगा। नाम को बदलने से क्या होगा?

फिर भी जब तुम मुझसे दीक्षा लेते हो तो तुम्हें सुंदर नाम देता हूं। सुंदर से मेरा लगाव है। नाम ही दे रहा हूं तो क्या कंजूसी करूं! दिल खोल कर दे देता हूं। सुंदर से सुंदर नाम जो खयाल में आता है, तुम्हें दे देता हूं।

इससे तुम ध्यान रखना कि तुम्हारे लिए चुनौती है। तुम इससे यह मत समझ लेना कि यह तुम हो गए। यह तुम्हें होना है। नाम अभी सार्थक है नहीं, संभावना है, यह तुम्हें होना है।

किसी को मैं नाम देता हूं, सच्चिदानंद। यह तुम्हें होना है। तुम यह मत समझ लेना कि हो गए! मैंने नाम दे दिया तो बात खतम। अब क्या करना? जो होना था सो हो गए। सच्चिदानंद हो गए। इतना सस्ता नहीं है। आदमी एक संभावना है होने की। आदमी है नहीं, आदमी होने की संभावना है, एक बीज है।

पुरानी कथा है कि परमात्मा ने जब प्रकृति बनाई, सब बनाया और फिर आदमी को बनाया, तो आदमी को उसने मिट्टी से बनाया। जब आदमी बन गया तो परमात्मा ने सारे देवताओं को इकट्ठा करके कहा कि देखो, मेरी श्रेष्ठतम कृति यह मनुष्य है। इससे ऊपर मैंने कुछ भी नहीं बनाया। यह मेरी प्रकृति के सारे विस्तार में सबसे श्रेष्ठ, सबसे गरिमाशाली। लेकिन एक संदेहवादी देवता ने कहा, यह तो ठीक है, लेकिन मिट्टी से क्यों बनाया? निकृष्टतम चीज से बनाई श्रेष्ठतम चीज, यह कुछ समझ में नहीं आती। अरे, सोने से बनाते! कम से कम चांदी से बनाते। न सही चांदी, लोहे से बना देते। मिट्टी! कुछ और न मिला? निकृष्टतम से श्रेष्ठतम को बनाया।

तो परमात्मा हंसने लगा। उसने कहा, जिसे श्रेष्ठतम बनना हो उसे निकृष्टतम से यात्रा करनी होती है। जिसे स्वर्ग जाना हो उसे नर्क में पैर जमाने पड़ते। जिसे ऊपर उठना हो उसे निम्नतम को छूना पड़ता।

और फिर परमात्मा ने कहा, तुमने कभी सोने में से किसी चीज को उगते देखा? चांदी में से कोई चीज उगते देखी? बो दो बीज सोने में, कभी उगेगा नहीं, मर जाएगा। मिट्टी भर में उगता है कुछ। और मनुष्य एक संभावना है, एक आश्वासन है। अभी मनुष्य को होना है, अभी हो नहीं गया। हो सकता है। होने की सब व्यवस्था कर दी है लेकिन होना पड़ेगा। इसलिए मिट्टी से बनाया है, क्योंकि मिट्टी में ही बीज फूटता है, अंकुर निकलते हैं, वृक्ष पैदा होते, फूल लगते, फल लगते, सुगंध फैलती। महोत्सव घटित होता है।

मिट्टी में ही संभावना है। सोने की कोई संभावना नहीं। सोना तो मुर्दा है, चांदी तो मुर्दा है। इसीलिए तो मरे-मरे लोग सोने-चांदी को पूजते हैं। जिंदा लोग मिट्टी को पूजते हैं। जितना मरा आदमी उतना ही सोने का पूजक। जितना जिंदा आदमी उतना उसका मिट्टी से मोह, मिट्टी से लगाव, मिट्टी से प्रेम। मिट्टी जीवन है। ठीक कहा ईश्वर ने कि बीज मिट्टी में फेंक दो तो खिलता, फैलता, बड़ा होता।

मनुष्य एक संभावना है। मनुष्य यात्रा है, अंत नहीं। अभी मनुष्य को होना है, अभी मनुष्य हुआ नहीं। सारी क्षमता पड़ी है छिपी अचेतन में; प्रकट होना है, अभिव्यक्त

होना है। गीत तुम लेकर आए हो, अभी गाया नहीं। तुम्हारी वीणा तो है तुम्हारे पास, लेकिन तुम्हारी अंगुलियों ने अभी छुआ नहीं।

जब मैं तुम्हें नाम देता हूं तो सिर्फ एक संभावना देता हूं। कहता हूं, सच्चिदानंद हो जाना। इसलिए सच्चिदानंद नाम दे देता हूं। नाम को तुम ऐसा मत समझ लेना कि तुम सच्चिदानंद हो इसलिए मैंने सच्चिदानंद कह दिया है। होते तब तो कहना क्या था! होते तब तो दीक्षा की भी कोई जरूरत न थी। होते तब तो कुछ भी कारण न था। नहीं हो, मगर हो सकते हो। द्वार खुला है, चलना पड़े।

यह जो तुम्हारा नाम है इसे दूर की मंजिल समझना। वह जो दूर तारों के पार सच्चिदानंद-रूप है, वह मैंने तुम्हें नाम दे दिया है। नाम से तुम्हें जोड़ दिया उससे। अब तुमसे कह दिया, अब चलो। लंबी यात्रा है। दुर्गम पथ है। कंटकाकीर्ण मार्ग है। भटक जाने की पूरी संभावना है, पहुंचने की संभावना बहुत कम है। लेकिन यह नाम तुम्हें दे दिया, यह एक दूर के तारे की तरह तुम्हें रोशनी देगा। और जब तुम भटकने लगोगे और जब तुम गिरने लगोगे तब तुम्हें याद दिलाएगा कि सच्चिदानंद, यह क्या कर रहे? यह तुम्हारे जैसा नहीं है।

सच्चिदानंद, यह तुम क्या कर रहे? चोरी कर रहे? यह तुम्हारे नाम से मेल नहीं खाता। सच्चिदानंद, यह किसी की हत्या करने को उतारू हो गए? यह तुम्हारे नाम से मेल नहीं खाता। सच्चिदानंद, उदास बैठे हो? मुर्दा बैठे हो? यह तुम्हारे नाम से मेल नहीं खाता। नाचो।

मयूरी नाच, छनाछन नाच
मयूरी नाच, उन्मन-उन्मन नाच
मयूरी नाच, आंगन-आंगन नाच
तुम्हें याद दिलाने को, स्मरण दिलाने को।

आखिरी प्रश्न : क्या बुद्धपुरुष भी आंसू बहाते हैं?

बुद्धपुरुषों के संबंध में कोई भी बात तय करनी उचित नहीं। बुद्धपुरुष ऐसे विराट, जैसे आकाश। बुद्धपुरुष के संबंध में कोई सीमा-रेखा नहीं खींची जा सकती। एक ही बात कही जा सकती है कि बुद्धपुरुष होने का अर्थ होता है, पूर्ण हो जाना। पूर्ण में सब समाहित है—आंसू भी। जैसे मुस्कुराहटें समाहित हैं वैसे ही आंसू भी।

एक झेन फकीर जापान में मरा। उसका शिष्य रिंझाई बड़ा प्रसिद्ध था। इतना प्रसिद्ध था, गुरु से ज्यादा प्रसिद्ध था। सच तो यह है कि रिंझाई के कारण ही गुरु की प्रसिद्धि हुई थी। लाखों लोग इकट्ठे हुए और रिंझाई रोने लगा। गुरु की लाश पड़ी है

और रिंझाई के आंसू झरने लगे। और रिंझाई के आस-पास जो लोग थे उन्होंने कहा, यह क्या करते हो? तुम्हें लोग रोता देखेंगे तो क्या सोचेंगे? बुद्धपुरुष कहीं रोते?

तो रिंझाई ने कहा, तो समझ लो कि मैं बुद्धपुरुष नहीं। मगर अब रोना हो रहा है, तो क्या करूं? मेरे गुरु ने एक ही बात मुझे सिखाई थी कि जो स्वाभाविक हो उसे होने देना। अभी तो आंसू आ रहे हैं। पर लोगों ने कहा, तुम्हीं तो समझाते रहे कि आत्मा अमर है। अब रोते क्यों?

रिंझाई ने कहा, मैं आत्मा के लिए रो भी कहां रहा हूं? यह शरीर भी बड़ा प्यारा था। आत्मा तो अमर ही है, उसके लिए कौन रो रहा है? यह गुरु की देह भी बड़ी प्यारी थी। अब दुबारा इसके दर्शन न हो सकेंगे। अब अनंत काल में इसका कभी साक्षात्कार न हो सकेगा। एक अपूर्व घटना का विसर्जन हो रहा है, तुम मुझे रोने भी न दोगे? तुम सम्हालो अपना बुद्धपुरुष और बुद्धपुरुष की परिभाषा। मैं जैसा, वैसा भला। लेकिन मुझे स्वाभाविक होने दो।

और मैं तुमसे कहता हूं, रिंझाई बुद्धपुरुष था इसलिए रो सका। तुम जैसा कोई बुद्धू होता, अगर आंसू भी आ रहे होते तो रोक कर बैठ जाता कि यह मौका कोई रोने का है? सारी इज्जत पर पानी फिर जाएगा। अभी रोने का मौका है? रो लेना एकांत में, अकेले में करके दरवाजा बंद। अभी तो न रोओ। भीड़-भाड़ के सामने तो अकड़ कर बैठे रहो कि ज्ञान को उपलब्ध हो गए हैं, कैसा रोना? अरे ज्ञानी कहीं रोते हैं? यह तो अज्ञानी रोते हैं।

नहीं, यह निश्चित ही बुद्धपुरुष रहा होगा। तभी तो बुद्धपुरुष होने की बात को भी दो कौड़ी में फेंक दिया। कहा, रख आओ, सम्हालो तुम्हीं। तो फिर मैं बुद्धपुरुष नहीं। बात खतम हुई। मगर जो सहज हो रहा है, होने दो।

बुद्धपुरुष होने का अर्थ होता है, सहजता, समग्रता। जीवन समग्र है। कहना मुश्किल है। बुद्धपुरुषों के संबंध में कोई भविष्यवाणी नहीं हो सकती। बुद्धपुरुष ऐसे मुक्त जैसे आकाश।

ऐसा हुआ, गौतम बुद्ध के जीवन में उल्लेख है कि जब वे बारह वर्ष के बाद अपने घर वापस लौटे तो स्वभावतः अपने पिता को, अपनी पत्नी को, अपने बेटे को मिलना चाहे। तो आनंद ने कहा कि यह शोभा नहीं देता। बुद्धपुरुष का कौन पिता, कौन बेटा, कौन पत्नी? बात खतम हो गई। आप तो ज्ञान को उपलब्ध हो गए।

बुद्ध ने कहा, मैं तो हो गया लेकिन वे नहीं हैं अभी उपलब्ध। उनका मोह अभी भी मेरे प्रति है। और मैं तो मुक्त हो गया लेकिन मेरा ऋण तो कायम है। उनसे मैंने जन्म लिया। और इस पत्नी को मैं बारह साल पहले छोड़ कर अंधेरी रात में भाग गया था, क्षमा तो मांग लेने दो। मेरी यात्रा तो पूरी हो गई, लेकिन वह तो अभी भी जली-भुंजी

बैठी है। अभी भी नाराज है। बड़ी मानिनी है यशोधरा। उसने मुझे क्षमा नहीं किया। और जब तक मैं क्षमा न मांगूं वह क्षमा करेगी भी नहीं। अब मुझे उससे क्षमा मांग लेने दो ताकि वह भी मुक्त हो जाए। यह बात गई—गुजरी हो गई। जो हुआ, हुआ।

आनंद जरा कसमसाया। उसको यह बात जंचती नहीं। बुद्धपुरुष को क्या लेना-देना? फिर भी अब नहीं मानते तो ठीक है, गया!

आनंद जब संन्यस्त हुआ था—आनंद बुद्ध का बड़ा भाई था स्वयं, चचेरा बड़ा भाई। जब वह संन्यस्त हुआ था, बुद्ध से दीक्षा ली थी तो दीक्षा के पहले उसने कहा था कि मेरी कुछ शर्तें हैं। दीक्षा के बाद तो मैं शिष्य हो जाऊंगा, फिर तुम मेरी सुनोगे नहीं। मुझे तुम्हारी सुननी पड़ेगी। दीक्षा के पहले बड़े भाई के हैसियत से ये शर्तें तुमसे मांग लेता हूं। उसमें एक शर्त यह भी थी कि सदा तुम्हारे साथ रहूंगा। तुम कभी भी मुझसे यह न कह सकोगे कि आनंद, मुझे छोड़। रात तुम्हारे कमरे में सोऊंगा। तुम्हारी छाया की तरह चलूंगा। तुम मुझे समझा न सकोगे कि आनंद जा, तू दूसरे गांव में शिक्षा दे लोगों को। मैं कहीं जाने वाला नहीं। मैं तुम्हारे पीछे रहूंगा। ऐसी उसने पहले ही शर्त रखी थी और बुद्ध ने शर्त मान ली थी।

जब वे महल में प्रवेश करने लगे तो बुद्ध ने कहा, आनंद, यशोधरा खुल न पाएगी अगर तू मौजूद रहा। कुलीन स्त्री है। वह अपना भाव भी प्रकट न करेगी तेरे सामने। फिर तू मेरा बड़ा भाई हैं, वह घूंघट कर लेगी। वह रो भी न पाएगी, नाराज भी न हो पाएगी। और तेरे सामने तेरी प्रतिष्ठा को ध्यान में रख कर वह कुछ कहेगी भी नहीं। तू कृपा कर। आज तू जरा पीछे रह जा।

आनंद ने कहा, यह कैसी बात! बुद्धपुरुष को पत्नी क्या, पति क्या! पर बुद्ध ने कहा, तू छोड़ फिकर बुद्धपुरुषों की। मैं किसी परिभाषा से बंधा नहीं। यही उचित मालूम होता है।

और बात ठीक थी। यशोधरा क्षमा न कर पाती बुद्ध को अगर आनंद मौजूद रहता। जब बुद्ध गए, यशोधरा टूट पड़ी। रोयी, चीखी, चिल्लाई, नाराज हुई। उसने कहा कि तुम मुझे छोड़ कर भाग गए। तुमने इतना भी भरोसा न किया कि मुझे जगा कर पूछ लेते? क्या तुम सोचते हो, मैं मना करती? तुमने इतना भी मेरे प्रेम का भरोसा न किया, इतना मेरे प्रेम का समादर न किया। तुम पूछ लेते कि मैं जाता हूं। मैं तुम्हें जाने देती लेकिन तुम पूछ तो लेते। तुम जगा कर कह तो देते। मैं अंतिम क्षण तुम्हारे पैर तो छू लेती। तुमने इतना भी मुझे मौका न दिया? तुमने इतना भी भरोसा न किया? मैं क्षत्राणी हूं, तुम अगर कहते कि तुम्हें अपनी गर्दन भी काटनी है तो मैं तुम्हारे पैर छूकर तुमसे कहती कि ठीक है, तुम मालिक हो। तुम मेरे स्वामी हो। मैं तुम्हारी मालिक नहीं हूं। तुम्हें जो ठीक लगे, करो। लेकिन तुम भाग गए चोर की तरह, वह मन में कसती है बात। कांटे की तरह सलती है बात।

वह खूब नाराज हुई। वह खूब चिल्लाई। वह खूब रोई। इस सब उधेड़बुन में उसे खयाल ही न रहा कि बुद्ध चुपचाप खड़े हैं, एक शब्द भी नहीं बोले हैं। तब उसने अपनी आंखों से आंसू पोंछे और बुद्ध से कहा, आप चुप हैं, बोलते नहीं?

बुद्ध ने कहा, मैं क्या बोलूं? क्योंकि जो गया था वह आया नहीं। जिससे तू लड़ रही है वह अब है नहीं। और जो मैं आया हूं उससे तू बिलकुल अपरिचित है। तू मेरी तरफ देख पागल! जो गया था वह मैं नहीं हूं। देह वैसी लगती होगी तुझे, लेकिन सब बदल गया। आमूल बदल गया हूं। जड़-मूल से बदल गया हूं। यह कोई और ही आया है। यह एक दूसरी ही ज्योति है। मैं तो मिट गया, नया होकर आया हूं। तू मेरी तरफ देख। अब कब तक गुजरे को लेकर बैठी रहेगी? जो हुआ, हुआ। उठ। जो मुझे हुआ है वह तुझे देने आया हूं। मैंने परम आनंद पाया है। तू भी उसकी भागीदार बन।

और यशोधरा संन्यस्त हुई।

जब यशोधरा संन्यस्त हो गई तो यशोधरा से बुद्ध ने कहा, एक बात तू आनंद को समझा दे। वह चिंतित है। अगर मैं आनंद को लेकर आया होता तो तू खुल पाती? वह कहती, कभी नहीं खुल पाती। मैं तुम्हें फिर कभी क्षमा न कर पाती। एक तो चोर की तरह भाग कर गए और फिर आए तो भीड़-भाड़ लेकर आए ताकि मैं कुछ कह न सकूं। आनंद की मौजूदगी में मैं चुपचाप रह जाती। मैंने अपने हृदय के छाले तुम्हें न दिखाए होते। बात खतम हो गई थी। तुमने फिर मेरा भरोसा नहीं किया। तुम फिर किसी को लेकर आ गए आड़ की तरह, बीच में पर्दे की तरह।

बुद्धपुरुष की कोई परिभाषा नहीं।

फिर कोई एक बुद्धपुरुष थोड़े ही हुआ है कि परिभाषा हो जाए! सब बुद्धपुरुष अनूठे होते हैं। कृष्ण अपनी तरह, राम अपनी तरह, बुद्ध अपनी तरह, महावीर अपनी तरह, जीसस अपनी तरह, मोहम्मद अपनी तरह, इतने फूल खिलते हैं इस पृथ्वी पर, इतने भिन्न-भिन्न। जूही है और बेला है और चंपा है और चमेली है; गुलाब और कमल...और सब अलग-अलग।

हर बुद्धपुरुष अनूठा है। इसलिए परिभाषा तो कैसे हो? नहीं, कोई परिभाषा नहीं हो सकती।

तुम पूछते हो, 'क्या बुद्धपुरुष भी आंसू बहाते हैं?'

बहा भी सकते हैं न भी बहाएं। निर्भर करता है इस पर—किस बुद्धपुरुष के संबंध में बात हो रही है, उसके व्यक्तित्व पर निर्भर करता है।

तुमने देखा! कृष्ण का एक नाम है, रणछोड़दास। बड़ा मजेदार नाम है। भाग खड़े हुए रण छोड़कर। रणछोड़दासजी।

अब तुम कहोगे, बुद्धपुरुष भाग सकता? कृष्ण भागे। बुद्धपुरुष झूठ बोल सकता? कृष्ण के जीवन में बहुत झूठ है। बुद्धपुरुष दिए हुए वचन तोड़ सकता? कृष्ण ने तोड़े। क्या करोगे? बुद्धपुरुष हाथ में तलवार ले सकता है? मोहम्मद ने ली। हालांकि तलवार पर लिखा था, शांति मेरा संदेश है। इस्लाम का अर्थ होता है : शांति। अब तलवार पर ही लिखे हैं, 'शांति मेरा संदेश है', और कोई जगह न मिली लिखने को?

कहना मुश्किल है। इधर एक बुद्ध हैं जो कहते हैं, चींटी को भी मारना पाप है। उधर एक मोहम्मद हैं, वे तलवार लेकर आदमियों को काटते रहे। और जरा फिकर न की। इधर महावीर हैं, वे पानी भी छान कर पीते। उधर कृष्ण हैं, वे अर्जुन से कहते हैं, तू मार। बेफिकर मार। क्योंकि ये मारे ही जा चुके हैं। तू तो निमित्तमात्र है।

जितने बुद्धपुरुष उतने प्रकार हैं। परिभाषा असंभव है।

महावीर अकेले खड़े हैं। कृष्ण हजार स्त्रियों के बीच नाच रहे हैं। बुद्ध वृक्ष के नीचे बैठे हैं। मीरा गांव-गांव नाच रही है। बुद्ध को तुम नाचता हुआ सोच नहीं सकते। महावीर के ओंठ पर बांसुरी रखोगे बड़ी बेहूदी मालूम होगी। कृष्ण को नंगा खड़ा कर दो दिगंबर, जंचेंगे नहीं।

सब अनूठे हैं। सब अपने-अपने जैसे हैं। एक-एक बुद्धपुरुष एक-एक अनूठी घटना है इसलिए कोई परिभाषा नहीं हो सकती। कुछ कहा नहीं जा सकता।

और अभी सब बुद्धपुरुष हो नहीं गए हैं। जितने हुए हैं उससे बहुत ज्यादा होंगे। इसलिए अभी परिभाषा बंद भी नहीं हो सकती। कल कोई बुद्धपुरुष कैसा होगा, कहना मुश्किल है।

एक बात तय है, बस उसी को तुम समझना मूल आधार : कि बुद्धपुरुष जो भी करता है, जागा हुआ करता है। रोए तो जागा हुआ रोता, नाचे तो जागा हुआ नाचता। अकेला खड़ा रहे तो जागा हुआ खड़ा रहता है।

जागरण बुद्धत्व का स्वाद है। बुद्ध शब्द का अर्थ होता है, जागा हुआ। जो भी करे, जागा हुआ करता है। उसकी जागृति भर एकमात्र परिभाषा है, शेष सब गौण बातें हैं। उसके अंतर का दीया जला होता है।

आज इतना ही।

* * *

प्रवचन : 75

मन का निस्तरण

25 जनवरी, 1977

सर्वारंभेषु निष्कामो यश्चरेद्बालवन्मुनिः।
न लेपस्तस्य शुद्धस्य क्रियमाणेऽपि कर्माणि।।240।।
स एव धन्य आत्मज्ञः सर्वभावेषु यः समः।
पश्यन् शृण्वन् स्पृशन् जिघ्रन्नश्नन्निस्तर्षमानसः।।241।।
क्व संसारः क्व चाभासः क्व साध्यं क्व च साधनम्।
आकाशस्येव धीरस्य निर्विकल्पस्येव सर्वदा।।242।।
स जयत्यर्थसंन्यासी पूर्णस्वरसविग्रहः।
अकृत्रिमोऽनवच्छिन्ने समाधिर्यस्य वर्तते।।243।।
बहुनात्र किमुक्तेन ज्ञाततत्वो महाशयः।
भोगमोक्षनिराकांक्षी सदा सर्वत्र नीरसः।।244।।
महदादि जगद्द्वैतं नाममात्रविजृम्भितम्।
विहाय शुद्धबोधस्य किं कृत्यमवशिष्यते।।245।।
सर्वारंभेषु निष्कामो यः चरेत् बालवन्मुनिः।
न लेपः तस्य शुद्धस्य क्रियमाणेऽपि कर्माणि।।

पहला सूत्र : 'जो मुनि सब क्रियाओं में निष्काम है और बालवत व्यवहार करता है, उस शुद्ध के किए हुए कर्म में भी लेप नहीं होता है।'

बहुत सी बातें इस सूत्र में समझ लेने जैसी हैं।

पहली बात : सर्वारंभेषु। साधारणतः हम किसी कार्य का प्रारंभ करते हैं तो कामना से करते हैं। कुछ पाना है इसलिए करते हैं। कोई महत्वाकांक्षा है, उसे पूरा करना है इसलिए करते हैं।

ज्ञानी किसी कर्म का प्रारंभ किसी कारण से नहीं करता। उसे कुछ भी पाना नहीं है, कुछ भी होना नहीं है। जो होना था हो चुका। जो पाना था पा लिया। फिर भी कर्म तो होते हैं। तो इन कर्मों में कोई प्रारंभ की वासना नहीं है। कोई आरंभ नहीं है। प्रभु जो करवाता वह होता। ज्ञानी अपने तईं कुछ भी नहीं कर रहा है। प्रभु बुलाए तो बोलता। प्रभु मौन रखे तो मौन रहता। प्रभु चलाए तो चलता। प्रभु न चलाए तो रुक रहता।

जिस दिन अहंकार गया उसी दिन कर्मों को प्रारंभ करने की जो आकांक्षा थी वह भी गई। अब कर्मों का प्रारंभ परमात्मा से होता और कर्मों का अंत भी उसी को समर्पित है। ज्ञानी में कर्म प्रकट होता है लेकिन शुरू नहीं होता; शुरू परमात्मा में होता है। लहर परमात्मा से उठती है, ज्ञानी से प्रकट होती है।

इसे समझना। होता तो ऐसा ही अज्ञानी में भी है, लेकिन अज्ञानी सोचता है लहर भी मुझसे उठी। अज्ञानी अपने कर्मों का स्रोत स्वयं को मान लेता। वहीं बंधन पैदा होता है। कर्मों में बंधन नहीं है, कर्मों का स्रोत स्वयं को मान लेने में बंधन है। तुमने कभी कोई कर्म किया है? तुम कभी कोई कर्म कर कैसे सकोगे? न जन्म तुम्हारा न मृत्यु तुम्हारी; तो जीवन तुम्हारा कैसे हो सकता है?

मैंने सुना है, एक महल के पास पत्थरों का एक ढेर लगा था। और एक छोटा बच्चा खेलता आया और उसने एक पत्थर उठा कर महल की खिड़की की तरफ फेंका। पत्थर जब ऊपर उठने लगा तो पत्थर ने अपने नीचे पड़े हुए पत्थरों से कहा, सगे-संबंधियों से कहा, सुनो, जिन पंखों के तुमने सदा स्वप्न देखे, वे मेरे पैदा हो गए हैं। आज मैं आकाश में उड़ने के लिए जा रहा हूं।

स्वप्न तो पत्थर भी देखते हैं उड़ने के। उड़ नहीं पाते। मजबूरी में तड़पते हैं। आज इस पत्थर को अहंकार जगा। फेंका तो किसी ने था लेकिन पत्थर ने घोषणा की, कि देखते हो, सुनते हो? जिन पंखों के तुमने स्वप्न देखे वे मुझमें पैदा हो गए। आज मैं आकाश की यात्रा को जा रहा हूं। भेजा जा रहा था लेकिन उसने कहा, जा रहा हूं। पहल उसके स्वयं के भीतर से न आई थी। प्रारंभ किसी और ने किया था, लेकिन प्रारंभ का मालिक वह स्वयं बन गया।

और फिर जब जाकर कांच की खिड़की से टकराया और कांच चकनाचूर हो गया तो खिलखिला कर अट्टहास करके हंसा। और उसने कहा, सुनते हो? हजार बार मैंने कहा है, हजार बार चेताया है, मेरे मार्ग में कोई न आए अन्यथा चकनाचूर कर दूंगा।

अब जब पत्थर कांच से टकराता है तो कांच चकनाचूर होता है, पत्थर करता नहीं। यह कांच और पत्थर के स्वभाव से घटता है कि कांच चकनाचूर होता है। फर्क

समझ लेना होने में और करने में। पत्थर ने कुछ किया नहीं है। करने को क्या है? कांच टूटा है। पत्थर निमित्त है तोड़ने में, कर्ता नहीं है।

लेकिन यह मौका कौन छोड़े? पत्थर यह मौका कैसे छोड़े? जैसे औरों ने घोषणाएं की हैं, तुमने की हैं, उसने भी की: मेरे मार्ग में कोई न आए अन्यथा चकनाचूर कर दूंगा। आज मौका मिला है, घोषणा सही हो गई है, सही होती मालूम पड़ती। आज इस अवसर को चूक देना ठीक नहीं है। और कांच के टुकड़े कहें भी क्या? बात तो घट रही है, आंख के सामने घट रही है। पत्थर ने चकनाचूर कर ही दिया है। तो इनकार भी कहां है? प्रमाण भी कहां है इसके विपरीत? लेकिन फिर भी पत्थर ने कांच को चकनाचूर किया नहीं है, कांच चकनाचूर हुआ है। पत्थर जब कांच से टकराता है तो दोनों के स्वभाव से...और स्वभाव का नाम परमात्मा है। यह सहज हो रहा है। न कोई कर रहा है, न कुछ किया जा रहा है।

और जब कांच चकनाचूर हो गया और पत्थर जाकर महल के कालीन पर गिरा तो उसने सुख की सांस ली। उसने कहा, लंबी यात्रा की, थक भी गया हूं, दुश्मन को भी मारा, अब थोड़ा विश्राम कर लूं। गिरा है कालीन पर, लेकिन कहता है, थोड़ा विश्राम कर लूं।

और फिर मन में सोचने लगा, मेरे स्वागत में तैयारी की गई है। कालीन बिछाए गए। कोई मेरी प्रतीक्षा कर रहा है। और तभी महल का नौकर पत्थर और कांच की टकराहट की आवाज और कांच का टूटना और पत्थर का गिरना सुन कर भागा हुआ आया। तो पत्थर ने मन में कहा, मालिक आता है स्वागत के लिए। और जब नौकर ने पत्थर को अपने हाथ में उठाया तो पत्थर ने कहा, धन्यवाद। हालांकि किसी ने सुना नहीं। पत्थर की भाषा अलग, आदमी की भाषा अलग।

नौकर ने तो फेंकने को उठाया है वापिस, लेकिन पत्थर ने कहा धन्यवाद, तुम्हारे स्वागत से मैं प्रसन्न हूं। हो भी क्यों न? मैं कोई साधारण पत्थर नहीं हूं, विशिष्ट हूं। कभी-कभी विरले ऐसे पत्थर होते हैं जिनके पंख निकलते हैं और जो आकाश में उड़ते हैं। पुराणों में सुनी है यह बात, देखने में आज-कल तो आती नहीं।

नौकर ने फेंक दिया पत्थर वापिस। फेंका गया है, लेकिन पत्थर कहने लगा, घर की बहुत याद आती है। यात्रा बहुत लंबी हुई, समय भी बहुत व्यतीत हुआ, घर वापस चलूं। और जब गिरने लगा पत्थरों की ढेरी में तो उसने कहा, देखो, लौट आया। यद्यपि महलों में मेहमान था, सम्राटों के हाथों का शृंगार बना। कैसे-कैसे स्वागत-समारंभ न हुए! तुम तो समझ भी न पाओगे। तुम तो कभी इस ढेरी से उठे नहीं, उड़े नहीं। आकाश की स्वच्छंदता, चांद-तारों से मेल—सब जाना, सब देखा, लेकिन फिर भी घर अपना घर है। घर की बहुत याद आती थी। लौट आया हूं। पत्थर वापस ढेरी में गिर गया।

ऐसी आदमी की भी कथा है। न तो प्रारंभ तुम्हारे हाथ में है और न अंत तुम्हारे हाथ में है। श्वास जब तक चलती है, चलती है; जब न चलेगी तो तुम क्या कर सकोगे? लेकिन तुम तो यह कहते हो, मैं श्वास ले रहा हूं। परमात्मा तुमसे श्वास लेता और तुम कहते हो, मैं श्वास ले रहा हूं। तुम श्वास ले रहे होओगे तो मौत द्वार पर आ जाएगी तब लेते रहना तो पता चलेगा कि कौन लेने वाला था! मौत द्वार पर आएगी तो तुम एक श्वास भी ज्यादा न ले सकोगे। जो श्वास बाहर गई तो बाहर गई; भीतर न लौटेगी। लाख तड़पो और चिल्लाओ। लाख शोरगुल मचाओ, श्वास वापस न आएगी। तुम लेना चाहोगे लेकिन ले न सकोगे।

श्वास तुम ले नहीं रहे हो, श्वास चल रही है। परमात्मा ले रहा है। परमात्मा का अर्थ है, यह समग्र। यह समग्र अपने अंश-अंश में तरंगायित है, श्वास ले रहा है। ज्ञानी इसे ऐसा देख लेता है, जैसा है। अज्ञानी वैसा मान लेता है जैसा मानना चाहता है। वैसा नहीं देखता, जैसा है।

सर्वारंभेषु—सब कामों का जो प्रारंभ है, वहीं समझ लेने की बात है।

कृष्ण ने गीता में कहा है, फलाकांक्षा को प्रभु को समर्पित कर दो। यह सूत्र उससे भी गहरा है। क्योंकि यह कहता है, फलारंभ को प्रभु को समर्पित कर दो। फलाकांक्षा तो अंत में होगी, फल तो पीछे मिलेगा। कृष्ण कहते हैं फलाकांक्षा को प्रभु को समर्पित कर दो, अष्टावक्र कहते हैं फलारंभ को। क्योंकि अगर फलारंभ को समर्पित न किया तो तुम फलाकांक्षा को भी समर्पित न कर पाओगे। जो प्रारंभ में ही चूक गया वह बाद में कैसे सम्हलेगा? पहले कदम पर ही गिर गया, अंतिम कदम ठीक कैसे पड़ेगा? गणित तो शुरू से ही गलत हो गया। भूल तो पहले ही हो गई।

इसलिए मैंने कृष्ण की गीता को गीता कहा है और अष्टावक्र की गीता को महागीता कहता हूं। ज्यादा गहरे जाती है। ज्यादा जड़ को, जड़मूल से पकड़ती है। आमूल उखाड़ देने का रूपांतरण संभव है।

प्रारंभ को परमात्मा पर छोड़ दो। और जिसने प्रारंभ छोड़ दिया, अंत तो छूट ही गया। जब प्रारंभ में ही तुम मालिक न रहे तो अब कैसे मालिक हो सकोगे? अब तो कोई जगह न बची। अब तो मालकियत कहीं पैर जमा कर खड़ी न हो सकेगी। तुमने जमीन ही खींच ली।

सर्वारंभेषु—सब कर्मों के प्रारंभ में। वह जो करने की वासना है कि मैं करूं; कि मैं दिखाऊं; कि मैं ऐसा हो जाऊं; कि ऐसा मुझसे घटित हो, वह छोड़ दो। उसे छोड़ते ही कोई ज्ञानी हो जाता है। उसे पकड़े ही आदमी अज्ञानी है।

और अगर तुमने प्रारंभ न छोड़ा तो तुम लाख उपाय करो, तुम अंत भी न छोड़ सकोगे। कैसे छोड़ोगे? ये सब चीजें संयुक्त हैं। अगर तुमने कहा कि जन्म तो मैंने

लिया है तो फिर तुम कैसे कहोगे कि मृत्यु घटी? क्योंकि जन्म और मृत्यु एक ही सिक्के के दो पहलू हैं। एक ही यात्रा के दो पड़ाव हैं। जिसके हाथ में जन्म है उसी के हाथ में मृत्यु है। अगर जन्म तुम्हारे हाथ में है तो मृत्यु भी तुम्हारे हाथ में है। और अगर जन्म तुम्हारे हाथ में नहीं है तो ही यह संभव है कि मृत्यु भी तुम्हारे हाथ में न हो। बीज भी तुम्हारे हाथ में नहीं है, फल भी तुम्हारे हाथ में नहीं।

कृष्ण कहते हैं फल को छोड़ दो, अष्टावक्र कहते हैं बीज को ही छोड़ दो न! सब छूट गया। क्योंकि फिर बीज से ही निकलेगा वृक्ष। फिर वृक्ष में ही लगेंगे फल और फिर लगेंगे बीज। फल तक प्रतीक्षा करोगे, फल तक प्रतीक्षा करने में बीच में जो तुम गलत यात्रा करोगे वह इतनी सघन हो जाएगी, वह आदत इतनी मजबूत हो जाएगी कि तुम छोड़ न पाओगे।

इसलिए एक मजेदार घटना घटती है, कि गीता के भक्त जब फल बुरा हो जाता है तब तो परमात्मा पर छोड़ देते हैं और जब फल अच्छा हो जाता है तो नहीं छोड़ पाते। शुभ को छोड़ना फिर मुश्किल हो जाता है। अशुभ को तो छोड़ देते हैं।

मैंने सुना है, ऐसा एक गीताभक्त एक गांव में रहता था। उसने बड़ी सुंदर बगिया लगाई थी। और वह सबको बताता था अपनी बगिया कि देखो, ऐसे फूल किसी और बगीचे में नहीं खिलते और ऐसी हरियाली किसी और बगीचे में नहीं है। यह मेरी मेहनत का फल है। और रोज गीता पढ़ता था। भगवान ने सोचा कि यह गीता रोज पढ़ता, फलाकांक्षा त्यागो ऐसा चिंतन-मनन करता लेकिन 'बगिया मैंने लगाई है।' इसके वृक्षों को हरा मैं कर रहा हूं लेकिन यह कहता है कि मैंने लगाई है। इसके वृक्षों पर फूल मैं लगा रहा हूं, लेकिन यह कहता है, मेरे फूल बड़े हैं। इसके वृक्षों पर वर्षा मैं करता, सूरज मैं बरसाता और यह कहता है कि मैंने यह सब इतना सुंदर...इतने सुंदर को जन्म दिया है।

तो भगवान आए एक दरिद्र ब्राह्मण के वेश में। पूछा उससे; उसने कहा कि मैंने लगाई है। आओ दिखाएं। सब दिखाया। और तभी—भगवान ने व्यवस्था कर रखी थी—एक गाय उसके बगीचे में घुस गई। वह तो बगीचा दिखला रहा था, एक गाय बगीचे में घुस गई। वह तो पागल हो गया। उस गाय ने उसके सुंदरतम पौधे चर डाले; उसके गुलाब चर डाले। वह तो उठा कर एक लट्ठ दौड़ा, गाय को मार दिया। भूल ही गया कि ब्राह्मण हूं। भूल ही गया कि मैं बीच में न आऊं। जिसके फूल हैं उसी की गाय है। इतनी जल्दबाजी न करूं।

और जब गाय को मार दिया लट्ठ और गाय मर गई तो घबड़ाया, क्योंकि गौहत्या तो भारी पाप! और इस आदमी ने भी देख लिया—यह जो भिखारी, जिसको वह घुमा रहा था। और उस भिखारी ने कहा, यह तुमने क्या किया? तो उस ब्राह्मण ने कहा, मैं

करने वाला कौन? अरे सब प्रभु कर रहा है। कहा नहीं गीता में भगवान ने कि हे अर्जुन! जिनको तू देखता है ये जीवित हैं, इनको मैं पहले ही मार चुका हूं। तू तो निमित्तमात्र है। यह गाय मरने को थी महाराज! मैंने मारी नहीं। मुझे तो निमित्त बना लिया है।

और वह भिखारी हंसने लगा। और उसने कहा कि तुझे निमित्त बनाया गाय को मारने में, और फूल खिलाने में तुझे निमित्त नहीं बनाया? वृक्षों को हरा बनाने में तुझे निमित्त नहीं बनाया? ये वृक्ष तूने लगाए हैं और गाय परमात्मा ने मारी?

मीठा-मीठा गप, कड़ुवा-कड़ुवा थू; ऐसा मन का तर्क है। अच्छा-अच्छा चुन लूं। अच्छे-अच्छे से अहंकार को सजा लूं, श्रृंगारित कर दूं, बुरे-बुरे को छोड़ दूं।

अष्टावक्र का सूत्र ज्यादा गहरा जाता है। अष्टावक्र कहते हैं प्रारंभ ही छोड़ दो। बीज से ही चलो। ठीक-ठीक पहले कदम से ही चलो। मूल से ही पकड़ो। यात्रा बदलनी है, अंत को अगर मंदिर तक ले जाना है तो पहले ही क्षण से पूजन, पहले ही क्षण से प्रार्थना, पहले ही क्षण से उतारो आरती, गुनगुनाओ गीत प्रभु का ताकि अंततः मंदिर बन जाए। ऐसे मत चलो कि जीवन भर तो मधुशालाओं में रहोगे, जुआघरों में, आखिरी क्षण में परमात्मा पर पहुंच जाओगे।

लोग बड़े चालाक हैं। वे कहते हैं फल छोड़ देंगे। लेकिन फल तुम न छोड़ सकोगे। जब तक कि तुमने आरंभ न छोड़ दिया, पहल न छोड़ी, तब तक फल भी न छूटेगा।

'जो मुनि सब क्रियाओं में निष्काम है...।'

सर्वारंभेषु निष्कामो।

और जिसने प्रारंभ छोड़ा वही निष्काम है। काम में ही प्रारंभ छिपा है, कामना में। मैं करूं, मुझसे हो, मेरे द्वारा हो। दिखाऊं कि मैं कुछ हूं।

'जो मुनि सब क्रियाओं में निष्काम है...।'

मुनि शब्द को भी समझ लेना जरूरी है। मुनि शब्द बनता मौन से। जो अब अपनी तरफ से बोलता भी नहीं वही मुनि है। अब प्रभु उपयोग करता है तो बोलता है, नहीं उपयोग करता तो चुप रह जाता है।

कूलरिज अंग्रेजी का बड़ा कवि मरा तो उसके घर में हजारों अधूरी कविताएं पड़ी मिलीं। और उसके मित्र उससे बार-बार कहते थे, ये कविताएं तुम पूरी क्यों नहीं कर देते हो? कोई कविता तो करीब-करीब पूरी हो गई है, एक पंक्ति अधूरी है। इसे तुम पूरा कर दो। इतनी सुंदर कविता, यह अधूरी रह जाएगी। कूलरिज कहता, जिसने शुरू की है वही पूरा करे। मैं पूरा करने वाला कौन?

पहले मैंने कोशिश की थी। सब कोशिश व्यर्थ गई। कभी तीन पंक्तियां उतरती हैं एक चौपाई की, और चौथी नहीं उतरती। तो मैं पहले शुरू-शुरू में जब सिक्खड़ था,

जवान था, अहंकारी था, अंधा था तब चौथी को बना-बनू कर बिठा देता था। तोड़-मोड़ कर जमा देता था। लेकिन मैंने बार-बार पाया कि वह चौथी बड़ी साधारण होती थी। वे तीन तो होतीं अपूर्व, और वह चौथी एक गंदे धब्बे की तरह उन तीन की शुभ्रता को नष्ट करती। वे तीन तो होतीं आकाश की और वह चौथी होती जमीन की। उनमें कोई तालमेल न होता। वे तीन तो होतीं परमात्मा की, वह एक होती मेरी। उससे वे तीन भी लंगड़ा जातीं। फिर मैंने तय कर लिया कि वही रचाएगा, वही रचेगा। उतना ही रचूंगा, उतना ही होने दूंगा। अब तो मैं सिर्फ प्रतीक्षा करता। अब तो मैं उसके हाथ का एक उपकरण हूं। जब वह गुनगुनाता है, तो लिख लेता हूं। जितनी गुनगुनाता है उतनी लिख लेता हूं। अगर तीन की उसकी मर्जी है तो तीन ही सही। इन्हें अशुद्ध न करूंगा।

कूलरिज ने केवल सात कविताएं पूरी कीं अपने जीवन में। अनूठी हैं। और कोई चालीस हजार कविताएं अधूरी छोड़ कर मरा। वे सब अनूठी हो सकती थीं, लेकिन कूलरिज बड़ा ईमानदार कवि था। उसे ऋषि कहना चाहिए, कवि कहना ठीक नहीं। वह कोई तुकबंद नहीं था, ऋषि था। ठीक उपनिषद के ऋषियों जैसा ऋषि था। जो उतरा, उतर आने दिया। जितना उतर सका उतना ही उतरा। उससे ज्यादा नहीं उतरा, नहीं उतरा। प्रभु-मर्जी!

मुनि का अर्थ होता है, जो अपनी तरफ से बोलता भी नहीं। और तो बात और, जो अपनी तरफ से हां-ना भी नहीं कहता। जब तुम किसी ज्ञानी से कुछ पूछते हो तो ज्ञानी परमात्मा से पूछता है। तुम्हें शायद यह दिखाई भी न पड़े क्योंकि यह अगोचर है। यह दृश्य तो नहीं है। तुम ज्ञानी से पूछते हो, ज्ञानी परमात्मा के चरणों में तुम्हारे प्रश्न को निवेदन कर देता है। फिर जो उत्तर बहता है, बहता है।

यह उत्तर ज्ञानी से आता है लेकिन ज्ञानी का नहीं है। वाणी ज्ञानी से फूटती है लेकिन ज्ञानी की नहीं है।

मुनि का अर्थ होता है, जो अपनी तरफ से तो शून्यवत हो गया। और जब कोई शून्यवत हो जाता है, परम मौन हो जाता है, तभी तो परमात्मा बोल पाता है। जब तक तुम्हारे भीतर शोरगुल है, जब तक तुम्हारी ही तरंगें तुम्हें भरे हुए हैं तब तक उसकी छोटी-छोटी, धीमी-धीमी फुसफुसाहट सुनाई न पड़ेगी। जब तक तुम पागल हो अपने विचारों से तब तक उसके मधुर स्वर तुमसे बह न सकेंगे। तुम उनके लिए मार्ग न बन सकोगे।

सर्वारंभेषु निष्कामो यः चरेत् बालवन्मुनिः।

और बालवत इस शब्द को भी खयाल में ले लेना।

'जो मुनि सब क्रियाओं में निष्काम है और बालवत व्यवहार करता है।'

बालक के क्या लक्षण हैं? एक: कि बालक अज्ञानी है। ज्ञानी भी अज्ञानी है। तुम बहुत चौंकोगे। क्योंकि ज्ञानी और अज्ञानी तो विरोधाभास मालूम पड़ेगा। लेकिन

मैं तुम्हें कहता हूं, ज्ञानी अज्ञानी है। ज्ञानी कुछ जानता नहीं। जितना परमात्मा जना देता है, बस ठीक। ज्ञानी अपनी तरफ से नहीं जानता। ज्ञानी पंडित नहीं है। पंडित कभी ज्ञानी नहीं हो पाता। पापी भी पहुंच जाएं, पंडित कभी नहीं पहुंचते। पंडित तो भटकते रह जाते हैं। पंडित में तो एक दंभ होता है कि मैं जानता हूं। ज्ञानी को इतना ही बोध होता है कि मैं क्या जानता हूं! मैं हूं ही नहीं, जानूंगा कैसे? जानना कहां संभव है?

ज्ञानी बालवत है। उसने अपने अज्ञान को स्वीकार कर लिया है, कि तुम जनाओगे उतना ही जान लूंगा। तुम जितना दिखाओगे उतना ही देख लूंगा। मेरे पास न तो अपनी आंख है, न अपने कान हैं, न मेरे पास अपनी प्रतिभा है। मेरे पास अपना कुछ भी नहीं। तुम ही मेरे धन हो। मैं तो हूं ही नहीं। मैं तो सिफर, मैं तो एक शून्य। तुम जितने इस शून्य से प्रकट हो जाओगे उतना ही मैं प्रकट होने लगूंगा। लेकिन तुम ही प्रकट हो रहे हो।

सुकरात ने कहा है कि जिस दिन मैंने जाना कि मैं कुछ भी नहीं जानता उसी दिन ज्ञान की पहली किरण उतरी। उपनिषद कहते हैं, जो कहे जानता हूं, जान लेना नहीं जानता। लाओत्सु ने कहा है, जानने का दंभ केवल उन्हीं में होता है जिन्हें अभी कुछ भी पता नहीं चला है। जाननेवालों में जानने का खयाल ही तिरोहित हो जाता है। जानने वालों को 'जानता हूं,' ऐसा बोध ही नहीं उठता। यह तो अज्ञान का ही हिस्सा है।

अब तुम्हें खयाल में आ सकती है बात। अज्ञानी को ही यह बोध उठता है कि मैं जानता हूं। क्योंकि मैं अज्ञान में ही सघनीभूत होता है। ज्ञानी को बोध नहीं होता कि मैं जानता हूं। और ज्ञानी ही जानता है, अज्ञानी जानता नहीं।

विरोधाभासी है यह, लेकिन जीवन बड़ा विरोधाभासी है ही। यहां जिनको अकड़ है जानने की उनके पास कुछ भी नहीं। और जिन्हें न जानने का भाव है उनके पास सब कुछ है। यहां जिनको धनी होने का दंभ है वे निर्धन हैं। और जिन्हें अपने निर्धन होने का पता चल गया उन्हें धन मिल गया। यहां जो अकड़े हैं, दो कौड़ी के हैं। यहां जिन्होंने अकड़ छोड़ दी, अमूल्य हो गए। किसी मूल्य से अब कूते नहीं जा सकते। यहां जो हैं, नहीं हैं। और जो नहीं हो गए उनके जीवन में होने की पहली किरण उतरी। धीरे-धीरे सूरज भी उतरेगा। मिटो, अगर चाहो होना।

तो पहली बात बालवत में—अज्ञान। ज्ञानी बच्चों जैसा अज्ञानी है। थोड़ा सा फर्क है, इसलिए बालवत कहते हैं, बालक नहीं कहते। बालवत का अर्थ हुआ बच्चे जैसा; बच्चा ही नहीं।

जीसस का प्रसिद्ध वचन है। किसी ने पूछा एक बाजार में कि कौन पहुंचेगा प्रभु के राज्य में? तो उन्होंने चारों तरफ नजर डाली; सामने ही भीड़ में गांव का रबाई खड़ा था, पंडित-पुरोहित खड़े थे, धनी-मानी खड़े थे, उन्होंने सोचा शायद हमारी तरफ

इशारा करें, शायद हमारी तरफ इशारा करें। लेकिन जीसस ने एक छोटा बच्चा जो भीड़ में खड़ा था उसे कंधे पर उठा लिया और कहा, जो इस बच्चे की भांति होंगे, वे मेरे प्रभु के राज्य में प्रवेश करेंगे।

इस बच्चे की भांति! यह नहीं कहा कि बच्चे प्रभु के राज्य में प्रवेश करेंगे। नहीं तो फिर सभी बच्चे प्रवेश कर जाएं। बच्चे की भांति—फर्क खयाल में ले लेना। बच्चे जैसे फिर भी बच्चे जैसे नहीं। कुछ-कुछ बच्चे जैसे, कुछ-कुछ कुछ और। बालवत।

तो क्या फर्क है? बच्चा अज्ञानी है लेकिन उसे अपने अज्ञान का कोई पता नहीं। ज्ञानी भी अज्ञानी है लेकिन ज्ञानी को अपने अज्ञान का पता है। यहीं भेद है। उसी पता में सब पता चल गया। बच्चा अज्ञानी है, सिर्फ अज्ञानी है, अबोध भी है। अज्ञानअबोध-बच्चा। अज्ञानबोध-ज्ञानी। फर्क जो है, बोध और अबोध का है। बच्चा सोया हुआ है, ज्ञानी जागा हुआ है। बच्चे को भी कुछ पता नहीं है, ज्ञानी को कुछ पता नहीं है। लेकिन बच्चे को यह भी पता नहीं है कि मुझे कुछ पता नहीं है। इसलिए बच्चा जल्दी ही चक्कर में पड़ेगा। जैसे-जैसे उसे पता चलने लगेगा, वह सोचने लगेगा, अब मैं जानने लगा...अब मैं जानने लगा। अब इतना जान लिया, अब देखो कालेज से लौट आया, अब युनिवर्सिटी से लौट आया।

ऐसे ही उद्दालक का बेटा एक दिन लौटा गुरुकुल से। सब शास्त्र जान कर लौटा, सब वेद कंठस्थ करके लौटा। और बाप ने जब उसे आया हुआ देखा तो बाप बड़ा दुखी हुआ। बाप की आंखों में आंसू आ गए। क्योंकि यह तो अकड़ कर चला आ रहा है। ज्ञानी तो अकड़ कर कैसे आएगा? ज्ञानी तो विनम्र हो जाता है। और यह बेटा तो अकड़ा चला आ रहा है।

अकड़ कर आने का कारण था। वह सारे गुरुकुल में प्रथम आया था। उसने बड़े पुरस्कार जीते थे। वह सब शास्त्रों में पारंगत होकर आ रहा था। वह सोचता था, बाप मेरी पीठ थपथपाएंगे, लेकिन बाप उदास बैठ गए। जब वह आकर सामने खड़ा हुआ तो उसकी अकड़ ऐसी थी कि अपने बाप के पैर भी न छू सका। अब क्या छुए? उसको ऐसा लगा होगा, यह बाप तो अज्ञानी है, मैं तो ज्ञानी होकर लौटा।

अक्सर ऐसा होता है। जब कालेज-युनिवर्सिटी से लड़के लौटते हैं तो सोचते हैं, यह बाप भी कुछ नहीं जानता। बेपढ़ा-लिखा!

पैर भी नहीं छुए श्वेतकेतु ने। खड़ा हो गया। उद्दालक ने कहा, बेटे, तूने वह जाना जिसको जानने से सब जान लिया जाता है?

उसने कहा, यह कौन सी बात कही? यह तो कोई पाठ्यक्रम में था ही नहीं। वह, जिसे जानने से सब जान लिया जाता है? इसकी तो गुरु ने कभी बात नहीं की। वेद जाने, इतिहास जाना, पुराण जाना, व्याकरण, भाषा, गणित, भूगोल—जो-जो

था, सब जान कर आ रहा हूं। यह तो बात ही कभी नहीं उठी इतने वर्षों में—उस एक को जाना, जिसे जानने से सब जान लिया जाता है?

तो उद्दालक ने कहा, तो फिर तू वापस जा बेटे। क्योंकि हमारे घर में नाम के ही ब्राह्मण नहीं होते रहे। हमारे घर में सच के ब्राह्मण होते रहे हैं, नाममात्र के नहीं। ब्रह्म को जान कर हमने ब्राह्मण होने का रस लिया है। ब्राह्मण घर में पैदा होकर हम ब्राह्मण नहीं रहे हैं। हमने ब्रह्म को चखा है। तू जा। तू उस एक की खोज कर।

तो एक तो ज्ञान है, जो बाहर से मिल जाता। तुम उसे इकट्ठा कर लेते हो। जो बाहर से मिलता है, बाहर ही रहेगा। जो बाहर का है, बाहर का है। वह कभी भीतर का न बनेगा। वह कभी तुम्हारे अंतश्चैतन्य को जगाएगा नहीं। वह तुम्हारे अंतर्गृह की ज्योति न बनेगा। उधार है, उधार ही रहेगा। बासा है, बासा ही रहेगा। इकट्ठा कर लिया है उच्छिष्ट, लेकिन तुमने स्वयं नहीं जाना है। यह जो स्वयं को जानना है, एक को जानना है, वह जो एक भीतर छिपा है उसको जानना है। उसके जानने से ही सब जान लिया जाता है।

लेकिन हर बच्चा जाएगा स्कूल, कालेज, युनिवर्सिटी, खूब ज्ञान इकट्ठा करेगा, उपाधियां इकट्ठी करेगा। और सब उपाधियां अंततः उपाधि ही सिद्ध होती हैं, व्याधि ही सिद्ध होती हैं। लेकिन इकट्ठी करेगा। यह तो भटकेगा अभी।

ज्ञानी का बालवत होना किसी और अर्थ में है। वह सब जान कर अब इस नतीजे पर पहुंचा है कि इस जानने से कुछ भी नहीं जाना जाता। जान कर सब उसने ज्ञान को कूड़े-कर्कट की तरह कचरेघर में फेंक दिया है। अब वह फिर अबोध हो गया, फिर बालवत हो गया। घूम आया सब संसार में, पाया कुछ भी नहीं। हाथ खाली के खाली रहे।

यह जान कर अब उसने जानने में ही रस छोड़ दिया है। अब तो वह कहता है, जानने से क्या होगा? अब तो हम उसी को जान लें जो सबको जानता है। अब तो हम ज्ञाता को जान लें; ज्ञान से क्या होगा? दृश्य में बहुत भटके, अब हम द्रष्टा को जान लें। यह जो भीतर छिपा सबका जानने वाला है, इसको ही पहचान लें।

बालवत—एक बात।

दूसरी बात: बच्चे में एक ख़ूबी है कि जो भी घटता वह क्षण के पार नहीं जाता। तुमने बच्चे को डांट दिया, वह नाराज हो गया, आंखें उसकी लाल हो गईं, पैर पटकने लगा, क्रोध से भर गया। तुमसे कहा, अब सदा के लिए तुमसे दुश्मनी हो गई। अब कभी तुम्हारा चेहरा न देखेंगे। और घड़ी भर बाद बाहर घूम कर आया, सब भूल-भाल गया, तुम्हारी गोद में बैठ गया।

उसमें जो भी होता वह क्षण के लिए है। रुकता नहीं, बह जाता है। पकड़ कर नहीं रह जाता। गांठ नहीं बनती है बच्चे में, तुममें गांठ बंध जाती है। किसी ने अपमान कर दिया, गांठ बंध गई। अब यह हो सकता है, बीस साल पहले अपमान किया था,

गांठ अभी भी बंधी है। पचास साल पहले किसी ने गाली दी थी, गांठ अभी भी बंधी है। गाली देने वाला जा चुका, गांठ रह गई।

और ऐसी गांठ पर गांठ बंधती जाती है। और तुम बड़े गठीले हो जाते हो, बड़े जटिल हो जाते हो। बच्चा सरल है, उस पर गांठ नहीं बंधती। बच्चा पानी की तरह है।

ऐसे समझो तुम पानी पर एक लकीर खींचो, तुम खींच भी नहीं पाते, मिट गई। रेत पर लकीर खींचो, थोड़ी देर टिकती है। हवा का झोंका आएगा तब मिटेगी। या कोई इस पर चलेगा तब मिटेगी। पत्थर पर लकीर खींचो, फिर हवा के झोंकों से भी न मिटेगी, सदियों तक रहेगी।

छोटा बच्चा पानी जैसा है। पानी जैसा सरल, तरल। खींची लकीर, खिंच भी न पाई कि मिट गई। कुछ बनता नहीं। खाली रह जाता है। आती हैं, जाती हैं लहरें, दाग नहीं छूटते। उसकी निर्दोषता, उसका कुंआरापन कायम रहता है। जिस दिन तुम्हारे मन में गांठ पड़ने लगती है, बस उसी दिन बचपन गया।

लोग मुझसे पूछते हैं, किस दिन बचपन गया? उस दिन बचपन गया जिस दिन गांठ पड़ने लगी। तुम पीछे लौट कर देखो। तुम याद करो कि तुम्हें सबसे आखिरी कौन सी बात याद आती है अपने बचपन में। तो तुम जा सकोगे चार साल की उम्र तक; या बहुत गए तो तीन साल की उम्र तक। जहां तुम्हें स्मृति की यात्रा में अंतिम पड़ाव आ जाए कि इसके बाद कुछ याद नहीं आती, समझना कि उसी दिन गांठ पड़ी। गांठ की याद आती है और किसी चीज की याद आती ही नहीं। इसलिए तीन-चार साल की उम्र तक याद नहीं बनती। क्योंकि गांठ ही नहीं बनती तो याद कैसे बनेगी?

याद बनती है तब, जब तुम गांठों को सम्हाल कर रखने लगे। किसी ने गाली दी और तुमने इसको संपत्ति सम्हाल कर रख लिया कि बदला लेकर रहेंगे। अब यह बात कभी मिटेगी नहीं। पानी न रहे तुम, अब तुम जम गए। अब तुम्हारे ऊपर रेखाएं खिंचने लगीं। अब तुम्हारा कुंआरापन नष्ट हुआ। अब तुम कुंआरे न रहे। अब तुम्हारी कोमलता गई, तुम्हारी तरलता गई। अब तुम बच्चे न रहे।

ज्ञानी फिर बालवत हो जाता, फिर पानी जैसा हो जाता। तुम गाली दे गए, बात आई-गई, खतम हो गई।

बुद्ध के ऊपर एक आदमी आकर थूक गया। तो उन्होंने अपनी चादर से अपना मुंह पोंछ लिया। और मुंह पोंछ कर उस आदमी से कहा, और कुछ कहना है भाई? जैसे उसने कुछ कहा हो! उसने थूका है। आनंद तो बड़ा नाराज हो गया। आनंद है बुद्ध का शिष्य। उसने तो कहा कि प्रभु मुझे आज्ञा दें तो इसकी गर्दन तोड़ दूं। पुराना क्षत्रिय! संन्यासी हुए भी आज उसको बीस वर्ष हो गए लेकिन इससे क्या फर्क पड़ता है, गांठें आसानी से थोड़े ही छूटती हैं। उसकी भुजाएं फड़क उठीं। उसने कहा कि हद हो गई।

यह आदमी आपके ऊपर थूके और हम बैठे देख रहे हैं। आप जरा आज्ञा दे दें। आपका संकोच हो रहा है, इसकी गर्दन तोड़ दूं।

बुद्ध ने कहा, इस आदमी ने थूका उससे मुझे हैरानी नहीं होती, लेकिन तेरी बात से मुझे बड़ी हैरानी होती है। आनंद, बीस साल तुझे हुए हो गए मेरे पास, तेरी पुरानी आदतें न गईं? और मैं यह कह रहा हूं कि इस आदमी ने कुछ कहना चाहा है। कई बार ऐसा हो जाता है कि कहने को शब्द नहीं मिलते तो इसने थूक कर कहा है। यह कुछ कहना चाहता था। भाषा में बहुत कुशल न होगा, गाली-गलौज देना ठीक से आता न होगा या गाली जो आती होंगी उनसे काम न चलता होगा। इसकी मजबूरी तो समझ। यह कुछ कहना चाहता था।

कई बार ऐसा होता है, तुम किसी को गले लगाते हो, क्योंकि तुम कुछ कहना चाहते थे, जो शब्दों में नहीं आता था। तुम किसी का हाथ लेकर दबाते हो; तुम कुछ कहना चाहते थे जो शब्दों में नहीं आता, हाथ दबा कर कहते हो। तुम किसी के गले में फूल की माला डाल देते हो; कुछ कहना चाहते थे, नहीं कहा जा पाता तो फूल से कहते हो। कभी कुछ कहना चाहते हो, आंख आंसुओं से नम हो जाती है। कहना चाहते थे, नहीं कह पाए, आंख आंसुओं से कहती है। यह आदमी कुछ कहना चाहता था। कोई कांटा इसके भीतर गड़ रहा है। थूक कर इसने फेंक लिया, चलो यह निर्भार हुआ।

वह आदमी खड़ा ये सब बातें सुन रहा है। वह तो बड़ा मुश्किल में पड़ गया। वह तो वहां से भागा घर। वह तो चादर ओढ़ कर सो रहा। उसको तो भारी पश्चात्ताप होने लगा, वह तो रोने लगा। वह दूसरे दिन क्षमा मांगने आया। वह बुद्ध के चरणों पर गिर पड़ा। उसने कहा, मुझे क्षमा कर दें।

बुद्ध ने कहा, पागल! क्षमा कौन करे? जिसको तूने गाली दी थी वह अब है कहां? चौबीस घंटे में गंगा बहुत बह गई। जिस गंगा को तू गाली दे गया था वह गंगा अब है कहां? तूने मुझे गाली दी थी, चौबीस घंटे हो गए। बात आई-गई हो गई। पानी पर खिंची लकीरें टिकती तो नहीं। अब तू क्षमा मांगने किससे आया है? अब मैं तुझे क्षमा कैसे करूं? मैंने कोई गांठ नहीं बांधी। बांधता तो खोलता। अब मैं क्या खोलूं? मैं तुझसे इतना ही कह सकता हूं, तू भी अब यह गांठ मत बांध। बात आई-गई हो गई। आया हवा का झोंका, चला गया। अब तू पश्चात्ताप भी मत कर।

यह बड़ी महत्वपूर्ण बात है बुद्ध ने कही: अब तू पश्चात्ताप भी मत कर।

मेरे पास लोग आते हैं। कोई कहता है, हम क्रोध करते हैं फिर पश्चात्ताप करते हैं। लेकिन फिर क्रोध हो जाता है, फिर पश्चात्ताप करते हैं, फिर क्रोध हो जाता है। हम क्या करें? मैं उनसे कहता हूं, तुमने क्रोध छोड़ने की जीवन भर कोशिश की। अब कृपा करके इतना करो, पश्चात्ताप छोड़ दो। वे कहते हैं, इससे क्या लाभ होगा?

पश्चात्ताप कर-कर के क्रोध नहीं छूटा और आप हमें और उल्टी शिक्षा दे रहे हैं—पश्चात्ताप छोड़ दो। मैं उनसे कहता हूं, तुम कुछ तो छोड़ो। पश्चात्ताप छोड़ो; क्रोध तो छूटता नहीं। एक उपाय करके देखो। क्योंकि पश्चात्ताप ही हो सकता है, क्रोध को बनाए रखने में ईंधन का काम कर रहा है।

तुमने किसी को गाली दी, क्रोध हो गया। घर आए, सोचा यह तो बड़ी बुरी बात हो गई। तुम्हारे अहंकार की प्रतिमा खंडित हुई। तुम सोचते हो, तुम बड़े सज्जन, संतपुरुष! तुमसे गाली निकली? यह होना ही नहीं था। अब तुम पश्चात्ताप करके लीपापोती कर रहे हो। वह जो गाली ने तुम्हारी प्रतिमा पर काले दाग फेंक दिए, उनको धो रहे हो पश्चात्ताप करके कि मैं तो भला आदमी हूं। हो गया, मेरे बावजूद हो गया। करना नहीं चाहता था, हो गया। परिस्थिति ऐसी आ गई कि हो गया। चूक हो गई लेकिन चूक करने की कोई मंशा न थी। देखो पश्चात्ताप कर रहा हूं, अब और क्या करूं? पश्चात्ताप करके तुमने फिर पुताई कर ली। फिर तुम उसी जगह पर पहुंच गए जहां तुम क्रोध करने के पहले थे। अब तुम फिर क्रोध करने के लिए तैयार हो गए। अब फिर तुम सज्जन, साधुपुरुष हो गए।

मैं तुमसे कहता हूं, कम से कम पश्चात्ताप न करो। इतनी गांठ क्या बांधनी! हो गया सो हो गया। और तुम चकित होओगे, अगर तुम पश्चात्ताप छोड़ दो तो दुबारा क्रोध न कर सकोगे। क्योंकि पश्चात्ताप अगर छोड़ दो तो तुम दुबारा संत और साधुपुरुष न हो सकोगे। तुम जानोगे मैं बुरा आदमी हूं, क्रोध मुझसे होता है।

यह बड़ा भारी अनुभव होगा। तुम धोखा न दे सकोगे अपने को। तुम जाकर अपने मित्रों को कह दोगे कि भाई, मैं बुरा आदमी हूं, कभी-कभी गाली भी देता हूं—बावजूद नहीं, मुझसे ही होती है; निकलती है। क्षमा क्या मांगू? आदमी बुरा हूं। तुम सोच-समझ कर ही मुझसे संबंध बनाओ। तुम जाकर घोषणा कर दोगे वृहत संसार में कि मैं बुरा आदमी हूं, मुझसे जरा सावधान रहो। दोस्ती मत बनाना, कभी न कभी बुरा करूंगा। काटूंगा। काटना मेरी आदत है।

अगर तुम ऐसी घोषणा कर सको तो देखते हो कैसी क्रांति घटित न हो जाए! तुम्हारा अहंकार तुमने खंडित कर दिया। क्रोध तो अहंकार से उठता है। जितना तुम्हारा अहंकार चला जाए उतना ही क्रोध नहीं उठता। और पश्चात्ताप अहंकार को मजबूत करता है। इसलिए पश्चात्ताप से कभी किसी का क्रोध नहीं जाता।

बुद्ध ने उस आदमी को कहा, तू पश्चात्ताप छोड़। जैसा मैंने छोड़ दिया, तू भी छोड़। न मैंने गांठ बांधी, न तू बांध। जो हुआ, हुआ। अब क्या लेना-देना? अतीत तो जा चुका, अब उसे क्या खींचना! स्नान कर ले! यह धूल-धवांस धो डाल। राह की यह धूल अब ढोनी ठीक नहीं।

अगर तुम समझो तो ध्यान का यही अर्थ होता है : स्नान। रोज-रोज ध्यान कर लो, अर्थात रोज-रोज स्नान कर लो ताकि जो धूल जम गई है वह बह जाए। जैसे शरीर पर जमी धूल स्नान से बह जाती है ऐसे मन पर जमी धूल ध्यान से बह जाती है। तुम फिर ताजे हो गए, फिर बालवत हो गए।

तो बच्चा निर्दोष है। ज्ञानी निर्दोष है।

'जो मुनि सब क्रियाओं में निष्काम और बालवत व्यवहार करता है, उस शुद्ध चित्त के किए हुए कर्म भी उसे लिप्त नहीं करते हैं।'

फिर कर्म भी करता है, लेकिन कर्ता तो रहा नहीं इसलिए किसी कर्म से कोई लेप नहीं लगता। किसी कर्म के कारण लिप्त नहीं होता। यह बात बड़ी महत्वपूर्ण है।

तुमने शब्द सुना है, कर्मबंध। लेकिन अगर ठीक से समझो तो वह शब्द ठीक नहीं है। क्योंकि कर्म से कोई बंध नहीं होता, बंध होता है कामना से। कर्म से बंध नहीं होता। अन्यथा कृष्ण अर्जुन से न कहते कि तू उतर युद्ध में, कर कर्म। नहीं कहते, अगर कर्म से बंध होता। नहीं, काम से बंध होता। तो कहा, फलाकांक्षा छोड़ दे फिर उतर। तूने फलाकांक्षा छोड़ दी तो तू उतरा ही नहीं, परमात्मा ही उतरा।

और वही अष्टावक्र कहते हैं। और भी गहराई से कहते हैं : सर्वारंभेषु निष्कामो। हर काम के प्रारंभ में कामना न हो इतना ध्यान रहे। कर्म चलने दो। कर्म तो जीवन का स्वभाव है। कर्म तो रुकेगा नहीं। कर्म की यात्रा होती रहे। लेकिन तुम? तुम भीतर से शून्य हो जाओ। तुम मत करो, होने दो।

कर्म से कोई नहीं बंधता, कामना में बंधन है। इसलिए कर्मबंध से ज्यादा ठीक शब्द है, कामबंध।

बुद्ध भी कर्म करते हैं ज्ञानी हो जाने के बाद; चालीस वर्ष तक कर्म किया। महावीर भी कर्म करते हैं ज्ञानी हो जाने के बाद, कृष्ण भी करते हैं, मोहम्मद भी करते हैं, जीसस भी करते हैं। कर्म नहीं रुकता। हां, कर्म का गुण बदल जाता है। अब कर्ता नहीं रहा पीछे।

'वही आत्मज्ञानी धन्य है जो मन का निस्तरण कर गया है और जो देखता हुआ, सुनता हुआ, स्पर्श करता हुआ, सूंघता हुआ, खाता हुआ, सब भावों में एकरस है।'

स एव धन्य आत्मज्ञः सर्वभावेषु यः समः।
पश्यन् शृण्वन् स्पृशन् जिघ्रन्नश्नन्निस्तर्षमानसः।।

निस्तर्षमानसः—जो मन के पार हो गया है वही धन्य है। जो निस्तरण कर गया है।

हम तो शरीर से भी पार नहीं होते। भूख लगती है तो हम कहते हैं, मुझे भूख लगी है। तुम भलीभांति जानते हो कि भूख शरीर को लगी है, तुम्हें नहीं लगी। तुम तो जाननेवाले हो, जो जान रहा है कि शरीर को भूख लगी है। सिर में दर्द होता है, तुम

कहते हो मुझे पीड़ा हो रही है। तुम भलीभांति जानते हो, पीड़ा तुम्हें हो नहीं सकती। तुम तो जानने वाले हो, पीड़ा तो शरीर को हो रही है। किसी ने गाली दी, क्षुब्ध हुए। क्षोभ तो मन में होता है, तुम्हें नहीं होता। तुम तो जानने वाले हो, मन के पीछे खड़े। साक्षी हो; जो देख रहा है कि मन क्षुब्ध हुआ। किसी ने गाली का पत्थर फेंका, मन के सागर में लहरें उठ गईं। मन की झील तरंगित हो गई। तुम तो देख रहे। जैसे किनारे पर बैठा कोई देखता हो कि किसी ने पत्थर फेंका झील में, और झील में लहरें उठ गईं। ऐसा तुम पीछे बैठे किनारे पर देख रहे; किसी ने गाली फेंकी और मन में तरंगें उठ गईं।

तुम मन नहीं हो। न तुम देह, न तुम मन। तुम दोनों के पार हो—कुछ अपरिभाष्य। लेकिन एक बात सुनिश्चित है, तुम जागृति हो, बोध हो, होश हो। इस बोध को पा लेने से ही तो किसी को हम बुद्धपुरुष कहते हैं। इस साक्षीभाव को उपलब्ध हो जाने का ही नाम निस्तरण है।

निस्तर्षमानसः।

'वही आत्मज्ञानी धन्य है जो मन का निस्तरण कर गया।'

जो मन से तैर कर आगे निकल गया या मन के पीछे निकल गया। मन से पार हो गया। मन की धार में जो नहीं खड़ा है वही ज्ञानी धन्य है।

'ऐसा ज्ञानी देखता हुआ, सुनता हुआ, स्पर्श करता हुआ, सूंघता हुआ, खाता हुआ, सब भावों में एकरस है।'

सुख आए, दुख आए, जो मन के पार हो गया है उसे न सुख आता न दुख आता। दोनों मन में घटते हैं। न सुख से सुखी होता, न दुख से दुखी होता। कोई फूल फेंके कि गालियां बरसाए, सफलता मिले कि विफलता, कांटे चुभें कि फूलों की सेज कोई बिछाए, ज्ञानी दोनों अवस्थाओं में समरस।

एक बुलबुल का जला कल आशियाना जब चमन में
फूल मुस्काते रहे छलका न पानी तक नयन में
सब मगन अपने भजन में था किसी को दुख न कोई
सिर्फ कुछ तिनके पड़े सिर धुन रहे थे उस हवन में
हंस पड़ा मैं देख यह तो एक झरता पात बोला
हो मुखर या मूक, हाहाकार सबका है बराबर
फूल पर हंस कर अटक तो शूल को रोकर झटक मत
ओ पथिक, तुझ पर यहां अधिकार सबका है बराबर
है अदा यह फूल की छूकर उंगलियां रूठ जाना
स्नेह है यह शूल का चुभ उम्र छालों की बढ़ाना
मुश्किलें कहते जिन्हें हम राह की आशीष हैं वे
और ठोकर नाम है बेहोश पग को होश आना

एक ही केवल नहीं है, प्यार के रिश्ते हजारों
इसलिए हर अश्रु को उपहार सबका है बराबर
फूल पर हंस कर अटक तो शूल को रोकर झटक मत
ओ पथिक, तुझ पर यहां अधिकार सबका है बराबर

सुख है, दुख है। जीवन है, मृत्यु है। मित्र हैं, शत्रु हैं। दिन है, रात है। सबका अधिकार बराबर। न तुम मांगो सुख, न तुम मांगो कि दुख न हो। तुम मांगो ही मत। जो आ जाए, तुम समरस साक्षी रहो।

धन्य है वही दशा जो सब भावों में एकरस है; जिसे कुछ भी कंपित नहीं करता; जो निष्कंप है; जो अडोल अपने केंद्र पर थिर है।

इस शब्द को याद रखना: निस्तर्षमानसः। मन के पार जाना, उन्मन होना। जिसको झेन फकीर नो माइंड कहते हैं।

एक ऐसी दशा अपने भीतर खोज लेनी है जहां कुछ भी स्पर्श नहीं करता। और वैसी दशा तुम्हारे भीतर छिपी पड़ी है। वही तुम्हारी आत्मा। और जब तक हमने जाना तो हमने उस एक को नहीं जाना, जिसे जानने से सब जान लिया जाता है। उस एक को जानने से फिर द्वंद्व मिट जाता है। फिर दो के बीच चुनाव नहीं रह जाता, अचुनाव पैदा होता है। उस अचुनाव में ही आनंद है, सच्चिदानंद है।

जनक के जीवन में एक उल्लेख है। जनक रहते तो राजमहल में थे, बड़े ठाठ-बाट से। सम्राट थे और साक्षी भी। अनूठा जोड़ था। सोने में सुगंध थी। बुद्ध साक्षी हैं यह कोई बड़ी महत्वपूर्ण बात नहीं। महावीर साक्षी हैं यह कोई बड़ी महत्वपूर्ण बात नहीं, सरल बात है। सब छोड़ कर साक्षी हैं। जनक का साक्षी होना बड़ा महत्वपूर्ण है। सब है और साक्षी हैं।

एक गुरु ने अपने शिष्य को कहा कि तू वर्षों से सिर धुन रहा है और तुझे कुछ समझ नहीं आती। अब तू मेरे बस के बाहर है। तू जा, जनक के पास चला जा। उसने कहा कि आप जैसे महाज्ञानी के पास कुछ न हुआ तो यह जनक जैसे अज्ञानी के पास क्या होगा? जो अभी महलों में रहता, वेश्याओं के नृत्य देखता; और मैंने तो सुना है कि शराब इत्यादि भी पीता है। आप मुझे कहां भेजते हैं? लेकिन गुरु ने कहा, तू जा!

गया शिष्य। बेमन से गया। न जाना था तो गया, क्योंकि गुरु की आज्ञा थी तो आज्ञावश गया। था तो पक्का कि वहां क्या मिलेगा। मन में तो उसके निंदा थी। मन में तो वह सोचता था, उससे ज्यादा तो मैं ही जानता हूं। और जब वह पहुंचा तो संयोग की बात, जनक बैठे थे, वेश्याएं नृत्य कर रही थीं, दरबारी शराब ढाल रहे थे। वह तो बड़ा ही नाराज हो गया। उसने जनक को कहा, महाराज, मेरे गुरु ने भेजा है इसलिए आ गया हूं। भूल हो गई है। क्यों उन्होंने भेजा है, किस पाप का मुझे दंड दिया है यह भी मैं नहीं जानता। लेकिन अब आ गया हूं तो आपसे यह पूछना है कि यह अफवाह

आपने किस भांति उड़ा दी है कि आप ज्ञान को उपलब्ध हो गए हैं? यह क्या हो रहा है यहां? यह राग-रंग चल रहा है। इतना बड़ा साम्राज्य, यह महल, यह धन-दौलत, यह सारी व्यवस्था, इस सबके बीच में आप बैठे हैं तो ज्ञान को उपलब्ध कैसे हो सकते हैं? त्यागी ही ज्ञान को उपलब्ध होते हैं।

जनक ने कहा, तुम जरा बेवक्त आ गए। यह कोई सत्संग का समय नहीं है। तुम एक काम करो, मैं अभी उलझा हूं। तुम यह दीया ले लो। पास में रखे एक दीये को दे दिया और कहा कि तुम पूरे महल का चक्कर लगा आओ। एक-एक कमरे में हो आना। मगर एक बात खयाल रखना, इस महल की एक खूबी है; अगर दीया बुझ गया तो फिर लौट न सकोगे, भटक जाओगे। बड़ा विशाल महल था। तो दीया न बुझे इसका खयाल रखना। सब महल को देख आओ। तुम जब तक लौटोगे तब तक मैं फुरसत में हो जाऊंगा, फिर सत्संग के लिए बैठेंगे।

वह गया युवक उस दीये को लेकर। उसकी जान बड़ी मुसीबत में फंसी। महलों में कभी आया भी नहीं था। वैसे ही यह महल बड़ा तिलिस्मी, इसकी खबरें उसने सुनी थीं कि इसमें लोग खो जाते हैं; और एक झंझट। और यह दीया अगर बुझ जाए तो जान पर आ बने। ऐसे ही संसार में भटके हैं, और संसार के भीतर यह और एक झंझट खड़ी हो गई। अभी संसार से ही नहीं छूटे थे और एक और मुसीबत आ गई।

लेकिन अब जनक ने कहा है और गुरु ने भेजा है तो वह दीये को लेकर गया बड़ा डरता-डरता। महल बड़ा सुंदर था; अति सुंदर था। महल में सुंदर चित्र थे, सुंदर मूर्तियां थीं, सुंदर कालीन थे, लेकिन उसे कुछ दिखाई न पड़ता। वह तो एक ही चीज देख रहा है कि दीया न बुझ जाए। वह दीये को सम्हाले हुए है। और सारे महल का चक्कर लगा कर जब आया तब निश्चिंत हुआ। दीया रख कर उसने कहा कि महाराज, बचे। जान बची तो लाखों पाए। बुद्धू लौट कर घर को आए। यह तो एक जान पर ऐसी मुसीबत हो गई, हम फकीर आदमी और यह महल जरूर उपद्रव है, मगर दीये ने बचाया।

सम्राट ने कहा, छोड़ो दीये की बात; तुम यह बताओ, कैसा लगा? उसने कहा, किसको फुरसत थी देखने की? जान पर फंसी थी। जान पर आ गई थी। दीया देखें कि महल देखें? कुछ देखा नहीं। सम्राट ने कहा, ऐसा करो, अब आ गए हो तो रात रुक जाओ। सुबह सत्संग कर लेंगे। तुम भी थके हो और यह महल का चक्कर भी थका दिया है। और मैं भी थक गया हूं।

बड़े सुंदर भवन में बड़ी बहुमूल्य शय्या पर उसे सुलाया। और जाते वक्त सम्राट कह गया कि ऊपर जरा खयाल रखना। ऊपर एक तलवार लटकी है। और पतले धागे में बंधी है—शायद कच्चे धागे में बंधी हो। जरा इसका खयाल रखना कि यह कहीं गिर न जाए। और इस तलवार की यह खूबी है कि तुम्हारी नींद लगी कि यह गिरी।

उसने कहा, क्यों फंसा रहे हो मुझको झंझट में? दिन भर का थका-मांदा जंगल से चल कर आया, यह महल का उपद्रव और अब यह तलवार! सम्राट ने कहा, यह हमारी यहां की व्यवस्था है। मेहमान आता है तो उसका सब तरह का स्वागत करना।

रात भर वह पड़ा रहा और तलवार देखता रहा। एक क्षण को पलक झपकने तक में घबड़ाए। कि कहीं तलवार भ्रांति से भी समझ ले कि सो गया और टपक पड़े तो जान गई। सुबह जब सम्राट ने पूछा तो वह तो आधा हो गया था सूखकर, कि कैसी रही रात? बिस्तर ठीक था?

उसने कहा, कहां की बातें कर रहे हो! कैसा बिस्तर? हम तो अपने झोपड़े में जहां जंगल में पड़े रहते थे वहीं सुखद था। ये तो बड़ी झंझटों की बातें हैं। रात एक दीया पकड़ा दिया कि अगर बुझ जाए तो खो जाओ। अब यह तलवार लटका दी। रात भर सो भी न सके, क्योंकि अगर यह झपकी आ जाए...उठ-उठ कर बैठ जाता था रात में। क्योंकि जरा ही डर लगे कि झपकी आ रही है कि तलवार टूट जाए। कच्चे धागे में लटकी है। गरीब आदमी हूं, कहां मुझे फंसा दिया! मुझे बाहर निकल जाने दो। मुझे कोई सत्संग नहीं करना।

सम्राट ने कहा, अब तुम आ ही गए हो तो भोजन तो करके जाओ। सत्संग भोजन के बाद होगा। लेकिन एक बात तुम्हें और बता दूं, कि तुम्हारे गुरु का संदेश आया है कि अगर सत्संग में तुम्हें सत्य का बोध न हो सके तो जान से हाथ धो बैठोगे। शाम को सूली लगवा देंगे। सत्संग में बोध होना ही चाहिए।

उसने कहा, यह क्या मामला है? अब सत्संग में बोध होना ही चाहिए यह भी कोई मजबूरी है? हो गया तो हो गया, नहीं हुआ तो नहीं हुआ। यह मामला...।

तुम्हें राजाओं-महाराजाओं का हिसाब नहीं मालूम। तुम्हारे गुरु की आज्ञा है। हो गया बोध तो ठीक, नहीं हुआ बोध तो शाम को सूली लग जाएगी।

अब वह भोजन करने बैठा। बड़ा सुस्वादु भोजन है, सब है, मगर कहां स्वाद? अब यह घबड़ाहट कि तीस साल गुरु के पास रहे तब बोध नहीं हुआ, इसके पास एक सत्संग में बोध होगा कैसे? किसी तरह भोजन कर लिया। सम्राट ने पूछा, स्वाद कैसा—भोजन ठीक-ठाक? उसने कहा, आप छोड़ो। किसी तरह यहां से बच कर निकल जाएं, बस इतनी ही प्रार्थना है। अब सत्संग हमें करना ही नहीं है।

सम्राट ने कहा, बस इतना ही सत्संग है कि जैसे रात तुम दीया लेकर घूमे और बुझने का डर था, तो महल का सुख न भोग पाए, ऐसा ही मैं जानता हूं कि यह दीया तो बुझेगा, यह जीवन का दीया बुझेगा; यह बुझने ही वाला है। रात दीये के बुझने से तुम भटक जाते। और यह जीवन का दीया तो बुझने ही वाला है। और फिर मौत के अंधकार में भटकन हो जाएगी। इसके पहले कि दीया बुझे, जीवन को समझ लेना जरूरी है। मैं हूं महल में, महल मुझमें नहीं है।

रात देखा, तलवार लटकी थी तो तुम सो न पाए। और तलवार प्रतिपल लटकी है। तुम पर ही लटकी नहीं, हरेक पर लटकी है। मौत हरेक पर लटकी है। और किसी भी दिन, कच्चा धागा है, किसी भी क्षण टूट सकता है। और मौत कभी भी घट सकती है। जहां मौत इतनी सुगमता से घट सकती है वहां कौन उलझेगा राग-रंग में? बैठता हूं राग-रंग में; उलझता नहीं हूं।

अब तुमने इतना सुंदर भोजन किया लेकिन तुम्हें स्वाद भी न आया। ऐसा ही मुझे भी। यह सब चल रहा है, लेकिन इसका कुछ स्वाद नहीं है। मैं अपने भीतर जागा हूं। मैं अपने भीतर के दीये को सम्हाले हूं। मैं मौत की तलवार को लटकी देख रहा हूं। फांसी होने को है। यह जीवन का पाठ अगर न सीखा, अगर इस सत्संग का लाभ न लिया तो मौत तो आने को है। मौत के पहले कुछ ऐसा पा लेना है जिसे मौत न छीन सके। कुछ ऐसा पा लेना है जो अमृत हो। इसलिए यहां हूं सब, लेकिन इससे कुछ भेद नहीं पड़ता।

यह जो जनक ने कहा: महल में हूं महल मुझमें नहीं है; संसार में हूं, संसार मुझमें नहीं है, यह ज्ञानी का परम लक्षण है। वह कर्म करते हुए भी किसी बात में लिप्त नहीं होता। लिप्त न होने की प्रक्रिया है, साक्षी होना। लिप्त न होने की प्रक्रिया है, निस्तर्षमानसः। मन के पार हो जाना।

जैसे ही तुम मन के पार हुए, एकरस हुए। मन में अनेक रस हैं, मन के पार एकरस। क्योंकि मन अनेक है इसलिए अनेक रस हैं।

तुम्हारे भीतर एक मन थोड़े ही है, जैसा तुम सोचते हो। महावीर ने कहा है, मनुष्य बहुचित्तवान है। एक चित्त नहीं है मनुष्य के भीतर, बहुत चित्त हैं। क्षण-क्षण बदल रहे हैं चित्त। सुबह कुछ, दोपहर कुछ, सांझ कुछ। चित्त तो बदलता ही रहता है। इतने चित्त हैं। आधुनिक मनोविज्ञान कहता है, मनुष्य पोलीसाइकिक है। वह ठीक महावीर का शब्द है। पोलीसाइकिक का अर्थ होता है, बहुचित्तवान। बहुत चित्त हैं।

गुरजिएफ कहता था, तुम भीड़ हो, एक नहीं। सुबह बड़े प्रसन्न थे, तब तुम्हारे पास एक चित्त था। फिर जरा सी बात में खिन्न हो गए और तुम्हारे पास दूसरा चित्त हो गया। फिर कोई पत्र आ गया मित्र का, बड़े खुश हो गए। तीसरा चित्त हो गया। पत्र खोला, मित्र ने कुछ ऐसी बात लिख दी, फिर खिन्न हो गए; फिर दूसरा चित्त हो गया।

चित्त चौबीस घंटे बदल रहा है। तो चित्त के साथ एक रस तो कैसे उपलब्ध होगा? एक रस तो उसी के साथ हो सकता है, जो एक है। और एक तुम्हारे भीतर साक्षी है। उस एक को जान कर ही जीवन में एकरसता पैदा होती है। और एकरस आनंद का दूसरा नाम है।

'सर्वदा आकाशवत निर्विकल्प ज्ञानी को कहां संसार है, कहां आभास है, कहां साध्य है, कहां साधन है?'

क्व संसारः क्व चाभासः क्व साध्यं क्व च साधनम् ।
आकाशस्येव धीरस्य निर्विकल्पस्येव सर्वदा।।

वह जो अपने भीतर आकाश की तरह साक्षीभाव में निर्विकल्प होकर बैठ गया है उसके लिए फिर कोई संसार नहीं है। संसार है मन और चेतना का जोड़। संसार है साक्षी का मन के साथ तादात्म्य। जिसका मन के साथ तादात्म्य टूट गया उसके लिए फिर कोई संसार नहीं। संसार है भ्रांति मन की; मन के महलों में भटक जाना। वह दीया बुझ गया साक्षी का तो फिर मन के महल में तुम भटक जाओगे। दीया जलता रहे तो मन के महल में न भटक पाओगे।

इतनी सी बात है। बस इतनी सी ही बात है सार की, समस्त शास्त्रों में। फिर कहां साध्य है, कहां साधन है? जिसको साक्षी मिल गया उसके लिए फिर कोई साध्य नहीं, कोई साधन नहीं। न उसे कुछ विधि साधनी है, न कोई योग, जप-तप; न उसे कहीं जाना है, कोई मोक्ष, कोई स्वर्ग, कोई परमात्मा। न ही उसे कहीं जाना, न ही उसे कुछ करना। पहुंच गया।

साक्षी में पहुंच गए तो मुक्त हो गए। साक्षी में पहुंच गए तो पा लिया फलों का फल। भीतर ही जाना है। अपने में ही आना है।

मैंने सुना है कि किसी गांव में एक फकीर घूमा करता था। उसकी सफेद लंबी दाढ़ी थी और हाथ में एक मोटा डंडा। चीथड़ों में लिपटा उसका ढीला-ढीला और झुर्रियों से भरा बुढ़ापे का शरीर। अपने साथ एक गठरी लिए रहता था सदा। और गठरी पर बड़े-बड़े अक्षरों में लिख रखा था : 'माया'। वह बार-बार उस गठरी को खोलता भी था। उसमें उसने बड़े जतन से रंगीन रद्दी कागज लपेट कर रख छोड़े थे। कहीं मिल जाते रास्ते पर तो कागजों को इकट्ठा कर लेता। अपनी माया की गठरी में रख लेता। जिस गली से निकलता उसमें रंगीन कागज दिखता तो बड़ी सावधानी से उठा लेता। सिकुड़नों पर हाथ फेरता, उनकी गड्डी बनाकर, जैसे कोई नोटों की गड्डी बनाता है, अपनी माया की गठरी में रख लेता।

उसकी गठरी रोज बड़ी होती जाती थी। बूढ़ा हो जा रहा था और गठरी बड़ी होती जाती थी। लोग उसे समझाते कि पागल, यह कचरा क्यों ढोता है? वह हंसता और कहता कि जो खुद पागल हैं वे दूसरों को पागल बता रहे हैं।

कभी-कभी किसी दरवाजे पर बैठ जाता और कागजों को दिखा कर कहता, ये मेरे प्राण हैं। ये खो जाएं तो मैं एक क्षण जी न सकूंगा। ये खो जाएं तो मेरा दिवाला निकल जाएगा। ये चोरी चले जाएं तो मैं आत्महत्या कर लूंगा। कभी कहता ये मेरे रुपये हैं, यह मेरा धन है। इनसे मैं अपने गांव के गिरते हुए किले का पुनः निर्माण कराऊंगा। कभी अपनी सफेद दाढ़ी पर हाथ फेर कर स्वाभिमान से कहता, उस किले

पर हमारा झंडा फहराएगा और मैं राजा बनूंगा। और कभी कहता कि इनको नोट ही मत समझो, इनकी ही मैं नावें बनाऊंगा। इन्हीं नावों में बैठ कर उस पार जाऊंगा।

और लोग हंसते। और बच्चे हंसते और बूढ़े भी हंसते। और जब भी कोई जोर से हंसता तो वह कहता, चुप रहो। पागल हो और दूसरों को पागल समझते हो।

तभी गांव में एक ज्ञानी का आगमन हुआ। और उस ज्ञानी ने गांव के लोगों से कहा, इसको पागल मत समझो और इसकी हंसी मत उड़ाओ। इसकी पूजा करो नासमझो! क्योंकि यह जो गठरी ढो रहा है, तुम्हारे लिए ढो रहा है। ऐसे ही कागज की गठरियां तुम ढो रहे हो। यह तुम्हारी मूढ़ता को प्रकट करने के लिए इतना श्रम उठा रहा है। इसकी गठरी पर इसने 'माया' लिख रख छोड़ा है। कागज, कूड़ा-कचरा भरा है। तुम क्या लिए घूम रहे हो? तुम भी सोचते हो कि महल बनाएंगे, उस पर झंडा फहराएंगे। नाव बनाएंगे, उस पार जाएंगे। सिकंदर बनेंगे कि नेपोलियन। सारे संसार को जीत लेंगे। बड़े किले बनाएंगे कि मौत भी प्रवेश न कर सकेगी।

और जब यह फकीर समझाने लगा लोगों को तो वह बूढ़ा भिखमंगा हंसने लगा और उसने कहा कि मत समझाओ। ये खाक समझेंगे! ये कुछ भी न समझेंगे। मैं वर्षों से समझाने की कोशिश कर रहा हूं। ये सुनते नहीं। ये मेरी गठरी देखते हैं, अपनी गठरी नहीं देखते। ये मेरे रंगीन कागजों को रंगीन कागज समझते हैं और जिन नोटों को इन्होंने तिजोड़ियों में भर रखा है उन्हें असली धन समझते हैं। मुझे कहते हैं पागल, खुद पागल हैं।

यह पृथ्वी बड़ा पागलखाना है। इसमें से जागो। इसमें से जागो, इसमें से न जागे तो बार-बार मौत आएगी और बार-बार तुम वापस इसी पागलखाने में फेंक दिए जाओगे। फिर-फिर जन्म! इसीलिए तो पूरब के मनीषी एक ही चिंतना करते रहे हैं सदियों से—आवागमन से कैसे छुटकारा हो? कैसे मिटे जन्म? कैसे मिटे मौत?

मिटने का एक ही उपाय है। तुम्हारे भीतर कुछ ऐसा है जिसका न कभी जन्म हुआ और न कभी मृत्यु होती है। तुम्हारे भीतर अजन्मा और अमृतस्वरूप कुछ पड़ा है। वही तुम्हारा हीरा है; उसे खोज लो। वही तुम्हारा धन।

और बहुत दूर नहीं पड़ा है। जैसे शरीर के पीछे मन है, और ठीक मन के पीछे साक्षी है। इंच भर की दूरी नहीं है। जरा भीतर सरको। जरा सा भीतर सरको, और तुम उसे पा लोगे जिसे पाने के लिए जन्मों से कोशिश कर रहे हो। लेकिन गलत स्थान पर खोज रहे हो इसलिए उपलब्ध नहीं कर पाते हो।

यह साक्षी आकाशवत है। जैसे आकाश की कोई सीमा नहीं, ऐसे ही साक्षी की कोई सीमा नहीं। और जैसे आकाश पर कभी बादल घिर जाते हैं तो आकाश खो जाता है, ऐसे ही साक्षी पर जब मन घिर जाता है—मन के बादल, विचार के बादल—तो

साक्षी खो जाता है। लेकिन वस्तुतः खोता नहीं। जब वर्षा में घने बादल घिरे होते हैं तब भी आकाश खोता थोड़े ही, सिर्फ दिखाई नहीं पड़ता है। ओझल हो जाता है। आंख से ओझल हो जाता है। फिर बादल आते, चले जाते, आकाश फिर प्रकट हो जाता है।

जिसको तुम विचार कहते हो वे तुम्हारे चैतन्य के आकाश पर घिरे बादल हैं। उनसे तुम जरा अपने को अलग कर लो, निस्तरण कर लो अपना और तुम अचानक पाओगे, उसे पा लिया जिसे कभी खोया ही न था। उसे पा लिया जो खोया ही नहीं जा सकता। और वही पाने योग्य है, जो खोया नहीं जा सकता। जो खो जाएगा, जो खो सकता है, उसे पा-पा कर भी क्या करोगे? वह खो ही जाएगा। वह फिर-फिर खो जाएगा।

'वही कर्मफल को त्यागने वाला पूर्णानंदस्वरूप ज्ञानी जय को प्राप्त होता है जिसकी सहज समाधि अविच्छिन्न रूप में वर्तती है।'

स जयत्यर्थसंन्यासी पूर्णस्वरसविग्रहः।
अकृत्रिमोऽनवच्छिन्ने समाधिर्यस्य वर्तते।।

समझो।

स जयति अर्थसंन्यासी...।

जिसने जीवन में से अर्थ की अपनी खोज छोड़ दी। जो कहता है अर्थ परमात्मा का, मेरा क्या? अंश का क्या कोई अर्थ होता है? अर्थ तो पूर्ण का होता है।

समझो, यह मेरा हाथ उठा तुम्हारे सामने। यह हाथ अगर मुझसे तोड़ लो तो भी हो सकता है इसी मुद्रा में हो, लेकिन तब इसमें कोई अर्थ न होगा। मुर्दा हाथ की कोई मुद्रा होती है? मैं अभी तुम्हें देख रहा हूं, मेरी आंख में झांको। मैं मर जाऊं, मेरे भीतर जो छिपा है वह विदा हो जाए, फिर भी यह आंख तुम्हारी तरफ इसी तरह देखती रहे, लेकिन इसमें फिर कुछ अर्थ न होगा। देखने वाला न रहा तो आंख में क्या अर्थ होगा? हाथ उठाने वाला न रहा तो उठे हुए हाथ में क्या अर्थ होगा?

अर्थ पूर्ण में होता, अंश में नहीं होता। और हम सब इस विराट अस्तित्व के, पूर्ण परमात्मा के, परात्पर ब्रह्म के अंश हैं। हममें अर्थ नहीं हो सकता, अर्थ तो परमात्मा में है। जब तक तुम अपना अर्थ, निजी अर्थ खोज रहे हो तब तक तुम पागल हो।

अंग्रेजी का शब्द इडियट बहुत अच्छा है। वह जिस मूल धातु से आता है उसका अर्थ होता है, जो अपना निजी अर्थ खोज रहा है। जो अपना व्यक्तिगत इडियम खोज रहा है वह इडियट। वही मूढ़ है जो अपना निजी अर्थ खोज रहा है। जो सोच रहा है कि मेरी कोई नियति है। मुझे कुछ खोजना है। मुझे कुछ सिद्ध करके बताना है।

वही समझदार है जिसने विराट के साथ अपनी नियति जोड़ दी। कोई लहर सागर की अपना लक्ष्य खोजने लगे तो पागल ही हो जाएगी न! लक्ष्य सागर का होगा,

लहर का कैसे हो सकता है? फिर सागर का भी कैसे होगा, महासागर का होगा। फिर महासागर का भी कैसे होगा, अस्तित्व का होगा। अंततः तो अर्थ समग्र का होगा। व्यक्ति का कोई अर्थ नहीं होता, समष्टि का अर्थ होता है। अर्थ विराट का होता है।

और यह वचन बड़ा अदभुत है।

स जयत्यर्थसंन्यासी...।

जिसने अर्थ का त्याग कर दिया वही जीत गया। अर्थ के त्यागी को ही संन्यासी कहते हैं। जिसने कहा, अब मैं क्या खोजूं? मेरा क्या लेना-देना! बहूंगा तेरी धार में। ले चलेगा जहां, वहां चलूंगा। डुबा देगा तो डूबूंगा। उबारेगा तो उबरूंगा। अब तू समझ। अब तू जान। तेरी मर्जी हो जैसी। जब कहते हैं कि पत्ते भी उसकी मर्जी के बिना नहीं हिलते तो मैं क्यों हिलूं? हिलाए तो हिलूं, न हिलाए तो न हिलूं। जैसा नाच नचाएगा, नाचूंगा। ऐसा जिसने समग्ररूपेण छोड़ दिया परमात्मा पर, उसका नाम ही संन्यासी। अर्थसंन्यासी।

स जयति अर्थसंन्यासी पूर्णस्वरसविग्रहः।

और जिसने इस तरह छोड़ दिया उसके जीवन में उस विग्रह का पदार्पण होता है, उस प्रसाद का पदार्पण होता है जहां स्वरस जन्मता है; जहां परम रस की धार बहती है।

तुम रोके खड़े हो। तुम बाधा हो। तुम झरने पर पड़े हुए पत्थर हो, हटो तो झरना बहे। तुम्हारे कारण झरना नहीं बह पा रहा है।

'वही कर्मफल को त्यागने वाला पूर्णानंदस्वरूप ज्ञानी जय को प्राप्त होता, जिसकी सहज समाधि अविच्छिन्न रूप में वर्तती है।'

और ध्यान रखना, समाधि तो तभी अविच्छिन्न रूप में वर्तेगी जब सहज हो। सहज का अर्थ, जब स्वाभाविक हो। स्वाभाविक का अर्थ, जब चेष्टा से निर्मित न हो, आयोजना न की जाए, रोपित न की जाए। वही समाधि, जो किसी प्रयास से उत्पन्न न हो, अनायास हो।

इस फर्क को समझना। यही पतंजलि और अष्टावक्र का भेद है। पतंजलि जिस समाधि की बात कर रहे वह चेष्टा से होगी। यम, नियम, प्राणायाम, प्रत्याहार, ध्यान, धारणा, तब समाधि। ऐसी लंबी यात्रा होगी। बड़ी योजना करनी पड़ेगी। बड़े प्रयास करने पड़ेंगे। सब तरह से अपने को साधना पड़ेगा, तब होगी। वह संकल्प का मार्ग है।

अष्टावक्र कहते हैं, समर्पण। छोड़ो भी। तुम क्या साधोगे यम-नियम? तुम कैसे प्रत्याहार साधोगे? श्वास तो अपनी नहीं, प्राणायाम क्या करोगे? ध्यान-धारणा क्या करोगे? तुम हो कौन? तुम हटो बीच से। यह अहंकार जाने दो। इसी अहंकार पर तुमने अब तक हीरे-जवाहरात लटकाए, अब यम-नियम लटकाना चाहते हो? इसी

अहंकार से तुमने संसार जीता, अब इसी अहंकार से तुम परमात्मा को भी जीतना चाहते हो? छोड़ो यह सब। तुम सिर्फ इतना ही करो, एक ही कद्रम में छलांग लो। तुम कहो, अब जैसी तेरी मर्जी। अब जो विराट कराएगा, होगा।

ऐसे सरल भाव से जो समाधि पैदा होती है वही सहज समाधि। कबीर कहते हैं, साधो सहज समाधि भली। सहज समाधि का अर्थ होता है, तुम्हारी चेष्टा से नहीं, तुम्हारे बोध से जो आती है। जागरण से जो आती है। समझ मात्र से जो आ जाती है। जिसके लिए बड़े-बड़े उपाय, विधि-विधान नहीं करने पड़ते।

'जिसकी सहज समाधि अविच्छिन्न रूप में वर्तती है वही अर्थसंन्यासी है, धन्यभागी है।'

अकृत्रिमोऽनवच्छिन्ने समाधिर्यस्य वर्तते।

अकृत्रिम। कई लोग हैं जो कृत्रिम समाधि साध लेते हैं। बैठ गए, उपवास कर लिया। अगर खूब उपवास किया तो शरीर क्षीण हो जाता है। जब शरीर क्षीण हो जाता तो विचार को ऊर्जा नहीं मिलती, विचार क्षीण हो जाता। उस निस्तेज अवस्था में विचार नहीं उठते। उसको तुम समाधि मत समझ लेना! वह तो एक तरह की आंतरिक दुर्बलता है, समाधि नहीं। धोखा है।

वह तो ऐसे ही समझो कि किसी आदमी को नपुंसक कर दिया और वह कहने लगा कि मैं ब्रह्मचारी हो गया। नपुंसकता ब्रह्मचर्य नहीं है। नपुंसकता तो सिर्फ अभाव है। ब्रह्मचर्य तो बड़ी भावदशा है, भावात्मक है।

समाधि दो तरह की हो सकती है। तुम उपवास करो खूब—इसलिए बहुत से पंथ उपवास करवाते हैं। उपवास करने से शरीर क्षीण होता है! और जब शरीर क्षीण होता तो मन को ऊर्जा नहीं मिलती। जब मन को ऊर्जा नहीं मिलती तो तुम्हें लगता है कि मन से मुक्त हो गए। मन पड़ा रहता है फन पटके। जैसे कि सांप बेहोश पड़ा हो, भूखा पड़ा हो। फिर भोजन करोगे, फिर मन का फन उठेगा। इस तरह से कुछ जबरदस्ती साधने से कुछ हल नहीं है। तुम्हें अगर ब्रह्मचर्य साधना है, लंबे उपवास करो।

अमरीका के एक विश्वविद्यालय में एक प्रयोग किया हार्वर्ड में। तीस विद्यार्थियों को उपवास पर रखा गया। सात दिन के बाद उनके पास प्लेब्वाय जैसी पत्रिकाएं पड़ी रहें, वे देखें ही नहीं। नग्न स्त्रियां, सुंदर स्त्रियों के चित्र—वे बिलकुल न देखें। उनका रस ही जाता रहा। जब शरीर ही क्षीण होने लगा तो वासना को ऊर्जा कहां से मिले? दो सप्ताह बीतते-बीतते उनका बिलकुल रस न रहा। तीन सप्ताह बीतते-बीतते तो वे बिलकुल नीरस हो गए। उनसे कितना ही पूछा जाए कि स्त्रियों के संबंध में कुछ विचार? वे कहते, कुछ नहीं।

भोजन दिया चौथे सप्ताह के बाद। बस, भोजन के आते ही सारी ऊर्जा वापस आ गई। वे जो फन मार कर पड़ गए थे विचार, फिर उठ आए। फिर वासना। फिर स्त्रियों के नग्न चित्रों में रस आने लगा। फिर बातचीत रसपूर्ण होने लगी।

इस प्रयोग ने बड़ी महत्वपूर्ण बात सिद्ध की : शरीर को शक्ति न मिले तो मन को शक्ति नहीं मिलती। शरीर से ही मन को शक्ति मिलती है। शक्तिशून्य हो जाने का नाम मुक्ति नहीं है। मुक्ति तो महाशक्ति में घटती है।

इसलिए सहज समाधि पर मेरा भी जोर है। खाते-पीते, सहज, स्वस्थ समाधि घटे तभी उसका कोई मूल्य है। जबरदस्ती घटा ली, वह कृत्रिम है; वे कागज के फूल हैं, असली फूल नहीं। उन पर भरोसा मत करना। वे काम नहीं आएंगे।

'इसमें बहुत कहने से क्या प्रयोजन है? तत्वज्ञ महाशय भोग और मोक्ष दोनों में निराकांक्षी सदा और सर्वत्र रागरहित है।'

बहुनात्र किमुक्तेन ज्ञाततत्वो महाशयः।
भोगमोक्षनिराकांक्षी सदा सर्वत्र नीरसः।।

अष्टावक्र इतना कहे और अब कहते हैं कि इसमें बहुत कहने से क्या प्रयोजन? इसका मजा समझो। इतना कहे हैं, कहते जा रहे हैं, और कहते हैं कि इतना बहुत कहने से क्या प्रयोजन।

उसका कारण है। कितना ही कहो, कम ही रहता है। कितना ही कहो, जो कहना था, अनकहा ही रह जाता है। कितना ही गुनगुनाओ, जो गीत गाना था, गाया ही नहीं जा सकता। लाओत्सु ने कहा है, जो कहा जा सके वह सत्य नहीं। जो अनकहा रह जाए वही।

इतने दूर तक महागीता के ये अदभुत वचन कहने के बाद—और ऐसे वचन कभी नहीं कहे गए हैं—अष्टावक्र कहते हैं, इसमें बहुत कहने से क्या प्रयोजन?

बहुनात्र किमुक्तेन।

बात छोटी है, बहुत कहने से क्या सार? संक्षिप्त में कही जा सकती है। इतनी सी बात है :

ज्ञाततत्वा महाशयः भोगमोक्षनिराकांक्षी सदा सर्वत्र नीरसः।

जो समझ सके : तत्वज्ञ, महाशय; जिसका आशय विराट हो और जो तत्व को समझ सके—तो जरा सी बात है। भोग और मोक्ष, दोनों में जो निष्कांक्षी हो गया वही पा लिया सब। वही संन्यासी है।

तत्वज्ञ कहते हैं उसे, जो अपने विचारों को एक तरफ रख कर समझने की कोशिश करे। तत्वज्ञ बहुत मुश्किल हैं खोजना और महाशय बहुत मुश्किल हैं।

अब यहां तुम बैठे हो; इसमें महाशय बहुत मुश्किल है खोजना। कोई हिंदू है, वह महाशय न रहा। उसका आशय क्षुद्र हो गया। कोई मुसलमान है, वह महाशय न रहा। उसका आशय क्षुद्र हो गया। आशय पर सीमा बंध गई तो महाशय न रहे, क्षुद्राशय हो गए।

संप्रदाय क्षुद्र बना देता है। किसी शास्त्र में मान्यता है, क्षुद्र हो गए। महाशय का अर्थ है: जिसको न कोई शास्त्र बांधता, न कोई संप्रदाय बांधता, न कोई धारणा बांधती। जो मुक्त है। जो कहता है ये सब किनारे रख कर सुनने को राजी हूं। तब अष्टावक्र कहते हैं, श्रवणमात्रेण। फिर तो सुनने से ही हो जाएगा। कुछ करना न पड़ेगा। अगर तुम महाशय होने की हिम्मत रखो—तुम्हारे पक्षपात, तुम्हारी जड़ हो गई धारणाएं, तुम्हारे संस्कार एक तरफ रख दो तो तुम महाशय हो गऐ; आकाश जैसे हो गए। विचार हटा दिए, बादल हट गए, खुला आकाश प्रकट हो गया।

उस खुले आकाश में किसी सदगुरु की जरा सी चोट तुम्हें सदा के लिए जगा दे। लेकिन तुम विचारों की पर्तों से घिरे होकर सुनते हो। चोट तुम तक पहुंचती ही नहीं। या पहुंचती है तो कुछ का कुछ अर्थ हो जाता है; अनर्थ हो जाता है। यहां कहा कुछ जाता है, तुम समझ कुछ लेते हो।

मैंने सुना है, महाराष्ट्र के एक अपूर्व संत हुए एकनाथ। एक आदमी उनके पास बार-बार आता था। खोजी था। कहता कि प्रभु, कुछ ज्ञान दें। हजार बार उसे समझा चुके थे मगर वह कुछ उसकी समझ में न आता था। वह फिर आ जाता था कि प्रभु, कुछ ज्ञान दें। जीवन निष्पाप कैसे हो? एक दिन सुबह-सुबह आया, एकनाथ से कहने लगा, आप कुछ तो समझाएं कि जीवन निष्पाप कैसे हो? उन्होंने कहा, मैं तुझे रोज समझाता, तेरी समझ में नहीं आता तो मैं क्या करूं? वह आदमी कहने लगा कि आप कैसे निष्पाप हुए यह बता दो, तो उसी रास्ते मैं भी चलूं।

एकनाथ ने कहा कि ठहर, अचानक मेरी नजर तेरे हाथ पर पड़ गई, तेरी उम्र की रेखा कट गई है। यह बात तो पीछे हो लेगी। उसकी तो कुछ जल्दी भी नहीं है। यह तो तू जनम भर से कर रहा है। मगर यह मैं तुझे बता दूं, कहीं भूल न जाऊं, सात दिन में तू मर जाएगा। तेरी उम्र की रेखा कट गई है।

अब जब एकनाथ किसी को कहें कि सात दिन में तू मर जाएगा तो अविश्वास करना तो मुश्किल है। और सब बातों पर चाहे अविश्वास कर लिया हो, मगर इस पर तो कौन अविश्वास करे? एकनाथ जैसा निस्पृह व्यक्ति कहेगा तो ठीक ही कहेगा। वह तो आदमी घबड़ा गया। उसके तो हाथ-पैर कंप गए। वह तो उठ कर खड़ा हो गया। एकनाथ ने कहा, अरे कहां चले? बैठो। तुम्हारा प्रश्न तो अभी उत्तर दिया ही नहीं कि मैं कैसे निष्पाप हुआ। उसने कहा, महाराज, अब तुम समझो निष्पाप कैसे हुए। इधर मौत

आ रही है, सत्संग की किसको पड़ी है? अब कभी फुरसत मिली तो आएंगे फिर। एकनाथ ने हाथ पकड़ा कि भागे कहां जाते हो? वह बोला कि छोड़ो भी जी! इधर बाल-बच्चों को देखूं, इंतजाम करूं। सात दिन! कहते हो कि सात दिन में मर जाऊंगा।

वह तो भागा। अभी आया था तो अकड़ से भरा था। उसके पैर की चाल देखने जैसी थी। अब गया तो कंपने लगा। उन्हीं सीढ़ियों से उतरा मंदिर की लेकिन सहारा लेकर उतरा। घर गया तो बिस्तर से लग गया। घर के लोगों ने पूछा, हुआ क्या? समझाया-बुझाया कि ऐसे कहीं कोई मौत आती है? लेकिन उसने कहा कि वह पक्का है। मौत आ रही है। ऐसा इंतजाम कर लो, ऐसा इंतजाम कर लो, सब करके वह अपने बिस्तर पर पड़ा रहा। खाना-पीना छूट गया। मरते आदमी को क्या खाना-पीना! तीन दिन में तो वह बिलकुल निढाल होकर पड़ गया। मौत निश्चित आने लगी। घर भर के लोग भी उदास होकर बैठे उसकी खाट के पास।

सातवें दिन जब सूरज ढलने के करीब था और वह बिलकुल मौत की प्रतीक्षा कर रहा था, मौत तो नहीं, एकनाथ आ पहुंचे अपना। दरवाजा खटखटाया। एकनाथ को देख कर नमस्कार करने तक की आवाज उससे नहीं निकल सकी। हाथ नहीं जोड़ सका, इतना कमजोर हो गया। एकनाथ ने कहा, अरे भाई इतनी क्या बात है? बड़ी मुश्किल से उसने कहा कि अब और क्या? मौत आ रही है। एकनाथ ने कहा, एक प्रश्न पूछने आया हूं। सात दिन में कुछ पाप किया? पाप करने का कोई विचार आया? उसने कहा, हद हो गई मजाक की। मौत सामने खड़ी हो तो पाप करने की सुविधा कहां? मौत सामने खड़ी हो तो पाप का खयाल कैसे उठे?

एकनाथ ने कहा, उठ, तेरी मौत अभी आई नहीं। रेखा तेरी काफी लंबी है। यह तो मैंने तेरे को सिर्फ तेरा उत्तर...तेरे प्रश्न का जवाब दिया है। और तो तू समझता ही नहीं था। तेरे तो सिर पर खूब जोर से डंडा मारें तो ही शायद तेरी समझ आए। अब तेरी समझ में आया कि हम निष्पाप कैसे हैं? मौत सामने खड़ी है।

जहां जीवन क्षण-क्षण बीता जाता हो, जहां समय चुकता जाता हो, वहां कैसा पाप? जहां मौत सब छीन लेगी वहां कैसा इकट्ठा करना? जहां मौत सब पोंछ देगी वहां कैसे सपने संजोने? जहां मौत आकर सब नष्ट कर देगी वहां क्या बनाना? लेकिन एकनाथ ने उससे कहा कि तुझे लाख समझाया, तेरी समझ में न आया। यही समझाता था सब, लेकिन जब तक तुझे जोर से चोट न मारी गई तब तक तेरी बुद्धि में प्रविष्ट न हुआ।

और कहानी का मुझे आगे पता नहीं क्या हुआ। जहां तक मैं समझता हूं, वह आदमी उठ कर बैठ गया होगा और उसने कहा होगा, छोड़ो! अगर अभी मरना नहीं है तो महाराज, तुम अपने घर जाओ, हमें अपना संसार देखने दो। कहानी का मुझे

आगे पता नहीं, कहानी आगे लिखी नहीं है। शायद इसीलिए नहीं लिखी है। क्योंकि मौत की चोट में अगर थोड़ी सी उसको समझ भी आई होगी तो मौत की चोट के हटते ही समझ भी हट गई होगी। वह चोट भी तो जबरदस्ती हो गई न! आयोजित हो गई। मौत उसे थोड़े ही दिखाई पड़ी है, मान ली है। मानने में घबड़ा गया। अब जब फिर पता चला होगा कि अभी जिंदगी काफी बची है तो वह कहा होगा कि महाराज, आएंगे फुरसत से, सत्संग करेंगे, लेकिन अभी और काम हैं। सात दिन के काम भी इकट्ठे हो गए हैं, वे भी निपटाने हैं।

और उस आदमी ने शायद एकनाथ को कभी क्षमा न किया होगा कि इस आदमी ने भी खूब मजाक की। ऐसी भी मजाक की जाती है महाराज? संतपुरुष होकर और ऐसी मजाक करते हैं? शायद उसने एकनाथ का सत्संग भी छोड़ दिया होगा कि फिर यह आदमी कुछ भरोसे का नहीं। फिर किसी दिन कुछ ऐसी उलटी-सीधी बात कह दे और झंझट खड़ी कर दे।

आगे लिखा नहीं गया है। नहीं लिखे जाने का मतलब साफ है। नहीं तो हिंदुस्तान में जब कहानियां लिखी जाती हैं तो पूरी लिखी जाती हैं। हिंदुस्तानी ढंग कहानी का यह है कि फिर वह आया होगा, महाराज के चरणों में गिर पड़ा, उसने संन्यास ले लिया और उसने कहा कि अब बस मैं बदल गया। मगर यह लिखा नहीं है, तो यह हुआ नहीं है। यहां तो ऐसा है, न भी होता हो तो भी अंत ऐसा ही होता है। सुखांत होती हैं हिंदुस्तान की कहानियां। उसमें दुखांत कभी नहीं होता। सब अंत में सब ठीक हो जाता है। दुर्जन सज्जन बन जाते, संसारी मोक्षगामी हो जाते। सब अंत में ठीक हो जाता है। मरते-मरते तक हम कहानी को ठीक कर लेते हैं।

कहानियां हैं कि मर रहा है कोई, उसके लड़के का नाम नारायण है। उसने कभी जिंदगी भर भगवान का नाम नहीं लिया। मरते वक्त वह बुलाया, 'नारायण, नारायण।' अपने बेटे को बुला रहा है, ऊपर के नारायण धोखे में आ गए। वह मर गया नारायण कहते-कहते; उसको मोक्ष मिला।

अब जिन्होंने ये कहानियां गढ़ी हैं, बड़े बेईमान लोग रहे होंगे। तुम ईश्वर को धोखा देते ऐसे? और ईश्वर धोखा खाता! तो ईश्वर तुमसे गया-बीता हो गया। वह अपने बेटे को बुला रहा है, ऊपर के नारायण समझे, मुझे बुला रहा है। सोचा कि चलो बेचारा जिंदगी भर नहीं बुलाया, अब तो बुला लिया। ऐसे आखिर में हमने कहानी ठीक कर दी। जमा दी सब बात, सब ठीक-ठीक हो गया। जिंदगी भर के पाप...दो बार उसने नारायण को बुला दिया, वह भी अपने बेटे को बुला रहा है। शायद लोग अपने बेटों के नाम इसलिए भगवान के रखते हैं: नारायण, विष्णु, कृष्ण, राम,

खुदाबक्श। इस तरह के नाम रख लेते हैं कि चलो, इसी बहाने। मरते वक्त खुदाबक्श को ही बुला रहे हैं, उसी वक्त खुदा ने सुन लिया और मुक्ति हो गई।

ऐसे झूठों से कुछ सार नहीं है। जहां तक मैं समझता हूं, वह आदमी अगर तुम जैसा आदमी रहा होगा तो फिर कभी एकनाथ के पास न गया होगा। फिर उसने कहा, अब झंझट मिट गई। यह आदमी धोखेबाज है। उसने यही समझा होगा कि इसने धोखा किया, झूठ बोला। संतपुरुष कहीं झूठ बोलते हैं? उसने यह समझा होगा।

तत्वज्ञ का अर्थ होता है, वही समझो जो समझाया जा रहा है। वही देखो, जो दिखाई पड़ रहा है। बीच में अपने को मत डालो। इतनी छोटी सी बात है: मोक्ष और भोग दोनों में निराकांक्षी। सदा और सर्वत्र रोगरहित—इतनी कुंजी है।

'महत्तत्व आदि जो द्वैत जगत है और जो नाममात्र को ही भिन्न है, उसका त्याग कर देने के बाद शुद्ध बोधवाले का क्या कर्तव्य शेष रह जाता है!'

महदादि जगद्द्वैतं नाममात्रविजृम्भितम्।
विहाय शुद्धबोधस्य किं कृत्यमवशिष्यते।।

यह जो चारों तरफ फैला हुआ जगत है द्वंद्व का, द्वैत का, दुई का, अनेकत्व का; यह जो चारों तरफ अनेक-अनेक रूप फैले हुए हैं, ये नाममात्र को ही भिन्न हैं। जैसे सोने से ही कोई बहुत गहने बना ले, वे नाममात्र को ही भिन्न हैं। सबके भीतर सोना है। ऐसे ही यह जो सारा इतना विराट जगत फैला हुआ है, यह सब नाममात्र को ही भिन्न है, रूपमात्र में ही भिन्न है। नाम-रूप का भेद है, मौलिक रूप से भिन्न नहीं है।

विज्ञान भी इसकी गवाही देता है। विज्ञान कहता है, सारा अस्तित्व बस विद्युतकणों से बना है; एक से ही बना है। अष्टावक्र का सूत्र कह रहा है:

महदादि जगद्द्वैतं नाममात्र विजृम्भितम्।

बस नाममात्र का भेद है इस जगत की चीजों में, कुछ बहुत भेद नहीं है। सब चीजें एक ही तत्व की विभिन्न-विभिन्न मात्राओं से बनी हैं।

इसलिए ऐसा जान कर, ऐसा समझ कर व्यक्ति इन रूपों के और नामों के मोह में नहीं पड़ता है; कल्पना के जाल में नहीं उलझता है। कल्पना का त्याग कर देने से...।

विहाय शुद्धबोधस्य।

इस जगत में तुम्हारी कल्पना जो छिटकी-छिटकी फिर रही है—इस स्त्री को पा लूं कि उस स्त्री को पा लूं, कि इस धन को पा लूं कि उस पद को पा लूं, यह पुरुष मिल जाए। यह जो तुम्हारी कल्पना छिटकी-छिटकी फिर रही है।

विहाय शुद्धबोधस्य।

इस कल्पना के त्याग मात्र से शुद्ध बुद्ध का तुम्हारे भीतर जन्म हो जाता है। शुद्ध बोध पैदा होता है।

किं कृत्यमवशिष्यते।

और फिर न तो कुछ करने को रह जाता, न न करने को रह जाता। फिर कोई कर्तव्य नहीं बचता। फिर तो कर्ता परमात्मा हो गया, तुम्हारा क्या कर्तव्य है? कल्पना के कारण, मात्र कल्पना के कारण तुम उलझे हो। संसार ने तुम्हें नहीं बांधा है, तुम्हारी कल्पना ने बांधा है।

यह मौलिक उपदेश है अष्टावक्र का। संसार ने बांधा हो तो संसार से भाग जाओ, मुक्ति हो जाएगी। ऐसा तुम्हारे तथाकथित महात्मा कर रहे हैं। संसार ने बांधा नहीं है, बांधा कल्पना ने है। कल्पना को गिरा दो।

विहाय शुद्धबोधस्य।

इस कल्पना के गिरते ही शुद्ध बुद्धत्व का जन्म हो जाएगा।

यह जो हमारी कल्पना है, इसे पा लूं, उसे पा लूं, इस कल्पना में हमारी ऊर्जा क्षीण हो रही है। हम पागल होकर दौड़ते हैं। सब दिशाओं में दौड़ रहे हैं। दौड़-दौड़ में थके जा रहे हैं। आपाधापी में मिटे जा रहे हैं। चिंता ही चिंता। जरा भी विश्राम नहीं। यह कल्पना तुम्हारी क्षीण हो जाए—कल्पना ही, और कुछ छोड़ना नहीं है। पत्नी को छोड़ कर नहीं जाना है, पत्नी के प्रति जो कल्पना है उसे भर गिर जाने दो; पर्याप्त है। बेटों को छोड़ कर नहीं जाना है।

अष्टावक्र ने तुम्हें पलायन नहीं सिखाया है, मैं भी नहीं सिखाता हूं। तुम जहां हो वहीं डट कर रहो। घर में तो घर में, दूकान पर तो दूकान में। कुछ छोड़ कर नहीं जाना है। एक बात छोड़ दो, वह जो कल्पना है। यह पत्नी मेरी है, यह कल्पना है। यह बेटा मेरा है, यह कल्पना है। न बेटा तुम्हारा है, न पत्नी तुम्हारी है। न दूकान तुम्हारी है, न मंदिर तुम्हारा है। सब परमात्मा का है। तुम भी उसके, यह सब भी उसका। इस पर तुम व्यक्तिगत दावे छोड़ दो, अधिकार छोड़ दो, परिग्रह छोड़ दो।

इस दावे के छूटते ही तुम्हारा अहंकार विसर्जित हो जाएगा। और तब जो शेष रह जाता है, तब जो विराट आकाश उपलब्ध होता है, तब जो असीम आकाश उपलब्ध होता है, तब जो स्वतंत्रता मिलती है, जो स्वच्छंदता मिलती है, वही है जीवन का असली अर्थ। वही है जीवन का असली स्वाद। वही है प्रभु-रस। उस रसमयता को पाए बिना तुम भिखारी के भिखारी रहोगे। उस रस को पाओ। रसो वै सः। वह परमात्मा रसरूप है।

लेकिन तुम अपनी कल्पना के जाल छोड़ो तो उसकी रसधार बहे। फिर तुमसे कहता—तुम हो पत्थर, चट्टान जिसके कारण झरना रुका है। तुम हटो। यह तुम्हारा अहंकार भी तुम्हारी कल्पना मात्र है; है नहीं कहीं।

बोधिधर्म चीन गया। चीन के सम्राट ने उससे कहा कि आपकी मैं प्रतीक्षा करता वर्षों से। अब आप आ गए, एक काम भर कर दें। यह मेरा अहंकार मुझे बहुत सताता है। इसी अहंकार के कारण मैंने यह साम्राज्य बनाया है, लेकिन फिर भी इसकी कोई तृप्ति नहीं होती। यह भरता ही नहीं। इतना धन है, फिर भी नहीं भरता। अभी भी धन की सोचता है। इतने बड़े महल हैं फिर भी नहीं भरता; अभी बड़े महलों की सोचता है। इस अहंकार से मुझे छुड़ा दें।

बोधिधर्म ने कहा, छुड़ा दूंगा। तू सुबह तीन बजे आ जा। अकेला आना, किसी को साथ लेकर मत आना। और एक बात खयाल रखना, अहंकार को लेकर आना। इसको घर मत छोड़ आना। वह सम्राट डरा। यह क्या बात हुई? उसने बहुत से ज्ञानियों से कहा था। सबने उपदेश दिया था। किसी ने नहीं कहा था, छुड़ा दूंगा। कोई कैसे छुड़ा देगा किसी को? यह आदमी पागल मालूम होता है। फिर तीन बजे रात की जरूरत? अभी क्या अड़चन है? और अकेले आना! और यह आदमी भयंकर मालूम पड़ता है।

बोधिधर्म बड़ा जंगली ढंग का आदमी था। देख ले जोर से तो तुम्हारे प्राण कंप जाएं, घबड़ा जाओ। तलवार की धार की तरह आदमी था। कहते हैं, कभी जोर से चीख देता था तो लोगों के विचार बंद हो जाते थे। उसका हुंकार लोगों को ध्यान लगवा देता था। एक क्षण को विचार-श्रृंखला टूट जाती थी।

इस आदमी के पास तीन बजे रात आना ठीक है? और फिर यह आदमी दुबारा—यह भी अजीब बात कह रहा है, अहंकार साथ ले आना। और जब वह सीढ़ियां उतर कर जाने लगा सम्राट तो फिर डंडा ठोंक कर बोधिधर्म ने कहा, देख भूलना मत। ठीक तीन बजे आ जाना। और अहंकार को साथ ले आना, घर मत रख आना, क्योंकि मैं उसे खतम ही कर दूंगा आज।

वह डरने लगा और रात सो नहीं सका। जाऊं, न जाऊं? यह जाने के जैसी बात है कि नहीं? लेकिन आकर्षण भी पकड़ने लगा। इस आदमी की आंखों में बल भी कुछ था। इस आदमी की मौजूदगी में कुछ आकर्षण भी था। कोई प्रबल आकर्षण था। नहीं रोक सका। बहुत समझाया अपने को कि जाना ठीक नहीं, लेकिन खिंचा चला गया। तीन बजे पहुंच गया।

पहली बात जो बोधिधर्म ने पूछी वह यही, अहंकार ले आया? तो सम्राट ने कहा, आप भी कैसी बातें करते हैं! अहंकार कोई चीज तो नहीं है कि ले आऊं। यह तो मेरे भीतर है। उसने कहा, चलो इतना तो पक्का हुआ, भीतर है; बाहर तो नहीं है! तो आधी दुनिया तो साफ हो गई। आधा काम तो हो चुका। बाहर नहीं है, भीतर है। उसने कहा, भीतर है।

'आंख बंद कर। बैठ जा सामने। और खोज भीतर, कहां है। और मैं डंडा लिए बैठा हूं तेरे सामने। जैसे ही तुझे मिले, इशारा कर देना कि पकड़ लिया। वहीं खतम कर दूंगा।'

वह सम्राट बहुत घबड़ाने लगा। तीन बजे रात अंधेरे उस मठ में। और यह आदमी डंडा लिए बैठा है और पागल मालूम होता है। अब भागने का भी उपाय नहीं है। और खुद ही कह फंसा कि बाहर नहीं, भीतर है। अब इनकार भी नहीं कर सकता। आंख बंद करके भीतर देखने लगा। भीतर जितना खोजा उतना ही पाया कि मिलता नहीं। जितना खोजा उतना ही पाया, मिलता नहीं। सूरज उगने लगा, तीन घंटे बीत गए। और उसके चेहरे पर अपूर्व आभा छा गई।

बोधिधर्म ने उसे हिलाया और उसने कहा कि अब उठ। मुझे दूसरे काम भी करने हैं। मिला कि नहीं? सम्राट वू उसके चरणों में झुक गया और कहा कि आपने मिटा दिया। मैं धन्यभागी कि आपके चरणों में आ गया। बहुत खोजा। खोजने से एक बात समझ में आ गई, न बाहर है न भीतर है; है ही नहीं। सिर्फ भ्रांति है, कल्पना है। मान रखा है।

यह मैं सिर्फ एक मान्यता है। यह मैं ही संसार है। यह मैं का बीज ही फैल कर संसार बनता है। यह मैं गिर जाए, यह कल्पना गिर जाए—विहाय शुद्धबोधस्य; इसके छूट जाते ही शुद्ध बोधि, संबोधि का जन्म हो जाता है। और तब न कुछ करने को बचता, न कुछ न करने को। कर्ता ही नहीं बचता। मैं गया तो कर्ता गया।

और उस कर्ताशून्यता में प्रभु तुम्हारे भीतर बहता। तुम उपकरण हो जाते—निमित्तमात्र। बांस की पोली बांसुरी। वेणु बन जाते।

वेणु बनो। समर्पण करो। कुछ और छोड़ना नहीं है, इस मैं की कल्पना को विसर्जित करो। इसे जाने दो। इसके जाते ही—निस्तर्षमानसः। तुम मन का निस्तरण कर गए। यह मैं मन का संग्रहीभूत रूप है। इसके पार तुम्हारा साक्षी है।

साक्षी रस है।

रसो वै सः।

आज इतना ही।

* * *

प्रवचन : 76

परंपरा और क्रांति

26 जनवरी, 1977

पहला प्रश्नः आप क्रांतिकारी हैं, फिर आप परंपरागत प्राचीन शास्त्रों को क्यों पुनरुज्जीवित करने में लगे हैं?

क्योंकि सभी शास्त्र क्रांतिकारी हैं। शास्त्र परंपरागत होता ही नहीं। शास्त्र हो तो परंपरागत हो ही नहीं सकता। शास्त्र के आस-पास परंपरा बन जाए भला, शास्त्र तो सदा परंपरा से मुक्त है। शास्त्र के पास परंपरा बन गई, उसे तोड़ा जा सकता है। शास्त्र को फिर-फिर मुक्त किया जा सकता है। शास्त्र कभी बासा नहीं होता; न पुराना होता है, न प्राचीन होता है। क्योंकि शास्त्र की घटना ही समय के बाहर की घटना है, समय के भीतर की नहीं।

अष्टावक्र आज भी वैसे ही नित नूतन हैं, जैसे कभी रहे होंगे; और सदा नित नूतन रहेंगे। यही तो शास्त्र की महिमा है—शाश्वत, सनातन और फिर भी नित नूतन।

हां, धूल जम जाती है समय की। तो धूल जम जाने के कारण कोई दर्पण को थोड़े ही फेंक देता है! धूल को झाड़ देता है। यही कर रहा हूं। जमी धूल को झाड़ रहा हूं। दर्पण तो वैसा का वैसा है। ये दर्पण ऐसे नहीं जो मिट जाएं, जराजीर्ण हो जाएं। ये चैतन्य के दर्पण हैं। ये आकाश जैसे निर्विकार दर्पण हैं। बदलियां घिरती हैं, आती हैं, जाती हैं, आकाश तो निर्मल ही बना रहता है।

तो पहली बात : कोई शास्त्र परंपरा नहीं है। शास्त्र के आस-पास परंपरा निर्मित होती जरूर। तो परंपरा को तोड़ने का उपाय कर रहा हूं। शास्त्र को बचाना और परंपरा को तोड़ना, यही मेरी चेष्टा है। शास्त्र पर और लोग भी बोलते हैं लेकिन फर्क समझ लेना। वे परंपरा को बचाते हैं और शास्त्र को तोड़ते हैं। मैं शास्त्र को बचाता और परंपरा को तोड़ता हूं।

शास्त्र पर बोलने भर से कुछ नहीं सिद्ध होता कि क्या काम भीतर हो रहा है। कुछ हैं जो धूल को बचाते हैं, दर्पण को तोड़ते हैं। वे भी शास्त्र पर बोलते हैं, मैं भी शास्त्र पर बोल रहा हूं, लेकिन दर्पण को बचा रहा हूं, धूल को तोड़ रहा हूं।

इसलिए तुम ऐसा मत समझ लेना कि पुरी के शंकराचार्य बोलते तो वही मैं बोल रहा हूं। अष्टावक्र की गीता पर पुरी के शंकराचार्य भी बोल सकते हैं, लेकिन मौलिक भेद यहां होगा : शास्त्र को मिटाएंगे और परंपरा को बचाएंगे। परंपरा अष्टावक्र की नहीं, अष्टावक्र के पीछे आए हुए लोगों ने बनाई है। मैं उन सबको पोंछे डाल रहा हूं, जिन्होंने परंपरा बनाई है।

कोई सदगुरु परंपरा नहीं बनाता; पर परंपरा बनती है, वह अनिवार्य है। उस परंपरा को बार-बार तोड़ना भी उतना ही अनिवार्य है। इसलिए समझना :

परंपरा को अंधी लाठी से मत पीटो
उसमें बहुत कुछ है जो जीवन है, जीवनदायक है
जैसे भी हो, ध्वंस से बचा रखने के लायक है
परंपरा में दबा हुआ शाश्वत भी पड़ा है। इस कूड़े-कर्कट में हीरे भी पड़े हैं।
परंपरा को अंधी लाठी से मत पीटो
उसमें बहुत कुछ है जो जीवन है, जीवनदायक है
जैसे भी हो, ध्वंस से बचा रखने के लायक है

है क्या परंपरा? दो बातों का जोड़ : परम ज्ञानी का अनुभव और अज्ञानियों का परम ज्ञानी के आस-पास इकट्ठा हो जाना। परम ज्ञानी का शाश्वत को पकड़ कर समय में उतारना और अज्ञानियों की समझ। नासमझी है उनकी समझ। उस नासमझी में अज्ञानियों ने जैसा समझा वैसी लकीरों का निर्मित हो जाना।

जैसे रोशनी उतरे और अंधे आदमी की आंखों पर नाचे, अंधा आदमी कुछ धारणा बनाए। उस धारणा से परंपरा बनती है।

वह जो रोशनी उतरी, वही शास्त्र है। और परंपरा में दोनों बातें मिश्रित हैं। आंखवालों की बातें मिश्रित हैं, अंधों की टीकाएं, व्याख्याएं मिश्रित हैं। अंधों की व्याख्याओं को अलग करना है।

पानी का छिछला होकर समतल में दौड़ना
एक क्रांति का नाम है

लेकिन घाट बांध कर पानी को गहरा बनाना
यह परंपरा का काम है
परंपरा और क्रांति में संघर्ष चलने दो
आग लगी है तो सूखी टहनियों को जलने दो
मगर जो टहनियां आज भी कच्ची और हरी हैं
उन पर तो तरस खाओ
मेरी एक बात तुम मान जाओ

कुछ टहनियां ऐसी हैं जो सदा हरी हैं; जो कभी सूखती ही नहीं हैं। जो सूख जाए वह आदमी का है; जो कभी न सूखे वही परमात्मा का है। जो कुम्हला जाए, क्षणभंगुर है, सीमा है जिसकी, उसका कोई बड़ा मूल्य नहीं। लेकिन क्षण में भी तो शाश्वत झांकता है। बुलबुले में, पानी के क्षणभंगुर बुलबुले में भी तो अस्तित्व झलक मारता है। बदलियां कितनी ही घिरी हों, बदलियों के पीछे नीला आकाश तो खड़ा है। बदलियों में से उसकी भी छांव तो दिखाई पड़ती है। बदलियों में से उसका भी दर्शन तो होता है।

जैसे ही कोई सदगुरु कुछ कहता है—कहा, शब्द बने। कहा, किसी ने सुना, व्याख्या बनी। कहा, कोई पीछे चला। चलने वाला अपनी समझ से चलेगा। उसकी समझ मिश्रित हो जाएगी। फिर सदियां बीतती जाती हैं। अब अष्टावक्र को हजारों साल हुए। इन हजारों साल में हजारों लोगों ने अपना-अपना सब जोड़ा। अपनी-अपनी व्याख्याएं, अपने-अपने अर्थ डाले; उस सबसे विकृति हो गई। इस हजारों साल की प्रक्रिया में जो हुआ है उसे हम काट दें तो अष्टावक्र आज, यहीं, इसी क्षण ताजे प्रकट हो जाते हैं।

फिर परंपरा का भी उपयोग है, एकदम व्यर्थ नहीं है। मैं तुमसे कुछ कह रहा हूं; अगर इसकी कोई परंपरा न बचे, इसकी कोई परंपरा न बने तो यह क्रांति बिलकुल खो जाएगी। यही तो जीवन का अदभुत विरोधाभास है। क्रांति को भी टिकने के लिए परंपरा बनना पड़ता है। और परंपरा बन कर क्रांति खो जाती है। लेकिन परंपरा की पर्तों के नीचे कहीं दीया जलता रहता है। और जब भी कोई सजग व्यक्ति ठीक चेष्टा करेगा तो पर्तों को तोड़ कर फिर उस दीये को, जलते हुए दीये को फिर प्रकट कर देगा; फिर रोशनी प्रकट हो जाएगी।

परंपरा तो ऐसे है, जैसे बीज के आस-पास खोल होती है, मजबूती से बीज को बचाती है, रक्षा करती है। क्योंकि बीज तो कोमल है। अगर खोल न हो बचाने को तो कभी का नष्ट हो जाता। भूमि में पहुंचने के पहले, ठीक ऋतु के आने के पहले, वर्षा के बादल घुमड़ते उसके पहले नष्ट हो गया होता। वह जो खोल है बीज की वह उसे बचाए रखती है। लेकिन कभी-कभी खोल इतनी मजबूत हो सकती है कि जब ठीक

मौसम भी आ जाए, और बादल घिर उठें और मोर नाचने लगें, भूमि भी मिल जाए और तब भी खोल कहे, मैंने तुझे बचाया, मैं बचाए ही रहूंगी। अब तुझे मैं छोड़ नहीं सकती। खतरा है। तो जो रक्षक था वह भक्षक हो गया।

परंपरा बचाती है। अगर परंपरा न होती तो अष्टावक्र के ये वचन बचते नहीं। इनको बचाया परंपरा ने। बिगाड़ भी परंपरा रही है, बचाया भी परंपरा ने। इस बात को ठीक से खयाल में लेना। अगर परंपरा न बनती तो अष्टावक्र के वचन खो गए होते। बहुत सदगुरुओं के वचन खो गए हैं।

मखली गोशाल के कोई वचन आज मौजूद नहीं हैं। वह महावीर की हैसियत का ही व्यक्ति रहा होगा। जिसकी आलोचना महावीर को करनी पड़ी, बार-बार करनी पड़ी है, वह आदमी हैसियत का रहा होगा। लेकिन उसके कुछ वचन नहीं बचे, कोई परंपरा नहीं बनी। तो अब उसे आज छुड़ाने का कोई उपाय नहीं है। बन जाती परंपरा तो कारागृह में होता मखली गोशाल, लेकिन दरवाजे तोड़ सकते थे, ताले खोल सकते थे, सींखचे गला सकते थे। उसे मुक्त कर लेते। महावीर को अभी मुक्त किया जा सकता है। जैनों के कारागृह से मुक्त किया जा सकता है। बुद्ध को मुक्त किया जा सकता है। मखली गोशाल को कैसे मुक्त करो? मखली गोशाल के आस-पास कारागृह बना ही नहीं। मखली गोशाल खो गया।

ऐसे ही अजित केशकंबली खो गया। ऐसे ही और न मालूम कितने सदगुरु, जिन्होंने जाना, उनके आस-पास परंपरा नहीं बनी तो खो गए। अब यह मजे की बात है, जिनके पास परंपरा बनी वे परंपरा में दब गए और जिनके पास परंपरा नहीं बनी वे तो बिलकुल खो गए। तो धन्यभागी हैं वे, जिनके आस-पास परंपरा बनी। कुछ तो बचे! कितनी ही पर्तों में दबे हों लेकिन हैं तो! कोई न कोई उन पर्तों को तोड़ सकेगा।

तो परंपरा एकदम व्यर्थ नहीं है। बचाती है, मारती भी है। परंपरा का उपयोग आना चाहिए तो फिर बचाती है। ठीक मौसम में फिर मुक्त कर देती है।

जैसे मुझे लगता है, अष्टावक्र के लिए ठीक मौसम आया। ऋतु आ गई है, बादल घिर गए हैं। इस पृथ्वी पर अब अष्टावक्र को समझने के लिए ज्यादा संभावना है जितनी पहले रही होगी। मनुष्य की प्रतिभा विकसित हुई है। मनुष्य का बोध बढ़ा है। मनुष्य प्रौढ़ हुआ है। इतनी जो अड़चनें दुनिया में दिखाई पड़ती हैं ये प्रौढ़ता के कारण ही दिखाई पड़ती हैं। अब इस प्रौढ़ता के भी ऊपर जाना है। इस प्रौढ़ता से भी पार होना है। अष्टावक्र की बातें उपयोगी हो सकती हैं। परंपरा से छुड़ा लेना होगा।

अब यह तो स्वाभाविक है कि अष्टावक्र जैसे व्यक्ति के पीछे जो परंपरा बनेगी वह शुद्ध नहीं रह सकती, क्योंकि शुद्ध रहने के लिए तो अष्टावक्र जैसे लोग चाहिए। ऐसे लोग तो विरले होते हैं, कभी-कभी होते हैं। इनकी कोई धारा तो नहीं होती। बार-बार शृंखला टूट जाती है।

अष्टावक्र को बचाने के लिए तो बुद्ध, महावीर, कृष्ण जैसे व्यक्ति चाहिए। मगर ये तो कभी-कभी होते हैं। और जब ऐसे व्यक्ति होते हैं तो फिर वही बात खड़ी होती है। उनको भी कोई व्यक्ति नहीं मिलता जो ठीक उनकी ही दशा का हो, उनकी ही स्थिति का हो। फिर बात नीचे हाथों में पड़ जाती है। पड़ेगी ही।

जैसे जल बादल से बरसता है, भूमि पर गिरता है, कीचड़ मच जाती। जब तक भूमि को नहीं छुआ तब तक जल-कण बड़े स्वच्छ होते हैं, स्फटिक-मणि जैसे होते हैं। जैसे ही भूमि को छुआ, कीचड़ मच जाती है। अष्टावक्र बरसेंगे, तुम्हारे मन को छुएंगे, कीचड़ मच जाएगी। मगर सौभाग्य है कि कम से कम कीचड़ तो मचती है। मिट्टी में भी गंदा तो हो जाता है पानी लेकिन मौजूद तो होता। कोई पारखी कभी पैदा होगा तो मिट्टी को अलग कर लेगा, पानी को अलग कर लेगा।

परंपरा की जरूरत है। संघर्ष चलने दो। परंपरा-क्रांति में संघर्ष चलने दो। संघर्ष की भी जरूरत है, बार-बार क्रांति हो इसकी जरूरत है। ताकि बार-बार जो नष्ट हो गया, जो खो गया, पुनः आविष्कृत हो सके। और बार-बार परंपरा बने यह भी जरूरी है ताकि जो नया पुनः आविष्कृत हुआ है वह बचाया जा सके। होगी बार-बार क्रांति। होगी बार-बार परंपरा।

तुम इस बात को ठीक से समझ लेना। पूछा है तुमने कि आप क्रांतिकारी हैं...।

लेकिन मैं साधारण क्रांतिकारी नहीं हूं। मैं परंपरा के विरोध में हूं ऐसा क्रांतिकारी नहीं हूं। मैं परंपरा और क्रांति दोनों से मुक्त हूं, ऐसा क्रांतिकारी हूं। मेरी क्रांति क्रांति से भी गहरी जाती है। क्योंकि मैं देख पाता हूं कि क्रांति और परंपरा तो दिन और रात जैसे हैं। हर दिन के बाद रात, हर रात के बाद दिन। हर क्रांति के पीछे परंपरा, हर परंपरा के पीछे क्रांति। यह अनवरत शृंखला है। मैं तो साक्षी मात्र हूं। जो जैसा है उसे तुमसे वैसा कह रहा हूं। मैं कोई लेनिन और मार्क्स और क्रोपाटीकन जैसा क्रांतिकारी नहीं हूं जो परंपराविरोधी हैं। न मैं परंपरावादी हूं; मनु, याज्ञवल्क्य इन जैसा परंपरावादी भी नहीं हूं, जो क्रांतिविरोधी हैं।

मैं तो देखता हूं कि क्रांति और परंपरा दोनों जरूरी हैं। हो क्रांति बार-बार, आए परंपरा बार-बार। बने परंपरा, मिटे परंपरा, फिर हो क्रांति। और यह सतत हो। न तो ज्यादा देर क्रांति रुके; क्योंकि ज्यादा देर क्रांति रुक जाए तो अराजकता हो जाती है। न ज्यादा देर परंपरा रुके; क्योंकि ज्यादा देर परंपरा रुक जाए तो मरघट हो जाता है। सब समय पर हो, सब अनुपात में हो।

परंपरा क्रांति में संघर्ष चलने दो
आग लगी है तो सूखी टहनियों को जलने दो
मगर जो टहनियां आज भी कच्ची और हरी हैं

उन पर तो तरस खाओ
मेरी एक बात तुम मान जाओ
परंपरा जब लुप्त हो जाती है
लोगों की आस्था के आधार टूट जाते हैं
उखड़े हुए पेड़ों के समान
वे अपनी जड़ों से छूट जाते हैं

तो परंपरा बिलकुल लुप्त नहीं हो जानी चाहिए, नहीं तो लोग जड़हीन हो जाते हैं, बेजड़ हो जाते हैं, उखड़े हुए हो जाते हैं। उनको समझ ही नहीं पड़ता कि अब कहां जाएं, क्या करें, कैसे उठें, कैसे बैठें। उनका संतुलन खो जाता है। उनकी दिशा खो जाती है। उनके लिए मार्ग नहीं बचता। वे किंकर्तव्यविमूढ़ हो जाते हैं। जीवन के चौराहे पर पागल की तरह, विक्षिप्त की तरह यहां-वहां दौड़ने लगते हैं। कोई गंतव्य नहीं रह जाता।

तो परंपरा बिलकुल न टूट जाए, नहीं तो जड़ें उखड़ जाती हैं। और परंपरा इतनी मजबूत न हो जाए कि बीज टूट ही न सके, नहीं तो वृक्ष छिपा रह जाता है।

जीवन इन विरोधाभासों के बीच संतुलन का नाम है, समता का नाम है। और जब भी जीवन संतुलन को उपलब्ध होता है, जहां परंपरा अपना काम करती है, और क्रांति अपना काम करती है, और जहां परंपरा और क्रांति हाथ में हाथ डाल कर चलती हैं वहां जीवन में छंद पैदा होता है, गीत पैदा होता है। जहां परंपरा और क्रांति साथ-साथ नाच सकती हैं। यही मेरी चेष्टा है।

तो एक तरफ क्रांति की बात करता हूं, दूसरी तरफ शास्त्रों को पुनरुज्जीवित करता हूं। तुम्हें इसमें विरोध दिखेगा, क्योंकि तुम्हें पूरा जीवन दिखाई नहीं पड़ता। मुझे पूरा जीवन दिखाई पड़ता है, मुझे विरोध नहीं दिखाई पड़ता। दोनों परिपूरक हैं।

बिदको नहीं
गुरूर में मुस्कुराओ नहीं
कौन कहता है कि तुम सब कुछ नहीं जानते हो
मगर दो-चार बातें प्राचीनों को भी मालूम थीं
मसलन, वे जानते थे कि पावन पुष्प एकांत में खिलता है
और सबसे बड़ा सुख उसे मिलता है
जो न तो किस्मत से नाराज है
न भाग्य से रुष्ट है
जिसकी जरूरतें थोड़ी और ईमान बड़ा है
संक्षेप में जो अपने आप से संतुष्ट है

तो नाराज मत होओ। हर सदी इस अहंकार में जीती है कि जो हमें पता है वह किसी को पता नहीं था। हर पीढ़ी इस अस्मिता की घोषणा करती है कि जो हमने जान लिया है, बस वह हमने जाना है, और किसी ने नहीं जाना। हमसे पहले तो सब मूढ़ थे।

देखो, क्रांतिकारी कहता है, हमसे पहले जो थे वे सब मूढ़ थे। परंपरावादी कहता है, हमसे बाद जो होंगे वे सब मूढ़ होंगे। ये दोनों बातें मूढ़ता की हैं। परंपरावादी कहता है, पीछे देखो अगर ज्ञान खोजना है। तो ज्ञान हो चुका। सतयुग हो चुका। स्वर्णयुग बीत चुका। अब आगे तो बस अंधेरा है—और अंधेरा, कलियुग और अंधकार, और नरक। अब आगे तो मूढ़ से मूढ़ लोग होंगे। रोज-रोज प्रतिभा कम होगी। रोज-रोज पाप बढ़ेगा। परंपरावादी कहता है पीछे जा चुके स्वर्ण शिखर। लौटो पीछे, देखो पीछे।

और क्रांतिवादी कहता है, पीछे क्या रखा है? अंधकार के युग थे वे। तमस घिरा था। लोग मूढ़ थे, अंधविश्वासी थे। वहां क्या धरा है! आगे देखो। स्वर्णकलश भविष्य में है। प्रतिभा रोज-रोज पैदा होगी। ज्ञानी आनेवाले हैं, अभी आए नहीं। उनका आगमन हमारे साथ शुरू हुआ है। क्रांतिकारी कहता है, हमारे साथ ज्ञानियों का आगमन शुरू हुआ है। यह पहला पदार्पण है किरण का। अब और किरणें आएंगी; बच्चों में आएंगी, भविष्य में आएंगी।

ये दोनों बातें अधूरी हैं। ये दोनों बातें गलत हैं। अधूरे सत्य झूठ से भी बदतर होते हैं।

बिदको नहीं
गुरूर में मुस्कुराओ नहीं
कौन कहता है कि तुम सब कुछ नहीं जानते हो
मगर दो-चार बातें प्राचीनों को भी मालूम थीं

इतनी दया करो। इतना तो स्वीकार करो कि दो-चार बातें प्राचीनों को भी मालूम थीं। और अगर उन्हें मालूम न होतीं तो तुम्हें भी मालूम नहीं हो सकती थीं, क्योंकि तुम उन्हीं से आते हो। तुम उन्हीं की शृंखला हो। उन्हें मूढ़ मत कहो। क्योंकि अगर वे मूढ़ थे तो तुम भी मूढ़ हो। क्योंकि वे बीज थे, तुम उन्हीं के फल हो। और मूढ़ता के बीजों में ज्ञान के फल नहीं लगते।

उन्हें अंधविश्वासी मत कहो; अन्यथा तुम आते कहां से हो? तुम उन्हीं की शृंखला हो। तुम उन्हीं का सातत्य हो। तो इतना ही हो सकता है कि तुमने शायद अपने अंधविश्वास बदल लिए हों लेकिन अन्यथा तुम हो नहीं सकते। हो सकता है वे धर्म के शास्त्रों में मानते थे, तुम विज्ञान के शास्त्रों में मानते हो। लेकिन अंधविश्वास तुम्हारा कुछ बहुत भिन्न नहीं है। अगर वे अंधविश्वासी थे तो तुम भी अंधविश्वासी हो।

बड़े मजे की बातें हैं। लोग पुराने, प्राचीन शास्त्रों में अंधविश्वास खोजते हैं। कहते हैं, ईश्वर दिखाई नहीं पड़ता। हो तो दिखाओ। दिखाओ तो मान लें। और जब आधुनिक भौतिकी कहती है, आधुनिक भौतिकशास्त्र कहता है कि इलेक्ट्रान है और दिखाई नहीं पड़ता, तब ये संदेह नहीं उठाते। तब ये डा. कोवूर और इस तरह के लोग फिर संदेह नहीं उठाते कि यह बात हम कैसे मान लें? कि तुम कहते हो है, और दिखाई नहीं पड़ता। है तो दिखा दो। किसी वैज्ञानिक की क्षमता नहीं है कि इलेक्ट्रान को दिखा दे। मगर वैज्ञानिक कहता है, है तो। क्योंकि हम उसके परिणाम देखते हैं।

यही तो पुराने शास्त्र कहते हैं कि परमात्मा नहीं दिखाई पड़ता लेकिन परिणाम दिखाई पड़ते हैं। यह देखो, इतनी बड़ी व्यवस्था, यह इतना बड़ा आयोजन! और क्या प्रमाण चाहिए?

तुम जाओ मरुस्थल में और तुम्हें पड़ी हुई एक घड़ी मिल जाए...हाथ की साधारण जेबघड़ी या हाथघड़ी। तुम्हें कोई भी दिखाई न पड़े, दूर-दूर मरुस्थल तक कहीं कोई पदचिह्न न मालूम पड़ें तो भी तुम कहोगे कि कोई मनुष्य आया है जरूर। यह घड़ी कहां से आई? तुम यह तो न मान सकोगे कि सिर्फ संयोगवशात यह घड़ी अपने आप निर्मित हो गई है। टिक-टिक घड़ी अब भी बजा रही है समय को। क्या तुम यह मान सकोगे कि संयोगवशात? अनंत-अनंत काल में संयोग से यह घड़ी निर्मित हो गई है, कोई बनाने वाला नहीं है? तुम न मान सकोगे। एक घड़ी तुम्हें मुश्किल में डाल देगी। तुम लाख मनाने की कोशिश करो, फिर भी घड़ी कहेगी कि कोई बनाने वाला है। फिर भी घड़ी कहेगी, कोई आदमी यहां आ चुका है।

तुम घड़ी को देख कर यह बात नहीं मान पाते कि यह अपने आप बन गई और तुम इस विराट विश्व को देख कर कहते हो कि अपने आप बन गया! ये चांद-तारे, यह सूरज, यह जीवन, यह इतनी अपूर्व लीला, यह इतना जटिल जाल इतनी सरलता से चल रहा है। नहीं, कोई दिखाई नहीं पड़ता। कोई हाथ साफ मालूम नहीं पड़ते।

पुराने शास्त्र कहते हैं, होंगे जरूर; होने चाहिए। परिणाम दिखाई पड़ता है। वही तो आधुनिक भौतिकशास्त्री कह रहा है कि इलेक्ट्रान होना तो चाहिए क्योंकि उसका परिणाम दिखाई पड़ता है। हिरोशिमा में परिणाम देखा न? अब कौन इनकार करेगा? कैसे इनकार करोगे? भौतिकशास्त्री कहता है कि हमने देखा, अणु का विस्फोट हो सकता है। विस्फोट का परिणाम हुआ कि एक लाख आदमी जल कर राख हो गए। परिणाम साफ है। मौत घट गई, तुम अब इनकार कैसे करते हो?

और यह बात सच है कि इलेक्ट्रान दिखाई नहीं पड़ते। इतने सूक्ष्म हैं, ऊर्जा मात्र हैं। दिखाई नहीं पड़ते। लेकिन कोई इस पर शक नहीं उठाता। कोई बड़ा समझदार होने का दावा करने वाला आदमी यह नहीं कहता कि यह तो नया अंधविश्वास हो गया।

पहले के लोग ईश्वर नाम देते थे, तुम इलेक्ट्रान कहने लगे। फर्क क्या पड़ता है? इससे क्या फर्क पड़ता है? नाम बदल दिए लेकिन धारणा तो वही की वही है कि चीज हो और दिखाई न पड़े, और फिर भी तुम मानते हो।

सोचो, अगर पुराने लोग अंधविश्वासी थे तो तुम अन्यथा नहीं हो सकते। तुम अपने बाप को गालियां देकर प्रशंसित न हो सकोगे, क्योंकि तुम वहीं से आते। गंगा गंगोत्री को गाली देकर गंगा न हो सकेगी। गंगोत्री अगर भ्रष्ट है तो गंगा भ्रष्ट है। क्योंकि जहां से हम आते...स्रोत अगर भ्रष्ट हो गया तो हम भ्रष्ट हो गए।

कौन कहता है कि तुम सब कुछ नहीं जानते हो
मगर दो-चार बातें प्राचीनों को भी मालूम थीं

इतनी तो दया करो, इतना स्वीकार करो कि कुछ वे भी जानते थे। उस कुछ को बचा लेना है।

मसलन, वे जानते थे कि पावन पुष्प एकांत में खिलता है।

समस्त पुराने शास्त्र एकांत की महिमा गाते हैं। तुम भीड़ में जी रहे हो। तुम भीड़ की तरह जी रहे हो। तुम्हें खयाल ही भूल गया है कि पावन पुष्प एकांत में खिलता है। तुम भीड़ के हिस्से हो गए हो। भीड़ तुम्हारे बाहर, भीड़ तुम्हारे भीतर, भीड़ ही भीड़ है। तुम्हारे भीतर व्यक्ति तो बिलकुल खो गया है। व्यक्ति तो ध्यान में खिलता है। ध्यान यानी एकांत। व्यक्ति तो अकेले में, परम एकाकीपन में उभरता है, संबंधों में नहीं। संबंधों से मुक्त हो जाने का नाम संन्यास है। संबंधों के पार हो जाने का नाम संन्यास है।

तुमने जाना कि मैं बाप हूं, तुमने जाना कि मैं पति हूं, तुमने जाना कि मैं पत्नी हूं, मैं बेटा हूं, मैं यह, मैं वह, तो तुम गृहस्थ। घर में रहने से तुम गृहस्थ नहीं होते, इस बात को जानने से कि मैं बाप हूं, बेटा हूं, पति हूं, पत्नी हूं, तुम गृहस्थ होते हो। तुम घर में रहे लेकिन तुमने जाना कि मैं कैसे बाप, मैं कैसे बेटा, मैं कैसे पत्नी! मुझे तो अभी यही पता नहीं कि मैं कौन हूं। अभी तो मुझे अपने भीतर झांक कर देखना है कि यह कौन है मेरे भीतर जो बैठा है? और जब तुम इसे देखने लगोगे, पहचानने लगोगे, तुम अचानक पाओगे असंबंधित हो तुम; असंग हो तुम। तब संन्यास जन्मा।

मसलन, वे जानते थे कि पावन पुष्प एकांत में खिलता है
और सबसे बड़ा सुख उसे मिलता है
जो न तो किस्मत से नाराज है
न भाग्य से रुष्ट है

समझो, यही तो तथाता का सिद्धांत है, साक्षी का सिद्धांत है।

जो न तो किस्मत से नाराज है
न भाग्य से रुष्ट है

जो यह कहता ही नहीं कि कुछ गलत हो रहा है, उसी को सुख मिलता है। जिसने कहा गलत हो रहा है, वह तो चूका।

मैं एक मुसलमान फकीर का जीवन पढ़ रहा था। एक आदमी मेहमान हुआ। सुबह दोनों नमाज पढ़ने बैठे। वह आदमी नया-नया था, परदेशी था उस गांव में। वह गलत दिशा में मुंह करके बैठ गया। काबा की तरफ मुंह होना चाहिए, मक्का की तरफ मुंह होना चाहिए, वह गलत दिशा में मुंह करके बैठ गया। और जब उस आदमी ने आंखें खोलीं तो फकीर को दूसरी दिशा में मुंह किए नमाज पढ़ते देखा तो वह बहुत घबड़ाया कि बड़ी भूल हो गई। वह फकीर से पहले नमाज करने बैठ गया था तो देख नहीं पाया कि ठीक दिशा कहां है।

जब फकीर नमाज से उठा तो उसने कहा महानुभाव, आप तो मेरे बाद ध्यान करने बैठे, आपने तो देख लिया होगा कि मैं गलत दिशा में ध्यान कर रहा हूं। मुझे कहा क्यों नहीं? मुझसे यह गलती क्यों हो जाने दी? वह फकीर हंसने लगा। उसने कहा, हमने गलती देखना ही छोड़ दी। अब जो होता है ठीक होता है। हम अपनी गलती नहीं देखते तो तेरी गलती हम क्या देखें! गलती देखना छोड़ दी। जब से गलती देखना छोड़ी तबसे हम बड़े सुखी हैं।

जो न तो किस्मत से नाराज है
न भाग्य से रुष्ट है

जो जीवन में देखता ही नहीं कोई भूल। जो है वैसा ही होना चाहिए। जैसा हुआ वैसा ही होना चाहिए था। जैसा होगा वैसा ही होगा। ऐसा जिसने जान लिया, ऐसा परम स्वीकार जिसके भीतर पैदा हुआ—फिर सुख ही सुख है। फिर रस बहता। फिर तो मगन ही मगन। फिर तो मस्ती ही मस्ती है। फिर तो सब उपद्रव गए। फिर कांटे कहां बचे? फिर तो फूल ही फूल हैं, कमल ही कमल हैं।

जिसकी जरूरतें थोड़ी और ईमान बड़ा है

हमारी जरूरतें बड़ी और ईमान छोटा है। हम ईमान को बेच कर जरूरतें पूरी कर रहे हैं। ईमान को बेचते हैं, वस्तुएं खरीद लाते हैं। हम सोचते हैं, हम बड़े समझदार हैं।

क्षमा करो, मगर दो-चार बातें प्राचीनों को भी मालूम थीं। उन्हें मालूम था कि चाहे जरूरतें कितनी ही कट जाएं, कोई चिंता नहीं; ईमान मत बेच देना। ईमान बेचना यानी आत्मा को बेचना है। ईमान बेचना यानी जीवन की मूल भित्ति को बेच देना है। तब तुम कूड़ा-कर्कट खरीद लोगे, एक दिन पाओगे हाथ तो भरे हैं, प्राण सूने हैं। जाते वक्त हाथ चाहे खाली हों, प्राण भरे हों बस, तो तुम जीवन से जीत कर लौटे, विजेता की तरह लौटे; अन्यथा खाली हाथ लौटे।

जिसकी जरूरतें थोड़ी और ईमान बड़ा है

संक्षेप में जो अपने आप से संतुष्ट है

ऐसे कुछ गहरे सूत्र उन्हें मालूम थे। इन सूत्रों को मुक्त करना है।

जीवन से चिपकना और मृत्यु से घृणा करना

पुराने मर्द ये बातें नहीं जानते थे

अस्ताचल पर न तो वे रोते थे

न उदयाचल पर खुशी मानते थे

जीवन के बारे में उन्हें न तो आसक्ति थी

न दुनिया के बारे में कोई भ्रम था

आने की उन्हें न तो कोई खुशी थी

न जाने का गम था।

आए—उसने भेजा तो आए। चले—उसने बुलाया तो चले। न आने की कोई खुशी थी न जाने का कोई गम था। न सूरज के उगने पर वे उत्सव मनाते थे न डूब जाने पर रोते थे। उनका कोई चुनाव ही न था।

जीवन से चिपकना और मृत्यु से घृणा करना

पुराने मर्द ये बातें नहीं जानते थे

न तो जीवन से चिपकते थे, न मृत्यु से घृणा करते थे। ये दोनों बातें तो एक ही सिक्के के दो पहलू हैं। जो जीवन से चिपकेगा वह मृत्यु से घबड़ाएगा। जो घबड़ाएगा वह घृणा भी करेगा। और जो जीवन से चिपकेगा और मृत्यु से घबड़ाएगा वह जीवन से वंचित रह जाएगा, क्योंकि वे एक ही सिक्के के दो पहलू हैं। जो मृत्यु से बचेगा वह जीवन से भी वंचित रह जाएगा।

पुराने मर्द कुछ बातें जानते थे। कुछ बातें उन्होंने बड़ी गहराई से जानी थीं। लाओत्सु, अष्टावक्र, च्वांगत्सु, जरथुस्त्र, बुद्ध, कृष्ण—पुराने मर्द कुछ बातें जानते थे। तुम जल्दी से ऐसे घमंड से मत भर जाना कि सब तुम्हें पता है।

जीवन के बारे में उन्हें न तो आसक्ति थी

न दुनिया के बारे में कोई भ्रम था

वे जानते थे कि क्षणभंगुर है। जो है वह मिटेगा। इसलिए न तो कोई आसक्ति थी, न कोई भ्रम पालते थे।

आने की उन्हें न तो कोई खुशी थी

न जाने का गम था

बीज पहले पौधा बनता है और फिर वृक्ष

और फिर टूट कर वह धरती पर सो जाता है

प्रकृति का नियम कितना सरल है

आदमी भी मरता नहीं, लौट कर अपने घर जाता है।

कौन कहता है कि वह अनस्तित्व में खो जाता है।

उन्हें कुछ मौलिक बातों का बोध था। जिन शास्त्रों पर मैं चर्चा कर रहा हूं उन शास्त्रों में इन मौलिक बातों की कुंजियां छिपी हैं। वे कुंजियां तुम्हें फिर मिल जाए इसलिए इन पर बात है।

परंपरा को नहीं सम्हाल रहा हूं, परंपरा को तो तोड़ रहा हूं। लेकिन कोई शास्त्र परंपरावादी होता ही नहीं। परंपरावादी हो तो शास्त्र नहीं, साधारण किताब है।

शास्त्र तो आग है। शास्त्र तो क्रांति है। शास्त्र तो जलाता है, भस्मीभूत कर देता है। जो जल सकता है, जल जाता है। जो नहीं जल सकता वही बचता है। जो बच जाता है आग से गुजर कर वही कुंदन, शुद्ध स्वर्ण हो जाता है।

इसलिए तुम मुझे किसी कोटि में मत रखो कि मैं क्रांतिकारी हूं कि परंपरावादी हूं। मैं कोई भी नहीं या दोनों साथ-साथ हूं। और तुमसे भी मैं यही चाहता हूं कि तुम चुन मत लेना। चुनाव कर लिया कि तुम चूक गए। आधा ही हाथ लगेगा। और आधा सत्य असत्य से भी बदतर है ।

पूरे से कम क्यों लो? जब पूरा मिल सकता हो तो कम पर क्यों राजी होओ? पूरा सत्य यही है कि परंपरा और क्रांति दिन और रात जैसे हैं, जन्म और मृत्यु जैसे हैं, साथ-साथ हैं। दोनों को नाचने दो गलबाहें डालकर। किसी तरफ पलड़ा ज्यादा न झुके—न परंपरा की तरफ, न क्रांति की तरफ, तो तुम समतुल हो जाओगे। तो सम्यकत्व पैदा होता है।

दूसरा प्रश्न : अष्टावक्र अकृत्रिम व सहज समाधि के प्रस्तोता हैं। उनके दर्शन में बोध के अतिरिक्त किसी अनुष्ठान, साधन या प्रयत्न को स्थान नहीं है। तो क्या वहां प्रार्थना भी व्यर्थ है?

प्रार्थना जो की जा सके वह तो व्यर्थ है। अष्टावक्र के मार्ग पर करना व्यर्थ है, क्रिया व्यर्थ है, कर्तव्य व्यर्थ है, कर्ता का भाव व्यर्थ है। तो जो प्रार्थना की जा सके वह तो व्यर्थ है; हां, जो प्रार्थना हो जाए वह व्यर्थ नहीं है; जिस प्रार्थना को करते समय तुम्हारा कर्ता मौजूद न हो। आयोजन से हो जो प्रार्थना वह व्यर्थ है। अनायास जो हो जाए—कभी सूरज को उगते देख कर तुम्हारे हाथ जुड़ जाएं; नहीं कि तुमने जोड़े। जोड़े तो जुड़े ही नहीं। जुड़ गए तो ही जुड़े।

अब यह भी क्या बात है कि तुम हिंदू हो इसलिए सूर्य-नमस्कार कर रहे हो। यह बात दो कौड़ी की हो गई। हिंदू होने की वजह से सूर्य-नमस्कार कर रहे हो? सूर्य के उठने होने की वजह से करो। यह सूरज उठ रहा है, मुसलमान के हाथ नहीं जुड़ते, क्योंकि वह मुसलमान है। हिंदू के जुड़ जाते हैं क्योंकि वह हिंदू है। दोनों बातें फिजूल हैं।

इधर सूरज उग रहा है, वहां तुम हिंदू-मुसलमान का हिसाब रख रहे हो? यह परम सौंदर्य तुम्हें दिखाई नहीं पड़ता। अंधे हो तुम? हिंदू होओगे तब नमस्कार करोगे? यह चमत्कार सामने खड़ा है, तुम हिंदू होओगे तब नमस्कार करोगे? यह अपूर्व सूरज फिर उग रहा है। ये फिर छाने लगे प्रकाश के जाल चारों तरफ। फिर खिले फूल, फिर पक्षी बोले, फिर जीवन प्रकट हुआ। सब खो गया था रात के अंधेरे में, सब फिर प्रकट हुआ। तुम्हारे हाथ नहीं जुड़ते, जोड़ना पड़ते हैं? जोड़ो तो व्यर्थ, जुड़ जाएं तो सार्थक।

जरा तुम हृदय को संवेदनशील तो करो। जरा आंख खोल कर तो देखो। मेरे देखे तो न हिंदू के जुड़ते न मुसलमान के। क्योंकि हिंदू भी आंख बंद करे हाथ जोड़ लेता है, क्योंकि सूरज है। मैं देखता हूं, कोई बिजली जलाए, हिंदू ऐसा हाथ जोड़ लेता है, नमस्कार कर लेता है। बिजली जल रही है, हाथ जोड़ कर नमस्कार कर लिया। यह यंत्रवत है।

एक सज्जन मेरे पास आते थे, उनको यह आदत थी। एक दिन वे आए, सांझ हम देर तक बैठे बात करते रहे। फिर मैंने पास बटन दबा कर, अंधेरा हो रहा था, बिजली जलाई तो उन्होंने हाथ जोड़े। मैंने फिर बुझा दी। वे बोले आपने यह क्या किया? मैंने कहा, तुमने सब खराब कर दिया। मैंने फिर जलाई, उन्होंने फिर हाथ जोड़े। मैंने कहा, जब तक तुम हाथ जोड़ना बंद न करोगे, मैं बुझाता रहूंगा। ऐसा कोई पचास बार मैंने किया। आखिर इक्यानवीं बार वे हार गए। कहने लगे हाथ जोड़े आपके। बात क्या है? आप क्यों यह जला-बुझा रहे हैं?

मैंने कहा, इसलिए कि ये हाथ तुम्हारे तुम जोड़ते हो, जुड़ते नहीं। तुम्हारे जीवन में मैंने प्रार्थना का कोई स्वर ही नहीं देखा है। ये मुर्दा हाथ हैं, यंत्रवत उठ रहे हैं। तुम मशीन हो, आदमी नहीं हो, क्योंकि तुम्हें मैंने कहीं और सौंदर्य को प्रकट होते देख कर हाथ जोड़ते नहीं देखा। बगीचे में सामने गुलाब खिल रहे हैं, मैंने तुम्हें हाथ जोड़ते नहीं देखा। तुम क्या खाक समझोगे! कोयल गीत गाती है, मैंने तुम्हें कभी हाथ जोड़ते नहीं देखा। एक सुंदर स्त्री राह से गुजर जाती है, मैंने तुम्हें कभी हाथ जोड़ते नहीं देखा। तुम कैसे रोशनी के प्रकट होने पर हाथ जोड़ोगे!

रोशनी हजार-हजार रूपों में प्रकट हो रही है। यह सारा जगत रोशनी का ही खेल है। ये जो हरे पत्ते हैं ये भी रोशनी के ही हिस्से हैं। इसमें किरण का जो हरा हिस्सा है वह समा गया। इसे तुमने नमस्कार किया? ये जो लाल गुलाब खिले हैं ये भी रोशनी के ही हिस्से हैं। इसमें किरण का लाल हिस्सा समा गया। यह सारा जगत

रोशन है और तुम बस बिजली का बटन दबा तो तुम नमस्कार करते हो? और तुम्हारे चेहरे पर मैं कोई नमस्कार का भाव नहीं देखता। यंत्रवत हाथ उठ जाते हैं।

गुरजिएफ अपने शिष्यों को कहता था कि कोई भी एक क्रिया चुन लो जो यंत्रवत होती हो, और उसी वक्त एक चांटा खींच कर अपने को मारो। वह आदमी अदभुत था। जैसे तुम चर्च के पास से गुजरे और सिर झुका लिया। तो वह कहता, उसी वक्त चांटा मारो अपने को—चाहे बीच बाजार में मारना पड़े। कोई भी एक क्रिया चुन लो, जो तुम यंत्रवत करते हो; या कोई शब्द, तुम जो यंत्रवत बोलते हो, बार-बार बोलते हो और जो यांत्रिक हो गया है।

जैसे कुछ लोग हैं, वे हर किसी को कहे चले जाते हैं: मैं आपको प्रेम करता हूं। वे हर चीज को प्रेम करते हैं। आइसक्रीम से लेकर आत्मा तक हर चीज को प्रेम करते हैं। कि आइसक्रीम से मुझे बड़ा प्रेम है। तुम प्रेम शब्द को भी खराब किए दे रहे हो। आइसक्रीम तो खराब हो ही रही है, तुम प्रेम को भी खराब किए दे रहे हो। कुछ प्रेम का मूल्य है, कुछ शब्द का अर्थ होता। तुम क्या कह रहे हो?

तो गुरजिएफ कहता था, यह जो तुम प्रेम शब्द का उपयोग करते हो, यांत्रिक है। जब-जब दिन में तुम प्रेम शब्द का उपयोग करो, एक चांटा कस कर अपने को मारो! इससे तुम्हें होश आएगा। और इसके बड़े परिणाम होते हैं। यह प्रक्रिया उपयोगी है। इसके बड़े परिणाम होंगे। क्योंकि जब भी तुम प्रेम कहोगे, एक चांटा मारोगे। धीरे-धीरे प्रेम कहने के पहले ही तुम्हें खयाल में आ जाएगा कि अब निकला प्रेम, और पड़ा चांटा। और बदनामी हुई और भद्द हुई और लोग हंसे। धीरे-धीरे तुम्हारी यंत्रवत्ता गिरने लगेगी और होश जगेगा।

अष्टावक्र के मार्ग पर जो करना पड़ता है वह व्यर्थ है। जो हो जाता है! और जो हो जाता है उसको अष्टावक्र भी रोकेंगे कैसे? जो किया ही नहीं वह रुकेगा कैसे? जो किया है वही रुक सकता है। अष्टावक्र मीरा को नहीं रोक सकते प्रार्थना करने से, तुम्हें रोक सकते हैं। तुम कर रहे थे।

इधर मैं अष्टावक्र पर बोल रहा हूं तो मेरे पास प्रश्न आ जाते हैं कि अष्टावक्र तो कहते हैं ध्यान इत्यादि करने से कुछ सार नहीं, तो फिर हम जो ध्यान कर रहे हैं उसको बंद कर दें? तुम कर रहे हो इसलिए खयाल उठता है कि बंद कर दें, जब अष्टावक्र कहते हैं बंद कर दो। लेकिन जिसे ध्यान हो रहा है वह कैसे बंद करेगा? जो तुमने शुरू किया, बंद कर सकते हो। जो तुमने शुरू नहीं किया, जो शुरू हुआ, उसे तुम कैसे बंद करोगे? जरा श्वास को तो बंद करके देखो तो पता चल जाएगा कि नहीं होती बंद। तुमने शुरू भी नहीं की है, शुरू हुई है। बंद भी होगी कभी, अपने से होगी। तुम बीच में कर्ता नहीं बन सकते।

तो खयाल रखना, एक तो प्रार्थना है जो की जाती है। और एक प्रार्थना है, जो हो जाती है। जो हो जाए वही सच है। जो हो जाए वह परम सौभाग्य की है।

और कहीं भी हो सकती है। मंदिर, मस्जिद और गुरुद्वारे का सवाल नहीं है। कहीं भी हो सकती है, क्योंकि परमात्मा सब जगह है। जहां से भी उसकी झलक मिल जाएगी वहीं हृदय डांवाडोल हो जाएगा। वहीं मस्ती छा जाएगी। वहीं आंखों में नशा आ जाएगा। वहीं तुम डोलने लगोगे। वहीं तुम झुक जाओगे।

तुम जरा इस बात को खयाल में रखना। जरा सोचो, किसी गुलाब के फूल को देख कर अगर तुम झुक गए और वहीं घुटने टेके; हो गई नमाज। काबा की तरफ मुंह कर रहे हो, मुर्दा पत्थर की तरफ? इधर जीवित परमात्मा फूल से पुकार रहा है। कि तुम शब्दों के जाल को दोहरा रहे हो—गायत्री मंत्र, नमोकार। यहां फूल में नमोकार जीवित है, गायत्री प्रकट हो रही है, तुम मुर्दा शब्दों के साथ खेल कर रहे हो। झुक जाओ यहां। डूब जाओ इस फूल में। और तुम जानोगे प्रार्थना का स्वाद।

तुम्हारे कारण प्रार्थना भी खराब हो गई है। जिस प्रार्थना में तुम मौजूद हो, वह प्रार्थना नहीं। जिस प्रार्थना में तुम बिलकुल लीन हो गए वही प्रार्थना है।

फिर तुम्हारी प्रार्थनाएं तो भिखमंगे की प्रार्थनाएं हैं। तुम कुछ न कुछ मांग रहे हो। दीन हो। नहीं, प्रार्थना दीन भाव से नहीं उठती। प्रार्थना अर्पण है, समर्पण है। तुम अपने को अर्पित करते हो, मांगते नहीं।

जो प्रार्थना दीन भाव से उठती है, कुछ मांगने के लिए उठती है, जिस प्रार्थना में तुम प्रार्थी हो जाते हो, चूक गए। फिर अष्टावक्र की प्रार्थना नहीं है वह। होगी किसी और की लेकिन अष्टावक्र के शास्त्र में, अष्टावक्र के मार्ग पर उसके लिए कोई जगह नहीं है।

घोर तम छाया चारों ओर
घटाएं घिर आईं घनघोर
वेग मारुत का है प्रतिकूल
हिले जाते हैं पर्वत-मूल
गरजता सागर बारंबार
कौन पहुंचा देगा उस पार?

तरंगें उठतीं पर्वताकार
भयंकर करतीं हाहाकार
अरे उनके फेनिल उच्छवास
तरी का करते हैं उपहास

हाथ से गई छूट पतवार
कौन पहुंचा देगा उस पार?

ग्रास करने नौका स्वच्छंद
घूमते फिरते जलचरवृंद
देख कर काला सिंधु अनंत
हो गया है साहस का अंत
तरंगें हैं उत्ताल अपार
कौन पहुंचा देगा उस पार?

यह सच है कि हम असहाय हैं। तो प्रार्थना के दो रूप हो सकते हैं। या तो हम अपनी असहाय अवस्था में मांगें उससे कि कुछ दे ताकि हम आलंबन पा जाएं। या हम अपनी असहाय अवस्था में सिर्फ झुक जाएं, कुछ मांगें न। असहाय अवस्था में झुक जाएं।

घोर तम छाया चारों ओर
घटाएं घिर आईं घनघोर
वेग मारुत का है प्रतिकूल
हिले जाते हैं पर्वत-मूल
गरजता सागर बारंबार
कौन पहुंचा देगा उस पार?

कुछ मांगा नहीं जा रहा है। कुछ कहा जा रहा है जरूर। अपनी असहाय अवस्था प्रकट की जा रही है। मांगा कुछ भी नहीं जा रहा। मांग कुछ भी नहीं है। अपना बेसहारापन प्रकट किया जा रहा है, कोई सहारा नहीं मांगा जा रहा है।

तरंगें उठतीं पर्वताकार
भयंकर करतीं हाहाकार
अरे उनके फेनिल उच्छवास
तरी का करते हैं उपहास
हाथ से गई छूट पतवार
कौन पहुंचा देगा उस पार?
सुनते हो?
कौन पहुंचा देगा उस पार?

न ही कोई मांग है, न ही किसी हाथ की तलाश है, न ही कोई भिखमंगे की प्रार्थना है, सिर्फ निवेदन है। सिर्फ अपनी स्थिति का निवेदन है।

ग्रास करने नौका स्वच्छंद
घूमते फिरते जलचरवृंद
देख कर काला सिंधु अनंत
हो गया है साहस का अंत
तरंगें हैं उत्ताल अपार
कौन पहुंचा देगा उस पार?

और जब ऐसी भावदशा में तुम झुकोगे तो तुम अचानक पाओगे, पहुंच गए उस पार। उस झुकने में ही मिल जाता किनारा। क्योंकि उस झुकने में ही खो जाता अहंकार। यह जो हाहाकार है, ये जो उत्ताल तरंगें हैं, यह जो सब तरह गहन अंधकार है, यह तुम्हारा अहंकार है और कुछ भी नहीं।

अब फर्क समझना। अहंकारी आदमी झुकता है परमात्मा के सामने ताकि अहंकार के लिए कुछ और सहारे मिल जाएं कि हे प्रभु, कुछ दो। इधर अहंकार टूटा जा रहा है, स्तंभ हिले जाते हैं, जड़ें उखड़ी जाती हैं, कुछ दो। मुझे मजबूत करो। तो प्रार्थना चूक गई। प्रार्थना प्रार्थना न हुई।

नहीं, तुमने कहा सिर्फ, ये जड़ें उखड़ी जाती हैं। यह गहन अंधकार है। ये उत्ताल तरंगें हैं। यह सब उखड़ा जा रहा है।

कौन पहुंचा देगा उस पार?

तुमने बस निवेदन कर दिया और तुम चुप रहे। तुम्हारा निवेदन, और निवेदन के बाद गहरी चुप्पी और मौन।

कौन पहुंचा देगा उस पार?

एक प्रश्न मात्र है। तुमने कुछ मांगा नहीं है। तुमने कुछ चाहा नहीं है।

ऐसे निवेदन के लिए अष्टावक्र के मार्ग पर कोई इनकार नहीं है। लेकिन तुम्हारी जो प्रार्थनाएं हैं उनके लिए तो इनकार है। तुम्हारी प्रार्थनाएं तो अभीप्सा के ही हिस्से हैं। आकांक्षा का नया-नया रूप। तुम कुछ पाने चले हो—संसार, स्वर्ग, मोक्ष। तुम अपने को ही भरने में लगे हो। वास्तविक प्रार्थना वहीं उठती है जहां तुम खाली हो, शून्य हो।

कौन पहुंचा देगा उस पार?

तीसरा प्रश्न: सदगुरु की छाया में होने का अर्थ कृपा करके हमें समझाइए।

अर्थ नहीं समझाया जा सकता, अनुभव करना पड़े। कैसे समझाओगे? यात्री थका-मांदा है मार्ग पर। धूप, धूल-धवांस, लंबी यात्रा की थकान! कोई छाया नहीं मिली कभी। और पूछता है, किसी वृक्ष की छाया के तले विश्राम का क्या अर्थ है?

कैसे समझाओगे उसे? क्या करोगे उपाय? कौन सी विधि काम आएगी समझाने में? नहीं, अर्थ समझाया नहीं जा सकता। उसे कहना पड़ेगा कि वृक्ष हैं, छाया भी है, तू विश्राम कर। जान कर ही जानेगा तू। अनुभव कर ही जानेगा तू। और कोई उपाय नहीं है।

सदगुरु के पास होने का इतना ही अर्थ है कि तुमने अपने अहंकार पर भरोसा खो दिया। अब तुम कहते हो, इस अहंकार की मान कर बहुत चल लिए, कहीं पहुंचे नहीं। सिर्फ दुख पाया, पीड़ा पाई। इसने भटकाया, उलझाया, भरमाया, अब इसकी और न सुनेंगे। बजाय अपने अहंकार की सुनने के, अब तुमने किसी प्रज्ञा-पुरुष की वाणी पर भरोसा किया। यह जो वाणी है किसी प्रज्ञा-पुरुष की, किसी दूसरे की वाणी नहीं, तुम्हारे ही अंतरतम की वाणी है।

सदगुरु वही है जो तुम्हारे भीतर छिपे अंतरतम की वाणी बोलता है। जो तुम अपने भीतर नहीं खोज पाते वह बाहर से तुम्हें सुनाता है। जिस दिन तुम भीतर भी खोजने में समर्थ हो जाओगे, उस दिन पाओगे यह वृक्ष बाहर नहीं था, यह तुम्हारे भीतर ही फैल रहा था। यह छाया तुम्हारे भीतर से ही आ रही थी। गुरु ने तो सिर्फ इशारा किया, इंगित किया।

सदगुरु की छाया में होने का अर्थ है, एक परम प्रेम में पड़ जाना। एक ऐसे प्रेम में, जिसका कोई निर्वचन नहीं हो सकता, जिसकी कोई व्याख्या नहीं हो सकती।

दुनिया में तीन तरह के प्रेम हैं। एक तो प्रेम है, किसी के शरीर के साथ प्रेम में पड़ जाना। वह क्षुद्रतम है। वह जल्दी ही आता और चला जाता। वह शरीर की वासना है। उसको ही काम कहो, सेक्स कहो।

एक दूसरा प्रेम है, जो किसी के मन के साथ प्रेम में पड़ जाना। साधारणतः हम उसे ही प्रेम कहते हैं—दूसरे प्रेम को। वह पहले से श्रेष्ठतर है। थोड़ा गहरा है। ज्यादा देर टिकेगा। शरीर के थोड़ा पार है। थोड़ी इसमें सुगंध है काव्य की। थोड़े पंख हैं उसके पास, थोड़ा उड़ सकता है।

फिर एक तीसरा प्रेम है, किसी के साथ आत्मा में, आत्मा के साथ आत्मा का प्रेम हो जाना। फिर पूरा खुला आकाश है; विराट आकाश है। इसे हम प्रार्थना कहते हैं।

पहला काम, दूसरा प्रेम, तीसरी प्रार्थना।

सदगुरु के पास होने का अर्थ है, प्रार्थनापूर्ण होकर बैठना। किसी की आत्मा के साथ प्रेम में पड़ गए। किसी की आत्मा ने मन को डुबा लिया, मोह लिया। किसी के रंग में रंग गए।

यह तुम्हें जो मैंने गैरिक रंग दिया है यह तो केवल प्रतीक है। यह तो इस बात की

खबर है कि तुम मेरे रंग में रंगने को राजी हुए। यह तो सिर्फ ऊपर की बात है। यह तो केवल शुरुआत है। यह तो ऐसा है जैसे छोटे बच्चों को हम समझाते हैं कि आ आम का। आम से आ का क्या लेना-देना? आ तो और हजार चीजों का भी है। लेकिन शुरुआत तो कहीं से करनी पड़ती है।

परसों ही कोई मुझसे पूछता था कि संन्यास अगर भीतर का ही लें तो ठीक नहीं? तो मैंने कहा, भीतर का ले सको तब तो जरूरत ही नहीं है लेने की। भीतर का नहीं ले सकते इसीलिए तो बाहर से शुरू करना पड़ता है। भीतर का ही लेने की क्षमता हो तब तो लेने की भी जरूरत खतम हो गई। अभी लेने की जरूरत है तो उसका अर्थ ही इतना हुआ कि अभी भीतर का कुछ पता नहीं।

और तुम बाहर खड़े हो। भीतर जाओगे भी तो भी बाहर से ही भीतर जाओगे। अब जो आदमी अपने घर के बाहर खड़ा है सड़क पर, उससे हम कहें कि चलो, सीढ़ियां चढ़ो। वह कहे कि हम सीधे भीतर ही पहुंच जाएं तो हर्ज है? हम कहेंगे, अगर तुम भीतर ही खड़े हो तब तो पहुंचने की कोई जरूरत ही नहीं है। लेकिन अगर बाहर सड़क पर खड़े हो तो फिर बाहर से यात्रा करनी पड़ेगी।

अब जो पूछता था, भयभीत है कपड़ों से। बाहर-भीतर के तो बड़े ऊंचे शब्द उपयोग कर रहा है। डरा हुआ है बाहर से। फिर जल्दी ही बात निकल आई कि—परिवार, प्रियजन, गांव, बस्ती, वहां इन वस्त्रों में जाऊंगा, लोग हंसेंगे। तो मैंने कहा, वे तो बाहर हंस रहे हैं, तुम्हारा क्या बिगाड़ते हैं? तुम तो भीतर की बातें कर रहे हो। वह प्रियजन, गांव, बस्ती, वह सब तो बाहर है, तुम्हारे भीतर तो नहीं। कहा, आप ठीक कहते हैं मगर मुश्किल पड़ेगी। मुश्किल तो बाहर से आ रही है। और तुम तो भीतर खड़े हो।

लेकिन आदमी बड़ा बेईमान है। बड़े ऊंचे तर्क खोजता है बड़ी छोटी बातें छिपाने को। तो मैंने कहा, सीधा-सीधा क्यों नहीं कहते कि बाहर कर डर है? उसने कहा, अब आप नहीं मानते तो मान लेता हूं कि बाहर का डर है। तो उस बाहर के डर को तो बाहर से ही मिटाना पड़ेगा। यह भीतर से नहीं मिट सकता।

ये गैरिक वस्त्र तो सिर्फ इस बात की खबर हैं कि तुम राजी रंगने को। सदगुरु के पास होने का अर्थ है कि तुम उसके रंग में रंगने को राजी। सदगुरु तो रंगरेज है। वह तो तुम्हारी ओढ़नी को रंग देता है। पर तुम्हारा सहयोग जरूरी है। वृक्ष घनी छाया से भरा है। लेकिन तुम उसके नीचे विश्राम न करो तो वृक्ष कुछ भी न कर पाएगा। वृक्ष तुम्हारे पीछे दौड़ नहीं सकता। तुम्हें वृक्ष के साथ सहयोग करना होगा।

सदगुरु जीवन में क्रांति ला सकता है। आमूल रूपांतरण हो सकता है। लेकिन तुम्हारे सहयोग के बिना न होगा। और तुम्हारा सहयोग तभी संभव है जब सदगुरु की

मौजूदगी तुम्हें अपने जीवन से भी ज्यादा मूल्यवान मालूम होने लगे। तभी तुम रंगने को राजी होओगे, नहीं तो नहीं।

मौत अच्छी है जो दम निकले तुम्हारे सामने
आंख से ओझल हो तुम तो जिंदगी अच्छी नहीं

—ऐसा जब लगने लगे।

मेरे दिल की नैरंगी पूछते हो क्या मुझसे
तुम नहीं तो वीराना तुम रहो तो बस्ती है

—जब ऐसा लगने लगे।

कहां हम कहां वस्ले-जाना की हसरत
बहुत है उन्हें एक नजर देख लेना

—जब ऐसा लगने लगे। एक नजर भी जब परम तृप्ति देने लगे तो फिर सदगुरु की छाया में होने का अर्थ समझ में आएगा।

ये कोई हिसाब-किताब की बातें नहीं हैं, ये तो पागलों की बातें हैं। बेहिसाब-किताब हैं। दीवानों की बातें हैं।

गो न समझूं उसकी बातें, गो न पाऊं उसका भेद
पर यह क्या कम है कि मुझसे वह परीपैकर खुला

सदगुरु की बातें तुम्हें समझ में थोड़े ही आएंगी! एकदम से तो कैसे समझ में आएंगी?

गो न समझूं उसकी बातें, गो न पाऊं उसका भेद

न उसकी बात समझ में आए, न उसके भेद का कुछ पता चले, न राज का पता चले। बिलकुल ठीक ही है। लेकिन फिर भी प्रेम का दीवाना खिंचा चला जाता है।

पर यह क्या कम है कि मुझसे वह परीपैकर खुला

वह दिव्यदेही मुझसे बोला यही क्या कम है? नहीं समझे उसकी बात, नहीं समझे उसका भेद। छोड़ो। समझ लेंगे कभी। जल्दी भी क्या है? लेकिन उसने कहा, उसने कहने योग्य समझा, उसने इतना पात्र समझा कि अपने को उंड़ेला यही क्या कम है?

ऐसा जब तुम्हारे भीतर भाव बने तो सदगुरु की छाया में होने का अर्थ पता चलेगा—अनुभव से; और कोई उपाय नहीं है।

चौथा प्रश्न :

तू ही राजदां है मेरा, तुझको मेरी शरम है
तू ही वायसे-मसर्रत, तू ही दर्द, तू ही गम है
जिसे चाहे तू बना दे, जिसे चाहे तू मिटा दे
वह भी तेरा करम है, यह भी तेरा करम है
एक बात तुझसे पूछूं, सच-सच अगर बता दे
तुझे याद करके रोना, क्या यह बंदगी से कम है?

कम-ज्यादा की तो बात ही नहीं, रोना ही बंदगी है। और जिस बंदगी में रोना नहीं है, सूखी-सूखी है; बंदगी पूरी नहीं है। जिस बंदगी में रोना नहीं है, मरुस्थल है। आंसुओं से ही तो मरूद्यान शुरू होता है, हरियाली आती है। जो बंदगी आंसुओं से रिक्त है, तुम झुके तो लेकिन झुके नहीं। अगर आंखें आंसुओं से न भरीं तो क्या खाक झुके! तो शरीर झुक गया, हृदय न झुका। तो देह झुक गई, भावना न झुकी। जब तुम झुकोगे देह से तो वह तो कवायद है केवल। लेकिन जब तुम हृदय से झुकोगे तो आंखों से आंसुओं की धार बहेगी।

आंसुओं की धार दुख में ही थोड़े ही बहती है, परम सुख में भी बहती है, आनंद में भी बहती है। जब भी कोई चीज इतनी ज्यादा हो जाती है जिसे तुम सम्हाल नहीं पाते, तभी आंसुओं का सहारा लेकर बहती है।

अब तुम परमात्मा के सामने झुके या सदगुरु के सामने झुके या जगत के सौंदर्य के सामने झुके, यह झुकने की घटना इतनी...इतनी गहरी है कि अगर इससे आंखों में आंसू न आएं और तुम भीतर गदगद न हुए तो झुकना रूखा-रूखा रह गया। यह तो ऐसा ही है जैसे प्यास लगी और किसी ने खाली गिलास पी लिया। खाली गिलास से कहीं प्यास बुझेगी? गिलास भरा होना चाहिए।

आंसू तो खबर लाएंगे कि तुम्हारा झुकना प्रामाणिक है। तुम औपचारिक रूप से नहीं झुके, तुम सच में ही झुके।

तो मैं तो रोने को ही बंदगी कहता हूं। तुम्हें अगर सूरज को उगते देख कर, आकाश में चांद को तिरते देख कर, सफेद बदलियों को आकाश में भटकते देख कर आंसू आ जाएं तो बंदगी हो गई। किसी बच्चे को हंसते देख कर तुम्हारी आंखों में आंसू भर आएं तो बंदगी हो गई। इन पक्षियों के कलरव से तुम्हारी आंखें अगर गीली हो आएं तो बंदगी हो गई। भाव है बंदगी।

और ऐसी बंदगी फिर जाती नहीं। ऐसा नहीं है कि हो गई और समाप्त हो गई। ऐसी बंदगी फिर जाती नहीं। सूखी बंदगी कर भी ली और खतम भी हो जाती है। होती

भी नहीं और खतम भी हो जाती है। गीली बंदगी, भावपूर्ण बंदगी हुई तो हुई। डूबे तो डूबे। फिर चलती ही रहती है, सरकती ही रहती है तुम्हारे रोएं-रोएं में, श्वास-श्वास में।

याद एक जख्म बन गई है वरना
भूल जाने का कुछ खयाल तो था

लेकिन फिर प्रभु का स्मरण भी ऐसा हो जाता है जैसे जख्म हो गया। एक दर्द, मीठा दर्द, जो भीतर सदा बना रहता है, जाता नहीं।

याद एक जख्म बन गई है वरना
भूल जाने का कुछ खयाल तो था

अब तो भूलने के उपाय से भी भूलना नहीं होता। खयाल भी हो कि भूल जाएं तो भी भूलना नहीं हो सकता है। बहुत बार जिसकी जिंदगी में बंदगी आई है वह सोचता है, कहां झंझट में पड़े! छूट जाएं इससे। घबड़ाहट लगती है कि यह किस तरह चल पड़े! यह कौन सी रौ में बहने लगे! यह कौन सी धारा ने पकड़ लिया। सब अस्तव्यस्त होने लगी जिंदगी पुरानी। पुराना ढांचा पिघलने लगा, बिखरने लगा। जो अब तक बनाया था, अर्थहीन मालूम होने लगा। यह किस मार्ग पर चले? किस अनजान राह पर चले? बहुत बार मन होता है कि लौट जाएं वापस। वह जो अनजाना है उससे डर लगता है। जो जाना-माना है उसी में थिर हो जाएं। फिर लौट जाएं। लेकिन यह हो नहीं सकता।

याद एक जख्म बन गई है वरना
भूल जाने का कुछ खयाल तो था

फिर भूल नहीं सकते। अभी तुम कहते हो, परमात्मा को कैसे याद करें? और एक ऐसी भी घड़ी आती है कि फिर तुम पूछोगे कि अब परमात्मा को कैसे भूलें? जब वह घड़ी आ गई तो समझो कि बंदगी हो गई; तो समझो कि प्रार्थना हुई; तो बात उतर गई तीर की तरह हृदय में।

तब तुम कहोगे—
कुछ वक्त कट गया जो तेरी याद के बगैर
हम पर तमाम उम्र वो लमहे गिरां रहे

फिर तुम कहोगे, कि वह जो तेरी याद के बिना जो थोड़ा सा वक्त कट गया जिंदगी का, वह बोझ की तरह ढोना पड़ रहा है। वही दुख हो जाएगा जो तेरे बिना वक्त कट गया। जो तुझे याद किए बिना दिन गुजर गए वही बोझ की तरह छाती पर पत्थर की तरह बैठे हैं! क्यों ऐसा न हुआ कि तब भी तुझे याद किया? क्यों ऐसा न हुआ कि तब भी तुझे पुकारा? क्यों कटे वे दिन तेरी बिना याद के?

कुछ वक्त कट गया जो तेरी याद के बगैर
हम पर तमाम उम्र वो लमहे गिरां रहे

भक्त को तो हर घड़ी उसकी याद आने लगती है। हर तरफ से उसकी याद आने लगती है; फूलों-पक्षियों के गीत से ही नहीं, इंद्रधनुषों के रंग, किरणों के जाल से ही नहीं, हर तरफ से।

बैठे-बैठे मुझे आया गुनाहों का खयाल
आज शायद तेरी रहमत ने किया याद मुझे

सुनते हो? भक्त यह कह रहा है, आज बैठे-बैठे मैंने जो अब तक गुनाह किए, पाप किए उनकी याद आ गई। जरूर तेरी करुणा ने मुझे याद किया। ऐसा लगता है तेरा दिल मुझे क्षमा कर देने का हो रहा है, तभी तो तूने गुनाहों की याद दिलाई। तू रहीम है, रहमान है। तू करुणावान है। जरूर तू मुझे क्षमा करना चाहता है अन्यथा इन गुनाहों की याद किसलिए दिलाता!

तो गुनाहों तक से भक्त को परमात्मा की ही याद आती है।

बैठे-बैठे मुझे आया गुनाहों का खयाल
आज शायद तेरी रहमत ने किया याद मुझे

फिर तो हर चीज उसी तरफ इशारा करने लगती है। फिर हर रास्ता उसी तरफ जाने लगता है। फिर हर मील का पत्थर उसी तरफ तीर को बनाए हुए दिखाने लगता है। सब तरफ से—सुख हो कि दुख, अच्छा हो कि बुरा, शुभ हो कि अशुभ, सफलता हो कि असफलता, सब तरफ से आदमी परमात्मा की याद की तरफ जाने लगता है। सफलता हो तो वह धन्यवाद देता है। दुख हो तो धन्यवाद देता है।

सूफी फकीर बायजीद ने कहा है कि प्रभु, कुछ न कुछ दुख बनाए रखना। क्योंकि जब दुख होता है तो मुझे तेरी याद ज्यादा आती है। सुख में कहीं भूल न जाऊं। तू थोड़ा दुख बनाए रखना। तू थोड़े कांटे चुभाए रखना। कहीं फूलों में भटक न जाऊं। कांटा चुभता है तो तेरी तत्क्षण याद आती है। दुख में याद आती है न! तो बायजीद कहता है, दुख बनाए रखना। ज्यादा सुख मत दे देना। कहीं ऐसा न हो कि सुख में मैं खो जाऊं। मुझे मेरा भरोसा नहीं है, तेरा ही भरोसा है।

पांचवां प्रश्न: आप बोलते क्यों हैं?

यह भी खूब रही! बोलने भी न दोगे? अगर मैं चुप रहूं तो तुम पूछोगे, आप चुप क्यों हैं? और अगर मैं न बोलूं तो तुम यह प्रश्न किससे पूछते?

बोलता हूं क्योंकि तुम्हारे पास प्रश्न हैं और मेरे पास उत्तर है। बोलता हूं इसलिए कि न बोलूं तो अपराध होगा। जो मिला है उसे बांटना जरूरी है। जो मिला है उसके मिलने में ही यह शर्त है कि बांटना जरूरी है। मिल जाए और न बांटो तो कंजूसी होगी। और सब कंजूसियां माफ हो सकती हैं लेकिन परम सत्य मिल जाए और न बांटो तो यह अक्षम्य अपराध है। यह कभी भी क्षमा नहीं किया जा सकता।

हर सुमन का सुरभि से यह अनलिखा अनुबंध
अनिल को सौंपे बिना यदि मैं झरूं, सौगंध!

हर सुमन का, हर फूल का सुरभि से यह अनलिखा अनुबंध। यह बिना लिखा कांट्रेक्ट है, अनुबंध है।

हर सुमन का सुरभि से यह अनलिखा अनुबंध
अनिल को सौंपे बिना...
हवाओं को सुगंध को सौंपे बिना।
यदि मैं झरूं, सौगंध!

तो कसम है, झरना मत जब तक कि सुगंध हवाओं को सौंप न दी जाए। यह अनलिखा अनुबंध है। कहीं लिखा नहीं है। किसी कानून की किताब में नहीं है।

लेकिन ऐसा कभी हुआ भी नहीं है। कभी किसी ने चाहा भी करना तो नहीं कर पाया। बुद्ध ने चाहा था। सात दिन तक चुप बैठे रहे थे ज्ञान हो जाने के बाद। सोचा, क्या कहूं? कौन समझेगा? फिर जो समझ सकते हैं वे मेरे बिना भी समझ लेंगे—सौ में कोई एकाध। निन्यानबे तो ऐसे हैं कि मैं कहूंगा, कहूंगा, कहता रहूंगा और वे न समझेंगे। क्या सार? वे सात दिन चुप बैठे रहे।

कथा मीठी है। ब्रह्मा सारे देवताओं को लेकर बुद्ध के चरणों में आए और कहा, आप बोलें। ऐसा कभी नहीं हुआ कि कोई बुद्ध हुआ हो और न बोला हो। अनलिखा अनुबंध! सौगंध है आपको, कसम है आपको। बोलें, क्योंकि बहुत लोग हैं जो प्रतीक्षातुर हैं। बुद्ध ने फिर वही तर्क दोहराया। कहा, मैंने भी सोचा था। लेकिन मैं सोचता हूं जो नहीं समझेंगे, नहीं समझेंगे। और जो समझने योग्य हैं वे मेरे बिना भी खोज लेंगे। दिन-दो दिन की देर होगी। और क्या फर्क पड़ेगा? आ ही जाएंगे।

बात तो जंची थी ब्रह्मा को भी। वह भी सोच-विचार में पड़ गया कि बात तो ठीक है। सौ में कोई एक समझेगा। और जो समझने योग्य है वह बुद्ध के बिना भी खोज ही लेगा, थोड़ा टटोलेगा, थोड़ी देर-अबेर होगी, मगर पहुंच जाएगा। इसमें कुछ हर्जा नहीं होता। और जो निन्यानबे हैं वे सुनकर भी समझने वाले नहीं हैं। अब क्या करें?

तो देवताओं ने विचार-विमर्श किया होगा। और वे फिर एक तर्क लेकर बुद्ध के पास आए। उन्होंने कहा, आप ठीक कहते हैं। कुछ ऐसे हैं जो सुन कर भी न समझेंगे। और कुछ ऐसे हैं जो आपको बिना सुने भी समझ लेंगे। मगर इन दोनों के बीच में भी कोई एकाध है; बीच में भी कड़ी है एक, जो आप बोलेंगे तो समझेगा। आप न बोलेंगे तो न समझेगा। किनारे पर खड़ा है। कोई धक्का दे देगा तो गिर पड़ेगा सागर में। किसी ने धक्का न दिया तो खड़ा रह जाएगा।

कुछ तो बहुत दूर हैं सागर से। आप कितना ही धक्का दो, वे न गिरेंगे। गिरेंगे भी तो जमीन पर गिरेंगे। उठ कर खड़े हो जाएंगे और गाली देंगे कि क्यों धक्का दिया? हम भले-चंगे जा रहे थे और तुम्हें धक्का देने की सूझी! और कुछ हैं जो छलांग लगाने को तैयार ही हैं। उनको धक्के की जरूरत भी नहीं है। वे छलांग लगा ही रहे हैं। उन्होंने तैयारी कर ही ली है। बस, वे एक-दो-तीन की प्रतीक्षा कर रहे हैं कि कूद जाएंगे। वे आपके बिना भी कूद जाएंगे। लेकिन कुछ हैं जो किनारे पर खड़े हैं। पहुंच गए हैं सागर के किनारे और छलांग का साहस नहीं जुटा पा रहे हैं। जरा सा आपका इशारा, जरा सा आपके द्वारा दिया गया साहस--वे कूद जाएंगे।

बुद्ध को यह तर्क स्वीकार कर लेना पड़ा।

और मेरे खयाल में यह कथा बड़ी बहुमूल्य है, क्योंकि यह सभी बुद्धपुरुषों के सामने ऐसी घटना घटती है। जब मिलता है सत्य तो एक मन होता है, चुप रह जाओ। कबीर ने कहा है, 'हीरा पायो गांठ गठियायो, अब वाको बार-बार क्यों खोले।' मिल गया हीरा, जल्दी से गांठ गठियाया, अपने रास्ता चले। बार-बार खोलने का और बताना और दिखाने का क्या प्रयोजन? वह सभी के मन में उठता होगा। हीरा पायो और गांठ गठियायो। अब कौन फिजूल पंचायत में पड़े!

और यहां ऐसे लोग हैं कि हीरा भी दिखाओ तो वे कहते हैं, कहां है हीरा? दिखाई नहीं पड़ता। हीरा भी दिखाओ तो वे कहते हैं, पता नहीं हीरा होगा कि नहीं होगा। उन्होंने कभी हीरे तो देखे नहीं। वे कहते हैं, होगा कंकड़, रंगीन पत्थर होगा। और कौन जाने यह आदमी धोखा दे रहा है कि लूटने आया है कि क्या मामला है। कि कहेंगे चलो भी, बहुत हीरे देख लिए, हीरे होते नहीं हैं सिर्फ सपने हैं! ईश्वर, आत्मा, निर्वाण, मोक्ष होते थोड़े ही, बातचीत है। किसी और को उलझाना। हम बहुत समझदार हैं, हमें न उलझा सकोगे।

तो क्या फायदा! कबीर कहते हैं, हीरा पायो गांठ गठियायो। अपने रास्ते पर चले, बात खतम हो गई। अपनी बात खतम हुई। लेकिन कबीर भी चुप न रह पाए। गांठ को खोल-खोल कर दिखाना पड़ा। कभी-कभी ग्राहक आ जाते हैं। कभी-कभी ऐसे लोग आ जाते हैं जिन्हें हीरा दिखाना ही पड़ेगा। न दिखाओगे तो तुम भीतर ही भीतर खुद अपराध-भाव से गड़े जाओगे। इसलिए बोलता हूं।

जाओ, ओ मेरे शब्दों के मुक्तिसैनिको, जाओ
जिन-जिन के मन का देश तक है गुलाम
जो एकछत्र सम्राट स्वार्थ के शासन में
पिस रहे अभी हैं सुबह शाम
घेरे हैं जिनको रूढ़िग्रस्त चिंतन की ऊंची दीवारें

जो बीते युग के संसारों की सरमाएदारी का शोषण
सहते हैं बेरोकथाम
उन सब तक नई रोशनी का पैगाम आज पहुंचाओ
जाकर उनको इस क्रूर दमन की कारा से छुड़वाओ
जाओ, ओ मेरे शब्दों के मुक्तिसैनिको, जाओ

बोलता हूं कि तुम मुक्त हो सको। बोलता हूं कि तुम बंधे हो न मालूम कितने प्रश्नों की जंजीरों से। बोलता हूं कि वे जंजीरें टूट सकें। किसी उत्तर की तुम्हें झलक भी दिखाई पड़ जाए। तुम्हारी आंख जरा आकाश की तरफ उठ जाए। तुम जमीन पर गड़ाए चल रहे हो जन्मों-जन्मों से। तुम भूल ही गए हो कि आकाश भी है।

बोलता हूं कि तुम्हें याद आ जाए कि तुम्हारे पास पंख हैं जिनका तुमने उपयोग ही नहीं किया। तुम उड़ सकते थे और नहीं उड़े। तुम उड़ने को ही बने थे और तुम नहीं उड़े। उड़ कर ही तुम्हारी नियति पूरी हो सकती थी। और तुम जमीन पर घसिट रहे हो। तुम घसिटने के लिए बने नहीं हो, आकाश ही तुम्हारा गंतव्य है, लक्ष्य है, इसलिए बोलता हूं।

अक्षर से क्षर तक की यात्रा यंत्र
क्षर से अक्षर तक की यात्रा मंत्र
अक्षर से अक्षर तक की यात्रा तंत्र

जो बोल रहा हूं उसमें कुछ यंत्र है, जो बोल रहा हूं उसमें कुछ मंत्र है, और जो बोल रहा हूं उसमें कुछ तंत्र है। उसमें तीनों हैं। फिर से सुनो :

अक्षर से क्षर तक की यात्रा यंत्र

वह जो अक्षर है, जो दिखाई भी नहीं पड़ता, जिसकी कोई सीमा नहीं है, जो शाश्वत-सनातन है, उसको जब हम सीमा में उतारते हैं, शब्द में बांधते हैं, तो यंत्र पैदा होता है। विज्ञान वही है।

मैं तुमसे जो बोल रहा हूं उसमें कुछ विज्ञान है; उसमें कुछ विधियां हैं। उन विधियों को तुम पकड़ लो—अक्षर से क्षर तक की यात्रा यंत्र। अगर तुम उन विधियों को पकड़ लो, उन सीढ़ियों को पकड़ लो तो फिर तुम क्षर के सहारे चढ़ कर पुनः अक्षर तक पहुंच सकते हो। उसमें कुछ विधियां हैं।

क्षर से अक्षर तक की यात्रा मंत्र

और जब क्षर में अक्षर तक जाना होता है तो जिनसे सहारा मिलता है उन्हीं का नाम मंत्र है। जो मैं बोल रहा हूं उसमें कुछ मंत्र हैं। इन मंत्रों को अगर तुम समझ लो तो तुम वापस वहां पहुंच जाओगे जहां से आए हो। मूल स्रोत तक पहुंच जाओगे। और मैं जो बोल रहा हूं उसमें कुछ तंत्र है।

अक्षर से अक्षर तक की यात्रा तंत्र

यह सबसे ज्यादा कठिन बात है तंत्र। यंत्र भी समझ में आता-ऊपर से नीचे उतरना यंत्र। नीचे से ऊपर जाना मंत्र। ऊपर से ऊपर जाना तंत्र। पृथ्वी से आकाश की तरफ जाना मंत्र, आकाश से पृथ्वी की तरफ आना तंत्र। आकाश से और बड़े आकाशों की तरफ जाना, पूर्णता से और बड़ी पूर्णताओं की तरफ जाना, शून्य से और महाशून्यों की तरफ जाना तंत्र। तीनों हैं।

किन्हीं के काम के लिए यंत्र है अभी, विधि जरूरी है। उनके लिए विधि दे रहा हूं। किन्हीं के लिए मंत्र जरूरी है। उनके लिए विधि आवश्यक नहीं, प्रार्थना काफी है; भाव काफी है। फिर कुछ ऐसे भी हैं जिन्हें न प्रार्थना की जरूरत है, न ध्यान की विधियों की जरूरत है। उनके लिए अष्टावक्र के सूत्र दे रहा हूं; यह तंत्र है। अक्षर से अक्षर तक की यात्रा तंत्र। श्रवणमात्रेण। न कोई विधि, न कोई मंत्र। मात्र सुन लिया, हो गया।

तीनों तरह के लोग यहां हैं। कुछ तांत्रिक, कुछ यांत्रिक, कुछ मांत्रिक। तीनों तरह के लोग यहां हैं। तीनों के लिए बोल रहा हूं। जब भक्ति पर बोलता हूं तो मंत्र पर बोलता हूं। जब पतंजलि और योग पर बोला तो यंत्र पर बोला। अष्टावक्र पर बोल रहा हूं या लाओत्सु पर बोला तो तंत्र पर बोला।

बोलना जरूरी है क्योंकि तुमने अभी सुना नहीं। तुम सुन लो तो मेरा काम पूरा हो जाए।

लेकिन जिसने पूछा है वह शायद मेरे बोलने से परेशान होता होगा। उसे कुछ अड़चन होगी। दूसरे भी हैं जिन्हें बोलने में रस आ रहा है, जो सुनने में रसमग्न हैं, वे कहते हैं और बोलूं। जिसने पूछा है उसे कुछ बेचैनी होगी। शायद मेरे शब्द उसकी सुरक्षाओं को तोड़ते होंगे। शायद मेरे शब्द उसके सिद्धांतों को डांवांडोल करते होंगे। शायद मेरे शब्दों के कारण उसकी रात की नींद खराब होती होगी। शायद मेरे शब्दों के कारण उसकी जो मान्यताएं हैं वे उखड़ रही होंगी। उसे कुछ अड़चन है।

तुम अपनी अड़चन समझो। बजाय यह पूछने के कि मैं क्यों बोलता हूं, तुम यह समझो कि मेरे बोलने से तुम बेचैन क्यों हो? क्योंकि वही तुम्हारा...तुम्हारी सीमा है। वही तुम्हारी समस्या है। मेरे बोलने का क्या संबंध है? तुम्हें नहीं सुनना है, मत सुनो। मैं तुम्हारे घर आकर नहीं बोलता हूं। तुम यहां आकर मुझे सुनते हो। तुम मत आओ। तुम्हें सुनने में कुछ अड़चन होती है, कुछ पीड़ा होती है, कोई कांटा चुभता है, मत आओ। लेकिन यही मुसीबत है। आना भी पड़ता है। सुनना भी पड़ता है। सुनने से मुसीबत भी खड़ी होती है। क्योंकि सुनने से क्रांति निर्मित होती है। पुराने को छोड़ना पड़ेगा। सुन लिया तो तुम मुश्किल में पड़े। अब तुम बिना सुने भी नहीं रह सकते हो और आगे सुनने में भी डरते हो। तो तुम मुझसे ही प्रार्थना कर रहे हो कि आप ही कृपा करके बोलना बंद कर दें।

नहीं, मैं तुम्हारी न सुनूंगा। जब तुम मेरी नहीं सुन रहे तो मैं तुम्हारी सुनूं? तुम मेरी सुन लो तो मैं भी तुम्हारी सुन लूं। तुम अगर सुन लो जो मैं कह रहा हूं तो मुझे बोलने की जरूरत न रह जाए। फिर बिना बोले भी काम हो जाए। फिर शून्य से भी बात हो जाए। फिर अक्षर से अक्षर, शून्य से शून्य, मौन से मौन का भी मिलन हो जाए। सुन लो तुम तो। वे भी हैं जो सुनते रहना चाहते हैं। वे भी हैं जो मैं चला जाऊंगा तो पछताएंगे। वे भी हैं जो मैं चुप हो जाऊंगा तो रोएंगे।

वे तुम्हारे बोल, वे अनमोल मोती
वे रजत क्षण, वे तुम्हारे आंसुओं के बिंदु
वे लोने सरोवर, बिंदुओं में प्रेम के भगवान का
संगीत भर-भर बोलते थे तुम, अमर रस घोलते थे
तुम हठीले पर हृदय-पट तार
हो पाए कभी मेरे न गीले
न, अजी मैंने सुने तक भी नहीं प्यारे
तुम्हारे बोल
बोल से बढ़ कर बजा मेरे हृदय में
सुख-क्षणों का ढोल
वे तुम्हारे बोल

वे भी हैं; उनके लिए ही बोल रहा हूं। जिनको सुनने में अड़चन है वे न सुनें। सुविधा है उनके लिए, न सुनें। अगर नहीं सुनने से कठिनाई है, सुनना ही पड़ेगा, तो फिर हृदय खोल कर सुन लें। फिर कंजूसी से न सुनें। मैं तो बोल रहा हूं उनके लिए, जिनके हृदय में कुछ अमृत घुलता है।

वे तुम्हारे बोल, वे अनमोल मोती
वे रजत क्षण,
बिंदुओं में प्रेम के भगवान का संगीत भर-भर
बोलते थे तुम, अमर रस घोलते थे
पर हृदय-पट तार
हो पाए कभी मेरे न गीले

उनके लिए बोलता हूं जिनके हृदय-पट के तार अभी भी गीले नहीं हो पाए, लेकिन जो गीले करने को तत्पर हैं। जो रंगे जाने को तत्पर हैं। जिनकी तैयारी है। अड़चनें हैं अनंत कालों की, जन्मों-जन्मों की, बाधाएं हैं संस्कारों की। लेकिन जो तैयार हैं, आज नहीं कल जो रंगे जाएंगे। बोलता हूं उनके लिए।

और उनके हृदय की स्थिति ऐसी है कि जो वे सुन रहे हैं, उसे चाहे न भी सुन पाते हों तो भी उनके हृदय में सुख का एक ढोल बजता है।

न, अजी मैंने सुने तक भी नहीं प्यारे तुम्हारे बोल
बोल से बढ़ कर बजा मेरे हृदय में
सुख-क्षणों का ढोल
वे तुम्हारे बोल

और वह ढोल बजने लगे तो चाहे तुमने सुना नहीं सुना, कोई अंतर नहीं पड़ता। क्योंकि उसी परम सुख की तरफ यात्रा है। ढोल बजने लगा सुख का तो बात हो गई। ये शब्द शब्द नहीं हैं, यह तुम्हारे भीतर पड़ी हुई बांसुरी को बजाने का उपाय है। ये शब्द शब्द नहीं हैं, यह तुम्हारे भीतर पड़ी वीणा को छेड़ने का उपाय है। तुम एक संगीत लेकर आए हो, उसको बिना बजाए मत चले जाना। तुम एक गीत लेकर आए हो, उसे बिना गाए मत चले जाना।

हर सुमन का सुरभि से यह अनलिखा अनुबंध
अनिल को सौंपे बिना यदि मैं झरूं, सौगंध!

तुम्हें भी सौगंध है, बिना अपनी सुगंध को हवाओं को सौंपे बिना चले मत जाना।

सुनना हो, सुनो। न सुनना हो, न सुनो। लेकिन सदा याद रखो, समस्या तुम्हारी है। यह समस्या मेरी नहीं है कि मैं क्यों बोलता हूं। मैं बोलता हूं क्योंकि पक्षी क्यों बोलते हैं! मैं बोलता हूं क्योंकि फूल क्यों बोलते हैं! मैं बोलता हूं क्योंकि सूरज की किरणें क्यों बोलती हैं! मैं बोलता हूं क्योंकि परमात्मा चारों तरफ बोल रहा है।

छठवां प्रश्न : कल रात मैंने एक स्वप्न देखा कि रजनीश और उनके संन्यासियों तथा सत्य साईंबाबा और उनके अनुयायियों के बीच युद्ध हो रहा है। और अंत में साईंबाबा स्वीकार करते हैं कि रजनीश बड़े भगवान हैं। इस स्वप्न का कारण और अर्थ बताने की कृपा करें।

न तो कुछ अर्थ है, न कोई बड़ा कारण है। या जो भी है वह बिलकुल साफ है; वह सीधा-सीधा है कि तुम रजनीश के अनुयायी हो। सत्य साईंबाबा के होते तो निष्कर्ष उलटा होता।

यह तुम्हारा अहंकार है। तुम मेरे अनुयायी हो इसलिए मेरी जीत होनी चाहिए, क्योंकि मेरी जीत में ही तुम्हारी जीत छिपी है। तुम मेरे अनुयायी हो तो मैं बड़ा महात्मा होना चाहिए, क्योंकि बड़े महात्मा के ही तुम शिष्य हो सकते हो, छोटे के तो नहीं। तुम जैसा शिष्य और छोटे महात्माओं का हो?

अपने अहंकार के खेलों को समझने की कोशिश करो। न तुम्हें रजनीश से कोई मतलब है, न तुम्हें सत्य साईंबाबा से कुछ मतलब है। यह तुम्हारा ही अहंकार है। तुम सोच रहे हो, कोई बहुत बड़ा तात्विक सपना देख लिया, कि कोई बहुत आध्यात्मिक घटना देख ली; कि भविष्यवाणी तुम्हारे सपने में आ गई।

इस पागलपन में मत पड़ना। न कुछ अर्थ है, न कोई बड़ा कारण है। सिर्फ तुम्हारे अहंकार के रोग हैं। वे नये-नये ढंग लेते हैं। वे गुरु के पीछे भी खड़े हो जाते हैं। तुम्हें क्या प्रयोजन है? मैं हारूं कि जीतूं, तुम्हें क्या लेना-देना है? हां, अगर तुम मेरे अनुयायी हो तो अड़चन है। तो मैं हारा तो तुम हारे। मैं जीता तो तुम जीते। तुम्हें फिकर तुम्हारी जीत की है। मेरी हार-जीत की थोड़े ही फिकर है!

और मेरी हार-जीत होनी भी नहीं है। हो चुकी। जो होना था हो चुका। अब कुछ होने को नहीं है। यात्रा पूरी हो गई। मैं अपने घर वापस लौट आया हूं। अब कोई युद्ध नहीं चल रहा है। तुम्हारी यात्रा अभी अधूरी है।

और तुम्हारा अहंकार नये-नये रूप लेगा। और ऐसे रूप लेगा कि तुम्हें शक भी नहीं होगा कि यह अहंकार है। इसीलिए तो तुमने इतने बड़े मजे से यह प्रश्न पूछा। तुमने सोचा कि मैं तुम्हारी पीठ बहुत थपथपाऊंगा। कहूंगा कि खूब, कि मुझे भी जिता दिया! बड़ी कृपा!

इस भूल में मत पड़ना। मैं तुम्हारी पीठ थपथपाऊंगा नहीं, क्योंकि यह तो तुम्हारे अहंकार को ही थपथपाना होगा।

पेरिस के विश्वविद्यालय में एक दर्शनशास्त्र का प्रोफेसर था। वह रोज कहा करता था कि मुझसे बड़ा आदमी संसार में दूसरा नहीं है। आखिर उसके शिष्यों को भी बेचैनी होने लगी। एक शिष्य ने कहा कि आप दर्शन के प्रोफेसर हैं, तर्कशास्त्र के ज्ञाता हैं, और आप ऐसी बात कहते हैं। करोड़ों-करोड़ों लोग हैं, इनमें आप सबसे बड़े हो कैसे सकते हैं? और फिर अगर आप कहते हैं इसको तो सिद्ध कर दें।

तो उसने कहा, सिद्ध कर देता हूं। उसने सारी दुनिया का नक्शा टांग दिया लाकर। और कहा, तुम मुझे यह बताओ, इस सारी दुनिया में सबसे श्रेष्ठ देश कौन सा है? वे सभी फ्रांसीसी थे, फ्रेंच थे। उन्होंने कहा, निश्चित ही फ्रांस से बड़ा देश कोई भी नहीं है।

सभी देशों को यही पागलपन है। भारतीयों से पूछो तो वे कहते हैं, यह तो धर्मगुरु। यह देश, यह तो पुण्यभूमि है। यहीं भगवान अवतार लेते रहे, और तो कहीं लिए ही नहीं। और तो बाकी सब ठीक है, असली चीज तो यहीं है। पर यह सभी को खयाल है। यह कोई तुम्हारा ही खयाल नहीं है। चीनियों से पूछो, रूसियों से पूछो, अमरीकनों से पूछो, अंग्रेजों से पूछो।

तो सभी फ्रेंच थे, उन्होंने कहा कि फ्रांस से बड़ा कोई देश नहीं है। तो उसने कहा कि ठीक है, बाकी दुनिया तो खतम हुई, रहा फ्रांस। उसमें अगर मैंने सिद्ध कर दिया कि मैं सबसे बड़ा आदमी हूं, फिर तो मानोगे? उन्होंने कहा, मानेंगे। उसके बाद उसने पूछा कि तुम मुझे यह बताओ कि फ्रांस में सबसे श्रेष्ठ नगर कौन सा? सब पेरिस के रहने

वाले। उन्होंने कहा कि साफ है बात कि पेरिस सबसे...। तब तो वे भी थोड़े घबड़ाने लगे विद्यार्थी, कि यह आदमी तो धीरे-धीरे रास्ते पर ला रहा है। पेरिस सबसे बड़ा, सबसे श्रेष्ठ नगर। इसमें कोई शक-शुबहा, इसमें कोई दो मंतव्य हो भी नहीं सकते।

और तब उस प्रोफेसर ने कहा, फिर मैं तुमसे यह पूछता हूं कि पेरिस में सबसे श्रेष्ठ स्थान? निश्चित ही विश्वविद्यालय से श्रेष्ठ और क्या हो सकता है! विद्यापीठ, सरस्वती का मंदिर। मगर अब तो विद्यार्थियों को जंचने लगा कि मामला यह उलझाए दे रहा है। तो उन्होंने कहा, विश्वविद्यालय। और उसने कहा, मुझे तुम यह बताओ कि विश्वविद्यालय में सबसे श्रेष्ठ विभाग? अब वे सब फिलासफी के विद्यार्थी। और ऐसे भी फिलासफी, दर्शनशास्त्र, शास्त्रों का शास्त्र! उसके पार कौन है? तो उन्होंने कहा, दर्शनशास्त्र। उसने कहा, तुम यह बताओ कि दर्शनशास्त्र का हेड आफ द डिपार्टमेंट कौन है? मैं! और मैं तुमसे कहता हूं कि मैं दुनिया का सबसे श्रेष्ठ आदमी हूं।

ऐसा आदमी चलता है। उसके सब तर्क मैं पर आ जाते हैं। तुम जब कहते हो कि भारतभूमि धन्य, तो तुम यह नहीं कह रहे हो कि भारतभूमि धन्य, तुम यह कह रहे हो कि हम यहां पैदा हुए धन्य। तुम्हारे पैदा होने से यह भारतभूमि धन्य। तुम अगर रूस में पैदा होते तो रूस की भूमि धन्य होती। पक्का मानो! क्योंकि एक भी रूसी नहीं कहता कि भारतभूमि धन्य। तुम चीनी होते तो चीन। तुम जहां होते, तुम उसी को धन्य कहते।

तो खयाल रखना, यह भारत, यह हिंदू धर्म श्रेष्ठतम धर्म, यह तुम्हारी वजह से है। और वेद सबसे महान शास्त्र, यह तुम्हारी वजह से है—या कुरान, या बाइबल। और जब तुम घोषणा करते हो कि महावीर महान तीर्थंकर, तो तुम खयाल कर लेना, कोई आदमी जो जैन नहीं है ऐसा नहीं कहेगा। हिंदू कहेगा, कहां की बातें उठा रहे हो? महावीर? कृष्ण की कहो। मुसलमान हंसेगा, वह कहेगा महावीर? अरे मोहम्मद की बात करो!

प्रत्येक अपने की घोषणा कर रहा है, क्योंकि अपने के माध्यम से अपनी घोषणा है। कहावत है न, कौन अपनी मां को असुंदर कहता? लेकिन घोषणा अपनी ही चल रही है।

यह तुम्हारा स्वप्न तुम्हारे अहंकार का विस्तार है। इससे सावधान होना। स्वप्न ने बड़ी कृपा की कि तुम्हें चेताने की चेष्टा की है। जो स्वप्न में प्रकट हुआ है वह जाग्रत में भी तुम्हारे मन में होगा, तभी तो प्रकट हुआ है। न तो कोई युद्ध चल रहा है किसी के साथ—कम से कम मेरा नहीं चल रहा है किसी के साथ कोई युद्ध। तुम्हारा शायद चल रहा हो। तुम मुझे बचाना। मैं तुम्हारे पीछे नहीं आ रहा हूं। मेरा किसी से कोई युद्ध नहीं चल रहा है। न कोई हार है, न कोई जीत है। लेकिन तुम्हारी अस्मिताएं तुम्हें बहुत तरह की प्रवंचनाओं में डालेंगी। उनसे सावधान रहना जरूरी है।

आखिरी प्रश्न : तीन साल की छोटी सी अवधि में ही यह आश्रम अस्तित्व में आया, जहां से पूरी पृथ्वी पर धर्म की ज्योति फैल रही है। अभी धरती पर यह अपने ढंग का अकेला और अप्रतिम धर्मधाम है। और आप ही उसके सब कुछ हैं—जन्मदाता, निर्माता और संचालक। मुझे अक्सर आश्चर्य होता है कि निर्माण और व्यवस्था का यह विशाल कार्य कामना को बीच में लाए बिना ही कैसे संभव हुआ?

न तो मैं जन्मदाता हूं, न निर्माता और न संचालक। तुम जानते हो, तेईस घंटे तो मैं अपने कमरे में रहता। बाहर जाता भी नहीं। कमरे के बाहर नहीं जाता। ऐसे कहीं संचालन होता है? ऐसे कहीं निर्माण होता है? पूरे आश्रम से भी मैं परिचित नहीं हूं। कहां क्या हो रहा है इसका भी मुझे पता नहीं है। आश्रम के सब मकान भी मैंने नहीं देखे हैं।

ऐसे कहीं निर्माण होता है? नहीं, मैं निर्माता नहीं हूं, न जन्मदाता हूं और न संचालक हूं। मैं हूं ही नहीं। ज्यादा से ज्यादा बहाना। और इसे स्मरण रखना कि यह मेरा आश्रम नहीं है। और ऐसा मैं चाहता हूं कि यह आश्रम किसी का भी न हो। यह परमात्मा का ही हो; वही चलाए। मेरा उपयोग कर ले, तुम्हारा उपयोग कर ले, लेकिन हम निमित्त से ज्यादा न हों।

और जब वही चला रहा हो तो हम बीच-बीच में न आएं। बीच में हमारे आने की कोई जरूरत भी नहीं। इसलिए अपने कमरे में बैठा रहता हूं। उससे कहता हूं, तू चला। जिनके सिर पर सवार होना हो उनके सिर पर सवार हो जा और चला।

मैं कोई कर्ता नहीं हूं। और इसीलिए बिना किसी कामना को बीच में लाए काम होता रहता। यह और भी विशाल होगा। यह और भी विराट होगा। क्योंकि विशाल के हाथ इसके पीछे हैं। हमारे हाथ तो बड़े छोटे हैं। इन हाथों से छोटी चीजें ही बनती हैं, बड़ी चीजें नहीं बन सकतीं। लेकिन जब परमात्मा का हाथ कहीं होता है तब बात बदल जाती है। तब चीजें विराट होने लगती हैं। तब चीजें सब सीमाओं को तोड़ कर बढ़ने लगती हैं।

मैं तो अपने कमरे में बैठा हूं, सारी दुनिया से लोग चले आ रहे हैं। कैसे नाम सुन लेते हैं, कैसे उन तक खबर पहुंचती है, वे जानें। जरूर कोई उनके कान में कह जाता होगा। जरूर कोई उन्हें यहां भेजे दे रहा है।

मोहम्मद के जीवन में एक बड़ा प्यारा उल्लेख है। दुश्मन उनका पीछा कर रहे थे। हजारों की भीड़ उनके पीछे लगी थी। और वे अपने केवल एकमात्र साथी अबू बकर को लेकर मक्का से रवाना हुए। और दुश्मन पीछे हैं। और ऐसी घड़ी आ गई कि दुश्मन कभी भी आकर उनको खत्म कर देंगे। तो वे एक गुफा में छिप रहे। गुफा के

चारों तरफ हजारों लोग चक्कर काट रहे हैं और पता लगाने की कोशिश कर रहे हैं, वे कहां छिपे हैं। गुफा के सामने भी लोग खड़े हैं।

और अबू बकर कंप रहा है। और वह मोहम्मद का हाथ हिला कर कहता है कि अब क्या होगा हजरत? हम दो हैं और दुश्मन हजार हैं। आज मौत निश्चित है। और मोहम्मद हंसते हैं। और मोहम्मद कहते हैं, तू गिनती ठीक से कर। हम दो नहीं हैं, तीन हैं। तो अबू बकर अपने चारों तरफ देखता है, वह कहता है, क्या कह रहे हैं? आपका दिमाग तो खराब नहीं हो गया घबड़ाहट में? तीन नहीं, दो हैं। मैं हूं और आप हैं। मोहम्मद कहते हैं, फिर तूने गलती की। हम दो का तो कुछ होना न होना बराबर है। तीसरे को देख, परमात्मा साथ है। हम तीन हैं।

और मोहम्मद ठीक कह रहे हैं। वे हजारों दुश्मन चारों तरफ घूमते रहे। वे द्वार के सामने भी खड़े रहे गुफा के और उनको मोहम्मद दिखाई न पड़े। और वे धीरे-धीरे घंटों भर मेहनत करके चले भी गए। वह जो तीसरा है वही महत्वपूर्ण है।

नहीं, मैं नहीं चला रहा हूं, वही चला रहा है। जब तक उसकी मर्जी, चलाए। जैसे उसकी मर्जी, चलाए। जैसा मेरा उपयोग करना हो, कर ले।

इसलिए निश्चिंत हूं। इसलिए जो होता, ठीक; जो नहीं होता वह भी ठीक। उसका कोई हिसाब भी नहीं रखता हूं।

तुम्हीं बयार बन पाल भरो
तुम्हीं पहुंचे फड़फड़ाओ
लटों में छन-छन अंग-अंग सहरो
तुम्हीं धार पर संतार दो

मैंने तो प्रभु से कह दिया, अब तुम्हीं बयार बन पाल भरो। तुम्हीं पहुंचे फड़फड़ाओ। और लटों में छन-छन अंग-अंग सहरो। और तुम्हीं धार पर संतार दो। और मुझे क्षमा करो। जो करना हो करो। मेरा जो उपयोग करना हो करो।

निमित्त मात्र! इससे ज्यादा आदमी न रहे। इससे ज्यादा आदमी न रहे तो बहुत होता है, बिना किए होता है। और जहां तुम करने वाले हुए वहां कितना ही करो, कुछ भी नहीं होता। सब क्षुद्र रह जाता है। मनुष्य के हस्ताक्षर कभी भी विराट नहीं हो पाते, छोटे ही रह जाते हैं। उनकी सीमा है।

और जिस दिन से मैंने ऐसा जाना कि तुम अपने को छोड़ सकते हो, प्रभु सब करता है, उस दिन से जीवन में एक अलग ही रस आ गया।

फूल की रेशमी-रेशमी छांहें
आज हैं केसर रंग रंगे वन

उसी दिन से दिखाई पड़ने लगा कि सब तरफ छाया है।

फूल की रेशमी-रेशमी छांहें।
कोई धूप नहीं, कोई पीड़ा नहीं, कोई श्रम नहीं।
आज हैं केसर रंग रंगे वन

उसी दिन से सारा जगत केसर में रंग गया। उसी दिन से तो तुम्हें केसरिया रंग में रंगना शुरू कर दिया।

आज हैं केसर रंग रंगे वन

नहीं, मैं कुछ भी नहीं कर रहा हूं। जो हो रहा है, हो रहा है। जैसे तुम देख रहे हो वैसे ही मैं भी देख रहा हूं। मेरा तो उसूल छोटा सा है—

बांस के कुंज में बैठो और चाय पीयो
जैसे चीन के पुराने संत जीते थे वैसे निश्चिंत जीयो
देवता की राह हिंसा नहीं है, अहिंसा की राह है
वे इंद्रियों से लड़ते नहीं, पुचकार कर उन्हें पास बुलाते हैं
देवता के पास पीपल की छाया होती है
वे छांह में इंद्रियों को प्रेम से सुलाते हैं
लेकिन प्रेत कहता है, जीवन से युद्ध करो
मारो, मारो, इंद्रियों को मारो और अपने को शुद्ध करो
मैं कहता हूं, बांस के कुंज में बैठो और चाय पीयो
जैसे चीन के पुराने संत जीते थे वैसे निश्चिंत जीयो।

हिंसा नहीं। आक्रमण नहीं। कुछ करने की योजना में हिंसा है, आक्रमण है। अब आक्रमण छोड़ो। अनाक्रमक। कुछ करने का भाव ही छोड़ो। अहंकार के लिए कुछ करने को नहीं है। जहां अहंकार आया, हिंसा आई। न तो संसार से लड़ो न अपने से लड़ो।

बांस के कुंज में बैठो और चाय पीयो
जैसे चीन के पुराने संत जीते थे वैसे निश्चिंत जीयो।

आज इतना ही।

* * *

प्रवचन : 77

बुद्धि-पर्यन्त संसार है

27 जनवरी, 1977

अष्टावक्र उवाच।

भ्रमभूतमिदं सर्वं किंचिन्नास्तीति निश्चयी।
अलक्ष्यस्फुरणः शुद्धः स्वभावेनैव शाम्यति।।246।।
शुद्धस्फुरणरूपस्य दृश्यभावमपश्यतः।
क्व विधिः क्व च वैराग्यं क्व त्यागः क्व शमोऽपि वा।।247।।
स्फुरतोऽनन्तरूपेण प्रकृतिं च न पश्यतः।
क्व बंधः क्व च वा मोक्षः क्व हर्षः क्व विषादिता।।248।।
बुद्धिपर्यन्तसंसारे मायामात्रं विवर्तते।
निर्ममो निरहंकारो निष्कामः शोभते बुधः।।249।।
अक्षयं गतसंतापमात्मानं पश्यतो मुनेः।
क्व विद्या च क्व वा विश्वं क्व देहोऽहं ममेति वा।।250।।

भ्रमभूतमिदं सर्वं किंचिन्नास्तीति निश्चयी।
अलक्ष्यस्फुरणः शुद्धः स्वभावेनैव शाम्यति।।

'यह सब प्रपंच कुछ भी नहीं है ऐसा जान कर, ऐसा निश्चयपूर्वक जान कर अलक्ष्य स्फुरण वाला शुद्ध पुरुष स्वभाव से ही शांत होता है।'

एक-एक शब्द को ठीक से समझना। जैसा अष्टावक्र कहें वैसा ही समझना। अपने अर्थ मत डालना। पहला शब्द है, प्रपंच।

भ्रमभूतमिदं सर्वं...।

यह सब जो दिखाई पड़ता, सच नहीं है। जैसा दिखाई पड़ता वैसा नहीं है। हम वैसा ही देख लेते हैं जैसा देखना चाहते हैं। हम अपनी कामना आरोपित कर लेते हैं। जैसा है वैसा तो तभी दिखाई पड़ेगा जब हमारे मन में कोई भी विचार न रह जाएं; जब हमारी आंखें बिलकुल खाली हों, शून्य हों; जब हमारी आंख पर कोई भी बादल न हों पक्षपात के, वासना के, कामना के। तो ही जो जैसा है वैसा दिखाई पड़ेगा।

प्रपंच का अर्थ होता है, जैसा नहीं है वैसा देख लेना।

मैंने सुना है, मुल्ला नसरुद्दीन अमरीका की यात्रा पर गया। न्यूयार्क की एक बड़ी सड़क पर राह के किनारे उसने एक बोर्ड लगा देखा, जिस पर लिखा था कि उन्नीस सौ अस्सी में अमरीका में कारों की संख्या पचास करोड़ हो जाएगी। ऐसा पढ़ते ही वह एकदम भागा सड़क पर। खतरनाक था वैसा भागना। और एक पुलिसवाले ने उसे पकड़ा और कहा कि कहां भागे जाते हो? क्या इतनी जल्दी है? देखते नहीं, रास्ते पर इतना ट्रैफिक है? नसरुद्दीन ने कहा, छोड़ो भी! उन्नीस सौ अस्सी में कारों की संख्या पचास करोड़ हो जाएगी। अगर रास्ता पार करना है तो अभी ही कर लेना चाहिए।

आदमी अपनी कामना को प्रक्षेपित कर लेता है। तुम हंसते हो क्योंकि उन्नीस सौ अस्सी तो दूर मालूम पड़ता। इतनी जल्दी क्या है? लेकिन तुमने न केवल मृत्यु तक की योजनाएं बना रखी हैं, तुमने मृत्यु के बाद की भी योजनाएं बना रखी हैं। तुमने यहां तो इंतजाम किया ही है, तुम स्वर्ग में भी इंतजाम कर रहे हो। यहां धन इकट्ठा कर रहे, वहां पुण्य इकट्ठा कर रहे। यहां चोरी से धन मिलता है तो चोरी से कर रहे, वहां दान देने से पुण्य के सिक्के इकट्ठे होते हैं तो दान भी कर रहे। चोर भी हो, दानी भी हो; साथ-साथ हो।

मैंने सुना है, एक सम्राट ने एक बहुत बड़े चोर को फांसी की सजा दी। उस राज्य का नियम था कि जिसे फांसी की सजा हो उससे अंतिम समय सम्राट पूछता था, तेरी कोई आखिरी इच्छा तो नहीं? तो सम्राट ने पूछा उस महाचोर को, तेरी कोई आखिरी इच्छा तो नहीं? उसने कहा मेरी आखिरी इच्छा है, छोटी सी इच्छा है, वह पूरी हो जाए तो मैं तृप्त मरूं।

मेरे पास कुछ मोती हैं। और मेरे गुरु ने कहा था कि इन्हें बो देना तो एक-एक मोती से लाखों मोती पैदा होंगे। तो मैं इन्हें बो देना चाहता हूं। मैं तो मर जाऊंगा लेकिन कोई यह फसल काटेगा। किसी को तो यह लाभ होगा, नहीं तो ये मोती मेरे साथ ही चले जाएंगे।

सम्राट भी लोभ से भरा। और उसने कहा, ठीक है तुम राजमहल के बगीचे में ही बो दो। उस आदमी ने जमीन साफ की। उस आदमी ने जमीन पर हल-बखर चलाए। और फिर वह आदमी अचानक खड़ा हो गया। उसने सम्राट से कहा, आप कृपा करके यहां आ जाएं क्योंकि मेरे गुरु ने कहा था, जो चोर न हो वही इन मोतियों को बोए। मैं तो चोर हूं, मैं इनको नहीं बो सकूंगा। और बोऊंगा तो ये व्यर्थ चले जाएंगे। इन मोतियों की यह खूबी है, ये उगेंगे तभी जब कोई ऐसा आदमी बोए जो अचोर है।

सम्राट अपने वजीरों की तरफ देखने लगा, वजीर पुरोहित की तरफ देखने लगे, पुरोहित सेनापति की तरफ देखने लगा और सेनापति सम्राट की तरफ देखने लगा और तब सम्राट ने कहा, क्षमा करो। ये बीज न बोए जा सकेंगे। हम सब चोर हैं। ऐसा तो कोई आदमी नहीं है, जो चोर न हो। और सम्राट ने कहा, मैं समझ गया तुम्हारी बात। तुम्हारी फांसी की सजा रद्द की जाती है। तुम भी चोर हो, हम भी चोर हैं। तुम छोटे चोर हो, हम बड़े चोर हैं; लेकिन चोर हम सब हैं।

और वह सम्राट बड़ा दानी था। और वह चोर कहने लगा, महाराज, आप और चोर कैसे हो सकते हैं? आप तो महादानी! वह सम्राट कहने लगा, महादानी कैसे हो सकता हूं बिना चोर हुए? पहले तो चोरी करनी पड़े, फिर दान करना पड़ता है। लाख आदमी चुरा लेता है, दो-चार हजार दान कर देता है। ऐसे चोरी के ऊपर साधु हो जाता है। चोरी करके यहां धन इकट्ठा कर लेता है, साधु होकर पुण्य करके वहां स्वर्ग में भी सिक्के इकट्ठे कर लेता है।

तुम तो योजना बनाते मृत्यु तक की, मृत्यु के पार तक की—अपने लिए, अपने बच्चों के लिए, अपने बच्चों के बच्चों के लिए, नाती-पोतों के लिए। समय के लंबे विस्तार पर तुम्हारी कामना फैल जाती है। फिर उस कामना की धुंध में से तुम देखना चाहते हो यथार्थ को, नहीं दिखाई पड़ेगा। राम को देखना चाहते काम की धुंध से, नहीं दिखाई पड़ेगा। काम की धुंध जाए तो राम दिखाई पड़े। सत्य तो मौजूद है, आंख के सामने मौजूद है, लेकिन आंखें धुंधली हो गई हैं। आंखों पर चश्मे पर चश्मे चढ़े हैं। और मजा ऐसा है कि चश्मे भी तुम्हारे नहीं हैं, चश्मे भी दूसरों के हैं।

कभी देखा? किसी दूसरे का चश्मा लगा कर देखा, कैसी हालत हो जाती है? कुछ का कुछ दिखाई पड़ने लगता है। और तुम्हारी आंख पर एकाध चश्मा नहीं है दूसरों का, न मालूम कितने चश्मे हैं। बुद्ध के, महावीर के, कृष्ण के, मोहम्मद के, जरथुस्त्र के, चश्मे पर चश्मे तुमने हर जगह से इकट्ठे कर लिए हैं। सदियों-सदियों के चश्मे हैं; वे सब तुम लगाए बैठे हो। और उनके माध्यम से तुम देखना चाहते हो, जो है उसे। नहीं, प्रपंच हो जाता है सब। सब झूठ हो जाता है। सब विकृत, कुरूप।

प्रपंच का अर्थ होता है, आंख शुद्ध न थी और देखा। और आंख ही शुद्ध न हो तो फिर तुम जो भी देखोगे वह गलत हो गया। यही माया का अर्थ है। माया का ऐसा अर्थ नहीं है कि जो चारों तरफ है वह झूठ है। जैसा तुमने देखा वैसा नहीं है। जैसा तुमने देखा वैसा झूठ है। ये पत्थर-पहाड़, ये सूरज, चांद-तारे, ये झूठ नहीं हैं, लेकिन तुमने जैसा देखा वैसा झूठ है।

कभी देखा? रात चांद निकला हो, पूर्णिमा का चांद हो, शरद का चांद हो और अगर तुम दुखी हो तो चांद भी लगता है रो रहा है। चांद क्या खाक रोएगा! लेकिन तुम रो रहे हो। तुम्हारी आंखें आंसुओं से भरी हैं। तुम्हारी प्रेयसी खो गई कि तुम्हारा प्रेमी खो गया कि तुम्हारा बेटा मर गया, तुम चांद की तरफ देखते, लगता है चांद से आंसू टपक रहे हैं। तुम्हारे आंसू चांद पर आरोपित हो जाते हैं। और हो सकता है तुम्हारे ही पड़ोस में किसी को उसकी प्रेयसी मिल गई हो, उसका मित्र घर आया हो, वह आनंदमगन हो रहा हो। वह चांद को देखेगा तो देखेगा, चांद मुस्कुरा रहा, नाच रहा, गीत गुनगुना रहा। एक ही चांद को देखते हो तुम दोनों लेकिन दोनों की आंखें अलग हैं। दोनों की भाव-दशा अलग है। भाव-दशा आरोपित हो जाती है। फिर चांद नहीं दिखाई पड़ता, वही दिखाई पड़ता है जो तुम्हारे भीतर है।

जब तक हमारे भीतर प्रक्षेपण, प्रोजेक्टर मौजूद है तब तक हम जो भी देखेंगे वह झूठ हो जाएगा।

भ्रमभूतमिदं सर्वम्।

और यह जो सब तुम्हें अब तक दिखाई पड़ा है, यह सब बिलकुल असत्य है। समझ लेना ठीक से, इसका यह मतलब नहीं है कि यह नहीं है। कि तुम जाओगे तो दीवाल से निकलना चाहोगे तो निकल जाओगे। सिर टूट जाएगा। दीवाल है। इस भ्रांति में मत पड़ना।

लेकिन जैसा तुम देखते हो वैसा नहीं है। तुम्हारे देखने में भूल है, सत्य के होने में जरा भी भूल नहीं है। जिस दिन तुम्हारी आंखें निर्मल हो जाएंगी, ध्यान-पूरित हो जाएंगी, जिस दिन तुम्हारी आंखों पर दूसरों के चशमे न रह जाएंगे, पक्षपात के, शास्त्र के, सिद्धांत के, हिंदू-मुसलमान, ईसाई, बौद्ध, जैन के; जिस दिन तुम्हारी आंख पर कोई चशमे न होंगे, तुम्हारी आंख खुली और नग्न होगी और तुम मुक्त आंख से देखोगे और आंख के पीछे छिपी हुई वासना का कोई प्रोजेक्टर, कोई प्रक्षेपण-यंत्र न होगा, उस दिन जो दिखाई पड़ेगा वही परमात्मा है। उस दिन सत्य को जाना। उस दिन भ्रम छूटा।

'यह सब प्रपंच है, यह कुछ भी नहीं है, ऐसा निश्चयपूर्वक जानकर...।'

किंचिन्नास्तीति निश्चयी।

किंचिन्नास्ति—यह बिलकुल भी ऐसा नहीं है, ऐसा निश्चयपूर्वक जानकर।

इति निश्चयी।

निश्चयपूर्वक जानने को खयाल में ले लो। सुना तो तुमने भी है बहुत बार कि यह सब माया। यह तो सदियों से इस देश में दोहराया जा रहा है कि सब माया। लेकिन सुनने से निश्चय नहीं होता। विश्वास भी कर लो तो भी निश्चय नहीं होता। विश्वास के भीतर भी अविश्वास का कीड़ा सरकता रहता है। तुमने लाख मान लिया कि सब माया है लेकिन भीतर? भीतर गहरे तो तुम जानते हो कि है तो सच। शास्त्र कहते हैं सो मान लिया। हिंदू घर में पैदा हुए सो मान लिया। बौद्ध घर में पैदा हुए तो मान लिया। लेकिन यह मानना है, यह निश्चय नहीं है। और जब तक यह निश्चय न हो तब तक काम न पड़ेगा।

मैं एक छोटे बच्चे से पूछ रहा था—किसी के घर में मेहमान था। और वह बच्चा बड़ा तेजस्वी है। वह मुझसे कहने लगा कि मेरा भी विश्वास ईश्वर में है। मैंने उससे पूछा, विश्वास का तू अर्थ क्या करता है? तो वह थोड़ा सोचने लगा और बोला, विश्वास का अर्थ होता है, ऐसी शक्ति कि जिसके द्वारा जैसा नहीं है वैसा मानने की हिम्मत आ जाए। जैसा नहीं है वैसा मानने की हिम्मत आ जाए, उसका नाम विश्वास है।

उसकी परिभाषा मुझे जंची। मालूम तो है कि नहीं है ईश्वर, लेकिन फिर भी मान लेने की जो शक्ति है उसका नाम विश्वास है। बड़े-बड़े शास्त्रों ने विश्वास की परिभाषा की है लेकिन इतनी सुंदर नहीं।

तुम भी कहां मानते हो कि ईश्वर है? कहते हो। जीभ पर है, प्राण में नहीं है। ओठों पर है, हृदय में नहीं है। ऊपर-ऊपर है, भीतर-भीतर बिलकुल नहीं है। यह विश्वास निश्चय नहीं है।

मैंने सुना है, एक आदमी किसी गुरु के पास बहुत वर्षों तक रहा। उसने एक दिन देखा कि गुरु पानी पर चल रहा है। वह बड़ा चमत्कृत हुआ। जब गुरु लौट कर आया तो उसने पैर पकड़ लिए। चमत्कार से तो लोग बड़े चकित होते हैं। उसने कहा कि यह सूत्र तुम मुझे भी बता दो। यह तरकीब तो अब मैं छोड़ूंगा न, जान कर रहूंगा। यह रहस्य मुझे भी समझाओ, कैसे पानी पर चलें?

गुरु ने कहा, इसमें कुछ रहस्य नहीं। प्रभु पर भरोसा हो तो सब हो जाता है—इति निश्चयी! श्रद्धा हो, सब हो जाता है।

तो उसने कहा, कैसे करूं श्रद्धा? तो उन्होंने कहा, प्रभु का स्मरण काफी है। राम-नाम। तो उस आदमी ने दूसरे ही सुबह नदी पर जाकर कोशिश की। एकदम दोहराने लगा 'राम-राम-राम-राम।' चलने की कोशिश की, तत्क्षण डुबकी खा गया। मुंह में पानी भर गया। बामुश्किल बाहर निकल कर आया। बड़ा क्रोधित हुआ।

गुरु के पास गया और कहा कि आप धोखा दिए। मैं तो राम-राम, राम-राम कहता ही गया फिर भी डुबकी खा गया। और राम-राम कहने की वजह से मुंह में भी

पानी चला गया। वैसे मैं तैरना जानता हूं। मगर मैं राम-राम कहने में लगा था। और मैं इस खयाल में था कि डुबकी तो होनी नहीं है तो मैंने कुछ व्यवस्था नहीं की थी। सब कपड़े भी खराब हो गए, डुबकी भी खा गया। यह बात जंचती नहीं। आपने कुछ धोखा दे दिया है।

गुरु ने पूछा, कितनी बार राम कहा था? उसने कहा, कितनी बार? अनगिनत बार कहा था। पहले तो किनारे पर खड़े होकर खूब कहता रहा ताकि बल पैदा हो जाए। फिर जब देखा कि हां, अब आ गई गर्मी, तो चला और डुबकी खा गया। और कह रहा था तब भी, जब डुबकी खा रहा था तब भी मैं राम-राम ही कह रहा था।

गुरु ने कहा, इतनी बार कहा इसीलिए डूब गए। श्रद्धा होती तो एक ही बार कहना काफी था। यह तो अश्रद्धा की वजह से इतनी बार कहा। श्रद्धा होती तो एक बार काफी था, फिर दुबारा क्या कहना? राम कह दिया, बात खतम हो गई।

सच तो यह है, अगर श्रद्धा हो तो शब्द में कहना ही नहीं पड़ता। हृदय में उसकी पुलक, उसकी लहर काफी है। इतने शब्द भी नहीं बनाने पड़ते। हवा के एक झोंके की तरह से हृदय में कोई चीज गूंज जाती है, तुम्हें गुंजानी भी नहीं पड़ती। इसलिए तो नानक ने उसके जाप को अजपा कहा है। जप करना पड़े तो सच्चा नहीं। थोड़ा झूठ हो गया। जप का मतलब यह हो गया, तुम कर रहे हो, अजपा का अर्थ होता है, जो अपने से हो।

तुम बैठे हो, अचानक तुम पाओ भीतर कि गूंज रही बात; खिल रहे फूल। तुम द्रष्टा बन जाओ उस समय, कर्ता नहीं। अजपा का अर्थ होता है, जो तुमने जपा नहीं था फिर भी जपा गया। जो अपने आप हुआ। आगे हम सूत्रों में समझेंगे अजपा का अर्थ।

'जो स्फुरण मात्र है...।'

जो तुम्हारे करने से नहीं हुआ है, जिसकी स्फुरणा हुई है। वृक्षों में फूल खिले हैं; वृक्षों ने खिलाए नहीं, खिले हैं। इसलिए बड़ी गहरी सचाई है उनमें और बड़ी सुगंध। और उनके रंग अदभुत हैं। और प्रभु की उनमें झलक है। ये पक्षी गुनगुना रहे हैं। ये चेष्टा नहीं कर रहे हैं, यह गीत इनसे फूट रहा है। जैसे झरने बह रहे हैं ऐसे पक्षी गीत गुनगुना रहे हैं। जैसे हवा बहती है और सूरज निकलता है। और सूरज की किरणें बरसती हैं। ऐसे पक्षी गा रहे हैं। यह स्फुरण मात्र है।

तुम जब बैठ कर राम-राम करते हो तब चेष्टा होती है। चेष्टा यानी झूठ। तुम्हारा किया सब प्रपंच है। तुम्हारे किए तुम कहीं भी न पहुंच पाओगे। तुमने किया कि तुम भटके। तुम ऐसी दशा में आ जाओ जहां तुम न करो, जो होता है उसे होने दो। लेकिन बिना किए तुम नहीं रह सकते।

एक मछुआ एक नदी के किनारे मछलियां मार रहा था। उसने दो बाल्टियां रख छोड़ी थीं। मछलियां पकड़ता, एक बाल्टी में डाल देता और कुछ केंकड़े पकड़ लेता

तो उनको दूसरी बाल्टी में डाल देता। मछलियां जिस बाल्टी में डालता उसके ऊपर तो उसने ढक्कन ढांक रखा था। और केंकड़े जिसमें डालता, बिना ढक्कन के छोड़ दिया था। और पच्चीसों केंकड़े उसमें बिलबिला रहे थे। और निकलने की कोशिश कर रहे थे, चढ़ रहे थे।

गांव के एक राजनेता—नेताजी घूमने निकले थे। उन्होंने खड़े होकर देखा। उनको कुछ बात जंची नहीं। उन्होंने कहा, भाई तू कैसा पागल है! इतनी मेहनत कर रहा है और ये केंकड़े सब निकल जाएंगे। इसको ढांकता क्यों नहीं? जैसा मछलियों को ढांका, ऐसा इसको क्यों नहीं ढांकता?

उसने कहा, आप बेफिकर रहो। ये केंकड़े बड़े बुद्धिमान हैं। ये करीब-करीब राजनीतिज्ञ हैं। यह राजनीति ही समझो। आपकी राजनीति जैसी हालत है इनकी। एक केंकड़ा चढ़ता है, दूसरा नीचे खींच लेता है। ये निकल न पाएंगे। इनकी वही हालत है, जो दिल्ली में है। पच्चीस केंकड़े हैं, एक भी निकल नहीं सकता। ये तो मैं सुबह से पकड़ रहा हूं, एक भी नहीं निकला। मैं भी देख रहा हूं कि हद राजनीति चल रही है। एक चढ़ता है, दो खींच लेते हैं उसको। इनको ढांकने की कोई जरूरत नहीं है। ये अपने ही करने से फंसे हुए हैं। इनका कृत्य ही इन्हें फंसा रखने को काफी है।

तुम जो फंसे हो, तुम्हारे ही कृत्य से फंसे हो। तुम जो खींच रहे हो, दूसरा भी तुम्हें नहीं खींच रहा है, तुम खुद ही अपने को खींच-खींच कर गिरा लेते हो। तुम्हारे जीवन में क्रांति घट सकती है। अगर तुम कृत्य को और कर्ताभाव को छोड़ दो और स्फुरणा से जीयो।

भ्रमभूतमिदं सर्वम्...।

यह सब जैसा तुमने देखा, असत्य है; जैसा है वैसा तुमने अभी देखा नहीं।

संसार और परमात्मा की यही परिभाषा है। तुमने अक्सर सोचा होगा कि संसार और परमात्मा दो अलग-अलग बातें हैं। गलत सोचा है। परमात्मा को गलत ढंग से देखा तो संसार। संसार को ठीक ढंग से देख लिया तो परमात्मा। ये दो बातें नहीं हैं। यहां द्वैत नहीं है, एक ही है। जैसा है वैसा ही देख लिया तो परमात्मा दिखाई पड़ जाता है, और जैसा नहीं है वैसा देख लिया तो संसार। ठीक-ठीक देख लिया तो परमात्मा, चूक गए तो संसार। परमात्मा को देखने में जो चूक हो जाती है उसी से संसार दिखाई पड़ता है। परमात्मा को देखने में जो चूक हो जाती है उसी से पदार्थ दिखाई पड़ता है; अन्यथा पदार्थ नहीं है। पदार्थ तुम्हारी भ्रांति है। परमात्मा सत्य है।

अब लोग हैं जो पूछते हैं, परमात्मा कहां है? कहते हैं, परमात्मा को देखना है। कभी-कभी कोई नास्तिक मेरे पास आ जाता है। वह कहता है, जब तक हम देखेंगे नहीं, मानेंगे नहीं। मैं उससे कहता हूं, पहले तू अपनी आंख की तो फिकर कर ले।

देखेगा यह तो ठीक है। देखने की आकांक्षा भी ठीक है। लेकिन तेरी आंख खुली है? तेरी आंख साफ-सुथरी है? इसकी तुझे चिंता नहीं है। दर्शन की चिंता है, दृष्टि की चिंता ही नहीं है।

अंधा है और रोशनी देखना चाहता है। बहरा है और संगीत सुनना चाहता है। और कहता है जब तक सुनूंगा नहीं, मानूंगा नहीं। बात तो ठीक कह रहा है। सुनोगे नहीं तो मानने का सार भी क्या है? लेकिन अगर सुनाई नहीं पड़ रहा है तो पहली बात बुद्धिमान आदमी यही सोचेगा कि कहीं मेरे सुनने के यंत्र में कोई खराबी तो नहीं है? सदियों-सदियों में सत्पुरुषों ने कहा है, है। एक देश में नहीं, अनंत-अनंत कालों में, अनंत-अनंत देशों में, अनंत-अनंत परिस्थितियों में, सत्पुरुषों ने निरपवाद रूप से कहा है, है। तो कहीं मेरी आंख के यंत्र में कुछ खराबी तो नहीं है? यह बुद्धिमान आदमी पहली बात उठाएगा। बुद्धू कहता है, हो तो मैं देखूं। देखूं तो मैं मानूं। और इसकी फिकर ही नहीं करता कि मेरे पास देखने की क्षमता है, पात्रता है?

इति निश्चयी का अर्थ होता है, जिसने देख लिया और देख कर जो निश्चय को उपलब्ध हो गया। निश्चय एक ही तरह से आता है—दर्शन से, अनुभव से, प्रतीति से।

अलक्ष्यस्फुरणः शुद्धः स्वभावेनैव शाम्यति।

'और अलक्ष्य स्फुरणवाला शुद्ध पुरुष स्वभाव से शांत होता है।'

यह शब्द बड़ा अदभुत है : अलक्ष्य स्फुरण वाला। इसे समझ लिया तो अष्टावक्र का सब सारभूत समझ लिया।

हम तो जीते हैं अपनी चेष्टा से। हम तो जीते हैं अपनी योजना से। हम तो जीते हैं प्रयास से। जीने की यह जो हमारी चेष्टा है, यह जो प्रयास है, यही हमें तनाव से भर देता है, संताप और चिंता से भर देता है। इतना विराट अस्तित्व चल रहा है, तुम देखते हो फिर भी अंधे हो। इतना विराट अस्तित्व चल रहा है, इतनी व्यवस्था से चल रहा है, इतना संगीतपूर्ण, इतना लयबद्ध चल रहा है, लेकिन तुम सोचते हो तुम्हें अपना जीवन खुद चलाना पड़ेगा।

कहा है मलूक ने :

अजगर करे न चाकरी पंछी करे न काम
दास मलूका कह गए सबके दाता राम

बड़ा अदभुत वचन है। यद्यपि गलत लोगों के हाथ में पड़ गया! लोगों ने इसका अर्थ निकाल लिया कि पड़े रहो आलसी होकर।

दास मलूका कह गए सबके दाता राम

तो अब करना क्या है? कुछ मत करो। यह मतलब नहीं है।

अजगर करे न चाकरी पंछी करे न काम

लेकिन देखा पंछी कितने काम में लगे हैं! ला रहे घास-पात, बना रहे घोंसले, बीन रहे गेहूं, चावल, दाल, इकट्ठा कर रहे भोजन, बच्चों को खिला रहे, खुद खा रहे, काम तो बहुत चल रहा है। अजगर भी सरक रहा है। अजगर भी काम में लगा है। लेकिन मलूक का कुछ अर्थ और है।

मलूक यह कह रहे हैं कि पंछी इतना काम कर रहे हैं फिर भी खुद नहीं कर रहे हैं; जो हो रहा है, हो रहा है। इसमें योजना नहीं है। इसमें अहंकार नहीं है। इसमें कर्तृत्व का भाव नहीं है। लेकिन लोग तो अपने ही ढंग से समझते हैं। लोग अपनी बुद्धि से समझते हैं। लोगों ने समझा कि यह तो आलस्य का पाठ है तो ओढ़ कर चादर सो रहो। लेकिन तुम अगर चादर भी ओढ़ कर सोए तो तुम्हीं कर्ता हो।

परमात्मा को करने दो, तुम मत करो; यह अर्थ होता है अलक्ष्यस्फुरण। अज्ञात स्फुरण। जो हाथ दिखाई नहीं पड़ते उनमें अपने को छोड़ दो। जिसने सब सम्हाला है, तुम्हें भी सम्हाल लेगा। छोटी सी जिंदगी है तुम्हारी। एक दिन मरे, दूसरे दिन गए। दो दिन की जिंदगी है। इतना विराट सम्हला हुआ है, तुम अपनी इस दो दिन की जिंदगी को छोड़ नहीं सकते इस विराट पर? और न छोड़ कर भी क्या सार है! मरोगे। न तुमने जन्म लिया है स्वयं, न मौत तुम ले सकोगे। जन्म भी हुआ, मौत भी घटेगी, बीच में ये थोड़े से दिन हैं, तुम नाहक उत्पात कर रहे।

अष्टावक्र कहते हैं, छोड़ दो स्फुरण पर। जीयो सहज स्फुरण से। मत करो योजना। मत बनाओ बड़े किले। मत खड़े करो बड़े स्वप्न। लेकिन लोग समझते हैं कि यह आलस्य की शिक्षा है। यह आलस्य की शिक्षा नहीं है। यह अकर्मण्यता की शिक्षा नहीं है। यह इतनी ही शिक्षा है कि कर्ता तुम न रहो, कर्ता परमात्मा हो। लेकिन लोग अपने ही ढंग से समझते हैं।

मैंने सुना है, मुल्ला नसरुद्दीन एक स्त्री के प्रेम में था। वह स्त्री जरा चिंतित थी, संदिग्ध थी। एक दिन उसने पूछा—जब शादी बिलकुल करीब ही आने लगी और दिन बहुत निकट आने लगा तो उस स्त्री ने पूछा कि नसरुद्दीन, क्या तुम शादी के बाद भी मुझे इतना ही प्यार करोगे? ऐसा ही प्रेम करोगे जैसा अभी करते हो? नसरुद्दीन ने कहा, क्यों नहीं! तुम तो जानती ही हो कि मुझे शादीशुदा औरतें ज्यादा पसंद हैं।

आदमी की समझ! अपनी समझ से ही देखेगा। अपनी ही समझ से व्याख्या करेगा। अपनी समझ के बाहर हम नहीं निकल पाते। इसलिए परमात्मा की समझ हमारे हाथों में नहीं उतर पाती। हम थोड़ी अपनी समझ को एक तरफ रखें।

अलक्ष्यस्फुरणा का अर्थ होता है, तुम स्वभाव पर छोड़ कर देखो, क्षण-क्षण जीयो। जो अष्टावक्र अलक्ष्यस्फुरणा से कह रहे हैं वही बुद्ध ने कहा है क्षणवाद से।

क्षण-क्षण जीयो। आगे के क्षण का विचार मत करो। इस क्षण जो हो, होने दो। आगे का क्षण जब आएगा तब आएगा। जीसस ने कहा है, आगे का क्षण अपनी फिकर स्वयं कर लेगा। जीसस ने कहा है, देखो खेतों में उगे हुए लिली के फूल। कितने सुंदर हैं! न इन्हें कल की चिंता है, न बीते कल की कोई याद। न ये श्रम करते हैं, न ये रंग जुटाते, न सुगंध जुटाते। सब किसी अलक्ष्यस्फुरणा से हो रहा है। और जीसस ने कहा है अपने शिष्यों से कि मैं तुमसे कहता हूं कि सम्राट सोलोमन भी अपने बहुमूल्य वस्त्रों में इतना सुंदर न था, जितने कि ये लिली के फूल।

अलक्ष्यस्फुरणा का अर्थ है, जैसे फूल हैं, पक्षी हैं, यह सारी प्रकृति का विराट खेल चल रहा है, इस खेल में तुम भी भागीदार हो जाओ। कर्ता न रहो। जो परमात्मा कराए, होने दो।

झेन फकीर कहते हैं जब भूख लगे, भोजन कर लो; जब नींद आए तब सो जाओ। जैसा होता हो उसके साथ बहे चलो। तैरो भी मत। नदी की धार में बहो। तुमने कभी एक मजेदार बात देखी है? जिंदा आदमी डूब जाता नदी में और मुर्दा आदमी तैरने लगता है। मुर्दा नदी के ऊपर आ जाता है और जिंदा आदमी डुबकी खा जाता है। मुर्दा आदमी को जरूर कोई राज मालूम है जो जिंदा को मालूम नहीं। मुर्दा को एक राज मालूम है कि वह कोई चेष्टा नहीं करता। चेष्टा कर ही नहीं सकता; मुर्दा है। जब चेष्टा नहीं करता तो नदी भी उसे अपने हाथों में ले लेती है। तुम चेष्टा करते हो उसी में डूब जाते हो।

तैरने की कला का कुल इतना ही राज है कि जिस दिन तुम्हें पता चल गया कि नदी नहीं डुबाती, तुम अपनी चेष्टा से डूबते हो। तुम धीरे-धीरे छोड़ते गए। तब तो तुम नदी की छाती पर तैर सकते हो। पड़े रहो! नदी नहीं डुबाती। नदी ने कभी किसी को नहीं डुबाया है। लोग अपनी ही मेहनत से डूब गए हैं।

यह विराट किसी को डुबाने में उत्सुक नहीं है। लोग अपनी मेहनत से डूब जाते हैं। लोग अपने गले में अपनी फांसी खुद लगा लेते हैं। यहां कोई तुम्हें फांसी देने को उत्सुक नहीं है। यह अस्तित्व अपूर्व रस से भरा है। और यह अस्तित्व अपूर्व उत्सव से भरा है। तुम नाच सकते हो। तुम्हारे पैर में जंजीरें नहीं हैं। अस्तित्व ने तुम्हारे पैर में घूंघर डाले हैं, लेकिन तुम जंजीरें बना बैठे हो। तुम यह बात भूल ही गए हो कि अस्तित्व के साथ एकरस हुआ जा सकता है।

संन्यास का ठीक-ठीक यही अर्थ है: जो व्यक्ति स्वस्फुरणा से जीने लगा। जो अपने भीतर से जीने लगा। जो अब बुद्धि से योजना नहीं करता। जो होता है, होने देता है। जैसा होता है वैसा होने देता है। अकर्मण्य नहीं हो गया है, कर्म विराट होता है अब भी, लेकिन अब कर्म के ऊपर अपनी कोई मालकियत नहीं रही। अब अपने कर्म पर कोई दावा नहीं रहा। जो गैर-दावेदार हो गया है वही संन्यासी है।

अलक्ष्यस्फुरणः शुद्धः स्वभावेनैव शाम्यति।

और ऐसा व्यक्ति शुद्ध हो जाता, स्वभाव से ही शांत हो जाता है। ऐसे व्यक्ति को शांत होने के लिए कोई भी योग, जप-तप नहीं करना पड़ता और ऐसे व्यक्ति को शुद्ध होने के लिए कोई भी आयोजना नहीं करनी पड़ती।

तो प्रपंच का अर्थ हुआ : स्वप्न-जाल, मन का खेल, विचार-प्रक्षेपण, कामना-आरोपण, जैसा नहीं है वैसा देख लेना, जैसी इच्छा है वैसा देख लेना। और प्रपंच से बाहर होने का मार्ग हुआ :

अलक्ष्यस्फुरणः शुद्धः।

जैसा है उसके साथ राजी हो जाना, उसके साथ बहना। नदी की धार से लड़ना नहीं। नदी की धार के विपरीत न जाना। नदी की धार के साथ जाना। यह जो अस्तित्व की विराट धार जा रही है, इसके साथ जाना—अलक्ष्यस्फुरणा।

हमें पक्का पता भी नहीं है कि नदी कहां जा रही है। हमें पक्का पता भी नहीं कि इसका अंत कहां होगा। अंत होगा भी या नहीं, यह भी पता नहीं। इस विराट की नियति क्या है इसका भी हमें कोई पता नहीं। यह सब बड़ा रहस्यपूर्ण है। लेकिन इसका पता लगाने की चेष्टा व्यर्थ है। हम पता लगा भी न पाएंगे। यह तो ऐसे ही समझो कि बूंद सागर को समझने चली। यह नहीं हो पाएगा। यह असंभव है। बूंद सागर तो बन सकती है लेकिन सागर को समझ नहीं सकती। मनुष्य परमात्मा बन सकता है लेकिन परमात्मा को समझ नहीं सकता। बूंद अगर सागर में गिर जाए और राजी हो जाए और छोड़ दे अपनी सीमा तो सागर हो जाए। सागर होकर ही जान पाएगी, और कोई उपाय नहीं। हम उसी को जान सकते हैं जो हम हो जाते हैं।

प्रपंच से बाहर होने का अर्थ है, जो स्फुरणा से हो वही करना, महत्वाकांक्षा से मत करना। कुछ पाने, कुछ होने की आकांक्षा से मत करना। जो परमात्मा बनाए, जैसा रखे—सुख में तो सुख में, दुख में तो दुख में। अगर ऐसा तुम कर सके तो तुम्हारे जीवन में कभी पश्चात्ताप न होगा। अगर ऐसा न कर सके तो प्रपंच का फल पश्चात्ताप है। एक दिन तुम बहुत रोओगे। और तब कुछ भी न कर सकोगे। क्योंकि जो समय बीत गया, बीत गया।

रंगों के मनहर मेले, चले गए छोड़ अकेले

एक दिन बहुत रोओगे। एक दिन बहुत पछताओगे। एक दिन आंखों में सिर्फ टूटे इंद्रधनुष, बिखरे सपने, आंसुओं के अतिरिक्त कुछ भी न रह जाएगा।

रंगों के मनहर मेले, चले गए छोड़ अकेले
टूटे अनुबंधों जैसे, रूठे संबंधों जैसे
बिखर रहे पल-अणुपल हम, फूटे तट-बंधों जैसे
झरे-गिरे पीत पात से, भरे-भरे गीत गात से

पीड़ाओं में घुले-मिले, आंसू से जी भर खेले
शापित वरदान सरीखे, बुझ कर भी जलते दीखे
अर्थहीन जीवन जीना, जग आकर हमसे सीखे
अपनों के तेवर बदले, सपनों के जेवर बदले
प्रज्वलित पलाश—से नयन, जैसे गेरू के ढेले
सांसें घनसार हो गईं, आशाएं क्षार हो गईं
अधरों पर चिपकीं बेबस मुसकानें भार हो गईं
रोम-रोम जलती होली, भाल लगी उलझन रोली
एक भाव से तटस्थ हो, फाग आग दोनों झेले
रंगों के मनहर मेले, चले गए छोड़ अकेले

एक दिन बहुत पछताओगे। यह जो आज मेला जैसा मालूम पड़ता है, यह जो रंगों का जमघट है, यह ज्यादा देर न टिकेगा। यह सपना है। यह तुमने ही मान रखा है। यह कहीं है नहीं। जल्दी ही जीवन-ऊर्जा क्षीण होने लगेगी। और जैसे-जैसे जीवन ऊर्जा क्षीण होगी वैसे-वैसे सपनों के भीतर छिपी सचाई प्रकट होगी। एक दिन तुम पाओगे, जहां तुमने बहुत कुछ देखा था वहां कुछ भी नहीं है। एक दिन हर आदमी पाता है कि हाथ खाली रह गए। जीवन चला गया, हाथ खाली रह गए। फिर रिक्तता बहुत सालती है। फिर रिक्तता बहुत दुख देती, बहुत पीड़ा देती। फिर रिक्तता बहुत विषाद से भर देती।

नरक का कोई और अर्थ नहीं है। मरने के बाद तुम नरक जाते हो ऐसा मत सोचना। या मरने के बाद स्वर्ग जाते हो ऐसा मत सोचना। जिसने जीवन को परमात्मा की स्फुरणा से जीया वह यहीं स्वर्ग में जीता है। और जिसने जीवन को अपनी अहंकार की योजना से जीया वह यहीं नरक में जीता है। जो यहां स्वर्ग में है वही मृत्यु के बाद भी स्वर्ग में होगा और जो यहां नरक में है वही मृत्यु के बाद भी नर्क में होगा। क्योंकि मृत्यु के बाद उसी का सिलसिला जारी रहेगा जो मृत्यु के पहले तुमने निर्मित किया था। अन्यथा नहीं हो जाएगा। अचानक कुछ बदलाहट नहीं हो जाएगी।

जीवन को रत्ती-रत्ती जीयोगे, एक-एक सीढ़ी चढ़ोगे तो तुम पाओगे कि शिखर उपलब्ध हुआ।

'दृश्यभाव को नहीं देखते हुए शुद्ध स्फुरणवाले को कहां विधि है, कहां वैराग्य है, कहां त्याग, कहां शमन!'

शुद्धस्फुरणरूपस्य दृश्यभावमपश्यतः।
क्व विधिः क्व च वैराग्यं क्व त्यागः क्व शमोऽपि वा।।

जो व्यक्ति अपनी अंतर्स्फुरणा से भर गया है—स्वस्फुरण वाले को, शुद्ध स्फुरण वाले को। स्फुरण का अर्थ होता है, स्पांटेनिटी। स्फुरण का अर्थ होता है, जो अपने

आप होता है, तुम्हारे किए नहीं होता। स्फुरण का अर्थ होता है, जिसको तुम्हें करना नहीं पड़ता। अचानक तुम पाते हो कि हो रहा है।

जैसे तुम यहां बैठे हो; मुझे सुनते-सुनते किसी की तारी लग जाएगी। सुनते-सुनते किसी की लय मुझसे बंध जाएगी। ऐसा नहीं कि तुमने किया। तुम करोगे तो यह कभी भी न हो पाएगा। तुम करोगे तो तुम बीच में अड़े रहोगे। तुम करोगे तो तुम अटकाते रहोगे, उपद्रव मचाते रहोगे। तुमने अगर चेष्टा की कि बंध जाए लय, फिर न बंधेगी। तुम भूलो, तुम सिर्फ सुनो। सुनते-सुनते अनायास एक स्फुरणा होती है, भीतर कोई द्वार खुल जाता, कोई रोशनी झांकती। भीतर कोई स्वर प्रविष्ट हो जाता। तुम मुझसे एकतान हो गए, एकरस हो गए। जुड़ गए हृदय से हृदय।

उस क्षण कुछ घटता है। उस क्षण आंसू बह सकते हैं, उस क्षण तरंग उठ सकती है। उस क्षण रोमांच हो सकता। उस क्षण रोआं-रोआं पुलकित हो सकता। उस क्षण एक दर्शन मिल सकता है—क्षण भर को ही सही, लेकिन जैसा है उसका एक क्षण को आभास हो सकता है। जैसे कोई बिजली कौंध गई और अंधेरी रात में रोशनी हो गई और सब दिखाई पड़ गया क्षण भर को। यद्यपि क्षण भर को दिखाई पड़ेगा लेकिन पूरे जीवन का स्वाद बदल सकता है। क्योंकि जो दिखाई पड़ गया, फिर पीछा करेगा। फिर बार-बार उस दिशा में जाने का रस जागेगा, स्वाद जागेगा, आकांक्षा होगी, अभीप्सा होगी, प्रतीक्षा होगा, पुकार होगी, प्रार्थना होगी। जो एक बार अनुभव में हुआ, फिर उसे छोड़ा नहीं जा सकता। फिर बार-बार तुम खिंचे किसी अदृश्य जादू में उसी केंद्र की तरफ चलने लगोगे। लेकिन यह होगा स्फुरणा से; यह चेष्टा से नहीं होगा।

तुम देखो, जीवन में जब भी आनंद घटता है, स्फुरणा से घटता है। और जीवन में जब भी आनंद घटता है तो तुम सीधी चेष्टा करो तो कभी नहीं घटता।

कोई आदमी तैरने जाता है और बड़ा सुख अनुभव करता है। तुम उससे पूछो, तैरने में सुख आता है, मैं भी आऊं? मैं भी तैरूं? मुझे भी सुख मिलेगा? मुश्किल। शायद तुम्हें नहीं मिलेगा। क्योंकि तुम पहले से योजना बना कर जाओगे कि सुख मिले। तुम तैरोगे कम, बार-बार कनखियों से देखोगे कि अभी तक सुख मिला नहीं। बीच-बीच सोचने लगोगे, अभी तक नहीं मिला, कब मिलेगा? तो तुम चूक जाओगे। वह जो आदमी तैरने जाता है उसे सुख इसलिए मिलता है कि वह सुख की तलाश में गया ही नहीं। वह तो तैरने गया है। उसकी नजर तो तैरने में लगी है। वह तो तैरने में डूब जाता है। जब तैरने में डुबकी लग जाती है, जब तैरने में पूरा खो जाता है, भावविभोर हो जाता है, बस सुख का झरोखा खुल जाता है। वह स्फुरणा से होता है।

इसलिए अक्सर ऐसा होगा, मुझे सुनने वाला किसी मित्र को कभी ले आएगा कि तुम आओ। तुम एक दफा तो आओ। वह सोचता है, जो मुझे हो रहा है वही मित्र

को भी हो जाएगा। जरूरी नहीं। आवश्यक नहीं। क्योंकि मित्र आएगा कि चलो देखें क्या होता है। शायद तुम्हारी भाव-दशा को देख कर लोभ से भर आए कि जो तुम्हें होता है वही मुझे भी हो जाए। नहीं होगा।

एक मित्र ध्यान करने आए। किसी विश्वविद्यालय में प्रोफेसर हैं, होशियार आदमी हैं। इस दुनिया में होशियार बुरी तरह चूकते हैं। कभी-कभी पागल पा लेते हैं और होशियार चूक जाते हैं। यह दुनिया बड़ी अनूठी है। उन्होंने तीन दिन ध्यान किया, चौथे दिन मुझे आकर कहा कि लोगों को तो होता है। कुछ हो रहा है। इसको मैं देख सकता हूं। मुझे कुछ भी नहीं हो रहा है। और मैं बड़ी आकांक्षा से आया हूं कि कुछ हो। महीनों से प्रतीक्षा की थी इन दिनों की। अब छुट्टी मिली है तो आया हूं। और कुछ हो नहीं रहा है। और मैं यह भी मानता हूं कि कुछ हो रहा है, लोगों को कुछ हो रहा है। किसी को मैं रोते देखता हूं तो मेरे प्राण कंप जाते हैं कि मुझे कब होगा? किसी को आनंद से नाचते देखता हूं तो मैं भी सोचता हूं कि कब भाग्य के द्वार खुलेंगे, मैं भी नाचूंगा? मगर मेरे पैरों में कोई पुलक ही नहीं आती। मैं बीच-बीच में दूसरों को भी देख लेता हूं कि देखो हो रहा है किसी को या नहीं! लेकिन हो रहा है। और मुझे नहीं हो रहा। बात क्या है? कोई मेरे पाप आड़े पड़ रहे हैं? कोई मैंने बुरे कर्म किए हैं?

आदमी कोई न कोई तर्क खोजता है अपने को समझाने को। मैं तुमसे कहता हूं, न तो कोई पाप आड़े आते हैं, न कोई कर्म आड़े आते हैं। एक ही बात आड़े आती है, वह बात है कि तुम बहुत आतुरता से अगर लोभ से भर गए और तुमने योजना बना ली कि सुख लेकर रहेंगे—बस मुश्किल हो गई।

मैंने उनसे कहा, तुम ऐसा करो, यह सुख का भाव छोड़ दो। यह समाधि का भाव छोड़ दो। तुम मेरी मानो। इतनी मेरी मानो कि तुम यह भाव मत रखो। तुम नाचो, गाओ, ध्यान करो। तुम थोड़े दिन के लिए सुख का विचार ही छोड़ दो; मिले न मिले। अगर छोड़ सको सुख का भाव तो मिलेगा।

सीधे-सीधे सुख को पाने की कोई व्यवस्था नहीं है इस जगत में। सुख आता पीछे के दरवाजे से, चुपचाप। पगध्वनि भी नहीं होती। तुम जब मस्त होते हो किसी और बात में तब आता है।

कोई चित्रकार अपना चित्र बना रहा है—मुग्ध, डूबा, सारी दुनिया को भूला। उन क्षणों में अस्तित्व नहीं रहा, उन क्षणों में स्वयं भी नहीं रहा। उन क्षणों में तो बस चित्र बन रहा है। सच पूछो तो उन क्षणों में परमात्मा चित्र बना रहा है, चित्रकार तो मिट गया। अलक्ष्यस्फुरणा काम करने लगी। तब चित्र अनूठा बनेगा। और तब कभी ऐसा भी होगा कि चित्रकार खड़ा होकर देखेगा मंत्रमुग्ध। अपनी ही कृति पर भरोसा न कर पाएगा। कहेगा, कैसे बनी? किसने बनाई?

पिकासो ने कहा है कि कई बार कोई चित्र बन गया, फिर मैंने दुबारा उसे बनाने की कोशिश की और नहीं बना पाया। बहुत कोशिश की और नहीं बना पाया। फिर वैसी बात नहीं बनी। फिर किसी दिन बन गया। और जब फिर मैंने चेष्टा की तो फिर चूका, फिर हारा। अहंकार जीतता ही नहीं।

रवींद्रनाथ ने कहा है कि जब-जब मैंने चेष्टा की तब-तब गीत नहीं बने। जब बने तभी बने। तो कभी-कभी ऐसा हो जाता था कि रवींद्रनाथ बैठे हैं, किसी से बात कर रहे हैं और अचानक भाव-रूपांतरण हो जाता। अचानक उनके चेहरे पर कोई और आभा आ जाती। कोई एक दीवानापन, एक मस्ती, जैसे कि शराब में डूब गए। तो उनके पास रहने वाले लोग, उनके शिष्य, उनके मित्र, उनके प्रियजन धीरे-धीरे जानने लगे थे कि उस समय चुपचाप हट जाना चाहिए।

गुरुदयाल मलिक उनके एक पुराने साथी थे। वे कभी-कभी मुझे सुनने आते थे। एक बार उन्होंने मुझे आकर कहा कि आपसे एक बात कहनी है। मैं रवींद्रनाथ के पास जब पहली दफा गया तो मुझे भी कहा गया था कि अगर बीच में और लोग हटें तो तुम भी हट जाना। क्योंकि कब उन पर परमात्मा आविष्ट हो जाता है, कुछ कहा नहीं जा सकता। उस वक्त बाधा नहीं देनी है।

तो कोई आठ-दस मित्र रवींद्रनाथ को मिलने गए थे। गुरुदयाल पहली दफा गए थे। और रवींद्रनाथ ने अपने हाथ से चाय बनाई और सबको वे चाय दे रहे थे। और अचानक चाय देते समय उनके हाथ से प्याला छूट गया, आंखें बंद हो गईं और वे डोलने लगे। एक-एक आदमी उठ गया। वे सब तो परिचित थे। और उन्होंने गुरुदयाल को भी इशारा किया कि उठ आओ। लेकिन गुरुदयाल ने मुझे कहा कि मैं उठ न सका। उन्होंने बहुत इशारा किया तो मैं उठ भी गया, तो भी मैं दरवाजे के बाहर खड़ा हो गया। यह जो अपूर्व घट रहा था, मैं इसके दर्शन करना चाहता था।

यह क्या हो रहा था? मैंने अपनी आंख के सामने देखा कि अभी एक क्षण पहले जो आदमी था रवींद्रनाथ, अब वही नहीं है। कोई नई आभा! जैसे कोई और आत्मा प्रविष्ट हो गई। एक आलोकमंडित व्यक्तित्व! जैसे भीतर कोई बुझा था दीया, जल गया। जैसे रोशनी बाहर आने लगी। और एक अपूर्व शांति छा गई।

और मैं मंत्रमुग्ध खड़ा रहा। मन में अपराध भी लग रहा था कि खड़ा नहीं होना चाहिए क्योंकि सबने कहा हट जाओ। और लोग चले भी गए, मैं चोरी से खड़ा हूं। लेकिन हट भी न सका। कुछ ऐसा जादू घट रहा था कि हट भी नहीं सका।

और वे खड़े देखते रहे। फिर रवींद्रनाथ धीरे-धीरे डोलने लगे, खड़े होकर नाचने लगे और फिर गुनगुनाने लगे। गुरुदयाल ने मुझे कहा कि मैंने अपनी आंख के सामने कविता को जन्म लेते देखा। वह सौभाग्य का क्षण था। वैसा अपूर्व क्षण फिर कभी

नहीं मिला। मैंने अपने सामने कविता को जन्म लेते देखा। फिर रवींद्रनाथ ने कागज उठा लिया, जो गुनगुनाया था वह लिखने लगे। और धीरे-धीरे गुरुदयाल वहां से हट कर चुपचाप अपने कमरे में चले गए।

तीन दिन तक रवींद्रनाथ बंद ही रहे अपने कमरे में, बाहर न निकले। जब कविता उतरती तो वे भोजन भी बंद कर देते। जब कविता उतरती तो वे स्नान भी न करते। जब कविता उतरती तो वे किसी से मिलते-जुलते भी नहीं। जब कविता उतरती तो कैसा सोना, कैसा जगना! सब अस्तव्यस्त हो जाता। जब कविता उतरती तो कोई और ही उन्हें चलाता; कोई और ही उनकी बागडोर थाम लेता।

इस बात का नाम ही है शुद्ध स्फुरणा।

देखा तुमने? यह प्रतीक है कि कृष्ण अर्जुन के सारथी बने। यह अलक्ष्यस्फुरणा का प्रतीक है। भगवान तुम्हारा सारथी बने, उसके हाथ में तुम्हारे रथ की बागडोर हो। वही चलाए। तुम बैठो भीतर निश्‍चिंतमन। वह जहां ले जाए, जाओ। भगवान सारथी बने, तुम रथ में चुपचाप बैठो।

वही सारथी है। तुम नाहक बीच-बीच में आ जाते। तुम्हारे बीच में आने से अड़चन पड़ती। तुम्हारे जीवन में अगर दुख है तो तुम्हारे कारण। अगर कभी सुख होगा तो उसके कारण है।

शुद्धस्फुरणरूपस्य दृश्यभावमपश्यतः।

और जिस व्यक्ति के जीवन में शुद्ध स्फुरणा का जन्म हुआ उसको फिंर दृश्य दिखाई भी पड़ते हैं और एक अर्थ में नहीं भी दिखाई पड़ते, क्योंकि अब तो द्रष्टा दिखाई पड़ता है। इसे समझो।

तुम जब देखते हो तो तुम स्वयं को नहीं देखते, पर को ही देखते हो। तुम्हारा बोध का तीर दूसरे पर लगा होता है। तुम स्वयं को नहीं देखते। तुम देखने वाले को नहीं देखते। जो मूल है उसे चूक जाते हो। तुम परिधि पर भटकते रहते हो। जिस व्यक्ति ने अपना हाथ परमात्मा के हाथ में दे दिया और कहा, अब तू सम्हाल...।

अब एक बड़ी मजेदार घटना घटती है। वह तुम्हें तो देखता है लेकिन तुमसे पहले वह जो भीतर छिपा है वह दिखाई पड़ता है। वह वृक्ष को देखता है लेकिन वृक्ष के पहले वृक्ष को देखने वाला दिखाई पड़ता है। वृक्ष गौण हो जाता है। दृश्य गौण हो जाता है, द्रष्टा प्रमुख हो जाता है, आधारभूत हो जाता है। तब संसार गौण हो जाता है और सत्य आधारभूत हो जाता है।

'दृश्यभाव को नहीं देखते हुए शुद्ध स्फुरणवाले को कहां विधि है!'

फिर उसके मन में दृश्य के कोई भाव नहीं उठते—कि ऐसा देखूं, ऐसा देखूं, वैसा देखूं। ये कोई भाव नहीं उठते। जो दिखाई पड़ जाता है ठीक, जो नहीं दिखाई पड़

जाता, ठीक। वह हर हाल राजी है। ऐसी जो दशा है इसमें न तो त्याग की कोई जरूरत है, न वैराग्य की कोई जरूरत है, न विधि की कोई जरूरत है, न दमन और शमन की कोई जरूरत है।

अष्टावक्र के सूत्र सिद्ध के सूत्र हैं, साधक के नहीं। अष्टावक्र कहते हैं, सीधे सिद्ध ही हो जाओ। यह साधक होने के चक्कर में क्या पड़े हो? साधन में मत उलझो। साधना में मत उलझो। सीधे सिद्ध हो जाओ। क्योंकि परमात्मा तुम्हारे भीतर बैठा है। तुम कहां जप-तप में लगे! किसकी पूजा-प्रार्थना कर रहे? जिसकी पूजा-प्रार्थना कर रहे वह तुम्हारे भीतर विराजमान है। तुम कहां खोज रहे हो काबा-कैलाश! तुम कहां जा रहे? जिसे तुम खोज रहे, तुम्हारे भीतर बैठा। तुम भी जरा शांत होकर बैठ जाओ और उसकी स्फुरणा से जीयो। छोड़ दो सब उस पर बेशर्त।

हिम्मत की जरूरत है, दुस्साहस की जरूरत है। क्योंकि मन कहेगा ऐसे छोड़ें, कहीं कोई हानि हो जाए। ऐसा छोड़ा, कहीं कोई नुकसान हो जाए। ऐसा छोड़ा और कहीं भटक गए! और मजा यह है कि तुम मन के साथ चल कर सिवाय भटके, और क्या हुआ है? भटकने के सिवाय क्या हुआ है? कहां पहुंचे?

मेरे पास लोग आते हैं, वे कहते हैं, संन्यास तो ले लें लेकिन समर्पण करने में डर लगता है। मैं उनसे पूछता हूं, तुम्हारे पास समर्पण करने को है क्या? क्या है जो तुम समर्पण करोगे? तब वे जरा चौंकते, झिझकते, कंधे बिचकाते। कहते, ऐसे तो कुछ भी नहीं है। तो फिर मैंने कहा, डर क्या है? तुम्हारे पास छोड़ने को क्या है? जो भी तुम्हें लगता है छोड़ने जैसा, वह छुड़ा ही लिया जाएगा। मौत छुड़ा लेगी। उस वक्त तुमसे यह भी नहीं पूछेगी, समर्पण करते हो? जब मौत सब छुड़ा ही लेगी तो देने का मजा क्यों नहीं ले लेते? जब मौत छीन ही लेगी तो तुम खुद ही क्यों नहीं छोड़ देते? आज नहीं कल मौत छीन लेगी तो तुम एक मौका खोए दे रहे हो। तुम खुद ही परमात्मा को कह दो कि मैं खुद ही अपने को छोड़ता हूं तेरे हाथों में।

और जो आदमी परमात्मा के हाथों में अपने को छोड़ देगा, मौत फिर उसकी नहीं होती। मौत उसी के पास आती है जो परमात्मा को अपने पास नहीं आने देता। इसे समझना।

तुम इकट्ठा करते—अपने कर्तृत्व, अपना अहंकार, धन, पद, प्रतिष्ठा। तुम सोचते हो, मैंने यह किया, मैंने यह कमाया, अर्जन किया, यह मेरी प्रतिष्ठा, यह मेरा पद। फिर एक दिन मौत आती है और सब बिखेर देती है—सब तुम्हारा पद, प्रतिष्ठा। जैसे किसी ने ताश के पत्तों का महल बनाया, हवा का एक झोंका आया और सब गिर गया। जिंदगी भर मेहनत की और मिट्टी में मिल गई। तुम खुद ही मिट्टी में मिल जाओगे तो तुम्हारी मेहनत कहां जाएगी? वह भी मिट्टी में मिल जाएगी।

संन्यासी बड़ा कुशल है। संन्यासी बड़ा समझदार है। वह कहता है जो मौत छीन लेगी वह हम स्वयं दे देते हैं। ऐसे भी छिन जाना है, वैसे भी छिन जाना है। तो देने का मजा क्यों न ले लें? इतना सुख क्यों न उठा लें कि दे दिया।

और तब एक क्रांति घटती है। तुमने छोड़ा कि फिर तुम्हें मिलना शुरू हुआ। जीसस ने कहा है, जो बचाएगा वह चूक जाएगा। और जो गंवा देगा वह पा लेगा। जो खोने को राजी है वह पाने का हकदार हो गया।

फिर कहां विधि, कहां त्याग, कहां शमन! नहीं कुछ करना पड़ता। एक बात कर लेने जैसी है कि तुम सब परमात्मा के ऊपर छोड़ दो। वह जैसा करवाए वैसा करो। वह जैसा उठाए वैसा उठो। वह जैसा बैठाए वैसा बैठो। और जब मैं यह कह रहा हूं तो फिर दोहरा दूं—बेशर्त। इसमें कोई शर्त बंधी नहीं है कि तू अच्छा कराएगा तो करेंगे, बुरा कराएगा तो न करेंगे।

वही तो अर्जुन के सामने सवाल था। वह कृष्ण से इसीलिए तो कहने लगा कि यह युद्ध मैं न करूंगा। इसमें तो पाप लगेगा। इसमें तो हिंसा होगी। इसमें तो प्रियजनों को मार डालूंगा। इस राज्य को लेकर भी क्या करूंगा? इतने सब अपने प्रियजनों को मार कर अगर यह राज्य मिला भी तो मरघट पर सिंहासन रख कर बैठना हो जाएगा। आदमी तो अपनों के लिए ही युद्ध करता। अपने होते तो ही तो सुख होता सिंहासन पर बैठने का। अपने ही न हुए तो क्या सुख? किसको दिखाऊंगा? मुझे जाने दो, अर्जुन कहने लगा, चला जाऊंगा दूर जंगल में। संन्यस्त हो जाऊंगा।

कृष्ण की सारी गीता एक बात समझाती है कि परमात्मा जो कराए, बेशर्त। युद्ध कराए तो युद्ध। अच्छा तो अच्छा, बुरा तो बुरा। तुम बीच में न आओ। तुम्हारा निमित्त होना परिपूर्ण हो। तुम चुनो न। तुम्हारा होना चुनावरहित हो। तभी तुम तुम्हारा समर्पण किए अन्यथा तुमने समर्पण न किया।

जहां समर्पण है वहां स्फुरणा है। समर्पण, स्फुरणा साथ-साथ है। बाहर समर्पण, भीतर स्फुरणा। जिसने समर्पण नहीं किया वह कभी स्फुरणा को उपलब्ध न हो सकेगा।

और इसको कहा है अलक्ष्यस्फुरणा।

शुद्धस्फुरणरूपस्य...।

अलक्ष्य का अर्थ होता है अकारण। परमात्मा का कोई कारण नहीं है, परमात्मा सबका कारण है। सब उसने बनाया, उसे किसी ने नहीं बनाया। सबके पीछे वह है, उसके पीछे कुछ भी नहीं है। वह कारणों का कारण है। अकारण है। वह मूलभूत है। उससे मूलभूत फिर कुछ भी नहीं है। वह जड़ है; उसके पार फिर कुछ भी नहीं है। न उसके नीचे कुछ है न उसके ऊपर कुछ है। सब उसके भीतर है।

तो जो परमात्मा से होता है वह अकारण होता है। तुम हो, किस कारण हो? मन में सवाल उठते हैं, किसलिए हूं मैं? क्या कारण है मेरे होने का? सिर्फ इस देश में उसका ठीक-ठीक उत्तर दिया गया है। सारी दुनिया में उत्तर देने की कोशिश की गई है। ईसाई कहते हैं कुछ, मुसलमान कहते हैं कुछ, यहूदी कहते हैं कुछ। लेकिन सिर्फ इस देश में ठीक-ठीक उत्तर दिया गया है। इस देश का उत्तर बड़ा अनूठा है। अनूठा है—लीला के कारण। लीला का मतलब होता है, अकारण। खेल है। उसकी मौज है। इसमें कुछ कारण नहीं है। क्योंकि जो भी कारण तुम बताओगे वह बड़ा मूढ़तापूर्ण मालूम पड़ेगा।

कोई कहता है, परमात्मा ने इसलिए संसार बनाया कि तुम मुक्त हो सको। यह बात बड़ी मूढ़तापूर्ण है। क्योंकि पहले संसार बनाया तो तुम बंधे। न बनाता तो बंधन ही नहीं था, मोक्ष होने की जरूरत क्या थी? यह तो बड़ी उलटी बात हुई कि पहले किसी को जंजीरों में बांध दिया और फिर वह पूछने लगा, जंजीरों में क्यों बांधा? तो उसको जवाब दिया कि तुम्हें मुक्त होने के लिए। जंजीरों में ही काहे को बांधा जब मुक्त ही करना था?

परमात्मा ने संसार को बनाया आदमी को मुक्त करने के लिए? यह तो बात उचित नहीं है, अर्थपूर्ण नहीं है; बेमानी है। कि परमात्मा ने संसार को बनाया कि आदमी ज्ञान को उपलब्ध हो जाए? यह भी बात बेमानी है। इतना बड़ा संसार बनाया तो ज्ञान ही सीधा दे देता। इतने चक्कर की क्या जरूरत थी? कि परमात्मा ने बुराई बनाई कि आदमी बुराई से बचे। ये कोई बातें हैं! ये कोई उत्तर है! बुराई से बचाना था तो बुराई बनाता ही नहीं। प्रयोजन ही क्या है? यह तो कुछ अजीब सी बात हुई कि जहर रख दिया ताकि तुम जहर न पीयो। तलवार दे दी ताकि तुम मारो मत। कांटे बिछा दिए ताकि तुम सम्हल कर चलो।

पर जरूरत क्या थी? ठीक इस देश में उत्तर दिया गया है। उत्तर है—लीलावत। यह जो इतना विस्तार है, यह किसी कारण नहीं है। इसके पीछे कोई प्रयोजन नहीं है। इसके पीछे कोई व्यवसाय नहीं है। इसके पीछे कोई लक्ष्य नहीं है, यह अलक्ष्य है। फिर क्यों है?

जैसे छोटे बच्चे खेल खेलते हैं, ऐसा परमात्मा अपनी ऊर्जा का स्फुरण कर रहा है। ऊर्जा है तो स्फुरण होगा। जैसे झरनों में झर-झर नाद हो रहा है, जैसे सागरों में उत्तुंग लहरें उठ रही हैं। यह सारा जगत एक महाऊर्जा का सागर है। यह ऊर्जा अपने से ही खेल रही है, अपनी ही लहरों से खेल रही है। खेल शब्द ठीक शब्द है। लीला शब्द ठीक शब्द है। यह कोई काम नहीं है जो परमात्मा कर रहा है। लीलाधर! यह उसकी मौज है। यह उसका उत्सव है।

इस भांति देखोगे तो तुम्हें समझ में आएगा, अलक्ष्यस्फुरण का क्या अर्थ हुआ। अलक्ष्यस्फुरण का अर्थ हुआ, इसके पीछे कोई भी कारण नहीं है।

पूछते हो, फूल क्यों खिलता है? पूछते हो, वृक्ष क्यों हरे हैं? पूछते हो, नदी क्यों सागर की तरफ बहती है? पूछते हो, क्यों आदमी आदमी से प्रेम करता? कभी पूछा, जब तुम किसी के प्रेम में पड़ जाते किसी स्त्री, किसी पुरुष के; तुमने पूछा, क्यों? कोई क्यों नहीं है। कोई उत्तर नहीं है। पूछने जाओगे, उत्तर न पाओगे। या जो भी तुम उत्तर पाओगे, सब बनावटी होंगे, झूठे होंगे।

तुम कहते हो, मैं इस स्त्री के प्रेम में पड़ गया क्योंकि यह सुंदर है। बात तुम उल्टी कह रहे। यह तुम्हें सुंदर दिखाई पड़ती है क्योंकि तुम प्रेम में पड़ गए। यह दूसरों को सुंदर नहीं दिखाई पड़ती।

लैला सिर्फ मजनूं को सुंदर दिखाई पड़ती थी, किसी को सुंदर नहीं दिखाई पड़ती थी। गांव के सम्राट ने मजनूं को बुला कर कहा कि मुझे तुझ पर दया आती है पागल! यह लैला बिलकुल साधारण है और तू नाहक दीवाना हुआ जा रहा है। यह देख—एक दर्जन स्त्रियां उसने खड़ी कर दीं महल से। इनमें से तू कोई भी चुन ले। तुझे रास्ते पर रोते देख कर मैं भी दुखी हो जाता हूं। और दुख और भी ज्यादा हो जाता है कि किस लैला के पीछे पड़ा है? काली-कलूटी है, बिलकुल साधारण है। ये देख इतनी सुंदर स्त्रियां।

मजनूं ने गौर से देखा, कहने लगा, क्षमा करें। इनमें लैला कोई भी नहीं है।

फिर वही बात, सम्राट ने कहा, लैला में कुछ भी नहीं रखा है।

मजनूं कहने लगा, आप समझे नहीं। लैला को देखना हो तो मजनूं की आंख चाहिए। मेरी आंख के बिना आप देख न सकेंगे। लैला होती ही मजनूं की आंख में है।

तो तुम जिस स्त्री के प्रेम में पड़ गए हो, तुमसे कोई पूछे क्यों पड़ गए? तो तुम कहते हो, सुंदर है। तुम कहते हो, उसकी वाणी मधुर है। तुम कहते हो, उसकी चाल में प्रसाद है। मगर ये सब बातें झूठ हैं। तुम प्रेम में पड़ गए हो इसलिए चाल में प्रसाद मालूम पड़ता, वाणी मधुर मालूम पड़ती, चेहरा सुंदर मालूम पड़ता। कल जब तुम्हारा सपना टूट जाएगा, यही चाल बेढब लगने लगेगी और यही वाणी कर्कश हो जाएगी और यही चेहरा अति साधारण हो जाएगा। यह एक सपना है जो तुमने प्रेम के कारण देखा। प्रेम अकारण है।

अगर तुम अपने जीवन को भी समझने चलो तो तुम यही पाओगे कि यहां जो भी है, सब अकारण है। एक बार यह खयाल में आ जाए कि सब अकारण है तो जीवन से चिंता हट जाए। जहां कोई कारण नहीं वहां चिंता का कोई उपाय नहीं।

'और अनंत रूप से प्रकाशित स्फुरित प्रकृति को नहीं देखते हुए ज्ञानी को कहां बंध है और कहां मोक्ष है? कहां हर्ष, कहां विषाद?'

स्फुरतोऽनन्तरूपेण प्रकृतिं च न पश्यतः।
क्व बंधः क्व च वा मोक्षः क्व हर्षः क्व विषादिता।।

और यह जो प्रकृति चारों तरफ स्फुरित हो रही है—स्फुरतोऽनन्तरूपेण। यह जो अनंत-अनंत रूपों में चारों तरफ प्रकृति का खेल चल रहा है, लीला चल रही है और इस प्रकृति के पीछे परमात्मा का खेल चल रहा है, इस अनंत खेल को भी ज्ञानी देखता नहीं। ज्ञानी का इसमें बहुत रस नहीं है। वह इससे भी बड़े खेल में उतर गया। वह इस खेल के खेलने वाले को देखने लगा।

अब क्या देखना छोटी बातें! माना, वृक्ष बहुत सुंदर है और चांद भी बहुत सुंदर है और सूरज जब सुबह उगता है तो अपूर्व है। लेकिन भीतर के सूरज के मुकाबले कुछ भी नहीं है। कबीर ने कहा, जब भीतर का सूरज उगा तो जाना कि असली सूरज क्या है। हजार-हजार सूरज जैसे एक साथ उग गए। फिर भी बात पूरी नहीं होती, क्योंकि जो अंतर है वह परिमाण का नहीं है, मात्रा का नहीं है, गुण का है। भीतर एक प्रकाश है जो अपूर्व है। बाहर का तो प्रकाश सब एक न एक दिन बुझ जाएगा। यह सूरज भी बुझ जाएगा।

वैज्ञानिक कहते हैं, चार हजार साल के भीतर यह सूरज बुझ जाएगा क्योंकि इसकी ऊर्जा रोज चुकती जाती, इसका ईंधन कम होता जाता। तुम्हारे घर में जो तुम दीया जलाते हो सांझ वह ही सुबह नहीं बुझता, यह सूरज भी बुझेगा। इसका तेल भी चुक रहा है। माना कि इसकी रात बड़ी लंबी है—करोड़ों-करोड़ों, अरबों वर्ष, लेकिन इससे क्या फर्क पड़ता है? अनंत काल में अरबों वर्ष भी ऐसे ही हैं जैसे एक रात। सांझ तुमने दीया जलाया, सुबह तेल चुक गया, दीया बुझ गया।

भीतर एक ऐसा प्रकाश है जो कभी बुझता ही नहीं—बिन बाती बिन तेल। न तो वहां बाती है और न तेल है। ऐसा एक प्रकाश है। उस प्रकाश को जिसने देख लिया, फिर ये सब प्रकाश फीके मालूम होंगे।

श्री अरविंद ने कहा है, जब तक भीतर के प्रकाश को न देखा था तब तक सोचता था, बाहर का प्रकाश ही प्रकाश है। जब भीतर के प्रकाश को देखा तो जिसे अब तक बाहर का प्रकाश माना था, वह अंधकार जैसा दिखाई पड़ने लगा। और जब असली जीवन को देखा तो जिसे जीवन समझा था वह मौत मालूम होने लगी। और जब असली अमृत का स्वाद चखा तो जिसे अब तक अमृत समझा था वह विष हो गया, जहर हो गया।

ज्ञानी मूल को देख लेता है। लीला की गहराई में छिपे लीलाधर को पकड़ लेता। नृत्य के भीतर नाचते नटराज को पकड़ लेता। बात खतम हो गई। जब नटराज से संबंध जुड़ गया, नृत्य दिखता भी, दिखता भी नहीं।

स्फुरतोऽनन्तरूपेण प्रकृतिं च न पश्यतः।

फिर यह खेल चलता रहता है बाहर, लेकिन ज्ञानी में इसकी तरफ कोई लगाव, कोई रुचि, कोई दौड़ नहीं रह जाती। और जब ऐसी दौड़ ही न रह जाए तो फिर कहां बंध, कहां मोक्ष! यह बाहर का खेल ही बांधता है। जब यह बांध लेता है तो फिर मुक्त होने की कोशिश करनी पड़ती है। और जिसको भीतर का रहस्यधर दिखाई पड़ गया उसे तो बाहर का खेल बांधता ही नहीं; इसलिए मोक्ष का भी कोई कारण नहीं।

दृष्टि तंद्रिल, श्रवण सोए
अश्रु पंकिल, नयन खोए
मन कहां है? क्या हुआ है?

लग रहे कुछ भग्न-से हो
भ्रमशिला संलग्न-से हो
कर रहे हो ध्यान किसका?
क्यों स्वयं में मग्न-से हो?
लग रहे हो समय-बाधित
आप अपने से पराजित
हाय यह कैसी विवशता!
किस बुरे ग्रह ने छुआ है?

क्यों हुए उद्विग्न इतने?
पथ-प्रताड़ित विघ्न जितने
सोच कर देखो तनिक तो
श्वास हैं निर्विघ्न कितने
क्या चरण कोई कहीं है
काल-कवलित जो नहीं हैं
हर तरफ तम की विरासत
धुंध है कडुवा धुआं है!

तंतु-प्रेरित गात्र हो तुम
एक पुतले मात्र हो तुम
इस जगत की नाटिका के
क्षणिक भंगुर पात्र हो तुम
इसलिए हर भूमिका में

रंग भरो तुम भूमि जामे
बन सको निरपेक्ष तो फिर
क्या दुआ, क्या बद्दुआ है
मन कहां है? क्या हुआ है?

दृष्टि तंद्रिल, श्रवण सोए
अश्रु पंकिल, नयन खोए
मन कहां है? क्या हुआ है?

हम इतनी बुरी तरह जो भटके हैं, मन कहीं बाहर है इसलिए भटके हैं।

मन कहां है? क्या हुआ है?

और यह जो मन बाहर भटका है, कहीं-कहीं भटका है, अनंत-अनंत संसारों में भटका है, न मालूम कितनी वासना-कामनाओं में भटका है, इसकी वजह से हम घर नहीं लौट पाते। यह हमें खींचे लिए जाता। यह हमें दौड़ाए चला जाता। इसकी वजह से हम अपने को नहीं देख पाते। यह सब दिखा देता और अपने से वंचित कर देता।

मन कहां है? क्या हुआ है?
तंतु-प्रेरित गात्र हो तुम
एक पुतले मात्र हो तुम
इस जगत की नाटिका के
क्षणिक भंगुर पात्र हो तुम
इसलिए हर भूमिका में
रंग भरो तुम भूमि जामे
बन सको निरपेक्ष तो फिर
क्या दुआ, क्या बद्दुआ है
मन कहां है? क्या हुआ है?

जैसे ही ज्ञानी अपने द्रष्टा में ठहरता, दृश्य से हटता और द्रष्टा में ठहरता—इसको मैं कहता हूं एक सौ अस्सी डिग्री वाला रूपांतरण। पूरा वर्तुल घूम गया, पूरा चाक घूम गया। हम बाहर देखते, ज्ञानी भीतर देखता। हम आंख खोल कर देखते, ज्ञानी आंख बंद करके देखता। हम विचार से देखते, ज्ञानी निर्विचार से देखता। हम मन से देखते, ज्ञानी अमन से देखता।

उल्टी हो गई बात सब। हमारी ऊर्जा बहिर्मुखी, ज्ञानी की ऊर्जा अंतर्मुखी। हम बाहर जाते, ज्ञानी भीतर आता। बस, आंख बंद करके जो दिखाई पड़ता है, वही सत्य है। एक बार आंख बंद करके तुम्हें भीतर का सत्य दिखाई पड़ जाए, फिर तुम आंख खोलना। फिर बाहर तुम्हें परमात्मा दिखाई पड़ेगा, प्रपंच नहीं। और फिर कैसा बंधन?

परमात्मा ही है! कैसा बंधन और फिर कैसा मोक्ष? उससे मुक्त होने का प्रश्न भी कहां है? हम उसके साथ एक हैं। वह हमारा स्वभाव है। वही हमारा रस है।

'बुद्धिपर्यन्त संसार में जहां माया ही माया भासती है, ममतारहित, अहंकाररहित और कामनारहित ज्ञानी ही शोभता है।'

बुद्धिपर्यन्तसंसारे मायामात्रं विवर्तते।

इस सूत्र को खूब ध्यान से समझना।

निर्ममो निरहंकारो निष्कामः शोभते बुधः।।

दो शब्दों का भेद पहले समझ लो—बुद्धि और बुद्धत्व। अज्ञानी के पास बुद्धि है, ज्ञानी के पास बुद्धत्व। बुद्धि का अर्थ होता है, विचार की क्षमता। और बुद्धत्व का अर्थ होता है, निर्विचार की क्षमता। बुद्धि का अर्थ होता है, ऐसा आकाश जो बादलों से घिरा है। बुद्धत्व का अर्थ होता है, ऐसा आकाश जो अब बादलों से नहीं घिरा है। बुद्धि ही जब परम शुद्ध हो जाती है तो बुद्धत्व बन जाती है।

ऊर्जा वही है। बुद्धि ऐसी ऊर्जा है, जैसे सोना मिट्टी में पड़ा है—धूलि-धूसरित, कंकड़-पत्थर मिला। बुद्धत्व ऐसा सोना है जो आग से गुजर गया। कचरा-कूड़ा जल गया, परिशुद्ध हुआ। चौबीस कैरेट। सोना जब परिशुद्ध हो जाता है तो बुद्धत्व। और सोना जब कंकड़-पत्थर, मिट्टी-कचरे से मिला रहता है तो बुद्धि। बुद्धि को शुद्ध करते-करते ही बुद्धत्व का जन्म होता है।

समझो इस सूत्र को—

बुद्धिपर्यन्तसंसारे मायामात्रं विवर्तते।

बुद्धिपर्यन्त संसार है। बुद्धि ही संसार है।

बुद्धिपर्यन्तसंसारे...।

यह जो तुम्हारे भीतर विचारों का जाल है, ताना-बाना है यही संसार है। धीरे-धीरे विचारों को त्यागते जाओ, छोड़ते जाओ, क्षीण करते जाओ। तुम्हारे भीतर कभी-कभी ऐसे अंतराल आने लगेंगे जब क्षण भर को कोई विचार न होगा। एक विचार गया और दूसरा आया नहीं। थोड़ी देर को खाली जगह छूट गई। उसी खाली जगह में से तुम्हें अपना दर्शन होगा। उस अंतराल का नाम ही ध्यान की झलक है। वहां से तुम्हें पहले स्वाद मिलने शुरू होंगे।

जैसे किसी ने द्वार खोला और सूरज दिखाई पड़ा। बहुत दूर है सूरज अभी। लेकिन द्वार खोलने से दिखाई पड़ता। ऐसे ही एक विचार भी गिर जाए और थोड़ी सी खाली जगह आ जाए तो उसी खाली जगह में से अपने से संबंध जुड़ता; क्षण भर को जुड़ता लेकिन वह क्षण भी शाश्वत हो जाता। वह क्षण भी रूपांतरित कर जाता। वह क्षण भी बड़ी गहरी कीमिया है।

बुद्धिपर्यन्तसंसारे मायामात्रं विवर्तते।

और जब तक बुद्धि है, विचारों से भरा हुआ जाल है तुम्हारे भीतर तब तक संसार है। और तब तक माया ही माया है। इसको खयाल में लें। संसार बाहर नहीं है, बुद्धि की विचारणा में है। संसार ध्यान का अभाव है।

निर्ममो निरहंकारो निष्कामः शोभते बुधः।

और वह जो बुद्धत्व को प्राप्त हो गया उसके भीतर कौन सी क्रांति घटती? न तो उसके भीतर ममता रह जाती, न अहंकार रह जाता, न कामना रह जाती। विचार के जाते ही ये तीन चीजें चली जाती हैं। कामना चली जाती। बिना विचार के कामना चल नहीं सकती। कामना को चलने के लिए विचार के अश्व चाहिए। विचार के घोड़ों पर बैठ कर ही कामना चलती है। अगर तुम्हारे भीतर विचार नहीं तो तुम कामना को फैलाओगे कैसे? किन घोड़ों पर सवार करोगे कामना को? निर्विचार चित्त में तो कामना की तरंग उठ ही नहीं सकती। इसलिए कामना मर जाती है विचार के साथ।

ममता मर जाती। किसको कहोगे मेरा? किसको कहोगे अपना? किसको कहोगे पराया? मेरा और तेरा विचार का ही संबंध है। जहां विचार नहीं वहां कोई मेरा नहीं, कोई तेरा नहीं। जहां विचार नहीं है वहां सब संबंध विसर्जित हो गए। सब संबंध विचार के हैं।

और तीसरी चीज अहंकार। जहां विचार नहीं वहां मैं भी नहीं बचता। क्योंकि मैं सभी विचारों के जोड़ का नाम है। सभी विचारों की इकट्ठी गठरी का नाम मैं।

ये तीन चीजें हट जाती हैं जैसे ही विचार हटता। इसलिए मेरा सर्वाधिक जोर ध्यान पर है। ध्यान का इतना ही अर्थ होता है, तुम धीरे-धीरे निर्विचार में रमने लगो। बैठे हैं, कुछ सोच नहीं रहे। चल रहे हैं और कुछ सोच नहीं रहे। सोच ठहरा हुआ है। इस ठहरेपन में ही तुम अपने में डुबकी लगाओगे। इस ठहरेपन में ही स्फुरणा होगी, समाधि जगेगी।

बुद्धिपर्यन्तसंसारे मायामात्रं विवर्तते।
निर्ममो निरहंकारो निष्कामः शोभते बुधः।।
अक्षयं गतसंतापमात्मानं पश्यतो मुनेः।
क्व विद्या च क्व वा विश्वं क्व देहोऽहं ममेति वा।।

'अविनाशी और संतापरहित आत्मा को देखने वाले मुनि को कहां विद्या, कहां विश्व, कहां देह और कहां अहंता-ममता है?'

'अविनाशी और संतापरहित आत्मा को देखने वाला—अक्षयं।'

मन क्षणभंगुर है। देखा तुमने? विचार ज्यादा देर नहीं टिकता। एक विचार आया...आया, गया। तुम रोकना भी चाहो तो भी ज्यादा देर नहीं टिकता। तुम एक

विचार को थोड़ी देर रोक कर देखो, तुम पाओगे नहीं टिकता। तुम लाख कोशिश करो, वह जाता। आता, जाता। विचार में गति है। विचार भागा-भागा है। विचार पागल है; ठहरता नहीं, रुकता नहीं, थिर नहीं होता। विचार क्षणभंगुर है, इसलिए विचार में क्षय है।

जहां निर्विचार है वहां अक्षयम्। वहां अक्षय की शुरुआत हुई। वहां तुम क्षण के पार गए, शाश्वत में उतरे। विचार समय की धारा है। और विचार के बाहर हुए कि कालातीत हुए। इसलिए समस्त ज्ञानियों ने ध्यान को कालातीत कहा है: समय के पार। समय के भीतर जो है, संसार है। और समय के पार जो है वही सत्य है।

अक्षयं गतसंतापमात्मानं पश्यतो मुनेः।

और जो व्यक्ति इस भीतर की अविनाशी धारा को अनुभव कर लेता है उसके सब संताप समाप्त हो जाते हैं।

फिर समझो, जितने भी जीवन के दुख हैं, सब विचार के दुख हैं। जितना भी जीवन का संताप है, सब विचार का संताप है। किसी ने गाली दी और तुम्हारे भीतर विचारों की एक तरंग उठ गई कि मेरा अपमान हो गया। अपमान हो गया, इस विचार से दुख होता है।

खलिल जिब्रान की बड़ी मीठी कथा है। एक आदमी परदेस गया—ऐसे देश, जहां उसकी भाषा कोई समझता नहीं। एक होटल के सामने खड़ा है, लोग भीतर-बाहर आ-जा रहे हैं। वह सोचने लगा, क्या है यहां? जाकर मैं भी देखूं, इतने लोग आते-जाते। बड़ा महल जैसा मालूम होता। गरीब आदमी, गरीब देश से आता। वह भीतर चला गया। वहां अनेक लोग टेबल-कुर्सियों पर बैठे हैं तो वह भी बैठ गया। वह बड़ा प्रसन्न है। बड़ा शीतल है। सब सुंदर है, सुवासित है।

और तभी वेटर आया। तो उसने समझा कि मेरे स्वागत में मालिक ने अपने आदमी भेजे। वेटर ने उसे समझने की कोशिश की, कुछ समझ न सका तो जो भी सामान्य भोजन था वह ले आया। उसने भोजन किया, बहुत प्रसन्न हुआ। झुक-झुक कर धन्यवाद देने लगा। वेटर उसको पैसे मांगे, वह धन्यवाद दे। क्योंकि भाषा तो समझ में नहीं आती। वह समझ रहा है कि मेरा स्वागत किया गया।

अंततः वेटर उसे मैनेजर के पास ले गया। मैनेजर भी नाराज होने लगा लेकिन वह समझ रहा है कि मुझ परदेसी का इतना सम्मान किया जा रहा है। फिर उसे भेजा गया अदालत में। वह यही समझा कि सम्राट के पास भेजा जा रहा है।

अदालत बड़ी थी और सम्राट जैसा ही लगता था मजिस्ट्रेट। तो वह बड़ा झुक रहा। मजिस्ट्रेट उससे बहुत पूछता है कि तूने भोजन लिया तो पैसे क्यों नहीं चुकाए? मगर उसकी कुछ समझ में आता नहीं। वह भाषा समझता नहीं। वह जो कहता है, मजिस्ट्रेट नहीं समझ पाता।

आखिर मजिस्ट्रेट ने कहा कि या तो यह आदमी पक्का धूर्त है, कि समझना नहीं चाहता; और या फिर महामूर्ख है। जो भी हो, इसको सजा दी जाए। इसके गले में एक तख्ती लटका दी जाए कि यह आदमी धूर्त है। और गधे पर बिठाल कर इसकी सवारी गांव में घुमा दी जाए ताकि लोग जान लें कि इस तरह का काम कोई दुबारा न करे।

मगर वह तो बड़ा प्रसन्न है। जब उसके गले में तख्ती लटकाई तो उसने कहा, हद हो गई! मुझ गरीब आदमी का कैसा स्वागत हो रहा है। और जब गधे पर उसे बिठाला गया तब तो उसकी मगनता का अंत न रहा। उसने कहा, ये लोग भी आश्चर्यजनक हैं—क्योंकि वह गरीब आदमी, घर पर गधे पर ही बैठता था। तो उसने सोचा हद है, इन लोगों ने पता भी कैसे लगा लिया कि मैं गधे पर ही बैठता हूं? और अब मेरी शोभायात्रा निकल रही। और बच्चे शोरगुल मचाते, और लोग हंसते और पीछे चलते और बड़ा जुलूस चला। और वह बड़ी अकड़ से बैठा।

सिर्फ एक बात मन में उसके खटकने लगी कि जब मैं लौट कर अपने गांव में कहूंगा तो कोई मानेगा नहीं कि ऐसा-ऐसा स्वागत हुआ। आज अगर कोई एक भी आदमी मेरा गांव वाला होता तो मजा आ जाता। अब यह हो भी रहा है स्वागत तो बेकार है। यहां कोई मुझे जानता नहीं। और जहां लोग मुझे जानते हैं वहां कोई मानेगा नहीं।

तभी उसने देखा कि भीड़ में एक आदमी उसके देश का खड़ा है। वह आदमी कोई दस-बीस साल पहले आ गया था। तो वह बड़ा खुश हुआ। उसने कहा, देखते हो भाई, कैसा मेरा स्वागत हो रहा है। वह आदमी तो उसकी भाषा समझता है। वह जल्दी से भीड़ में सरक गया। वह इसलिए भीड़ में सरक गया कि यह मूढ़ समझ रहा है कि स्वागत हो रहा है। वह इस देश की भाषा भी समझने लगा है। और कोई यह न पहचान ले कि मैं भी इसी आदमी के देश का रहनेवाला हूं, कोई मुझे भी ऐसा न समझे कि मैं भी धूर्त हूं। तो वह भीड़ में चुपचाप सरक गया।

और यह गधे पर बैठा आदमी सोचा, हद हो गई ईर्ष्या की भी! मेरा स्वागत देख कर जलन पैदा हो रही है इसको। इसका कभी स्वागत नहीं हुआ मालूम होता, बीस साल हो गए आए हुए।

तुम्हें कोई गाली देता, गाली तुम्हारे भीतर विचारों का एक जाल पैदा करती है। अगर तुम गाली को शांतभाव से सुन सको और तुम्हारे भीतर विचार का कोई जाल पैदा न हो... गाली में नहीं है दंश। क्योंकि गाली अगर तुम्हारी समझ में न आए तो कोई अड़चन नहीं है। इसलिए गाली में दंश नहीं है। दंश तो तुम्हारे विचार की प्रक्रिया में है। जब भीतर विचार चलने लगे तो तुम पीड़ित हुए। किसी ने सम्मान किया तो तुम प्रफुल्लित होते हो। सम्मान में नहीं है प्रफुल्लता। तुम्हारे भीतर विचारों की जो तरंगें उठने लगती हैं, उनमें है।

ज्ञानी सुख और दुख में, सम्मान-अपमान में निर्विचार बना रहता है। जो होता उसे देख लेता लेकिन उसको कोई बहुत मूल्य नहीं देता। तटस्थ बना रहता है। संताप से मुक्त हो जाता है।

संताप हम पैदा करते हैं सोच-सोच कर। हम संताप के लिए बड़ी मेहनत करते हैं तब पैदा होता है। हम ऐसे दीवाने हैं कि बीस साल पहले किसी ने गाली दी थी, अब भी उसको सम्हाल कर रखे हैं धरोहर की तरह, जैसे कोई हीरा-जवाहरात हो। अभी भी दिल में चोट आ जाती है। अभी भी याद कर लो उस बात को तो नथने फड़फड़ाने लगते हैं, हाथ-पैर गरम हो जाते हैं। मरने-मारने की जिद आ जाती है।

बीस साल पहले किसी ने गाली दी थी। एक हवा का झोंका आया और कब का गया, लेकिन तुम उसे पकड़े बैठे हो। एक स्मृति को पकड़े बैठे हो। तुम घाव को भरने नहीं देते। तुम घाव को कुरेदते रहते हो ताकि घाव हरा बना रहे।

लोग बड़े दुखवादी हैं। जो मनुष्य इस जगत में आनंदित होना चाहे उसे कोई रोक नहीं सकता। और अगर तुम दुखी हो तो तुम्हारे कारण दुखी हो। कोई तुम्हें दुखी कर नहीं रहा।

यह जो...जिस ढंग से हम जी रहे हैं, इस जीने में कहीं बुनियादी भूल हो रही है। अंधेरा बहुत बड़ा है—मन का अंधेरा, विचार का अंधेरा। और जरा सी समझ है। बड़ी छोटी समझ है। जरा चोट पड़ती है कि समझ बिखर जाती, अंधेरा पूरा हो जाता। जरा चोट पड़ी कि तुम्हारी समझदारी गई। बड़े से बड़ा समझदार आदमी जरा सी चोट में विचलित हो जाता है और समाप्त हो जाता है।

आंगन भर धूप में
मुट्ठी भर छांव की क्या बिसात, हो न हो!

अंतर की पीर कसे, अधरों पर हास हंसे
उलझन के झुरमुट में किरनों के हिरन फंसे
शहरों की भीड़ में
नन्हे-से गांव की क्या बिसात, हो न हो!

ढहते प्रण हाथ गहे, तट ने आघात सहे
भावी के सुख-सपने लहरों के साथ बहे
तूफानी ज्वार में
कागदीया नाव की क्या बिसात, हो न हो!

भेदभरे राज खुले, सुख-दुख जब मिले-जुले
बांवरिया दृष्टि धुली, आंसू के तुहिन घुले
कालजयी राह पर
क्षणजीवी पांव की क्या बिसात, हो न हो!

हमारी समझ बड़ी क्षणजीवी है। हमारे पैर बड़े कमजोर। हमारी बुद्धि तो ऐसी है जैसे बड़े गहन अंधकार में जरा सी रोशनी है। बस जरा झिलमिलाती रोशनी है—अब मरी, तब मरी।

ढहते प्रण हाथ गहे, तट ने आघात सहे
भावी के सुख-सपने लहरों के साथ बहे
तूफानी ज्वार में
कागदीया नाव की क्या बिसात, हो न हो!

हमारी नाव तो कागज की है और तूफानी सागर है। इस कागज की नाव में पार करने का तय किया है। डूबना सुनिश्चित है। कुछ और नाव बनाओ। कुछ ऐसी नाव बनाओ, जो कागज की न हो। कुछ ऐसी नाव बनाओ जो वस्तुतः उस पार ले जाए।

यह मन की नाव तो कागज की नाव है, ध्यान की नाव बनाओ। यह दृश्य में उलझे-उलझे तो बस—

आंगन भर धूप में
मुट्ठीभर छांव की क्या बिसात, हो न हो!

यह जो तुम्हारी अभी विचारों के द्वारा जो तुमने थोड़ी सी समझ का भ्रम पाल रखा है, यह बहुत काम नहीं आता।

आंगन भर धूप में
मुट्ठी भर छांव की क्या बिसात, हो न हो!

यह जरा-जरा में खो जाती है। यह कभी काम नहीं आती। जब जरूरत नहीं होती तब तो मालूम होती है, जब जरूरत होती तब खो जाती है। जब तुम घर में बैठे हो, किसी ने कोई अपमान नहीं किया तब तुम बड़े शांत मालूम पड़ते हो। किसी ने जरा सा अपमान कर दिया, सब शांति खो गई। जब फिर शांत हो जाओगे तो फिर सोचोगे कैसी भूल हो गई। न करते तो अच्छा था।

अब यह बड़े मजे की बात है, तुम्हारी समझ तभी आती है जब काम नहीं होता। और जब काम होता है तभी खो जाती है। यह तो ऐसे ही है कि जब जरूरत पड़े, खीसे में हाथ डालो, पैसे नदारद। और जब जरूरत न रहे, हाथ डालो, पैसे खनखनाने लगे।

यह तो बड़ी मुश्किल हो जाए। जब जरूरत हो तब गरीब; तब बैंक देने को तैयार नहीं। और जब जरूरत न हो, तब बैंक कहती है, आओ; आपका ही है सब—मगर जब जरूरत न हो।

तुमने खयाल किया? तुम्हारी समझ तभी काम आती जब काम की नहीं होती। कोई जरूरत ही नहीं होती। हां, शास्त्र पढ़ रहे हैं तो तुम बड़े बुद्धिमान होते। बाजार में, दूकान में, जीवन के संघर्ष में सब बुद्धि खो जाती है।

भेदभरे राज खुले, सुख-दुख जब मिले-जुले
बांवरिया दृष्टि धुली, आंसू के तुहिन घुले
कालजयी राह पर
क्षणजीवी पांव की क्या बिसात, हो न हो!

यह हमारा जो पांव है, बड़ा क्षणजीवी है। ये जो विचार के चरण हैं इनसे तुम अनंत के द्वार तक न पहुंच पाओगे। कोई और पैर चाहिए। कोई और ज्योति चाहिए, जो इतने जल्दी-जल्दी बुझ न जाती हो। ऐसी ज्योति चाहिए जो बुझती ही न हो। कालजयी ज्योति चाहिए। ऐसा कुछ चाहिए जिसे मृत्यु भी मिटा न सके।

अभी तो किसी ने गाली दी, और मिट जाता सब। अभी तो किसी ने सम्मान किया कि तुम डांवाडोल हो गए। अभी तो दो पैसे हाथ लग गए तो तुम फूले नहीं समाते। दो पैसे गिर गए तो आत्महत्या का विचार उठने लगता है। अभी तो बात बड़ी छोटी है। मौत आएगी तो तुम कैसे सम्हलोगे? और मौत आनेवाली है। इसीलिए तो लोग मौत से इतने डरते हैं। बुद्धि से काम न चलेगा, बुद्धत्व चाहिए।

अक्षयं गतसंतापमात्मानं पश्यतो मुनेः।

वही हो पाता है संताप से मुक्त, जो अविनाशी के साथ अपना संबंध जोड़ लेता। अविनाशी के साथ, अकाल के साथ, जो कभी अंत नहीं होगा उसके साथ जो संबंध जोड़ लेता, वही संताप के पार हो जाता।

'और ऐसी आत्मा को देखने वाले मुनि को कहां विद्या?'

फिर उसको शास्त्रों में नहीं खोजना पड़ता, शब्दों में नहीं खोजना पड़ता। विद्या की कोई जरूरत न रही। उसके भीतर ही द्वार खुल गया ज्ञान का। मंदिर के पट अपने भीतर ही खुले। अब उसे किसी शास्त्र में नहीं जाना पड़ता। स्वयं का शास्त्र उपलब्ध हो गया। जहां से सब शास्त्र जन्मे हैं, सब वेद, कुरान, गुरुग्रंथ जहां से जन्मे हैं वही स्त्रोत उपलब्ध हो गया। उस मूल स्त्रोत से संबंध जुड़ गया। अब बासे सिद्धांत और बासी धारणाओं की कोई भी जरूरत न रही।

ऐसी आत्मप्रतीति में ही—इति निश्चयी—व्यक्ति निश्चय को, श्रद्धा को उपलब्ध होता है।

विश्वास काम नहीं आते, श्रद्धा काम आती है। विश्वास बचकाना है, संस्कार मात्र है; श्रद्धा अनुभव है। और श्रद्धा जिसे पाना हो उसे ध्यान की नाव में सवार होना पड़े। जल्दी करो। समय बीत जाएगा। समय बीत ही रहा है। जल्दी करो कि ध्यान की नाव बन जाए। इसके पहले कि मौत तुम्हारे द्वार पर दस्तक दे, तुम्हारी ध्यान की नाव तैयार हो जानी चाहिए।

तो फिर मृत्यु समाधि बन जाती है। फिर मृत्यु में तुम्हें परमात्मा के ही दर्शन होते हैं। फिर मृत्यु में उसी से आलिंगन होता है। अभी तो जीवन में भी तुम परमात्मा से चूके हो, तब फिर मृत्यु में भी मिलना होता है! और जब कोई मृत्यु में भी उसको ही पाता है तभी समझना कि जीवन में भी पाया है।

और उसे पाए बिना हमारा सब पाया हुआ व्यर्थ है। उसे पाए बिना तुम और कुछ भी पा लो, एक दिन पछताओगे। बुरी तरह पछताओगे। बहुत रोओगे। और फिर रोने से भी कुछ न होगा। क्योंकि गया समय हाथ लौटता नहीं। जो जा चुका, जा चुका। समय रहते जाग जाना चाहिए।

जागो!

आज इतना ही।

* * *

प्रवचन : 78

अक्षर से अक्षर की यात्रा

28 जनवरी, 1977

पहला प्रश्न : आपने एक कथा कही है, 'स्वर्ग के रेस्टारेंट में एक बार जब लाओत्सु, कनफ्यूशियस और बुद्ध आए तो कालसुंदरी स्वर्णपात्र में लबालब जीवनरस भर कर लाई, पर बुद्ध ने जीवन दुख है कह कर जीवनरस से मुंह मोड़ लिया। कनफ्यूशियस ने कहा कि जीवनरस ले ही आई हो तो लाओ, जरा चख लूं। और लाओत्सु ने कहा कि जीवनरस को चखना क्या, पूरा पात्र ही ले आ, सभी पी लूं।' अब इस रेस्टारेंट में अष्टावक्र भी आ गए हैं। वे कालसुंदरी से जीवनरस स्वीकार करेंगे या नहीं? कृपा करके कहिए।

अष्टावक्र की न पूछो! जीवनरस तो स्वीकार करेंगे ही, उसे तो पी ही लेंगे, कालसुंदरी को भी पी जाएंगे।

अष्टावक्र का स्वीकार बेशर्त और पूरा है। यहां जो भी है, एक ही है। इसलिए द्वंद्व का, निषेध का उपाय नहीं है। विष भी अमृत है। अष्टावक्र जिस परम प्रज्ञा की बात कर रहे हैं वहां संसार ही निर्वाण है। वहां पदार्थ ही परमात्मा है। वहां बांटने का उपाय नहीं है। वहां निषेध की संभावना नहीं है, विरोध की संभावना नहीं है।

इसलिए तो पतंजलि जहां निषेध, योग, तप-जप की बात करते हैं वहां अष्टावक्र कहते हैं न त्याग, न जप, न तप, न विधि, न विधान। वैराग्य की जरूरत

ही नहीं है। वैराग्य तो राग से बचने की चेष्टा है। राग और वैराग्य दोनों ही द्वंद्व हैं। अष्टावक्र की वीतरागता चरम है।

तो मैं तुमसे कहता हूं, अगर अष्टावक्र आ गए हों तो वे जीवनरस की पूरी सुराही तो पी जाएंगे, वे कालसुंदरी को भी पी जाएंगे।

और कालसुंदरी का अर्थ समझते हो? कालसुंदरी का अर्थ होता है, समय। यह जो छोटी सी कहानी है चीन की, बड़ी महत्वपूर्ण है। कालसुंदरी का अर्थ होता है, समय की देवी जीवन का रस लेकर उपस्थित हुई।

और जिस व्यक्ति ने समय को ही पीना न सीखा वह जीवन के रस को पी ही न पाएगा। जीवन का रस समय की प्याली में ही भरा है। यह चारों तरफ जो भी तुम्हें रस भरा दिखाई पड़ रहा है, यह समय की प्याली में ही भरा है। यह सारा संसार समय की प्याली में भरा है।

और अष्टावक्र इसे पीने में संकोच न करेंगे; जरा भी संकोच न करेंगे। क्योंकि अष्टावक्र ने उसे जान लिया जो समयातीत है, कालातीत है। कालातीत जानता वही है जो काल को पी जाए; जो कालजयी हो जाए। जो समय को जीत ले वही शाश्वत को जानता है।

और जीतने का कोई उपाय लड़ना नहीं है। जिससे तुम लड़े उसे तुम कभी भी जीत न पाओगे। जिससे तुम लड़े वह तुम्हारे विरोध में बना ही रहेगा। उसे तुम कभी आत्मसात न कर पाओगे। और अगर एक ही है जगत में तो तुम जिससे भी लड़े, अपने ही अंग से लड़े। अपने ही अंग को काट दिया, अपंग रहोगे।

इसलिए मैं कहता हूं, अष्टावक्र अगर आ गए हों तो मधु-प्याली, मधु की सुराही, वह जो काल की देवी है उसके सहित उसे पी जाएंगे। ध्यान की प्रक्रिया समय को पी जाने की प्रक्रिया है। इसलिए समस्त ध्यान की परिभाषाओं में एक बात निश्चितरूपेण आएगी—कालातीतता; समय के पार हो जाना। चाहे जैन व्याख्या करें, चाहे बौद्ध, चाहे हिंदू, चाहे ईसाई।

जीसस से उनके एक शिष्य ने पूछा है अंतिम क्षणों में—जब वे विदा होने लगे, जब उन्हें दुश्मन पकड़ने लगे—तो उसने पूछा, आपने बहुत बार समझाया है ईश्वर के राज्य के संबंध में, एक बार और पूछते हैं, कोई एक ऐसा सूत्र बता दें कि हम पहचान लें, भूल न हो। पहुंचें तो पहचान लें कि यह प्रभु का राज्य आ गया। तो जीसस ने कहा, एक बात खयाल रखना—देयर शैल बी टाइम नो लांगर। वहां समय नहीं होगा। बस जहां तुम्हें ऐसी घड़ी आ जाए कि पाओ कि अब समय नहीं है, समझ लेना आ गया प्रभु का राज्य। जहां काल को पी जाओ; जहां अकाल हो जाओ।

सिक्खों का मंत्र है: 'सत श्री अकाल।' उसका अर्थ होता है, सच वहीं है जहां काल मर गया, जहां अकाल, कालातीतता आ गई। वह ध्यान का सूत्र है, समाधि का

सूत्र है। उस सूत्र में सारा ध्यान भरा है। लेकिन सिक्ख जिस ढंग से उसको उच्चारण करते हैं उससे लगता है कि वे मरने-मारने को उतारू हैं। 'सत श्री अकाल!' तब वे अपनी तलवार निकाल लेते हैं। जैसे यह कोई युद्ध का नारा हो।

यह युद्ध का नारा नहीं है, यह अंतर्यात्रा का नारा है। यह तलवार में हाथ रखने का नारा नहीं है। यह कोई राजनैतिक नारा नहीं है, यह तो धर्म का मूल सार है। और जब नानक ने इसे चुना होगा तो क्या सोच कर चुना होगा? यही सोच कर चुना था कि यह याद दिलाता रहेगा कि समय के भीतर मन है, समय के पार हम हैं।

समय को पी जाओ।

दूसरा प्रश्न:

हर कोई ढूंढ़ता है, एक मुट्ठी आसमान
हर कोई चाहता है, एक मुट्ठी आसमान
जो सीने से लगा ले हो ऐसा एक जहान
हर कोई ढूंढ़ता है, एक मुट्ठी आसमान।
हर कोई प्रेम और सुरक्षा के लिए दौड़ रहा है लेकिन वे दोनों चीजें मृग-मरीचिका बनी रहती हैं। आखिर सुरक्षा है कहां? आप कहते हैं कि स्वयं को अस्तित्व के हाथों में छोड़ दो। लेकिन वह स्थिति तो और भी असुरक्षित दिखती है। प्रेम और सुरक्षा को कैसे उपलब्ध होवें?

ठीक पूछा है। आदमी दो ही चीजें खोज रहा है: प्रेम मिल जाए और सुरक्षा मिल जाए। सुरक्षा के लिए धन इकट्ठा करता है, प्रेम के लिए संबंध बनाता है। सुरक्षा के लिए मकान बनाता है, किले की दीवालें उठाता है, तिजोड़ियां खड़ी करता है। प्रेम के लिए पत्नी, पति, बेटे, बेटियां, मित्र, प्रियजन, परिवार इनका निर्माण करता है।

सुरक्षा और प्रेम की खोज से ही तो सारा संसार निर्मित होता है। जिसको तुम संसार कहते हो वह है क्या? सुरक्षा और प्रेम को पाने की प्रबल आकांक्षा। और मिलती नहीं। दौड़ जारी रहती है।

कितना ही धन हो तो भी सुरक्षा नहीं आती हाथ। सच तो यह है, पहले तुम अपने लिए डरे थे कि कैसे अपनी सुरक्षा करें; अब इस धन की भी सुरक्षा करनी पड़ती है। असुरक्षा दुगुनी हो गई। पहले अपने को बचाते थे अब यह धन भी है, इसको भी बचाना है।

कहानियां कहती हैं न! कि आदमी मर भी जाता है तो मर कर सांप होकर अपने धन की तिजोड़ी के पास फन मार कर बैठ जाता है। जिंदा भर भी फन मारे बैठा रहता

है, मर कर भी फन मार कर बैठ जाता है। जिनको तुम धन के मालिक कहते हो, धन के चौकीदार कहो। मालिक तो कभी-कभार कोई होता है। मालिक तो वह, जो देना जानता है। मालिक तो वह, जो देने में समर्थ है।

गुरजिएफ ने कहा है, जो मैंने बचाया, पाया कि खो गया। और जो मैंने दिया, आखिर में पाया कि बच रहा है।

दिया हुआ ही बचता है। देने वाला ही मालिक है। लेकिन जो धन में सुरक्षा खोज रहा है वह देगा कैसे? वह तो एक-एक पैसे को पकड़े हुए है, जकड़े हुए है। सुरक्षा है। और फिर इस धन की भी सुरक्षा करनी पड़ती है। फिर ऐसे एक पर एक सुरक्षा की दौड़ बड़ी होती जाती है।

प्रेम को तुम पाने की दौड़ में कितने संबंध बना लेते हो! संबंध तो बन जाते हैं, प्रेम कहां मिलता? तुमने यह मजा देखा? जिस स्त्री से तुम दूर हो उसके प्रति प्रेम मालूम पड़ता है। जैसे ही तुम्हारे कब्जे में आई, प्रेम छलांग लगा कर किसी और स्त्री पर सवार होने लगता है।

प्रेम छलांग लगाता है। जो मिल गया उससे हट जाता है। किसी और पर खोज शुरू हो जाती है। क्योंकि जो मिल गया, पता चलता है, कहां प्रेम है? हड्डी, मांस, मज्जा मिल गई। एक स्त्री मिल गई, एक पुरुष मिल गया। प्रेम कहां है! फिर आकांक्षा पर मारने लगती है। फिर सपने फैलने लगते हैं। फिर खोज जारी है। मिला नहीं कोई कि खोज जारी नहीं हुई। हर मिलन फिर नई खोज पर निकल जाना हो जाता है। हर द्वार और नये द्वार खोल देता है। यात्रा बंद नहीं होती।

मृग-मरीचिका का यही अर्थ होता है। तुमने ठीक पूछा कि प्रेम को खोजते हैं, सुरक्षा को खोजते हैं और दोनों मृग-मरीचिका बनी रहती हैं। और आप कहते हैं कि अपने को अस्तित्व के हाथों में छोड़ दो। उसमें तो और असुरक्षा मालूम होती है।

निश्चित ही। क्योंकि असुरक्षा ही सुरक्षित हो जाने का उपाय है। जिसने बचाया उसने खोया। जिसने खोया उसने बचा लिया।

तुम किस चीज की सुरक्षा कर रहे हो? जिस चीज की तुम सुरक्षा कर रहे हो वह बचने वाली नहीं है। शरीर को बचाओगे? यह जाकर रहेगा। धन को बचाओगे? यह जाकर रहेगा। घर को बचाओगे? तुम नहीं थे तब भी था, तुम नहीं होओगे तब भी होगा। इस घर को तुमसे कुछ लेना-देना नहीं है। किसको बचाओगे? न देह बचती, न धन बचता। सब खो जाते। और मौत तो एक दिन आकर सब मटियामेट कर देती। तुम्हारे बनाए हुए घरघूले, रेत के घर सब गिरा देती है। क्या बचाओगे? जहां मौत है वहां सुरक्षा हो कैसे सकती है? जहां मौत है वहां सुरक्षा हो ही नहीं सकती।

तो फिर क्या सुरक्षा का कोई उपाय नहीं? सुरक्षा की खोज में ही भ्रांति है। तुम असुरक्षित हो जाओ। तुम असुरक्षित होने को स्वीकार कर लो। यही है,

जब मैं कहता हूं कि अस्तित्व के हाथों में छोड़ दो। असुरक्षा जीवन का स्वभाव है। इसे बदला नहीं जा सकता।

बच्चे थे एक दिन तुम, बचपन गया; रोक सके? क्या करते? कैसे रोकते? जवान थे तुम, जवानी गई; रोक सके? बुढ़ापा भी चला जाएगा। देह थी, देह भी चली जाएगी। जो भी है सब बह रहा है। यहां कुछ रुकेगा नहीं। यहां कुछ रुकता ही नहीं। सब जल की धार है। इस जल की धार में तुमने रोकना चाहा तो दुखी होओगे, बस। और तुमने जान लिया कि यह धार का स्वभाव है कि यहां कुछ रुकता नहीं—उसी क्षण दुख गया। अब दुख होने का कोई कारण न रहा। तुमने माना कि रुकता है, तो अड़चन आई।

बुद्ध के जीवन में उल्लेख है। किसा गौतमी नाम की एक सुंदरी युवती का इकलौता बेटा मर गया। उसे बहुत चाहती थी। वही उसका सब कुछ था। वह उसकी लाश को लेकर गांव में घूमने लगी। वह द्वार-द्वार दस्तक देने लगी कि कोई औषधि हो, कोई तंत्र-मंत्र, किसी का आशीष।

लोग रोते, उस पर दया करते। सारा गांव उसे प्रेम करता था। वह प्यारी महिला थी। उसका पति भी मर गया था। इसी बेटे के सहारे जीती थी। और यह बेटा भी चल बसा। वह बिलकुल अकेली हो गई। उसने किसी तरह जहर का घूंट पीकर पति के मर जाने को स्वीकार कर लिया था। लेकिन अब यह बहुत ज्यादा हो गया। अब उसका आखिरी सहारा भी गया। उसका आखिरी भविष्य भी छिन गया। अब सब तरफ अंधेरा था।

किसी ने उसको कहा कि पागल, हमारे द्वारों पर दस्तक देने से क्या होगा? हम खुद दुखी हैं। तू ऐसा कर, बुद्ध आए हुए हैं, तू उनके पास जा। बुद्ध गांव के बाहर ठहरे हैं। शायद उन महात्मा के आशीष से कुछ हो जाए। तो वह अपने बेटे की लाश को लेकर गई। बुद्ध के चरणों में लाश रख दी और कहा, आप आए हैं, यह देखें, मैं अभी जवान हूं, मेरा पति चला गया। यह मेरा बेटा भी गया। आप कुछ करें। मेरे दुख को देखें। और वह ज़ार-ज़ार रो रही है। बुद्ध ने कहा, ठहर, कुछ करूंगा। कुछ करना ही पड़ेगा। उसकी हिम्मत लौट आई। उसके आंसू सूख गए। उसने कहा, कितनी देर लगेगी? बुद्ध ने कहा, थोड़ी ही देर लगेगी। तेरे गांव में तू जा। किसी भी घर से...किसी भी घर से चार दाने चावल के मांग ला। लेकिन ऐसे घर से मांगना, जहां कोई मौत कभी घटित न हुई हो।

वह भागी। वह तो भूल ही गई कि यह क्या बात बुद्ध ने कही है। यह कहीं होनेवाली है! लेकिन जब आदमी अपने दुख में डूबा होता है तो कौन गणित लगाता? शायद कोई घर हो, जहां मौत कभी न हुई हो। और जब बुद्ध कहते हैं तो जरूर कोई

घर होगा। वह घर-घर द्वार-द्वार मांगने लगी कि चार दाने चावल के मुझे दे दो। लोग बोरियां खोल दिए। उन्होंने कहा, पूरी बोरी की बोरी ले जा। हम सारा खलिहान तेरे घर पर उंड़ेल दें लेकिन क्षमा कर, हमारे दाने काम न आएंगे। हमारे घर में तो बहुत मौतें हो चुकीं। जिंदा तो बहुत कम हैं, मरे बहुत हैं। हमारे बाप मरे, बाप के बाप मरे, मां मरी, मां की मां मरी, हमारे भाई मरे, किसी की पत्नी मरी, किसी के पति मरे, किसी के बेटे, किसी की बेटी। मुर्दों की संख्या ज्यादा है, वे लोग कहने लगे, जिंदा तो बहुत कम हैं, दो-चार बचे हैं। लाखों मरे हैं।

घर-घर घूमते-घूमते लेकिन एक बात उसकी समझ में साफ होने लगी कि मौत तो घटती ही है। हर घर में घटती है। हर आदमी को घटती है। मेरे साथ अपवाद नहीं हो सकता। पूरे गांव में मांगते-मांगते किसा गौतमी समाधि को उपलब्ध हो गई। जब वह लौट कर आई तो परम शांत थी।

भिक्षु द्वार पर खड़े थे, इस रहस्यपूर्ण लीला को देख रहे थे कि बुद्ध ने क्या किया। अब क्या होगा? क्या इसे चावल मिल जाएंगे? क्या बेटा जी उठेगा? और किसा गौतमी जब शांत, परम मौन में, बड़े प्रसाद से भरी आने लगी तो वे समझे कि मिल गए दाने। चमत्कार होकर रहेगा।

दौड़े। बुद्ध को उन्होंने कहा कि किसा गौतमी आ रही है, बिलकुल शांत है। आंसू बिलकुल जा चुके हैं। जरा भी बेचैनी, दुख की कोई छाया नहीं है। लगता है, वे चावल जो आपने कहे थे, मिल गए। बुद्ध ने कहा, पागलो, ठहरो; रुको, उसे आने दो। उसे चावलों से बड़ी कोई चीज मिल गई है। उसे जीवन का अर्थ मिल गया है। वह समझ कर आ रही है। उसके भीतर किरण उतरी है। उसका अंधेरा कट गया है।

और जब किसा गौतमी आकर उनके चरणों में गिरी और उसने कहा, मुझे दीक्षा दें। और उसने आंख भी उठा कर न देखी उस बेटे की लाश की तरफ। उसने लोगों से कहा, ले जाओ। मरघट पर जला दो। क्योंकि एक बात साफ हो गई कि यहां मौत तो घटती ही है। सभी की घटती है; देर-अबेर, अभी-कभी, इससे क्या फर्क पड़ता है? आज कि कल, दो दिन पहले कि दो दिन बाद, मौत तो यहां सुनिश्चित है। जो सुनिश्चित है उससे लड़ना व्यर्थ है। मैंने मौत को स्वीकार कर लिया। और मौत को स्वीकार करते ही मेरे भीतर एक ऐसी किरण उतरी है जो अमृत की है; जिसकी कोई मृत्यु नहीं होगी।

ऐसा जीवन का विरोधाभास से भरा हुआ स्वर्ण नियम है। तुम सुरक्षा खोजो, तुम असुरक्षित होते जाओगे। तुम प्रेम खोजो, और तुम विषाद से भरते जाओगे। फिर क्या करें? मैं कहता हूं, असुरक्षा है। जीवन का सत्य है। सत्य को झुठलाया नहीं जा सकता। तुम्हारी वांछाओं से थोड़े ही सत्य चलता है; जैसा है वैसा रहेगा। तुम लाख कहो कि ये

वृक्ष के पत्ते पीले हो जाएं, हरे न हों, सफेद हो जाएं, काले हो जाएं। कौन सुनने वाला है? ये वृक्ष के पत्ते हरे हैं। तुम ये सारे पत्ते काट डालो, फिर नये पत्ते निकलेंगे, फिर हरे निकलेंगे। क्योंकि वृक्ष के पत्ते तुम्हारी आकांक्षाओं से संचालित नहीं होते। वृक्ष के पत्ते किसी महानियम को मान कर चलते हैं, जहां से वे सदा हरे निकलते हैं।

जो पैदा हुआ वह मरेगा। जो जवान है वह कल बूढ़ा होगा। जो आज अकड़ा है, कल टूटेगा। जो आज आकाश छू रहा है, कल कब्र में गिरेगा। यह होने वाला है। इसे बदलने का कोई उपाय नहीं है। तुम असंभव को मांगो मत।

बस, जैसे ही तुमने इसे स्वीकार कर लिया, फिर मैं तुमसे पूछता हूं, कहां है असुरक्षा? अब यह बड़े मजे की बात है। सुरक्षा को खोजो, असुरक्षा निर्मित होती है। क्योंकि जितनी तुम सुरक्षा की मांग करते हो उतनी घबड़ाहट बढ़ती है। और उतना ही तुम्हें दिखाई पड़ता है कि सुरक्षा होनेवाली नहीं, असुरक्षा हो रही है। तो असुरक्षा बड़ी होती चली जाती है। तुम्हारी सुरक्षा के अनुपात में ही, तुम्हारी सुरक्षा की आकांक्षा का जो अनुपात है उसी अनुपात में असुरक्षा बड़ी होकर दिखाई पड़ने लगती है। तुम्हें अपनी हार दिखाई पड़ने लगती है। तुम्हें लगता है कि जीत न पाएंगे, हार निश्चित है।

मैं तुमसे कह रहा हूं, तुम जान लो कि असुरक्षा तो है ही जीवन का स्वभाव; और सुरक्षा की चेष्टा छोड़ दो। जब सुरक्षा की कोई आकांक्षा ही न रही तो फिर कैसी असुरक्षा? असुरक्षा को कैसे तौलोगे? सुरक्षा की मांग अड़चन डालती है। जिस आदमी के जीवन में धन की वासना न रही वह क्या गरीब हो सकता है? कैसे होगा? धन की वासना के बिना गरीब होने का कोई उपाय ही न रहा। वह सम्राट हो गया। स्वामी राम ने कहा है, एक घर छोड़ा तो सारे घर मेरे हो गए। एक आंगन क्या छोड़ा, सारा आकाश मेरा आंगन हो गया। जब तक कुछ मेरे पास था, मैं दरिद्र था। अब कुछ भी मेरे पास नहीं है और मैं सम्राट हूं।

ऐसी ही है बात। जिनके पास कुछ है वे दरिद्र हैं। 'कुछ' में तो दरिद्रता है ही। फिर वह कुछ किसी के पास थोड़ा है, किसी के पास ज्यादा है। किसी के पास दो गज जमीन है, किसी के पास हजार गज जमीन है, किसी के पास हजारों मील की जमीन है, लेकिन कुछ तो कुछ ही है। थोड़ा हो कि बड़ा हो, दरिद्रता तो दरिद्रता है। मात्रा के भेद से क्या फर्क पड़ेगा? तुम्हारे सम्राट भी तो दीन-हीन भिखारी हैं, जैसे तुम हो। अंतर कुछ बहुत नहीं है। उनके भिक्षापात्र बड़े होंगे, तुम्हारे भिक्षापात्र छोटे हैं, बस इतना ही फर्क है। भिक्षापात्र के बड़े होने से कोई सम्राट होता है?

नहीं, सम्राट तो वही है जिसने भिक्षापात्र ही हटा दिया। जिसने कहा कि जीवन जैसा है उससे अन्यथा की हमारी कोई मांग नहीं। हम सुरक्षा मांगते नहीं। असुरक्षा है

तो असुरक्षा स्वीकार। असुरक्षा है तो असुरक्षा से हम राजी हैं। मौत आएगी, तैयार हैं। बुढ़ापा आएगा, उत्सुकता से प्रतीक्षा करेंगे।

जिनके जीवन में विरोध न रहा सत्य का, तथ्य का, उनके जीवन में असुरक्षा अपने आप खो गई। यह तुम्हें हैरानी की लगेगी बात, मैं फिर दोहरा दूं: सुरक्षा मांगी, असुरक्षा पैदा होती है। असुरक्षा है नहीं, तुम्हारी सुरक्षा की मांग से पैदा हो रही है। सुरक्षा की मांग गई, असुरक्षा भी गई। और तब जो शेष रह जाता है वही वास्तविक सुरक्षा है।

तुम पूछते हो, 'आप कहते हैं, अस्तित्व के हाथों में छोड़ दें, इससे तो स्थिति और भी असुरक्षित हो जाएगी।'

तुम बिना छोड़े ही पूछ रहे हो। छोड़ कर देखो। इधर मैंने छोड़ कर देखा और मैं तुमसे कहता हूं, सब असुरक्षा खो जाती है। मैं कोई पंडित नहीं हूं। मैं किसी शास्त्र के सिद्धांत को समझाने नहीं बैठा हूं। यह मैं तुमसे अपने अनुभव से कहता हूं। यह मैं जान कर कहता हूं कि जिस दिन सुरक्षा छोड़ी, उसी दिन असुरक्षा भी गई। असुरक्षा सुरक्षा की ही छाया है। मूल ही चला गया तो अब पत्ते कहां लगेंगे? जड़ ही न रही तो अब अंकुर कहां फूटेगा?

नहीं, तुम सोच-सोच कर कह रहे हो। तुम कह रहे हो कि हम तो वैसे ही परेशान हैं। सुरक्षा खोज-खोज कर तो मिल नहीं रही, और आप मिल गए महाजन! आप कहते हैं, खोज भी छोड़ दो। खोज-खोज कर तो मिलती नहीं और आप कहते हैं, खोज भी छोड़ दो। खोज-खोज कर तो मिलती नहीं और आप कहते हैं इस अस्तित्व के हाथों में छोड़ दो। और असुरक्षित हो जाएंगे। फिर तो गए! मारे गए! फिर बचाव का कोई उपाय न रहा। बच-बच कर नहीं बच पा रहे हैं और आप कहते हैं, बचाओ ही मत। छोड़ो यह ढाल, छोड़ो यह तलवार। छोड़ ही दो।

तुम्हारी बात भी मेरी समझ में आती है। अगर तुम तर्क से ही सोचोगे तो ऐसा लगेगा; सुनिश्चित लगेगा। लेकिन यह अनुभव की बात है, तर्क की बात नहीं।

तुम थोड़ा स्वाद लेकर देखो। छोड़ कर ही देखो। और ऐसा मत छोड़ना शर्त के साथ कि जरा देखें छोड़कर, क्या होता है। तो तुमने छोड़ा ही नहीं।

यह अनुभव वस्तुतः हो तो तुम अचानक पाओगे, न कोई असुरक्षा है, न सुरक्षा की कोई जरूरत है। तुम परमात्मा हो। तुम परमपद पर विराजमान हो। जो मिटता है वह तुम नहीं हो। जो आता-जाता है वह तुम नहीं हो। जो सदा है वही तुम हो। तत्वमसि। वही एक, जो न कभी आया, न कभी गया। जो शाश्वत, सनातन; चिर पुरातन, चिर नूतन; सदा से है और सदा रहेगा। यद्यपि बहुत से रूप बनते और बिगड़ते हैं; लेकिन रूप के भीतर जो रूपायित है, वह अखंड, अविच्छिन्न बहता रहता है।

और दूसरी बात, पूछा है : प्रेम। तो असुरक्षा को मिटाने का तो उपाय है, सुरक्षा की वासना छोड़ दो। और प्रेम को पाने का उपाय है कि प्रेम को पाने मत जाओ, देने जाओ। तुम जब भी प्रेम को पाने जाते हो तभी चूक जाते हो। तुम कहते हो मिल जाए यहां से, मिल जाए वहां से।

प्रेम कोई दे थोड़े ही सकता तुम्हें! प्रेम कोई ऐसी चीज थोड़े ही है कि बाहर रखी है कि जाकर कब्जा कर लिया, कि भर लीं तिजोड़ियां। प्रेम कोई वस्तु नहीं है। प्रेम तो एक चैतन्य की दशा है। प्रेम कोई संबंध नहीं है, जो तुम्हारे और तुम्हारी पत्नी के बीच होता; या तुम्हारे और तुम्हारे बेटे के बीच होता है। प्रेम तो एक चैतन्य की दशा है। जब तुम परम आनंदित होते हो, तुमसे प्रेम झरता है। जैसे फूल जब खिलते हैं तो सुगंध झरती। सूरज निकलता है तो रोशनी झरती। ऐसे तुम जब परम शांति को उपलब्ध होते हो तो तुमसे प्रेम झरता है।

और तुम बाहर भटक रहे हो। तुम कहां खोजने चले हो? किससे मांगने जा रहे हो? जो तुम्हारे भीतर की संपदा है, किसी और से नहीं मिलेगी। किसी और से मांगने गए तो चूकते ही रहोगे, चूकते ही चले जाओगे। एक से न मिलेगी तो दूसरे के पास, दूसरे से नहीं तो तीसरे के पास। जन्मों-जन्मों में ऐसे ही तो तुमने आवागमन किया है। कितने घरों के द्वार पर तुमने भीख नहीं मांगी! भिक्षापात्र तो देखो, खाली का खाली है।

अब जरा उनकी भी सुनो, जो कहते हैं, मांगने की जरूरत ही नहीं है। जिस हीरे को तुम खोजने चले हो वह तुम्हारे ही अंतरतम में पड़ा है। प्रेम तुम्हारी संपदा है। प्रेम मिला बुद्ध को, प्रेम मिला महावीर को, प्रेम मिला जीसस को, प्रेम मिला मोहम्मद को। और उन्होंने किसी में जाकर प्रेम खोजा नहीं, प्रेम के संबंध नहीं बनाए। भीतर झांका, अंतर में झांका और प्रेम के झरने फूटे।

प्रेम एक चित्त की आखिरी दशा है; खिला हुआ फूल, जिसको हम सहस्रार कहते हैं। वह हजार पंखुरियों वाला कमल जब तुम्हारे भीतर खुलता है, उससे जो सुगंध बहने लगती है वही सुगंध प्रेम है। प्रेम संबंध नहीं, प्रेम स्वभाव है। इसलिए तुम चूक रहे हो। अगर तुम भीतर झांको तो तुम नाच उठो जैसे मोर नाच उठते हैं, जब आषाढ़ के पहले मेघ घिरते हैं।

अभी तो तुम्हारी हालत ऐसी है कि जैसे कौवे का पंख रखे हो और मोर का पंख मान बैठे हो। समझाते-बुझाते बहुत अपने को कि नहीं, है मोर का ही, लेकिन जानते तो हो कि है कौवे का। फिर गौर से देखते हो, फिर कौवे का पंख दिखाई पड़ जाता है। मोर का पंख कौवे के पंख को लीप-पोत कर नहीं बनाया जा सकता, रंग-रोगन करके नहीं बनाया जा सकता। जिस दिन तुम भीतर झांकोगे उस दिन तुम्हारा मोर नाच उठेगा। मन-मयूर नाचे। मयूरी नाच!

आषाढ़ के मेघ बादल में जैसे घिर जाएं, जैसे पहली-पहली वर्षा गिरती है। और सूखे पत्ते हरे होने लगते हैं और सूख गए वृक्षों के प्राण फिर संजीवना से भर जाते हैं, भूखी धरती, प्यासी धरती तृप्त हो जाती है और सब तरफ एक हरियाली, एक संतोष, एक परितोष छा जाता।

हरी चूनर पहन कर आ गई वर्षा सुहागन फिर
कहीं वन-बीच फूलों में पड़ी थी स्वप्न में सोई
उलझते बादलों की लट पिया छलका गया कोई
तिमिर ने राह कर दी, राह कच्ची धूप की धोई
पवन की रागिनी मोती भरे आकाश में खोई
पहन धानी लहरिया आ गई वर्षा सुहागन फिर

मयूरी नाच! और ये बादल बाहर के आकाश में नहीं घिरते, और यह वर्षा बाहर के बादलों की वर्षा नहीं है। यह तुम्हारे भीतर की घटना है—अंतर्तम की। प्रेम तुम्हारे अंतर्गृह का देवता है। इसे तुम कहां खोज रहे हो?

अब यह सोचो, जिनके पास भीतर प्रेम नहीं है वे दूसरों के पास प्रेम खोज रहे हैं। और जो तुम्हारे प्रेम में पड़ता है वह भी इसलिए प्रेम में पड़ा है कि शायद तुम्हारे पास प्रेम मिल जाए। देखते इस बात का मजा?

तुम एक स्त्री के प्रेम में पड़ गए, स्त्री तुम्हारे प्रेम में पड़ गई। न तुम्हारे पास प्रेम है, न उसके पास प्रेम है। होता ही तो तुम भटकते क्यों? मांगते क्यों? दो भिखमंगे एक दूसरे के सामने भिक्षापात्र लेकर खड़े हैं कि कुछ मिल जाए। दोनों इस आशा में हैं कि दूसरे पर होगा। दोनों में नहीं है। थोड़ी देर में भिक्षापात्र खड़खड़ाने लगते हैं, झगड़ा शुरू हो जाता है। जल्दी ही झगड़ा शुरू हो जाता है! प्रेमी जल्दी ही लड़ने लगते हैं। क्योंकि कितनी देर धोखा खाओगे? जल्दी ही लगने लगता है कि अरे, तो दूसरा धोखा दे रहा है! कुछ मिल नहीं रहा। और दूसरे को भी लगता है, तुम भी कुछ दे नहीं रहे। तो यह व्यर्थ गई बात। यह मिलन फिर बेकार गया। फिर कहीं और खोजें, कोई और द्वार खटखटाएं। ऐसे ही चलता।

नहीं, इस तरह प्रेम नहीं मिलेगा। प्रेम को जगाना हो, प्रेम की ज्योति को आविर्भूत करना हो तो भीतर जाना पड़े। प्रेम है तुम्हारे अंतर्तम की पहचान। जब तुमने अपने जीवन का मूलस्रोत पा लिया, झरना पा लिया तो वहां से जो धार बहती है, वही प्रेम है।

फिर तुम जहां भी बैठोगे वहीं तुम प्रेम को पाओगे। तुम्हारा प्रेम तुम्हारे साथ है। हर आदमी अपना स्वर्ग और अपना नरक अपने भीतर लेकर चलता है। तुम लिए तो नरक हो और स्वर्ग की तलाश कर रहे हो, यहीं भूल हो रही है। लिए तो दुख के बीज हो और सुख की तलाश कर रहे हो, यहीं भूल हो रही है। तुम फसल दुख की काटोगे

क्योंकि बीज जो हैं वही तो उगेंगे। कितना ही तुम मांगो सुख, काटोगे फसल दुख की। प्रेम के नाम पर तुम घृणा को ही पाओगे, क्रोध को ही पाओगे। और-और नई-नई पीड़ाएं, नये-नये घाव बना लोगे। और नासूर पैदा होंगे।

नहीं, यह कोई उपाय नहीं है। प्रेम के नाम पर मवाद ही पैदा होगी, कुछ भी और पैदा न होगा।

इसलिए तुमसे कहता हूं...तुम कहते हो—

'हर कोई ढूंढ़ता है एक मुट्ठी आसमान
हर कोई चाहता है एक मुट्ठी आसमान
जो सीने से लगा ले हो ऐसा एक जहान
हर कोई ढूंढ़ता है एक मुट्ठी आसमान'

मुट्ठी आसमान? तुम्हारे भीतर पूरा आसमान मौजूद है, पूरा आकाश। मुट्ठियों की बातें छोड़ो। ये दीन-दरिद्रों की बातें छोड़ो। मुट्ठियों से कहीं आकाश नापे गए? मुट्ठियों से कहीं आकाश मांगे गए? मुट्ठी जोर से बांध ली तो आकाश बाहर निकल जाता है। मुट्ठी खुली हो तो आकाश पूरा हाथ में है, मुट्ठी बांधी कि गया।

और जो आकाश बाहर दिखाई पड़ता है यही थोड़े ही पूरा आकाश है! असली आकाश भीतर है। भीतर चलो। भीतर के इस शून्य से थोड़ा संबंध बनाओ। जिस व्यक्ति ने भीतर के शून्य के साथ भांवर डाल ली, उसके जीवन में प्रेम खिलता। खूब खिलता। न केवल उसे मिलता, उसके आस-पास जो आकर बैठ जाएं वे भी अनायास धन्यभागी हो जाते हैं। उन पर भी आशीष की वर्षा हो जाती है।

तीसरा प्रश्न: तंत्र को आपने कहा, आकाश से आकाश में उड़ान। क्या यही तंत्र का मूल स्वर है? इसमें जीवन का परम स्वीकार किस भांति समाहित है? कृपा करके समझाएं।

मैंने कहा, अक्षर से क्षर की यात्रा यंत्र,
क्षर से अक्षर की यात्रा मंत्र,
अक्षर से अक्षर की यात्रा तंत्र।

देह है यंत्र। दो देहों के बीच जो संबंध होता है वह है यांत्रिक। सेक्स यांत्रिक है। कामवासना यांत्रिक है। दो मशीनों के बीच घटना घट रही है।

मन है मंत्र। मंत्र शब्द मन से ही बना है। जो मन का है वही मंत्र। जिससे मन में उतरा जाता है वही मंत्र। जो मन का मौलिक सूत्र है वही मंत्र। मन और मंत्र की मूल धातु एक ही है।

तो देह है यंत्र। देह से देह की यात्रा यांत्रिक-कामवासना, सेक्स।

मन है मंत्र। मन से मन की यात्रा मांत्रिक। जिसको तुम साधारणतः प्रेम कहते हो—दो मनों के बीच मिल जाना। दो मनों का मिलन। दो मनों के बीच एक संगीत की थिरकन। दो मनों के बीच एक नृत्य। देह से ऊपर है। देह है भौतिक, मंत्र है मानसिक, मनोवैज्ञानिक, साइकोलॉजिकल।

और आत्मा है तंत्र। दो आकाशों का मिलन। अक्षर से अक्षर की यात्रा। जब दो आत्माएं मिलती हैं तो तंत्र—न देह, न मन। तंत्र ऊंचे से ऊंची घटना है। तंत्र परम घटना है।

तो इससे ऐसा समझो :

देह-यंत्र, सेक्सुअल, शारीरिक।

मन-मंत्र, साइकोलॉजिकल, मानसिक।

आत्मा-तंत्र, कॉस्मिक, आध्यात्मिक।

ये तीन तल हैं तुम्हारे जीवन के। यंत्र का तल, मंत्र का तल, तंत्र का तल। इन तीनों को ठीक से पहचानो। और तुम्हारे हर काम तीन में बंटे हैं।

कोई व्यक्ति भोजन करता यंत्रवत। न उसे स्वाद का पता है, न वह भोजन करते वक्त भोजन कर रहा है; डाल रहा है किसी तरह। हिसाब लगा रहा है दूकान का, ग्राहकों से बात कर रहा है, हिसाब-किताब, बही-खाते कर रहा है भीतर, इधर भोजन डाले जा रहा है। यह भोजन हुआ यांत्रिक। तो भोजन भी यंत्रवत हो गया।

फिर कोई व्यक्ति बड़े मनोभाव से...किसी ने बड़े प्रेम से भोजन बनाया है। तुम्हारी मां ने बड़े प्रेम से भोजन बनाया है, कि तुम्हारी पत्नी दिन भर तुम्हारी प्रतीक्षा की है, ऐसा अपमान तो न करो उसका! इतने भाव से बनाए गए भोजन का ऐसा तिरस्कार तो न करो कि तुम खाते-बही कर रहे हो, कि तुम भीतर-भीतर गणित बिठा रहे हो, कि तुम यहां हो ही नहीं।

कोई मन से भोजन करता है तो भोजन भी मांत्रिक हो जाता है। तब सब हटा दिया। कहीं और नहीं, यहीं है। बड़े मनोभावपूर्वक, बड़ी तल्लीनता से, बड़े ध्यानपूर्वक, बड़ी अभिरुचि से, स्वाद से, सम्मान से।

और कोई ऐसा भी भोजन करता जो आध्यात्मिक। उपनिषद कहते हैं, अन्नं ब्रह्म-अन्न ब्रह्म है। यह ऋषियों ने भोजन भी आध्यात्मिक ढंग से किया होगा—तांत्रिक। क्योंकि भोजन भी वही है। हम उसी को तो पचाते हैं। हम भोजन में उसी का तो स्वाद लेते हैं। भोजन में वही तो हमारे भीतर जाकर जीवन का नवसंचार करता, नये रस से भरता, पुनरुज्जीवित करता। जो मुर्दा कोष्ठ हैं उन्हें बाहर फेंक देता, नये जीवित कोष्ठ निर्मित कर देता। तो परमात्मा भोजन से भीतर आता है—तांत्रिक।

ऐसे तुम समझो प्रत्येक क्रिया तीन तल पर है। कोई आदमी रास्ते पर घूमने गया और हजार-हजार विचारों में उलझा—यांत्रिक। कोई रास्ते पर घूम रहा, विचारों में उलझा हुआ नहीं। सुबह की हवा उसे छूती, संवेदनशील, सुबह का सूरज अपनी किरणें बरसाता, पक्षी गुनगुनाते। वह इन सबको सुन रहा मंत्रमुग्ध। मस्ती में जा रहा—मांत्रिक। और फिर कोई ऐसे भी जा सकता है कि हर हवा का झोंका परमात्मा का झोंका मालूम पड़े। और हर किरण उसकी ही किरण मालूम पड़े। और हर पक्षी की गुनगुनाहट उसके ही वेदों का उच्चार, उसके ही कुरान का अवतरण—तो तांत्रिक।

तुम अपने जीवन की प्रत्येक क्रिया को तीन में बांट सकते हो। ध्यान रखना, यंत्र में ही मत मर जाना। अधिक लोग यंत्र की तरह ही जीते, यंत्र की तरह ही मर जाते। बहुत थोड़े से धन्यभागी मांत्रिक हो पाते हैं—कवि, संगीतज्ञ, नर्तक। बहुत थोड़े से लोग! और वे भी बहुत थोड़े से क्षणों में, चौबीस घंटे नहीं। चौबीस घंटे तो वे भी यांत्रिक होते हैं। कभी-कभी किसी क्षण में, किसी पुलक में, जरा सा द्वार खुलता, जरा सा झरोखा खुलता और उस तरफ का जगत झांकता; उस आयाम का प्रवेश होता। क्षण भर को एक कविता लहर जाती, फिर द्वार बंद हो जाते हैं।

फिर बहुत विरले लोग हैं—कृष्ण और बुद्ध और अष्टावक्र—बहुत विरले लोग हैं, करोड़ों में कभी एक होता, जो तांत्रिक रूप से जीता। जिसका प्रतिपल दो आकाशों का मिलन है—प्रतिपल! सोते, जागते, उठते, बैठते जो भी उसके जीवन में हो रहा है, उसमें अंतर और बाहर मिल रहे हैं, परमात्मा और प्रकृति मिल रही है, संसार और निर्वाण मिल रहा है। परम मिलन घट रहा है। परम उत्सव हो रहा है। रसो वै सः। वैसी ही अवस्था में किसी ने कहा है, परमात्मा रसरूप है। महोत्सव हो रहा है।

तो तुम अपनी प्रत्येक क्रिया को यांत्रिक से तांत्रिक तक पहुंचाना। मंत्र बीच का द्वार है। इसलिए मंत्रों का इतना उपयोग धर्मों में हुआ है। वह तो प्रतीकात्मक है। अगर तुम पूरी बात को समझो तो मंत्र सेतु है। मंत्र का मतलब केवल इतना ही नहीं होता कि तुम बैठे राम-राम-राम दोहरा रहे हो तो मंत्र हो गया। वह बड़ा छोटा अर्थ है, बड़ा एक आंशिक अर्थ है। जो मैं तुमसे कह रहा हूं, यह अर्थ है मांत्रिक का कि तुम मन से जीने लगे। तुम्हारा जीवन मनःपूर्वक हो गया। तुम्हारे जीवन में मनन उतरा तो तुम मांत्रिक।

यह राम-राम दोहराने से कुछ न होगा। क्योंकि फिर फर्क समझ लेना; एक आदमी बैठा-बैठा राम-राम दोहरा सकता हो और यांत्रिक हो, मांत्रिक बिलकुल न हो। दोहरा रहा है तोते की तरह। तोते को तुम रटवा दो राम-राम-राम-राम, तोता दोहराता रहता है। अनेक इसी तरह के तोते रामनाम की चदरिया ओढ़े बैठे हैं। अभी तुम जाओ तो कुंभ में मिल जाएंगे तुमको सब तोते इस मुल्क के। वे बैठे दोहरा रहे हैं, राम-राम-राम-राम। कुछ मतलब नहीं है, लेकिन इतने दिन से दोहरा रहे हैं कि अब

यह दोहराना उनकी आदत हो गई है। इस दोहराने से कुछ फर्क नहीं पड़ता। भीतर और सब विचार चल रहे हैं और ये ऊपर-ऊपर राम-राम-राम-राम दोहरा रहे हैं। और भीतर सब चल रहा है। पूरा व्यवसाय चल रहा है, पूरी दूकान चल रही है, पूरा बाजार चल रहा है, सब चल रहा है।

बचपन में मेरे घर के सामने एक मिठाई वाले की दुकान थी। मिठाई वाला था, जैसे मिठाई वाले होने चाहिए वैसा था। काफी बड़ा पेट! उठ भी नहीं सकता था ज्यादा, तो ज्यादा काम का भी नहीं था। वह अपना मंच पर ही बैठा रहता, वहीं से मिठाई तौलता रहता। खाली वक्त में जब कुछ न होता, तो वह माला फेरता रहता: 'राम-राम-राम-राम।'

मैं बड़ा हैरान होता था। बचपन से ही उसको मैं देखता रहता सामने ही। ऐसा राम-राम भी करता रहता, ग्राहक आता तो उसको इशारे भी कर देता, पांच अंगुली बता देता। जो नौकर काम कर रहा है दुकान पर उसको बता देता कि जोर से चला, आग बुझी जा रही है। और इधर राम-राम चल रहा है। इसमें कोई फर्क ही नहीं पड़ रहा है।

वह राम-राम तो बिलकुल यंत्रवत है। उससे कुछ लेना-देना नहीं है।

फिर एक मांत्रिक होती अवस्था, जब तुम बड़े भाव से...राम कोई ऐसा शब्द थोड़े ही है कि उच्चार दिया, कि हर कहीं कह दिया, कि हर किसी से कह दिया, कि हर किसी ढंग से कह दिया! किसी बड़े विशिष्ट क्षण में, पवित्र क्षण में, ठीक आयोजनपूर्वक, धूप-दीप बालकर, स्नान करके—शरीर का ही नहीं, मन का भी थोड़ी देर के लिए स्नान करके तुम बैठे। उस पूत क्षण में, उस पावन क्षण में तुमने प्रभु-स्मरण किया। चाहे राम-राम कहा या नहीं कहा, यह कोई सवाल नहीं है। प्रभु का स्मरण किया, उसकी याद से भरे मनःपूर्वक तो मंत्र हुआ।

लेकिन यह भी कोई आखिरी बात नहीं है। क्योंकि मन ही आखिरी बात नहीं तो मंत्र कैसे आखिरी बात होगी? फिर तंत्र है। वह आखिरी उड़ान है। वहां तुम डूब गए, अलग भी न रहे अब। याद भी कौन करे? याद किसकी करे? उसी घड़ी में तो मंसूर ने कहा, अनलहक! मैं स्वयं परमात्मा हूं। मुसलमान न समझ सके, नाराज हो गए।

मंसूर के जीवन में बड़ी मजेदार घटना है। मंसूर पहले एक सूफी फकीर के पास था। और जब मंसूर की यह तांत्रिक घटना घटी—मंत्र तक तो ठीक थी, क्योंकि मंत्र तक तो सभी धर्म आज्ञा देते हैं कि ठीक है। तंत्र की मुश्किल खड़ी हो जाती है, क्योंकि तंत्र की घोषणा बड़ी अनूठी है।

जब तक मंसूर मंत्र साध रहा था तब तक तो गुरु राजी था। लेकिन जब अनलहक-सी ये घोषणाएं उठने लगीं—मैं ईश्वर हूं, मैं सत्य हूं, तो गुरु ने कहा सुन, तू झंझट में पड़ेगा, हमको भी झंझट में डालेगा—गुरु कुछ बड़ा गहरा गुरु न रहा

होगा—तू यहां से जा, या बंद कर। इस तरह के वचन बोलना बंद कर। लेकिन मंसूर ने कहा, मैं बोलता हूं तो बंद कर दूं। यह जो बोल रहा है, वह जाने। मैं तो, जब भी भीतर मेरे तार जुड़ जाते हैं तो बस, फिर मैं नहीं जानता क्या हो रहा है। फिर तुम मुझसे कहो ही मत। अपनी तरफ से कोशिश करूंगा, लेकिन मेरी कोशिश मंत्र तक जाती है। जब तक मैं दोहराता हूं कुछ, तब तक ठीक है। लेकिन एक ऐसी घड़ी आती है कि मैं तो होता ही नहीं, फिर कौन मेरे भीतर बोलता है उसके लिए मैं कैसे जिम्मेवार?

तो गुरु ने कहा, तू यहां से जा, नहीं तो हम फंसेंगे। क्योंकि यह बात मुसलमान देशों में तो बड़ी कुफ्र की है कि कोई आदमी कह दे, 'मैं ईश्वर।' वे तो बरदाश्त नहीं कर सकते। यह तो बात ही गलत हो गई। इस्लाम धर्म मंत्र के ऊपर नहीं बढ़ सका। मंसूर जैसे लोग उसे ले जाते तंत्र तक लेकिन नहीं ले जाने दिया। सूफी छिप-छिप कर करने लगे अपनी साधनाएं क्योंकि प्रकट होकर फांसी लगने लगी।

तो मंसूर दूसरे गुरु के पास गया। कुछ दिन रहा, फिर उस गुरु ने भी कहा कि भाई तू जा, क्योंकि सिलसिला बिगड़ रहा है। खलीफा तक खबर पहुंच गई है। और पुरोहित तेरे खिलाफ फतवा देनेवाला है। और तेरे साथ हम भी फंसेंगे।

तो मंसूर ने कहा, कोई जगह भी होगी ऐसी कि नहीं? कि मैं सभी जगह भटकाया जाऊंगा? किसी ने कहा कि तू ऐसा कर, एक बहुत बड़े फकीर हैं—पहुंचे हुए औलिया, पीर, उनके पास चला जा। तो वह वहां चला गया। लेकिन वहां भी अड़चन आनी शुरू हो गई। गुरु ने बहुत समझाया; बड़े प्रेम से समझाया कि मत बोल। इसको रखना हो तो भीतर रख, मगर इसको बोल मत, क्योंकि चारों तरफ दुश्मन हैं। उलझ जाएंगे।

उसने कहा कि मैं कोशिश करता हूं लेकिन एक ऐसी घड़ी आती है कि मैं तो होता ही नहीं, फिर कोशिश कौन करे? ऐसा बहुत बार गुरु ने समझाया लेकिन एक दिन नहीं माना मंसूर। और गुरु के सामने ही बैठा था, आंख बंद की और जोर से बोला, अनलहक! तो गुरु ने कहा, अब बहुत हो गया। तू मुझे झंझट में डाल देगा। जल्दी ही तेरे खिलाफ फतवा आएगा। और गुरु ने कहा, देख मैं यह भविष्यवाणी करता हूं कि जल्दी ही लकड़ी का एक टुकड़ा तेरे खून से रंगा जाएगा, तेरी फांसी लगेगी।

तो मंसूर ने कहा, फिर मैं भी एक भविष्यवाणी करता हूं कि जिस दिन खून से मेरे लकड़ी का टुकड़ा रंगा जाएगा उस दिन तुम्हें यह सूफी का वेश उतार कर मुल्ला का वेश पहनना पड़ेगा।

लोगों ने समझा ऐसे ही मजाक में वह कह रहा है। उसका कोई भरोसा भी नहीं करता था। वह आदमी ही कुछ अजीब था। लेकिन दोनों की भविष्यवाणियां पूरी हुईं।

छह बार खलीफा के पास यह खबर पहुंचाई गई। बार-बार, छह बार खबर पहुंचाई गई कि मंसूर को फांसी दे दी जाए क्योंकि यह कुफ्र की बातें कह रहा है। यह

इस्लाम के खिलाफ है। लेकिन खलीफा ने कहा, अगर ऐसा हो तो उसके गुरु का दस्तखत चाहिए। अगर गुरु भी कह दे कि इस्लाम के खिलाफ है, तो ठीक।

तो गुरु के पास छह बार दस्तावेज लाई गई और गुरु ने कहा कि नहीं, मैं दस्तखत नहीं करूंगा। सातवीं बार खबर आई कि अगर अब गुरु दस्तखत न करे तो तब गुरु भी जिम्मेवार है। फिर वह भी हिस्सेदार है। तो गुरु को भी शर्म लगी कि अब सूफी का वेश पहने कैसे दस्तखत करूं? यह तो सूफी के वेश की भी बदनामी हो जाएगी। तो वह भूल गया भविष्यवाणी मंसूर की। उसने कहा, अगर इस पर मुझे दस्तखत करने हैं तो मैं मौलवी के कपड़े पहन कर ही दस्तखत कर सकता हूं। यह मौलवी को ही शोभा देता है इस तरह की मूढ़तापूर्ण बातें, सूफियों को नहीं शोभा देता। तो उसने कपड़ा अपना फेंक दिया, मौलवी के कपड़े पहने और दस्तखत किए।

और जब मंसूर को खबर मिली तो वह हंसा। उसने कहा, मैंने कहा था न! अब रंगा जाएगा खून से मेरे। अब तक नहीं रंगा जा सकता था। लेकिन यह कैसी बुरी दुनिया आ गई कि सूफी भी मौलवी के कपड़े पहनने लगे!

तांत्रिक स्वर का अर्थ होता है, तुम्हारे भीतर परमात्मा की उदघोषणा। शरीर तक तो तुम्हारा ही स्वर नहीं है। मंत्र में तुम्हारा स्वर है, तंत्र में परमात्मा का स्वर है। अक्षर से अक्षर तक की यात्रा।

शरीर में यंत्रवत—तुम भी नहीं बोले अभी, परमात्मा की तो बोलने की बात ही दूर, तुम ही नहीं बोले। अभी तो बोल ही नहीं फूटा। पहले तो तुम बोल का अभ्यास करो। पहले तो तुम सितार के तार बिठाओ, ठोंका-ठाकी करो, सब व्यवस्था कर लो, तब परमात्मा बोलता है। पहले तुम बोलो तो परमात्मा बोलता है।

अभी तुम्हीं नहीं बोले। अभी तुम्हीं मुर्दा की तरह जी रहे हो; मिट्टी के ढेर हो एक, तो परमात्मा कैसे बोले?

मंत्र में तुम बोले। तुम्हारा बोल उठा। तुम्हारी वाणी खिली। तुम्हारा फूल खिला। तुम तैयार हुए। मंत्र से तुम तैयार होओगे। मंत्र सचेष्ट, जागरूक चेष्टा है। मैं मंत्र के खिलाफ नहीं हूं। मैं यांत्रिक मंत्र के खिलाफ हूं। इसलिए कई बार तुम्हें हैरानी होती है कि मैं मंत्रों के खिलाफ बोल देता हूं। इसीलिए बोल देता हूं कि तुम्हारे मंत्र भी तुम जैसे हैं। जैसे तुम दूकान करते, भोजन करते, वैसे तुम राम-राम जपते या अल्लाह-अल्लाह जपते; इससे कुछ फर्क नहीं पड़ता। जागरूकता से अगर तुम जप सको, अगर जब तुम राम-राम जप रहे हो या अल्लाह-अल्लाह जप रहे हो तब तुम्हारे भीतर जागरूकता भी बनी रहे; इधर यह वाणी चलती रहे और उधर तुम होशपूर्वक, समग्र रूप से जागे ध्यानपूर्वक इस वाणी को सुनते रहो; तुम बोलो भी, सुनो भी; और दूसरी कोई प्रक्रिया न होती हो तो फिर मांत्रिक।

और जब ऐसा हो जाए तो एक दिन तुम पाओगे तुम तो जागे रह गए, वाणी धीरे-धीरे क्षीण हुई...क्षीण हुई, सो गई। तुम जागे रह गए। तुम जागे रह गए और वाणी सो गई, तभी तुम्हारे भीतर जो इलहाम होता है, जो तुम्हारे भीतर उदघोष होता है, वह परमात्मा का उदघोष है; वह तांत्रिक।

ये तीन तल हैं।

और तुमने पूछा है कि इसमें जीवन का परम स्वीकार किस भांति समाहित है?

इस भांति समाहित है:

देह, यंत्र में तो सिर्फ दैहिक है।

मन, मंत्र में सिर्फ मांत्रिक नहीं है, दैहिक भी समाहित है। क्योंकि मंत्र तुम्हें बोलना हो तो देह के सहारे की जरूरत है। दैहिक में तो केवल दैहिक है। मांत्रिक में देह और मन दोनों हैं। खयाल रखना, क्षुद्र में विराट नहीं समाता, विराट में क्षुद्र समा जाता है। मन देह से बड़ा है। देह उसमें समा गई। मांत्रिक का अर्थ है—देहमन। दोनों उसमें हैं। और देह और सुंदर होकर आ गई, क्योंकि अब उसकी यंत्रवत्ता चली गई। अब देह में भी प्रसाद आया। अब देह भी जीवंत हुई।

और तांत्रिक में, आत्मा में—आत्मा का अर्थ इतना ही नहीं होता कि तुम सिर्फ आत्मा हो। वह तो फिर तुम भूत-प्रेत हो गए। आत्मा का अर्थ होता है, उसमें मन समाहित है, उसमें देह भी समाहित है। त्रिवेणी पूरी हो गई।

मन पर गंगा और यमुना तो हैं, सरस्वती नहीं है। सरस्वती अभी दिखाई नहीं पड़ रही है।

जब तुम आत्मा पर पहुंचे, तंत्र पर पहुंचे तो सरस्वती भी प्रकट हुई। अदृश्य भी दृश्य हुआ। अगोचर गोचर हुआ।

आत्मा का अर्थ होता है, मन और शरीर दोनों समाहित हो गए, और भी श्रेष्ठतर पैदा हो गया।

इसलिए मैं कहता हूं कि तंत्र में सब समाहित है। तंत्र में सर्व स्वीकार है—मन का भी, देह का भी। जैसे मांत्रिकता देह को शुद्ध कर देती है, वैसे तांत्रिकता मन को भी शुद्ध कर देती है, और शुद्धि की एक वर्षा हो जाती है। एक परम निर्मलता, एक परम निर्दोष भाव उत्पन्न होता है। सब शुद्ध हो जाता है।

ऐसी साधना क्या, जो सिर्फ आत्मा को ही शुद्ध करे? साधना तो वही, जो सर्व को शुद्ध कर जाए; जो क्षुद्र को भी विराट कर जाए; जहां पत्थर भी, पाषाण भी परमात्मा हो जाए, वही साधना।

चौथा प्रश्न : भगवान क्या हैं? और अगर हैं तो कहां है? और अगर नहीं हैं तो हम किसके पीछे भाग रहे हैं?

भगवान कोई वस्तु नहीं है, जो तुम्हें कोई दिखा दे अंगुलि के इशारे से कि ये रहे। भगवान तुम्हारे ही भीतर छिपी हुई, तुम्हारी ही आखिरी परम शुद्धि की अवस्था है। तुम्हारे ही भीतर प्रेम का प्रकट हो जाना परमात्मा का प्रकट होना है। इसलिए तुम अगर बाहर कहीं खोज रहे हो तो कभी न खोज पाओगे। खोजो मंदिर-मस्जिद में, काबा-कैलाश में, तुम न खोज पाओगे। तुम गलत खोज रहे हो। वहां परमात्मा नहीं है। तुम अगर सोच रहे हो कि परमात्मा कहीं आकाश में बैठा है तो तुम मूढ़तापूर्ण बातें सोच रहे हो। तुम्हारे परमात्मा की धारणा बहुत बचकानी है।

तुम पूछते हो, भगवान क्या हैं?

'क्या' का प्रश्न नहीं है। तुम्हारे भीतर जिसने यह प्रश्न पूछा है, तुम्हारे भीतर से जो मुझे सुन रहा है, तुम्हारे भीतर से जो मुझे देख रहा है, उसको ही पहचान लो और भगवान से पहचान हो जाएगी। अपने ही चैतन्य के साथ थोड़ी दोस्ती बनाओ, मैत्री बनाओ।

यह कौन तुम्हारे भीतर चैतन्य है? बस इसी को तुम खोज लो। यह एक किरण जो तुम्हारे भीतर चेतना की है, होश की है, इस एक किरण का सहारा पकड़ लो, फिर तुम परमात्मा तक पहुंच जाओगे।

मैंने सुना है, एक सम्राट अपने वजीर से नाराज हो गया। और उसने वजीर को एक बहुत ऊंचे मीनार पर कैद करवा दिया। उस मीनार से कूदने के सिवाय और कोई बचने का उपाय न था। लेकिन कूदना मरना था। मीनार वड़ी ऊंची थी। उससे कूदे तो मरे। कोई हथकड़ियां नहीं डाली थीं। वजीर को हथकड़ियां डालने की जरूरत न थी। वह मीनार के ऊपर कैद था। सीढ़ियों पर सख्त पहरा था। सीढ़ियों से आ नहीं सकता था। हर सीढ़ी पर सैनिक था। द्वारों पर कई द्वार थे, द्वारों पर ताले पड़े थे। मगर उसे खुला छोड़ दिया था मीनार पर।

जब सब रो रहे थे, प्रियजन उसे विदा दे रहे थे, उसकी पत्नी ने कहा, हम इतने रो रहे हैं और तुम इतने शांत हो। बात क्या है? उसने कहा, फिकर न कर। अगर तू एक रेशम का पतला धागा भी मुझ तक पहुंचा देगी तो बस, मैं निकल आऊंगा।

वह तो चला गया वजीर, कैद हो गया। पत्नी और मुश्किल में पड़ गई कि रेशम का धागा...! पहले तो पहुंचाना कैसे? सैकड़ों फीट ऊंची मीनार थी, उस पर रेशम का धागा पहुंचाना कैसे? और फिर यह भी सोच-सोच परेशान थी कि रेशम का धागा पहुंच भी जाए समझो किसी तरह, तो रेशम के धागे से कोई भागा है?

बहुत सोच-विचार में पड़ गई, कुछ उपाय न सूझा तो वह गांव में बूढ़े बुद्धिमानों की खोज करने लगी। एक फकीर ने कहा कि इसमें कुछ खास मामला नहीं है। भृंग नाम का एक कीड़ा होता है, उसको तू पकड़ ला। उसकी मूंछ पर शहद लगा दे। और भृंग की पूंछ में पतला धागा बांध दे रेशम का। उसने कहा, फिर क्या होगा? उसने कहा, भृंग को मीनार पर छोड़ दे। अपनी मूंछ पर शहद की गंध पाकर वह आगे बढ़ता जाएगा। वह मिलने वाली तो है नहीं गंध, वह मिलती रहेगी। शहद मिलेगा तो नहीं, उसकी मूंछ पर है। तो वह हटता जाएगा...हटता जाएगा। और भृंग सीधा जाता है। वह रुकता नहीं जब तक वह खोज न ले, जहां से सुगंध आ रही है। जब तक वह खोज न ले, रुकता नहीं। तू फिकर मत कर। वह ऊपर पहुंच जाएगा। और तेरे पति को पता है। जब एक दफा रेशम का पतला धागा पहुंच जाए तो फिर पतले धागे में थोड़ा मोटा धागा बांधना, फिर उसमें और थोड़ा मोटा बांधना। फिर पति तेरा खींचने लगेगा। फिर रस्सी बांध देना, फिर मोटे रस्से बांध देना, फिर रास्ता खुल गया।

पत्नी को बात समझ में आ गई। यह गणित बहुत सीधा है। भृंग कीड़े को पकड़ लिया, उसकी मूंछ पर मधु लगा दिया, पूंछ में पतले से पतला धागा बांध दिया। क्योंकि इतने दूर तक भृंग को जाना है, इतना लंबा धागा खींचना है तो पतले से पतला धागा था। और भृंग चल पड़ा एकदम। उसको तो गंध मिलने लगी मधु की तो वह तो पागल होकर भागने लगा। वह रुका ही नहीं। वह ऊपर पहुंच गया। और जब पति ने देखा कि भृंग कीड़ा चढ़ कर आ गया है ऊपर और उसकी मूंछों पर लगे हैं मधु के बिंदु, खुश हो गया। धागे को पकड़ लिया, बस। थोड़ी ही देर में धागे से मोटी रस्सी, मोटी से और मोटी रस्सी, और मोटी रस्सी, रस्सा...निकल भागा।

यही सूत्र है परमात्मा तक जाने का। तुम्हारे भीतर जो अभी छोटा सा रेशम का धागा जैसा है, बड़ा महीन है, पकड़ में भी नहीं आता, वह जो तुम्हारे भीतर होश है, बस उस होश को पकड़ लो। वह जो तुम्हारे भीतर चैतन्य है उसको पकड़ लो। ध्यान कुछ और नहीं, इस होश के धागे को पकड़ लेने का नाम है। फिर इसको पकड़ कर तुम चल पड़ो। जिस दशा से यह आ रहा है उसी दिशा में मुक्ति है। उसी दिशा में परमात्मा है।

और यह भीतर से आ रहा है। तो तुम्हें भीतर की तरफ जाना पड़ेगा। और जैसे-जैसे तुम भीतर जाओगे, तुम अचानक पाओगे यह धारा प्रकाश की गहरी होने लगी, बड़ी होने लगी...बड़ी होने लगी। छोटे में बड़ा धागा, बड़े में और बड़ा धागा, और एक दिन तुम पाओगे, आ गए प्रकाश के स्रोत पर। वही है ईश्वर। ईश्वर शब्द मात्र

है, यह परम चैतन्य का दूसरा नाम है। यह तुम्हारे भीतर है। तुम पूछते हो कहां है? जो पूछ रहा है उसी में छिपा है। अन्यथा खोजा तो कभी न पा सकोगे।

और अब पूछते हो कि अगर नहीं है तो हम किसके पीछे भाग रहे हैं?

परमात्मा तो है। वही तो भाग रहा है। वही तो खोज रहा है; खोजने वाले में छिपा है। हां, अभी तुम जिसके पीछे भाग रहे हो वह परमात्मा नहीं है। अभी तो तुम अपनी धारणाओं के पीछे भाग रहे हो। कोई मंदिर जा रहा है, कोई शंकर जी की पूजा कर रहा है, कोई रामचंद्र जी की पूजा कर रहा है, कोई गुरुद्वारा जा रहा है, कोई मस्जिद जा रहा, कोई चर्च जा रहा। यह तुम अपनी धारणाओं के पीछे भाग रहे हो। अपने भीतर चलो, वहीं असली मस्जिद, वहीं असली मंदिर है। अपने भीतर चलो। ये मंदिरों के घंटे इत्यादि बहुत बजा चुके, इनसे कुछ सार नहीं है। बजाते रहो जितना बजाना हो! बहरे हो जाओगे बजाते-बजाते, कुछ भी न पाओगे। भीतर चलो।

शब्दों, शास्त्रों, सिद्धांतों में नहीं, स्वयं में।

अभी तो तुम जिनके पीछे भाग रहे हो, ये पंडित हैं। ज्ञानी वही है जो तुम्हें तुम्हारे ही भीतर पहुंचने का मार्ग बता दे। पंडित तुम्हें ऐसे मार्ग बताते हैं कि चले जाओ काशी, कि चले जाओ काबा, कि गिरनार, कि जेरुसलेम, वहां मिल जाएगा।

लाख चले जाओ काशी, नहीं मिलेगा। काशी में जो रह रहे हैं उनको नहीं मिला तो तुम्हें क्या मिलेगा? भीतर जाओ। सदगुरु का अर्थ है, जो तुम्हें तुम्हारे भीतर पहुंचा दे।

और तब तुम पाओगे कि जैसे-जैसे तुम भीतर जाने लगे, तुम तो भीतर जाते हो, परमात्मा पास आता है। तुम जितने भीतर जाते हो उतना परमात्मा पास आता है। एक दिन तुम अपने केंद्र पर खड़े हो जाते हो, उसकी वर्षा हो जाती है।

जलते-जलते फट गया हिया धरती का पर
सावन जब आया अपनी मर्जी से आया
बादल जब बरसा अपनी मर्जी से बरसा
नभ ने जब गाया तब अपनी मर्जी से गाया
इच्छा का ही चल रहा रहट हर पनघट पर
पर सबकी प्यास नहीं बुझती है इस तट पर
तू क्यों आवाज लगाता है हर गगरी को?
आनेवाला तो बिना बुलाए आता है।

परमात्मा भीतर छिपा है और राह देखता है। तुम जरा बुलाना तो बंद करो। तुम हर गगरी को चिल्लाए जा रहे हो। तुम हर तरह के पानी से प्यास बुझाने को उत्सुक

हो। चातक बनो। चकोर बनो। स्वाति की प्रतीक्षा करो। हर जल से काम नहीं होगा। और हर गगरी तृप्त न कर पाएगी। और प्रतीक्षा करो उस महत क्षण की। क्योंकि तुम्हारी मर्जी से कुछ होनेवाला नहीं है।

तुम दूकान चलाते, तुम धन कमाते, तुम पद पर जाते, इसी तरह तुम सोचते हो एक दिन परमात्मा को भी पकड़ लें। तुम्हारी मर्जी से कुछ होने वाला नहीं। तुम्हारी मर्जी से ही तो सब उपद्रव मचा हुआ है। तुम मर्जी छोड़ो।

जलते-जलते फट गया हिया धरती का पर
सावन जब आया अपनी मर्जी से आया

तो प्रतीक्षा सीखो। भागदौड़ छोड़ो, बैठो, प्रतीक्षा करो। जो प्रतीक्षा करने में कुशल हो जाता वह परमात्मा को पा लेता। प्रतीक्षा में ही आ जाता है।

बादल जब बरसा अपनी मर्जी से बरसा
नभ ने जब गाया अपनी मर्जी से गाया
इच्छा का ही चल रहा रहट हर पनघट पर

और तुम अपनी इच्छा के रहट को ही चलाए जा रहे हो। बूढ़ी के चरखे के जैसे घुमाए चले जाते।

इच्छा का ही चल रहा रहट हर पनघट पर
पर सबकी प्यास नहीं बुझती है इस तट पर
तू क्यों आवाज लगाता है हर गगरी को?
आनेवाला तो बिना बुलाए आता है!
हर घट से अपनी प्यास बुझा मत ओ प्यासे!
प्याला बदले तो मधु ही विष बन जाता है!

हर गगरी को मत चिल्लाओ। हर इच्छा के पीछे मत दौड़ो। और परमात्मा को भी एक बाहर की खोज मत बनाओ। परमात्मा बाहर की खोज नहीं है, बाहर की सारी खोज जब विफल हो जाती है और तुम लौट अपने घर आते हो; और तुम कहते, हो चुका। बहुत हो चुका अब नहीं खोजना। अब कुछ भी नहीं खोजना। अब मोक्ष भी नहीं खोजना।

यही तो अष्टावक्र कह रहे हैं बार-बार। मोक्ष भी नहीं खोजता है ज्ञानी। परमात्मा को भी नहीं खोजता है ज्ञानी। खोजता ही नहीं है। जहां सब खोज समाप्त हो गई, वहीं मिलन है। क्योंकि खोजनेवाले में ही वह छिपा है जिसे तुम खोज रहे हो।

और जिस दिन यह मिलन होता है उस दिन सारे जीवन पर अमृत की छाप लग जाती है। अभी तो मृत्यु ही मृत्यु के दाग हैं। कितनी बार नहीं तुम जन्मे और कितनी

बार नहीं तुम मरे! अभी तो तुम मरघट हो। अभी तो तुम न मालूम कितनी अरथियों का जोड़ हो! तुम्हारे पीछे अरथियों की कतार लगी है और तुम्हारे आगे अरथियों की कतार लगी है। तुम तो अभी जीवित भी नहीं। कबीर कहते हैं, 'ई मुर्दन के गांव।' ये मुर्दे रह रहे हैं इन गांवों में। ये बस्तियां थोड़े ही हैं, मरघट हैं।

तुम अपने को ही देखो। तुम्हारे हाथ में आखिर मौत ही लगती है। लेकिन जिसने रुक कर अपने भीतर के सत्य का जरा सा भी स्वाद ले लिया उसके जीवन में एक नई कथा का प्रारंभ होता है।

दूर कहीं पर अमराई में कोयल बोली
परत लगी चढ़ने झिंगुर की शहनाई पर
वृद्ध वनस्पतियों की टूटी शाखाओं में
पोर-पोर टहनी-टहनी का लगा दहकने
टूसे निकले, मुकुलों के गुच्छे गदराए
अलसी के नीले फूलों पर नभ मुसकाया
मुखर हुई बांसुरी अंगुलियां लगीं थिरकने
टूट पड़े भौंरे रसाल की मंजरियों पर
पहली अषाढ़ की संध्या में नीलांजन बादल बरस गए
फट गया गगन में नीलमेघ पय की गगरी ज्यों फूट गई
बौछार ज्योति की बरस गई, झर गई बेल से किरन जूही
मधुमयी चांदनी फैल गई, किरनों के सागर बिखर गए

एक बार तुम अपने में आ जाओ, ज्योति ही ज्योति! रस ही रस! आनंद ही आनंद!

पहली अषाढ़ की संध्या में नीलांजन बादल बरस गए
उस प्रभु के नीले बादल फिर तुम्हारे अंतराकाश में बरस जाते हैं।
फट गया गगन में नीलमेघ पय की गगरी ज्यों फूट गई
बौछार ज्योति की बरस गई, झर गई बेल से किरन जूही
मधुमयी चांदनी फैल गई, किरनों के सागर बिखर गए

तुम परमात्मा को जड़ शब्दों में मत पकड़ो, जड़ सिद्धांतों में मत पकड़ो। यह तुम्हारे ही भीतर की छिपी संभावना है। ऐसे प्रश्न मत पूछो। यह पूछने की बात ही नहीं है। इस तरह पूछने में ही भूल है। इसी तरह पूछने के कारण तुम्हें गलत उत्तर मिले हैं। कोई मिल गया, जिसने कहा कि वहां है।

पहले हिमालय पर हुआ करता था परमात्मा, क्योंकि हिमालय पर चढ़ना मुश्किल था। फिर आदमी वहां चढ़ गया। फिर उसको वहां से हटाना पड़ा।

फिर चांद पर बिठा दिया। अब आदमी वहां चढ़ गया, अब वहां से हटाना पड़ा। जहां आदमी पहुंच जाए वहीं से हटाना पड़ता है। यह झूठी बकवास है। परमात्मा बाहर नहीं है।

और एक तो हैं जो कहते हैं वहां है। और फिर जब वहां नहीं पाते तो दूसरा वर्ग है जो कहता है, कहां है बोलो! पहले ही कहा था कि नहीं है। ऐसे आस्तिक और नास्तिक लड़ते हैं।

जब यूरी गागरिन पहली दफा लौटा चांद का चक्कर लगा कर तो जो बात उसने पहली रूस के टेलीविजन पर कही वह यह, कि मैं देख आया चक्कर लगाकर; वहां कोई ईश्वर नहीं है। और उन्होंने एक बड़ा म्युजियम बनाया है मास्को में, जिसमें सारी अंतरिक्ष की यात्रा की चीजें इकट्ठी की हैं—साधन, यंत्र; उस पर यह वचन म्युजियम के प्रथम द्वार पर लिख कर टांगा है यूरी गागरिन का, कि मैं देख आया आकाश में, घूम आया चांद तक, वहां कोई ईश्वर नहीं है। इससे सिद्ध होता है कि ईश्वर नहीं है।

एक तो मूढ़ आस्तिक हैं जो कहते हैं, वहां। फिर मूढ़ नास्तिक हैं जो कहते हैं, वहां नहीं। वे दोनों एक जैसे हैं। मैं तुमसे कहता हूं, वह न तो बाहर है, न बाहर नहीं है, वह तुम्हारे भीतर बैठा है। यूरी गागरिन को जानना हो तो चांद-तारों पर चक्कर लगाने की जरूरत नहीं, अपने अंतराकाश में उतरने की जरूरत है।

वहां नहीं खोजता आदमी और सब जगह खोजता है। लेकिन उसको भी मैं कसूर नहीं दूंगा। क्योंकि जो करोड़ आदमी कुंभ मेला में इकट्ठे हुए हैं ये यूरी गागरिन से भिन्न थोड़े ही हैं! ये भी बाहर खोज रहे हैं। वे जो करोड़ों यात्री हज की यात्रा पर जाते हैं मक्का-मदीना, वे भी बाहर खोज रहे हैं। यूरी गागरिन से भिन्न थोड़े ही इनका तर्क है! वे जो गिरनार जाते हैं, शिखरजी जाते हैं, इनका तर्क कोई भिन्न थोड़े ही है! ये भी बाहर खोज रहे हैं।

तुम जो पूछते हो, ईश्वर कहां है? तुमने गलत प्रश्न पूछ लिया। इस प्रश्न के दो गलत उत्तर हैं: एक कि कहीं भी नहीं है, और एक कि वहां रहा। ये दोनों गलत उत्तर हैं। मैं तुमसे कहता हूं, खोजनेवाले में छिपा है। मत पूछो कि ईश्वर क्या है? इतना ही पूछो कि मैं कौन हूं। जिस दिन तुम जान लोगे कि मैं कौन हूं, उसी दिन तुमने परमात्मा को भी जान लिया है। उसके पहले किसी ने कभी नहीं जाना है।

पांचवां प्रश्न : संत कबीर आर्थिक रूप से बहुत संपन्न न थे लेकिन जब अनेक लोग प्रतिदिन उनके घर सत्संग व भजन के लिए इकट्ठे होते थे तो वे उन्हें भोजन का आमंत्रण अवश्य देते थे। पत्नी व बेटे कमाल की बड़ी कठिनाई थी। आखिर एक दिन कमाल ने उन्हें चेताया; कहा, अब तो चोरी करने के अलावा कोई चारा नहीं। कबीर बड़े प्रसन्न हुए। कहा, अरे! यह सुझाव तूने इतने दिन तक क्यों न दिया? फिर कबीर और कमाल चोरी करने भी गए। सेंध मारी, गेहूं के बोरे खिसकाए। कबीर ने कहा, कमाल, घर के लोगों को जगा कर खबर कर दे कि हम गेहूं ले जा रहे हैं।

इस प्रकार यह कथा आगे चलती है। कबीर के लिए अपने-पराए का भेद न रह गया था, सब परमात्मा का था। भगवान, कृपया बताएं कि कबीर के स्थान पर आप होते तो क्या करते?

इतनी ही तरमीम करता, इतना ही फर्क करता कि कमाल को कहता, आहिस्ता-आहिस्ता निकलना, घर के लोग जाग न जाएं। क्योंकि एक तो उनका गेहूं ले चले और बेचारों की नींद भी खराब करो! शांति से सो रहे हैं, कम से कम सोने तो दो!

इतना फर्क; और कुछ ज्यादा फर्क न करता।

छठवां प्रश्न : संसार की चिंता मुझे सताती है। लोग अति दुखी हैं। मैं उनके लिए क्या कर सकता हूं? शास्त्रों में भी बहुत खोजता हूं पर कहीं कोई मार्ग नहीं सूझता।

शास्त्रों में किसको कब मार्ग मिला? खोना हो मिला-मिलाया मार्ग तो शास्त्रों में खोजो। तुम जीवन को ही नहीं समझ पाते, शास्त्र को क्या समझोगे? जीवन इतनी खुली हुई किताब सामने पड़ी है—इतनी प्रगट, इतनी स्पष्ट, परमात्मा के हाथों लिखी सामने पड़ी है, वही समझ में नहीं आती तो शब्दों में संजोए शास्त्र तो तुम्हारी समझ में न आ सकेंगे।

तुम इसी को चूक जाते हो। गुलाब खिलता है, उसमें तुम्हें परमात्मा नहीं दिखता। तुम्हारे भीतर चैतन्य की धारा बह रही है, उसमें परमात्मा नहीं दिखता। तुम मुर्दा किताबों में, कागज पर स्याही के धब्बों में क्या खोज लोगे? वहां तो भटक जाओगे। वहां से तुम न खोज पाओगे। हां, जिसे जीवन में दिखने लगता है उसे शास्त्र में भी मिल जाता है। और जिसको जीवन में ही नहीं दिखता ऐसे अंधे को शास्त्र में क्या मिलेगा?

तुमने कहानी सुनी है न? पांच अंधे गए हाथी को देखने। जिंदा हाथी सामने खड़ा। उन्होंने टटोल कर भी देखा, फिर भी गड़बड़ हो गई। कोई कहने लगा, खंभे की तरह है, जिसने पैर छुआ। कोई कहने लगा, सूप की तरह है, जिसने कान छुआ—और इसी तरह।

अब तुम समझो कि इन अंधों को तुम शास्त्र दे दो, जिसमें हाथी के संबंध में चित्र बना हुआ है। जो असली हाथी के साथ चूक गए, कागज पर बनी हाथी की तस्वीर पर हाथ फेर कर कुछ समझ पाएंगे? बहुत मुश्किल है। बहुत असंभव है।

तो पहली तो बात : शास्त्रों में मत खोओ समय, स्वयं में लगाओ। हां, स्वयं का शास्त्र खुल जाएगा तो सब शास्त्र समझ में आ जाएंगे।

और दूसरी बात : संसार की चिंता अभी न करो। अभी तो तुम अपनी कर लो। अभी तो तुम अपनी ही कर लो तो बहुत। अभी तो तुम्हारी ही हालत बड़ी गड़बड़ है। अपनी ही नाव डूबी जा रही है, तुम किसकी नाव बचाने जा रहे? तुम्हें ही तैरना नहीं आता, किसी और दूसरे को बचाने मत चले जाना, नहीं और उसको डुबकी लगवा दोगे; नहीं डूबता होगा तो डुबा दोगे।

चिंता तुम्हें होती है लोगों की? कभी अपनी हालत देखी भीतर? कहीं ऐसा तो नहीं है कि लोगों की चिंता सिर्फ अपने से बचने की एक तरकीब, पलायन का एक उपाय हो? अक्सर ऐसा है।

मेरे पास समाजसेवक आ जाते हैं। वे कहते हैं, हम समाजसेवा में लगे हैं। मैं उनसे पूछता हूं, तुमने अपनी सेवा पूरी कर ली? वे कहते हैं, फुरसत कहां? वे कहते हैं, ध्यान इत्यादि की हमें फुरसत नहीं। पहले हम समाज की सेवा कर लें।

तुमने ध्यान ही नहीं किया तो तुम्हारी सेवा झूठी होगी। इसके पीछे कुछ और प्रयोजन होगा। यह सेवा भी सच्ची नहीं हो सकती। यह सेवा भी एक तरह की शराब है, जिसमें तुम अपने को भुलाए रखते हो, डुबाए रखते हो।

पहले अपने को तो जान लो। थोड़ी अपने से पहचान कर लो, फिर तुम्हारे भीतर से जो प्रेम उठे, करुणा उठे वह बहेगा। जरूर बहेगा। मैं उसको रोकने को नहीं कहता, मगर हो तब न! अभी तो तुम जबरदस्ती बहा रहे हो। अभी इस बहाने में कुछ सार नहीं है।

क्षितिजों तक मत जा रे ऐ नासमझ, समझ
बिन समझे-बूझे यूं व्यर्थ मत उलझ
रे हठी तुनकमिजाज, शोर मत मचा
कुछ तुक की बातें कर, पागल मत बन

ओ मेरे मन!
मिल-जुल कर बैठ तनिक, रार मत बढ़ा
चढ़ती दुपहरी को और मत चढ़ा
अपने को देखभाल, दुनिया को छोड़
इतना कुछ पढ़-लिख कर पागल मत बन
ओ मेरे मन!

पहले अपने को जरा देखभाल कर लो। तुम अगर रुग्ण हो तो तुम एक रुग्ण मनुष्यता के निर्माता हो। तुम अगर दुखी हो तो तुम इस जगत में दुख को पैदा करने का कारण हो। तुम अगर आनंदित नहीं हो तो तुम पापी हो। अगर तुम मुझसे पूछो तो मेरे लिए एक ही पाप है और वह है, आनंदित न होना। अगर तुम आनंदित हो तो तुम पुण्यात्मा हो। फिर तुम्हें सब क्षम्य है। फिर तुम जो करो, ठीक। एक दफे तुम आनंदित हो जाओ। आनंद ने कभी कुछ गलत किया नहीं; कर नहीं सकता। और दुख ने कभी कुछ ठीक किया नहीं; कर नहीं सकता। दुख से जो होगा, गलत होगा। नाम कितने ही अच्छे हों। मुखौटे कैसे ही पहनो। दुख से कभी कुछ अच्छा नहीं हुआ है।

तो अक्सर ऐसा होगा कि तुम जिसकी सेवा करने जाओगे उसको भी हानि पहुंचाओगे। अभी तुम जहर से भरे हो। अभी तुम दूसरे में हाथ डालोगे तो जहर ही फैलाओगे। पहले अमृत से तो भर लो। फिर तुम्हें जाना भी न पड़े। शायद तुम बैठे-बैठे भी रहो तो भी इस जगत में तुमसे तरंगें उठें, जो लोगों को सत्य की तरफ, सच्चिदानंद की तरफ ले जाएं।

लोग दुखी हैं उसका कुल कारण इतना है कि लोग ध्यानी नहीं हैं; और कोई कारण नहीं है। और अभी तुम्हीं ध्यानी नहीं हो। और इस जगत को सुखी करने का एक ही उपाय है कि किसी तरह ध्यान... ध्यान फैलता जाए। लोग शांत हों, स्वस्थ, स्वयं में केंद्रित हों तो जीवन से दुख मिट जाए। दुख हम पैदा करते हैं, कोई और पैदा नहीं कर रहा है।

आखिरी प्रश्न : यदि संसार लीला है, खेल है तो इसमें इतना दुख क्यों है? तपेदिक और कैंसर, महामारी और मृत्यु भी क्या लीला के अंग हैं?

निश्चत ही, सभी कुछ लीला का अंग है। अब थोड़ा सोचना पड़े।

कहते हैं, एक सूफी फकीर को हृदय में एक घाव हो गया था और उसमें कीड़े पड़ गए। और जब वह नमाज पढ़ने झुकता था तो कीड़े गिर जाते। उसने नमाज

पढ़नी बंद कर दी। और लोगों ने उससे कहा कि क्या अब आखिरी वक्त, मरते वक्त नास्तिक हो गए? धर्म छोड़ रहे? जिंदगी भर नमाज पढ़ी, मस्जिद आए, अब तुम आते क्यों नहीं? उसने कहा, कैसे आऊं? जब झुकता हूं तो ये कीड़े गिर जाते हैं। इन कीड़ों का भी जीवन है।

एक तरफ से देखने पर यह नासूर है और आदमी दुखी है। दूसरी तरफ से देखने पर यह आदमी नासूर के कीड़ों के लिए जीवन है। कीड़े बड़े सुखी हैं।

तुम सोचते हो कि तुम जब वृक्षों से फल तोड़ते हो तो वृक्ष बहुत प्रसन्न होते हैं! तुम उनके लिए रोग हो। आदमी को आते देख कर वृक्ष कहते हैं, यह आया रोग। जैसे कीड़े तुम्हारे ऊपर पलते हैं और तुम परेशान होते हो, वैसे ही तो तुम वृक्षों पर पल रहे हो—पैरासाइट! शोषक! तुम पूरी प्रकृति को नष्ट कर रहे हो। पहाड़ खोद कर मिटा रहे हो, झीलें भर रहे हो, अब तुम चांद-तारों पर भी जाने लगे, वहां भी तुम उपद्रव पहुंचाओगे। यह आदमी नाम की बीमारी बढ़ती चली जाती है। तुमने कितने पशु मार डाले! तुम कहते हो अपने जीवन के लिए, अपने भोजन के लिए। जो तुम्हारा भोजन है वह पशु का तो भोजन नहीं हो रहा, वह तो कोई बड़ा प्रसन्न नहीं हो रहा है। वह तो मर रहा है।

अब यह बड़े मजे की बात है, तुम अगर जंगल जाओ और किसी शेर को मार लो तो लोग फूलमाला पहनाते हैं कि गजब बहादुर आदमी! शेर को मार कर चला आ रहा है। राजासाहब ने शेर मारा। और शेर राजासाहब को मार ले तो कोई फूल नहीं पहनाता शेर को कि गजब! कि शेर ने राजासाहब मारा। मगर शेर पहनाते होंगे कि गजब! ठीक किया। एक दुश्मन मिटाया, एक सफाई की।

तुम एक ही तरफ से देखते हो—आदमी के पहलू से, तो अड़चन होती है।

मैंने सुना है, एक आदमी के खून में दो क्षयरोग के कीटाणु चौराहे पर मिले खून की धारा में दौड़ते-दौड़ते। नमस्कार इत्यादि होने के बाद एक ने कहा, लेकिन तुम्हारा चेहरा बड़ा उदास है और पीले-पीले मालूम पड़ते हो। बात क्या है, पेनिसिलिन लग गई क्या?

क्षयरोग के कीड़ों को पेनिसिलिन बीमारी है। तुम यह मत समझना कि औषधि है! तुम्हारे लिए होगी। यह जीवन विराट है! इस जीवन को सब पहलुओं से देखो। अपने को आदमी के पहलू से मुक्त करो। क्योंकि वह सिर्फ एक कोण है, वह सिर्फ एक दृष्टिकोण है।

लीला का अर्थ होता है, तुम जीवन को समस्त दृष्टिकोणों से देखो। तब यहां कुछ भी गलत नहीं है। तब सब हो रहा है। एक विराट खेल है। कोई हारता, कोई जीतता। जीत होगी कैसे बिना हार के? तुम कहते हो, क्या हार भी खेल का हिस्सा

है? तो ऐसा कोई खेल बना सकते हो जिसमें जीत ही जीत हो, हार हो ही नहीं। तो खेल कैसे होगा।

तुम कहते हो, दुख भी क्या जीत का हिस्सा है? क्या दुख के बिना सुख हो सकता है? क्या असफलता के बिना सफलता हो सकती है? क्या मृत्यु के बिना जीवन हो सकता है? क्या बुढ़ापे के बिना जवानी हो सकती है? कोई उपाय नहीं है।

खेल तो द्वंद्व से ही होता है, दो में टूट कर ही होता है। खेल तो विरोधों में ही होता है। अगर एकरस रह जाए स्थिति तो खेल बंद हो गया। उसी एकरसता को तो हम निर्वाण कहते हैं। संसार खेल है और निर्वाण खेल के बाहर हो जाना। जो समझ गया राज, और जिसने देख लिए सब पहलू, और उसने कहा, इसमें कुछ नहीं है, इसमें हार-जीत सब बराबर है। कोई हारता, कोई जीतता, लेकिन अंततः हिसाब में सब बराबर है। न कोई जीतता, न कोई हारता। कोई जागता, कोई सोता। कोई पैदा होता, कोई मरता। लेकिन अंततः खेल सब बराबर है। आखिर में न कोई मरता, न कोई जीता; न कोई जागता, न कोई सोता।

अंतिम रूप में एक ही बचता है, दो नहीं। जिसने ऐसा देख लिया वह खेल के बाहर हो गया। या हो सकता है परमात्मा उसको खेल के बाहर कर देता है कि बाहर निकलो। अब तुम बड़े हो गए। अब तुम खेलने के लायक नहीं रहे। अब तुम बुद्धपुरुष हो गए। अब तुम हटो। बच्चों को खेलने दो, बीच-बीच में न आओ। तो उनको हटा लेता है। मगर है तो खेल ही।

हो न फरियाद भी सैयाद की मर्जी यह है
जुल्म पर जुल्म सहें मुंह से कुछ भी न बोलें

वह जो खिला रहा है, उसकी मर्जी यह है कि तुम दुख को भी पी जाओ ऐसे, जैसे सुख है। जहर को भी पी जाओ ऐसे, जैसे अमृत है।

हो न फरियाद भी सैयाद की मर्जी यह है
जुल्म पर जुल्म सहें मुंह से कुछ भी न बोलें

शिकायत चली जाए। लीला मानने का अर्थ है, अब हमारी कोई शिकायत नहीं है। खेल ही है न! तो गंभीरता से लेने की कोई जरूरत नहीं। हारे-जीते सब बराबर है। हारे तो हम हारे, जीते तो हम हारे। जीते तो हम जीते, हारे तो हम जीते। यहां कोई दूसरा है ही नहीं। यहां एक ही अपने को दो में बांट कर खेल खेल रहा है! यह जो छिया-छी हो रही है, एक के ही बीच हो रही है। परमात्मा ही भाग रहा है, छिप रहा है। परमात्मा ही भाग रहा, खोज रहा। यहां खोजने वाला और खोजा जाने वाला दो नहीं हैं।

सुख के दिवस दिए थे जिसने
देन उसी की ये दुख के भी दिन
जिस घट से छलकी थी मदिरा
शेष उसी घट के ये विषकण
यह अचरज की बात न कोई
सीधा-सादा खेल प्रकृति का
मधु ऋतु से विक्रय पतझर का
सदा किया करता है मधुबन
यह क्रम निश्चित इसे न कोई
बदल सका है, बदल सकेगा
इससे ही तो कहता हूं, हैं
व्यर्थ अश्रु और व्यर्थ रुदन भी
हंस कर दिन काटे सुख के
हंस-खेल काट फिर दुख के दिन भी

दुख को भी स्वीकार कर लो वैसा, जैसा सुख को स्वीकार किया। स्वीकार परम हो जाए तो खेल शांत हो जाता है।

और कोई उपाय भी नहीं है। दो ही मार्ग हैं : या तो लड़ो। लड़ो तो बंट जाते हो। लड़ो तो कभी हार होती है, कभी जीत होती है। कभी सुख, कभी दुख। कभी पराजय, कभी विजय। कभी सेहरा बंधता, कभी धूल में चारों खाने चित पड़ जाते। या तो लड़ो—एक उपाय। लड़ो तो द्वंद्व है।

या मत लड़ो और साक्षी हो जाओ। तो फिर न कोई हार है, न कोई जीत है। साक्षी का अर्थ है, खेल के बाहर हो गए। कर्ता का अर्थ है, खेल के हिस्से। भोक्ता का अर्थ है, खेल के हिस्से। साक्षी का अर्थ है, खेल के बाहर हो गए। दूर बैठ कर दर्शक की तरह देखने लगे। रहे यहां खड़े भी तो भी दर्शक मात्र की तरह ही रह गए। और यहां तो सब बदल रहा है, सिर्फ एक ही नहीं बदल रहा है : साक्षी।

कल जिस ठौर खड़ी थी दुनिया आज नहीं उस ठांव है
जिस आंगन थी धूप सुबह उस आंगन में अब छांव है
प्रतिपल नूतन जन्म यहां पर प्रतिपल नूतन मृत्यु है
देख आंख मलते-मलते ही बदल गया सब गांव है
रूप नदी-तट तू क्या अपना मुखड़ा मल-मल धो रही
है न दूसरी बार नहाना संभव बहती धार में

कोई मोती गूंथ सुहागन तू अपने गलहार में
मगर विदेशी रूप न बंधनेवाला है सिंगार में
यहां रूप बन ही नहीं पाता। बनते-बनते बिगड़ जाता है।
कोई मोती गूंथ सुहागन तू अपने गलहार में
मगर विदेशी रूप न बंधनेवाला है सिंगार में

यहां कुछ ठहरता ही नहीं तो सिंगार बने कैसे! यहां कुछ ठहरता ही नहीं तो जीत अंतिम कैसे हो? यहां जीत हार में बदल जाती है, हार जीत में बदल जाती है। यहां किसी भी चीज को उसकी अंतिम सीमा तक खींच कर ले जाओ, वह अपने से विपरीत में बदल जाती है। जीते चले जाओ, आखिर में मौत आ जाती है।

कल जिस ठौर खड़ी थी दुनिया आज नहीं उस ठांव है
प्रतिपल सब भागा जा रहा है, बदला जा रहा है।
जिस आंगन थी धूप सुबह उस आंगन में अब छांव है

जहां सफलता थी वहां असफलता के आंसू। जहां मरण का रुदन था, वहां अब उत्सव है, विवाह हो रहा है, मंडप सजे हैं।

प्रतिपल नूतन जन्म यहां पर प्रतिपल नूतन मृत्यु है

यहां तो प्रतिपल मौत घट रही है, प्रतिपल जीवन घट रहा है। बड़ी भाग-दौड़ है। धूप-छांव का बड़ा खेल है।

देख आंख मलते-मलते ही, बदल गया सब गांव है
तुम जरा देखो तो, आंख मलते ही मलते सब बदला जा रहा है।

इस बदलाहट को, इस रूपांतरण को हम कहते हैं लीला, खेल। इसे गंभीरता से लिया तो उलझे। इसे गंभीरता से लिया तो फंसे। गंभीरता से लिया तो गलफांस हो जाती है। और गंभीरता से न लिया, खेल-खेल में लिया, हंस-हंस कर लिया, बात बदल गई। तुम बाहर हो गए।

रूप नदी-तट तू क्या अपना मुखड़ा मल-मल धो रही
है न दूसरी बार नहाना संभव बहती धार में

हेराक्लतु ने कहा न? दुबारा एक ही नदी में नहीं उतरा जा सकता। यहां कोई भी चीज दुबारा नहीं मिलती। जो गया सो गया, फिर नहीं लौटता। जो आया वह भी जाने की तैयारी कर रहा है। फूल खिल भी नहीं पाता कि कुम्हलाना शुरू हो जाता है। यहां तुम सुख-दुख के हिसाब मत लगाओ। एक ही सिक्के के दो पहलू हैं।

कोई मोती गूंथ सुहागन तू अपने गलहार में
मगर विदेशी रूप न बंधनेवाला है सिंगार में

यहां कुछ भी बंध नहीं पाता। कुछ भी थिर नहीं हो पाता। इस अथिर लहरों के जाल को हमने लीला कहा है। लीला का इतना ही अर्थ है, गंभीरता से न लेना। खेल है।

अगर लीला समझो तो द्रष्टा हो सकोगे। अगर गंभीरता से लिया तो कर्ता हो जाओगे। कर्ता हुए कि दुख में पड़े, सुख में पड़े, भोक्ता हुए। कर्ता हुए कि अहंकार की खोज ने तुम्हें घेरा। जाल शुरू हुआ। फंसे। कर्ता न रहे, सिर्फ देखा, सिर्फ देखते रहे...देखते रहे; कुछ भी भाव न जोड़ा अच्छे बुरे का, शुभ का, अशुभ का, पक्ष-विपक्ष का, ऐसा हो, ऐसा न हो—ऐसा कुछ भी भाव मन में संगृहीत न किया, बस देखते रहे, जैसे अपना कुछ लेना-देना नहीं। निरपेक्ष! तटस्थ! वहीं से सूत्र मिल जाता।

वहीं से तुम भृंग कीड़े के पीछे बंधे हुए रेशम के धागे को पकड़ लेते हो। और वहीं से तुम एक दिन उस परम ज्योति के द्वार तक पहुंच जाते जिसका नाम परमात्मा है।

आज इतना ही।

* * *

प्रवचन : 79

निःस्वभाव योगी अनिर्वचनीय है

29 जनवरी, 1977

अष्टावक्र उवाच।

निरोधादीनि कर्माणि जहाति जडधीर्यदि।
मनोरथान् प्रलापांश्च कर्तुमाप्नोत्यतत्क्षणात्।।251।।
मंदः श्रुत्वापि तद्वस्तु न जहाति विमूढताम्।
निर्विकल्पो बहिर्यत्नादन्तर्विषयलालसः।।252।।
ज्ञानाद्गलितकर्मा यो लोकदृष्ट्यापि कर्मकृत्।
नाप्नोत्यवसरं कर्तुं वक्तुमेव न किंचन।।253।।
क्व तमः क्व प्रकाशो वा हानं क्व च न किंचन।
निर्विकारस्य धीरस्य निरातंकस्य सर्वदा।।254।।
क्व धैर्यं क्व विवेकित्वं क्व निरातंकतापि वा।
अनिर्वाच्यस्वभावस्य निःस्वभावस्य योगिनः।।255।।
न स्वर्गो नैव नरको जीवन्मुक्तिर्न चैव हि।
बहुनात्र किमुक्तेन योगदृष्ट्या न किंचन।।256।।
नैव प्रार्थयते लाभं नालाभेनानुशोचति।
धीरस्य शीतलं चित्तममृतेनैव पूरितम्।।257।।

गौतम बुद्ध ने साम्राज्य छोड़ा, धन-वैभव छोड़ा। एक अति से दूसरी अति पर चले गए। सब त्यागा। शरीर को जितने कष्ट दिए जा सकते थे, दिए। शरीर सूख कर कांटे जैसा हो गया। इतने दुर्बल हो गए कि उठना-बैठना मुश्किल हो गया। निरंजना नदी को पार कर रहे थे कि पार न कर सके। धारा प्रबल थी और शक्ति नहीं थी पार करने की। एक वृक्ष की जड़ों को पकड़ कर लटक रहे।

खयाल आया मन में, सब मेरे पास था तब मुझे कुछ न मिला। सब मैंने गंवा दिया तो भी मुझे कुछ न मिला। कहीं कुछ चूक हो रही है। कहीं कुछ निश्चित भूल हो रही है। भोग से त्याग की तरफ चला गया, न भोग से मिला न त्याग से मिला। कहीं और भी कुछ मौलिक बात है जो मेरी दृष्टि में नहीं पड़ रही है।

ऐसे जड़ों को पकड़ कर लटके थे कि पास से कुछ ग्रामीण स्त्रियां गांव का गीत गुनगुनाती निकलती थीं। उनके गीत के स्वर थे :

सितार के तारों को ढीला मत छोड़ दो
स्वर ठीक नहीं निकलता
पर उन्हें इतना कसो भी मत कि टूट जाएं

जो सदगुरुओं के पास नहीं हो सका था वह उन गंवार स्त्रियों के गीत को सुन कर हो गया। एक किरण फूटी। जड़ से लटके-लटके निरंजना में बुद्ध को बोध हुआ कि मैं अतियों के बीच तो चला गया, मध्य में नहीं रुका। शायद मार्ग मध्य है। उसी रात, जैसे एक दिन राज्य छोड़ दिया था, उन्होंने त्याग भी छोड़ दिया। जैसे एक दिन धन छोड़ दिया था वैसे ही उन्होंने ध्यान भी छोड़ दिया। जैसे एक दिन संसार छोड़ दिया था वैसे ही निर्वाण की कामना भी छोड़ दी। और उसी रात घटना घटी। सुबह गौतम बुद्ध हो गए। मन प्रबुद्ध हुआ, गौतम बुद्ध हुआ।

एक जागरण! जागरण घटा मध्य में।

जिन्होंने भी सत्य को जाना है उन सभी ने अति को वर्जित किया है। अति सर्वत्र वर्जयेत। और मन अति के प्रति बड़ा आतुर है। एक अति से दूसरी अति पर जाना मन के लिए बड़ा सुगम है। इससे ज्यादा और कोई सुगम बात नहीं। घड़ी के पेंडुलम की तरह है—बाएं से दाएं, दाएं से बाएं डोलता रहता। लेकिन जब मध्य में रुक जाता तो घड़ी रुक जाती। घड़ी रुक गई, समय रुक गया। कालातीत हुए। वहीं है समाधि। वहीं है समाधान।

इन सूत्रों को समझें। पहला सूत्र है :

निरोधादीनि कर्माणि जहाति जडधीर्यदि।
मनोरथान् प्रलापांश्यच कर्तुमाप्नोत्यतत्क्षणात्।।

'यदि अज्ञानी चित्तनिरोधादि कर्मों को छोड़ता भी है तो वह तत्क्षण मनोरथों और प्रलापों को पूरा करने में प्रवृत्त हो जाता है।'

ऐसा हमारा मन है। किसी तरह अगर भोग छोड़ते हैं तो योग में प्रवृत्त हो जाते हैं। फिर अगर कोई ज्ञानी मिल जाए, सत्पुरुष मिल जाए और कहे कि क्या पागलपन में पड़े हो? त्याग से कहीं होगा? तो हम तत्क्षण त्याग भी छोड़ देते हैं। फिर हम भोग में लौट जाते हैं।

अष्टावक्र तुम्हें सावधान कर रहे हैं इस सूत्र से कि मेरी बातों को सुन कर तुम यह मत समझ लेना कि मैं तुम्हारे भोग का समर्थन कर रहा हूं; मैं तो तुम्हारे त्याग का भी समर्थन नहीं कर रहा हूं, तुम्हारे भोग के समर्थन की तो बात ही नहीं है। अष्टावक्र तुम्हारा समर्थन कर ही नहीं सकते।

और यही अज्ञानी की जड़ता है। वह हर चीज को अपने समर्थन में लेता है। वह सोचता है कि चलो, धन से नहीं मिला तो ध्यान से, धर्म से, दान से। पद से नहीं मिला तो त्याग से। सुख-सुविधा से नहीं मिला, कांटों की शय्या पर लेट कर पाएंगे, लेकिन पाकर रहेंगे। लेकिन मैं पाकर रहूंगा। सब छोड़ता-पकड़ता है, एक मैं को नहीं छोड़ता।

बड़ा प्रसिद्ध वचन है राबिया-अल-अदाबिया का। एक गुमराह आदमी ने राबिया से कहा कि यदि मैं धर्म के मार्ग पर लग जाऊं तो क्या ईश्वर मेरी तरफ झुकेगा, उन्मुख होगा? 'व्हेदर गॉड वुड इनक्लाइन टुवर्ड्स मी इफ आइ गेट कनवर्टेड?' राबिया ने कहा, नहीं कभी नहीं। 'नो, इट इज़ जस्ट द अपोजिट। इफ ही शुड इनक्लाइन टुवर्ड्स यू देन यू कैन बी कनवर्टेड।' इससे ठीक उलटी बात है। प्रभु तुम्हारी तरफ झुके तो तुम धर्ममार्ग में संलग्न होओगे।

तुम्हारे झुकने से नहीं, तुम्हारे धर्ममार्ग में प्रवृत्त होने से नहीं; तुम्हारे किए तो कुछ भी न होगा। तुम ही तो तुम्हारा सब अनकिया हो। तुम्हारा यह अहंकार ही तो तुम्हारे जीवन का कारागृह है।

तो पहले तुम धन इकट्ठा करते हो, फिर त्याग इकट्ठा करने लगते। संसार जोड़ते हो, फिर मोक्ष जोड़ने लगते, मगर तुम बने रहते। तुम बने ही रहते। यह जो तुम्हारा अहंकार है यह केवल मध्य में जाता है; जब न इस तरफ, न उस तरफ। उन सबको सावधान करने के लिए।

ये तो अब अंतिम सूत्र आ रहे हैं अष्टावक्र के। तो उन्हें जो कहना था, धीरे-धीरे सब कह चुके हैं। अब आखिरी चेतावनियां हैं। पहली चेतावनी—

'यदि अज्ञानी चित्तनिरोधादि कर्मों को छोड़ता भी है...।'

पहले तो अज्ञानी भोग ही नहीं छोड़ता। किसी तरह भोग छोड़ दे तो जिस पागलपन से भोग में लगा था उसी पागलपन से योग में लग जाता है। वही धुन! विषय तो बदल जाता है, वृत्ति नहीं बदलती। सिक्के इकट्ठे करता था तो अब पुण्य इकट्ठा करता है, मगर इकट्ठा करता है। इस जगत में सुख चाहता था, अब परलोक में

सुख चाहता है; मगर सुख चाहता है। इस जगत में भयभीत होता था कि कोई मेरा सुख न छीन ले, अब परलोक में भयभीत होता है, कोई मेरा सुख न छीन ले।

भय कायम है। लोभ कायम है। पहले प्रार्थनाएं करता था, प्रभु और दे—बड़ा साम्राज्य, और धन, और पद, और प्रतिष्ठा। अब कहता है, प्रभु, यह सब कुछ नहीं चाहिए। अब तो स्वर्ग में बुला ले। अब तो स्वर्ग का ही सुख चाहिए; मगर चाहिए अभी भी। पहले भी प्रभु का उपयोग करना चाहता था, अब भी करना चाहता है। नहीं, राबिया ठीक कहती है। अगर प्रभु तुम्हारी तरफ झुके तो तुम धार्मिक हो सकोगे। तुम्हारे धार्मिक होने से प्रभु तुम्हारी तरफ नहीं झुकेगा।

पुराना वचन है इजिप्त के फकीरों का कि जब तुम गुरु को चुनते हो तो भूल कर ऐसा मत कहना कि मैंने तुझे चुना; क्योंकि वहीं भूल हो गई। जब तुम गुरु को चुनते हो तो यही कहना कि धन्यवाद, कि आपने मुझे चुना।

इजिप्त के पुराने सूत्रों में एक और सूत्र है कि जब भी कोई शिष्य गुरु को चुनता है तो उसके पहले ही गुरु ने उसे चुन लिया है, अन्यथा वह गुरु की तरफ आ ही न सकता था।

मौलिक आधारभूत बात यह है कि किसी तरह से तुम्हारा अहंकार निर्मित न हो।

अल-हिल्लाज मंसूर को सूली पर लटका दिया। उसके हाथ-पैर काट डाले, उसे मार डाला। क्योंकि उसने एक ऐसी उदघोषणा की अनलहक की—कि मैं ईश्वर हूं; कि मुसलमान बरदाश्त न कर सके।

एक मुसलमान फकीर अस सिमनानी ने एक गीत लिखा है। उस गीत में उसने लिखा है कि जिस दिन अल-हिल्लाज मंसूर को सूली लगी, उस रात उस गांव के एक साधु आदमी ने स्वप्न देखा। स्वप्न में उसने देखा कि अल-हिल्लाज स्वर्ग ले जाया जा रहा है। यह उसे भरोसा न आया। यह भी उस भीड़ में मौजूद था, जिसने पत्थर फेंके थे; जिसने अल-हिल्लाज को सूली देने के लिए नारे लगाए थे। इसे तो भरोसा न आया, अल-हिल्लाज और स्वर्ग ले जाया जा रहा है! तो उसने परमात्मा से पूछा—सिमनानी की कविता ऐसी है—उसने परमात्मा से कहा:

O God! why was a pharoh condemned to the flames
for crying out: "I am god!"
and Hallaj is wrept away to heaven
for crying out the same words:
"I am god!
Then he heard a voice speaking:
When pharoh spoke those words

he thought only of himself
he had forgotten me.
When Hallaj uttered those words_the same words
he had forgotten himself.
He thought only of me.
Therefore the 'I am' in pharoh's mouth
was a curse to him
and in Hallaj's the 'I am'
is the effect of my grace.

एक आदमी ने स्वप्न देखा, जिस रात मंसूर को सूली लगी, कि मंसूर स्वर्ग ले जाया जा रहा है। वह बेचैन हुआ। उसने चिल्ला कर परमात्मा से पूछा, कि फेरोह ने भी कहा था—फेरोह, इजिप्त के सम्राट—उन्होंने भी दावा किया था कि हम ईश्वर हैं। फेरोह ने भी कहा था, मैं ईश्वर हूं। लेकिन हमने तो सुना है कि फेरोह को नरक की अग्नि में डाला गया। और फेरोह को बड़ा दंड दिया गया और बड़ा कष्ट दिया गया। और तू बड़ा नाराज हुआ था। और फेरोह निंदित हुआ। और हिल्लाज ने भी वही शब्द कहे हैं कि मैं ईश्वर हूं। फिर इस हिल्लाज को क्यों स्वर्ग की तरफ ले जाया जा रहा है?

तो ईश्वर ने कहा: 'जब फेरोह ने कहा था, मैं ईश्वर हूं तो मुझे बिलकुल भूल गया था। मैं अनुपस्थित था उसकी आवाज में, वही मौजूद था। वह अहंकार की घोषणा थी। और जब हिल्लाज ने कहा तो बात बिलकुल उल्टी थी। शब्द वही थे, बात बिलकुल उलटी थी। मैं मौजूद था, हिल्लाज बिलकुल मिट गया था। शब्द वही थे। फेरोह के शब्दों में फेरोह था, मैं नहीं था। हिल्लाज के शब्दों में मैं था, हिल्लाज नहीं था। मेरी गैर-मौजूदगी फेरोह के लिए अभिशाप बन गई और मेरी मौजूदगी मंसूर के लिए आशीष बन गई।'

सब निर्भर करता है एक छोटी सी बात पर। एक छोटी सी बात पर सब दारोमदार है: तुम जो करते हो उससे मैं न भरे। तो बिना किए भी आदमी परमात्मा तक पहुंच जाता है। और तुम करते हो, लाख करो जप-तप, यज्ञ-याग, कुछ भी न होगा। अगर तुम करने वाले मौजूद हो, तो तुम अकड़ते जाओगे। तुम जितने वजनी होते हो, परमात्मा उतना दूर हो जाता है। तुम जितने मौजूद होते हो उतना परमात्मा गैर-मौजूद हो जाता है।

जब मेरे पास कोई आकर कहता है कि ईश्वर कहां है, हम देखना चाहते हैं! तो बड़ी कठिनाई होती है उन्हें यह बात समझाने में कि ईश्वर को तुम तब तक न देख सकोगे, जब तक तुम हो। तुम्हारी मौजूदगी परदा है। ईश्वर पर कोई परदा नहीं है, ईश्वर उघड़ा खड़ा है, नग्न खड़ा है। परदा तुम्हारी आंख पर है और परदा तुम्हारा है।

अष्टावक्र कहते हैं, खयाल रखना :

निरोधादीनि कर्माणि जहाति जडधीर्यदि।

लोग ऐसे जड़बुद्धि हैं कि एक तो बहुत मुश्किल है कि वे भोग से बाहर निकलें। फिर कभी निकल आएं किसी सौभाग्य के क्षण में तो उसी अंधेपन से योग में पड़ जाते है। चित्त के निरोध में लग जाते हैं। पहले चित्त का भोग, फिर चित्त का निरोध। पहले चित्त के गुलाम बन कर चलते, अब चित्त की छाती पर चढ़ कर जबरदस्ती चित्त को शांत करना चाहते हैं।

और अगर ये मूढ़धी, ये जड़बुद्धि लोग राजी भी हो जाएं, समझ में इनके आ जाए तो भी ये गलत समझ लेते हैं। कहा कुछ, सुन कुछ लेते हैं।

अष्टावक्र के सूत्रों को पढ़ कर बहुत बार तुम्हारे मन में भी उठा होगा, अरे! तो फिर ध्यान इत्यादि की कोई जरूरत नहीं है? तो फिर मजा करें। तो फिर जैसे हैं वैसे बेलकुल ठीक हैं।

अष्टावक्र यही नहीं कह रहे हैं। अष्टावक्र ध्यान से नीचे गिरने को नहीं कह रहे , ध्यान से ऊपर जाने को कह रहे हैं। दोनों हालत में ध्यान छूट जाता है, लेकिन नीचे ।र कर मत छोड़ देना, ऊपर उठ कर छोड़ना।

अल-हिल्लाज और फेरोह के शब्द एक जैसे हैं। फेरोह नीचे गिर कर बोला, ल्लाज अपने से ऊपर उठ कर बोला। ध्यान के पार भी लोग गए हैं। जो गए हैं वही हुंचे हैं। लेकिन ध्यान से नीचे गिर कर तो तुम भोग में गिर जाओगे।

'यदि अज्ञानी चित्त-निरोधादि कर्मों को छोड़ता भी है तो वह तत्क्षण मनोरथों नौर प्रलापों को पूरा करने में प्रवृत्त हो जाता है।'

वह फिर वापिस लौट गया। वही पुराने मनोरथ, वही दबी-बुझी कामनाएं। वही पीछे राख में जो छिप गए थे अंगारे, फिर प्रकट हो जाते हैं; फिर आग धू-धू कर जलने लगती है। फिर पुराना धुआं उठता है। फिर पुराना प्रलाप, वह पुराना पागलपन फिर वापिस आ गया। वह कहीं गया तो नहीं था। निरोध से कभी जाता भी नहीं है। जबरदस्ती किसी तरह रोक कर बैठे थे। किसी भांति बांध-बूंध कर अपने को तैयार कर लिया था। यह कोई संतत्व नहीं है, सैनिक हो गए थे। कवायद सीख ली थी। अभ्यास कर लिया था। सैनिक भी कैसे शांत मूर्तिवत खड़े हुए मालूम पड़ते हैं वर्षों के अभ्यास से। लेकिन तुम उनको बुद्ध मत समझ लेना। वे कोई संत नहीं हैं। भीतर आग जल रही है। खड़े हैं, भीतर ज्वालामुखी सुलग रहा है।

तुम्हारे तथाकथित साधु-मुनि, तुम्हारे महात्मा, सैनिक हैं, संत नहीं। अपने से लड़-लड़ कर, किसी तरह उन्होंने सुखा-सुखा कर, अपने भीतर की वासनाओं को दबा-दबा कर एक आयोजन कर लिया है, एक अनुशासन बिठा लिया है। बुरे नहीं हैं,

यह बात सच है। अपराधी नहीं हैं, यह बात सच है। अगर उन्होंने कोई अपराध भी किया होगा तो अपने खिलाफ किया है, किसी और के खिलाफ नहीं किया है। लेकिन मुक्त भी नहीं हैं। संत नहीं हैं, ज्यादा से ज्यादा सज्जन हैं। दुर्जन नहीं हैं यह बात सच है। किसी के घर चोरी करने नहीं गए और किसी की हत्या नहीं की, लेकिन हत्यारा भीतर छिपा बैठा है। और चोर भी मौजूद है। और किसी भी दिन ठीक अवसर पर वर्षा हो जाए तो प्रकट हो सकता है।

तुमने यह खयाल किया? राह से तुम जा रहे हो, एक रुपया किनारे पर पड़ा है; तुम नहीं उठाते। तुम कहते, मैं कोई चोर थोड़े ही! फिर सोचो कि एक हजार रुपये पड़े हैं तो थोड़ा सा ललचाते हो। पर फिर भी हिम्मत बांध लेते हो कि मैं कोई चोर थोड़े ही! लेकिन एक-दो दफे लौट कर देखते। फिर दस हजार पड़े हैं, तब हाथ में उठा लेते हो। उठाते हो, रखते हो। कि यह मैं क्या कर रहा हूं? मैं कोई चोर थोड़े ही हूं! जाने की हिम्मत नहीं होती। अब छोड़ कर जाने की हिम्मत नहीं होती। आस-पास देखते हो, कोई देख भी तो नहीं रहा, उठा क्यों न लूं? लेकिन अगर दस लाख पड़े हैं तो फिर झिझक भी नहीं होती।

मैंने सुना है, मुल्ला नसरुद्दीन एक स्त्री से बोला—दोनों चढ़ रहे थे लिफ्ट में किसी मकान की—एकांत पाकर उसने कहा कि क्या विचार है? अगर एक रात मेरे साथ रुक जाए तो हजार रुपये दूंगा। उस स्त्री ने कहा, तुमने मुझे समझा क्या है? तो उसने कहा, अच्छा दो हजार ले लेना। स्त्री थोड़ी नरम पड़ी पर फिर भी नाराज थी। मुल्ला ने कहा, अच्छा तो पांच हजार ले लेना। तब बिलकुल नरम हो गई। मुल्ला ने कहा, पांच रुपये के संबंध में क्या खयाल है? वह स्त्री तो भनभना गई। उसने कहा, तुमने मुझे समझा क्या है? मुल्ला ने कहा, वह तो हम समझ गए कि तू कौन है। तेरी कीमत तो तूने बता दी। तू कौन है यह तो पता चल गया, अब तो मोल-भाव करना है। पांच हजार में तो तू राजी थी तो तू कौन है यह तो पता चल गया, अब मोल-भाव... ! अब पांच से शुरू करते हैं।

तुम्हारी जीवन की जो सज्जनता है उसकी सीमाएं हैं। संत की सज्जनता की कोई सीमा नहीं है। तुम्हारी सज्जनता सशर्त है। कुछ शर्तें बदल जाएं, तुम्हारी सज्जनता बदल जाती है। संत की सज्जनता बेशर्त है। तुम्हारे बीज हैं, ठीक भूमि मिल जाए और वर्षा हो तो तुम अंकुरित हो जाओगे।

इसलिए पतंजलि ने संत को कहा है : दग्धबीज। उसका बीज जल गया है। अब चाहे वर्षा हो, चाहे ठीक भूमि मिले, चाहे न मिले। चाहे माली मिले कुशल से कुशल और लाख उपाय करे तो भी दग्धबीज से अब अंकुर पैदा होने को नहीं है।

तो अष्टावक्र की बातों को सुन कर तुम्हारे भीतर वे जो छुपे हुए प्रलाप हैं वे कहेंगे, अरे, हम भी कहां परेशान हो रहे थे! कहां पतंजलियों के चक्कर में पड़ गए थे! छोड़ो भी! अष्टावक्र ने ठीक कहा। तो अपना लौट चलें। वही पागलपन, वही पुराना जीवन, वही ठीक है।

अष्टावक्र यह नहीं कह रहे हैं। ऐसी भूल में मत पड़ जाना। अष्टावक्र भोग के पक्ष में नहीं हैं। अष्टावक्र तो योग तक के पक्ष में नहीं हैं। क्योंकि अष्टावक्र कहते हैं, भोग से भी अहंकार ही भरता। भोग में भी कर्ता-भोक्ता, और योग में भी कर्ता-योगी। दोनों से अहंकार भरता।

और उसी घड़ी परमात्मा उतरता, जहां अहंकार नहीं है।

'मंदमति उस तत्व को सुन कर भी मूढ़ता को नहीं छोड़ता है। वह बाह्य व्यापार में संकल्परहित हुआ विषय की लालसावाला होता है।'

मंदः श्रुत्वापि तद्वस्तुं न जहाति विमूढताम्।
निर्विकल्पो बहिर्यत्नात् अंतर्विषयलालसः।।

मंदमति का अर्थ...मंदमति का अर्थ मूढ़ नहीं होता, जैसा हम मूढ़ का उपयोग करते हैं। मूढ़ का तो अर्थ होता है, मूर्ख; जो सुन कर समझ ही न पाए। जो यह भी न समझ पाए कि क्या कहा गया। मंदमति का अर्थ होता है, जो समझता तो है लेकिन समय निकल जाने पर समझता है; जरा देर से समझता है। सुस्तमति! जब समझना चाहिए तब नहीं समझता। जब समय निकल जाता है तब समझता है।

जैसे, वासना व्यर्थ है यह अगर बुढ़ापे में समझा तो मंदमति; जवानी में समझा तो तेजस्वी। बुढ़ापे में तो समय निकल गया। अब पछताए होत का, चिड़िया चुग गई खेत! बुढ़ापे में तो सभी समझदार हो जाते हैं, क्योंकि नासमझ होने का उपाय ही नहीं रह जाता। बूढ़े होते-होते तो वासनाएं स्वयं ही क्षीण हो जाती हैं तो फिर वासनामुक्त होने का मजा अहंकार लेने लगता है। बूढ़े जवानों पर हंसते हैं और समझते हैं, मूढ़ हैं। और ठीक यही मूढ़ताएं उन्होंने अपनी जवानी में की हैं और उनके बूढ़े उन पर हंस रहे थे। और उन बूढ़ों के साथ भी पहले यही हो चुका है।

जो बूढ़े होने की वजह से बुद्धिमान हो गए हैं उनकी बुद्धिमानी दो कौड़ी की है। क्योंकि बुढ़ापे से बुद्धिमानी के पैदा होने का कोई भी संबंध नहीं है। बुढ़ापे से तो एक ही बात होती है कि अब तुम कुछ बातें करने में विवश हो गए, अब नहीं कर सकते। अवश हो गए हो। अब इस अवशता को तुम सुंदर शब्दों में ढांक कर त्याग-तपश्चर्या बनाते हो।

काफ्का की एक बड़ी प्रसिद्ध कहानी है कि एक सर्कस में एक आदमी था जो उपवास करने में बड़ा कुशल था। लेकिन सर्कस बहुत बड़ा था और एक राजधानी में

बहुत महीनों तक रुका। और उपवास करने की वजह से उसकी तरफ कोई ज्यादा ध्यान भी नहीं देता था। उसको न भोजन की जरूरत थी, न कोई चिंता थी। वह तो अपने घास का एक बिस्तर बना लिया था, उसमें पड़ा रहता था।

कुछ ऐसा हुआ कि सर्कस के शोरगुल में लोग भूल ही गए। मैनेजर उसका खयाल ही भूल गया। बड़ा उपद्रव था, भारी राजधानी थी, बड़ी भीड़-भाड़ थी। कोई दस-पंद्रह दिन बीत गए तब एक दिन मैनेजर को खयाल आया कि उस उपवास करनेवाले का क्या हुआ? और उसका था भी तंबू आखिर में। तो वह भागा हुआ गया। वह आखिरी सांसें गिन रहा था उपवास करने वाला। पंद्रह दिन न तो कोई देखने आया, न किसी ने फिकर ली।

मैनेजर तो हैरान हुआ, उसने कहा, पागल! तूने भोजन क्यों नहीं कर लिया? न कोई देखने आया, न तेरी कोई फिकर की। तू जाकर भोजन कर लेता।

तो उसने कहा, आज एक राज की बात तुमसे कहें। उसकी आवाज बहुत धीमी हो गई थी; वह मरणासन्न था। मैनेजर को पास बुला कर उसने कान में कहा कि असल बात यह है कि भोजन करने में मुझे रस ही नहीं है। कोई उपवास थोड़े ही कर रहा हूं! मैं किसी एक महाबीमारी से ग्रसित हूं कि मेरा स्वाद मर गया है। भोजन मैं कर ही नहीं सकता। यह उपवास तो अब इस मजबूरी को भी जीवन को चलाने का आयोजन बनाने में काम ला रहा हूं। यह उपवास तो सिर्फ बहाना है। लोग आते थे, देखते थे, तो मैं प्रसन्न रहता था। इन पंद्रह दिन में कोई भी नहीं आया तो मैं बिलकुल सिकुड़ गया हूं। वही मेरा मजा था। वह जो अहंकार की तृप्ति होती थी कि लोग आ रहे हैं, वही मेरा भोजन था। भोजन तो मैं कर ही नहीं सकता। भोजन करना संभव नहीं है। यह उपवास मेरा कोई तप नहीं था। यह मेरी एक दुर्बलता थी।

तुम्हारे बहुत से साधु-संन्यासी अनेक तरह की दुर्बलताओं से ग्रसित हैं। इन दुर्बलताओं को उन्होंने नये-नये आभूषण पहना रखे हैं।

अब मैं तुमसे कहूं, अगर बुद्ध जैसा कोई व्यक्ति कहे कि सत्य को तर्क से नहीं पाया जाता, समझ में आता है। महावीर जैसा कोई व्यक्ति कहे कि सत्य को तर्क से नहीं पाया जा सकता, समझ में आता है। अष्टावक्र कहें, सत्य को तर्क से नहीं पाया जा सकता, समझ में आता है। लेकिन कोई बुद्धू, जिसको तर्क का अ ब स नहीं आता वह कहे कि सत्य को तर्क से नहीं पाया जा सकता तो यह बात सिर्फ दुर्बलता को छिपाने की है। इसका कोई मूल्य नहीं है।

ये बातें एक जैसी लगती हैं। इसलिए अनेक मूढ़ों को भी यह सुविधा है कि वे भी कह दें, तर्क में क्या रखा है? तर्क तो करना आता नहीं। तर्क करना कोई साधारण बात तो नहीं है। प्रखर बुद्धि चाहिए, तलवार की तरह धार चाहिए, मेधा चाहिए।

तो तर्क में कोई सार नहीं है यह कोई भी कह सकता है। दस में नौ मौकों पर यह झूठ होता है। तर्क में कोई सार नहीं है यह उसी को कहने का हक है जिसने तर्क किया हो और पाया हो कि सार नहीं है।

कमजोरियों को मत छिपाना। बुढ़ापे में अक्सर हो जाता है; वीर्य-ऊर्जा समाप्त हुई, लोग ब्रह्मचर्य की बातें करने लगते हैं। जवानों को मूढ़ कहने लगते हैं। अब जो स्वयं नहीं कर सकते उसको कम से कम गाली तो देने का मजा ले सकते हैं। एक गहरी ईर्ष्या पकड़ जाती है। इस ईर्ष्या के कारण जो मंतव्य दिए जाते हैं उनका कोई भी मूल्य नहीं है।

मंदबुद्धि का अर्थ होता है, मंदमति का अर्थ होता है, अवसर बीत जाता है तब अकल आती है। जब वर्षा बीत गई तब उन्हें खयाल आता है कि अरे, वर्षा बीत गई, फसल बो देनी थी। लेकिन अब फसल नहीं बोई जा सकती, अब समय जा चुका।

मंदबुद्धि का एक ही अर्थ होता है, जब क्षण मौजूद हो वहां तुम मौजूद नहीं। प्रखर बुद्धि का एक ही अर्थ होता है, जब चुनौती मौजूद हो तब तुम मौजूद हो। उस चुनौती को अंगीकार करने को, उस चुनौती के लिए प्रति-उत्तर देने को तुम्हारा प्राण तत्पर है। तुम पूरे-पूरे मौजूद हो। बुद्धिमानी एक तरह की उपस्थिति है—प्रेजेंस आफ माइंड। चैतन्य की एक उपस्थिति है।

'मंदमति उस तत्व को सुन कर भी मूढ़ता को नहीं छोड़ता है।'

तो मंदमति सुनता हुआ मालूम पड़ता है। ऐसा लगता है, सुन भी लिया उसने। यह भी हो सकता है, तोते की तरह रट भी ले, लेकिन फिर भी क्रांति नहीं घटती है। और जब तक क्रांति न घटे तब तक जानना, सुना हुआ सुना हुआ नहीं है। सुने हुए का कोई मूल्य नहीं है। तुम लाख सुनते रहो, क्या होगा? कानों में थोड़ी सी आवाज के गूंजने से थोड़े ही कोई क्रांति होती है! फिर आवाज किसकी थी इससे भी फर्क नहीं पड़ता।

बुद्धपुरुषों को तुमने सुना है और कुछ भी नहीं हुआ। जिनों के पास से तुम गुजरे हो और कुछ भी नहीं हुआ। परमहंसों की हवा में तुम उठे-बैठे हो और कुछ भी नहीं हुआ। तुम्हें कुछ छूता ही नहीं। क्योंकि जहां से छू सकता है वहां तो तुम मौजूद नहीं हो। वहां तो बुद्धि बहुत मंद है। वहां तो तुम इतने शिथिल हो, जिसका हिसाब नहीं।

इसके परिणाम होते हैं। इसका एक परिणाम यह होता है कि जब क्राइस्ट मौजूद होते हैं तो लोग सुनते नहीं, जब मर जाते हैं तब पूजा करते हैं—यह मंदबुद्धि। जब बुद्ध होते हैं तब गालियां देते हैं, जब बुद्ध चले जाते हैं तब मूर्तियां बनाते हैं। इनको बड़ी देर से अकल आती है। अब बुद्ध की मूर्ति के सामने सिर पटकने से कुछ भी न होगा। और ये वे ही लोग हैं, जिन्होंने पत्थर फेंके बुद्ध पर। अब ये बुद्ध की मूर्ति बनाते

हैं। अब इनको बड़ा पश्चात्ताप हो रहा है कि हमने यह क्या कर लिया! और अगर बुद्ध फिर आ जाएं, ये फिर पत्थर फेंकेंगे। क्योंकि जो है उससे तो इनका तालमेल नहीं बैठता। जो जा चुका, जो मर चुका...।

इसीलिए तो लोग परंपरापूजक हो जाते हैं। जितना पुराना उतना ही ज्यादा पूजा करते हैं। उतना ही उनकी अकल में आता है। उनकी अकल इतनी पिछड़ी हुई है, समसामयिक नहीं है। जैसे कोई आदमी वेद लिए बैठा है और वेद दोहरा रहा है। और इसकी फिकर ही नहीं कर रहा है कि कहीं न कहीं पृथ्वी पर अब भी वेद फिर-फिर जन्म ले रहा है। इसकी फिकर नहीं कर रहा है, वेद दोहरा रहा है। यह पांच-छह हजार या दस हजार वर्ष पुरानी बुद्धि है इसके पास। इनको दस हजार साल में चेतना आई कि अरे! कुछ ऋषि हो गए। ये दस हजार साल पीछे चल रहे हैं समय से। इनके बीच और समय में दस हजार साल का फासला है। ये मुझे भी सुनेंगे दस हजार साल बाद। तब ये उठा कर देखेंगे कि अरे! कुछ हो गया, हमें पता ही न चला।

मंदबुद्धि का अर्थ होता है, जो पीछे-पीछे घिसटता है समय के। उपस्थित होना चाहिए समय के साथ तो प्रतिभा; और जो समय के भी थोड़ा आगे होता है तो बुद्धत्व।

इन तीनों बातों को समझ लो। मंदबुद्धि समय से पीछे घिसट रहा है। यह तो कुछ कर ही नहीं सकता। यह जो भी करेगा, चूक जाएगा। इसका तीर कभी निशाने पर नहीं लगेगा; लग ही नहीं सकता। इसका तीर कहीं चलता है, निशाना कहीं और है। इनमें कभी तालमेल नहीं होता।

फिर जो समय के साथ खड़ा है ठीक शुद्ध वर्तमान में, वह प्रतिभावान। इसकी संभावना ज्यादा है। इसका तीर लग जाएगा। इसका तीर और निशाना एक ही दिशा में है।

फिर ऐसा भी चैतन्य का आखिरी चरण है जो समय के आगे है। इसलिए बुद्धपुरुषों की वाणी हमेशा समय के आगे होती है। तुम्हें उन्हें समझने में हजारों वर्ष लग जाते हैं। उसका कुल कारण इतना है कि वे जो कहते हैं वह उनके सामने जो लोग मौजूद हैं, उनसे बहुत आगे की बात होती है। हजारों वर्ष पहले जैसे कोई बात कह दी गई। लोग अभी तैयार ही न थे।

बुद्धत्व का अर्थ है : जो होनेवाला है उसे देख लेना।

समझो इसको। किसी ने गाली दी, बुद्धू वह है जो अभी न पकड़ पाएगा। जब उसे कोई कहेगा, अरे, इस आदमी ने गाली दी, क्या बैठे सुन रहे हो? तब उसे अकल आएगी। बुद्धिमान वह है जो अभी पकड़ेगा। अभी दी, यहीं पकड़ेगा। जो कुछ करना उचित होगा, अभी कर लेगा।

बुद्ध वह है कि गाली दी भी नहीं गई और पकड़ ली। उठ ही रही थी कि पकड़ ली। यह तो बाहर की बात।

भीतर की भी बात—तुम्हें किसी ने गाली दी, दफ्तर में गाली दी, घर आकर क्रोधित हुए। इतनी देर लग गई तुम्हें संवेदित होने में। जब तुम क्रोधित हो गए तब भी तुम्हें पता नहीं चलता। जब तुमने अपने बेटे की पिटाई ही कर दी तब तुमको खयाल आया कि अरे, तुम किसको मार रहे हो! तुम्हें मारना किसी और को था, यह बेटे को मार रहे हो। यह क्रोध गलत जगह आरोपित हो गया। तुम्हें क्रोध का भी पता तब चलता है जब कृत्य बन जाता है।

क्रोध की तीन अवस्थाएं हैं। एक तो क्रोध के आने की पहली अवस्था; जैसे सूरज अभी उगा नहीं, प्राची सिर्फ लाल हुई। उगने के करीब है—ब्रह्ममुहूर्त। ऐसा क्रोध का ब्रह्ममुहूर्त। अभी क्रोध हुआ नहीं, होगा; होने ही वाला है। फिर सूरज निकल आया, क्रोध हो गया। फिर सूरज सिर पर चढ़ आया, क्रोध कृत्य बन गया; जलाने लगा, झुलसाने लगा।

तो एक तो क्रोध है, कृत्य बन जाता है तभी लोगों को पता चलता है; वे मंदबुद्धि। जब तुमने किसी को मार डाला तब तुम्हें अकल आई कि यह मैंने क्या कर दिया? यह तो मैं चाहता भी नहीं था और यह हो गया। अब मैं क्या करूं? यह मेरे बावजूद हो गया। फिर तुमसे बेहतर वह आदमी है, जब क्रोध उठ रहा होता है तब जानता है। तब कुछ किया जा सकता है; ज्यादा नहीं किया जा सकता, क्योंकि जो उठ आया, उठ आया। फिर भी थोड़ा किया जा सकता है। कम से कम कृत्य बनने से रोका जा सकता है। विचार तो बन गया। तुम तो विकृत हो गए। तुम्हारे भीतर तो जहर फैल गया। इतना तुम कर सकते हो कि दूसरे तक जहर फैलने से रोक लो।

फिर तीसरा वह प्रतिभावान बुद्धत्व को उपलब्ध व्यक्ति है कि क्रोध अभी उठा भी नहीं और जानता है। वह अपने को भी विषाक्त होने से बचा लेता है। जिसने बीज को पकड़ लिया वह वृक्ष से बच जाता है।

'मंदमति उस तत्व को सुन कर भी मूढ़ता को नहीं छोड़ता है।'

कितनी बार तुमने सुना नहीं! मगर कुछ बात है कि छूटती नहीं, गले में अटकी ही रहती है। सुनते-सुनते-सुनते शब्द याद हो जाते हैं, अर्थ पकड़ में नहीं आता। सुनते-सुनते पंडित हो जाते हो, प्रज्ञा का जन्म नहीं होता।

'...वह बाह्य व्यापार में संकल्परहित हुआ विषय की लालसा वाला होता है।'

और तब कभी-कभी ऐसा भी हो जाता है कि सुनते-सुनते, साधु-संतों का सत्संग करते-करते तुम्हें भी लगता है कि कुछ सार नहीं है संसार में, भोग में कुछ पड़ा नहीं है। ऐसा ऊपर-ऊपर लगने लगता है, खोपड़ी में लगने लगता है। तुम्हें भीतर अभी ऐसा कुछ हुआ नहीं है। तो तुम बाहर के संसार को छोड़ देते हो, जंगल भाग जाते हो। बैठ जाते गुफा में। सोचते संसार की, बैठे गुफा में हो। हाथ में माला लिए

गिनती मनकों की करते, भीतर गिनती रुपयों की चलती। बाहर कुछ, भीतर कुछ हो जाता है। और जो व्यक्ति बाहर कुछ, भीतर कुछ हो गया, वह रुग्ण हो गया; बुरी तरह रुग्ण हो गया। वह विक्षिप्त हो गया क्योंकि खंडित हो गया। अखंड में है स्वास्थ्य, खंडित में है विक्षिप्तता। फिर जितने तुम्हारे भीतर खंड हो जाएं उतने ही तुम रुग्ण होते चले जाते हो।

मैंने पंद्रह-बीस वर्षों में न मालूम कितने साधु-संतों को करीब से देखा। उनमें से निन्यानबे प्रतिशत लोग रुग्ण हैं। उनको इलाज की आवश्यकता है। वे महात्मा तो हैं ही नहीं, विमुक्त तो हैं ही नहीं, विक्षिप्त अवस्था है। लेकिन उनकी विक्षिप्त अवस्था की भी पूजा चल रही है। और जब पूजा चलती है तो वह आदमी भीतर-भीतर अपने को किसी तरह सम्हाले रहता है...सम्हाले रहता है। अब यह पूजा भी छोड़ते नहीं बनती। यह अहंकार के लिए मजा आना शुरू हो गया। प्रतिष्ठा मिलती, पद मिलता, आदर मिलता। उपवास भी करता, जप-तप भी करता, सब किए चला जाता और भीतर एक ज्वालामुखी धधकता है।

निर्विकल्पो बहिर्यत्नात्...।

बाहर के व्यापार में ऐसा लगता है, अब इसको कोई रस नहीं।

अंतर्विषयलालसः।

लेकिन भीतर लालसा ही लालसा की लपटें उठती रहती हैं।

इसलिए असली पहचान तुम अपने लिए पकड़ लेना, कसौटी बना लेना: असली सवाल भीतर है, बाहर नहीं है। अगर भीतर लालसा उठती हो तो संसार ही बेहतर है, कहीं भागना मत। कम से कम धोखे से तो बचोगे। किसी को धोखा तो न दोगे। सच्चे तो रहोगे। संसारी होकर ही सच्चे रहना, संन्यासी होकर झूठे मत हो जाना। कम से कम सचाई है तो किसी दिन संन्यास भी आएगा; सचाई के पीछे आएगा। झूठ के पीछे तो संन्यास कभी आ नहीं सकता।

इसलिए मैंने अपने संन्यासियों को छोड़ कर जाने को नहीं कहा है। उनसे कहा है, जहां हो वहीं डट कर रहना; भागना मत। भगोड़ापन कायर का लक्षण है। वह भयभीत आदमी की धारणा है। भागना मत; जहां हो वहीं डट कर खड़े रहना। इतना ही खयाल रखना कि भीतर की लालसा समझ में आने लगे। छोड़ने की भी नहीं कह रहा हूं। और अष्टावक्र भी नहीं कह रहे हैं कि तुम कुछ छोड़ दो; समझो।

'ज्ञान से नष्ट हुआ है कर्म जिसका ऐसा ज्ञानी लोकदृष्टि में कर्म करनेवाला भी है लेकिन सच में वह न कुछ करने का अवसर पाता है, न कुछ कहने का ही।'

'ज्ञान से नष्ट हुआ है कर्म जिसका...।'

दो तरह से कर्म नष्ट हो सकता है: जबरदस्ती से, कर्म से ही कर्म नष्ट कर दिया तो धोखे में पड़ोगे। समझो; थोड़ी बारीक बात है।

तुम्हारे भीतर क्रोध उठा; इस क्रोध को तुम दो तरह से नष्ट कर सकते हो--एक तो कर्म से, कि तुम चढ़ बैठो इस क्रोध के ऊपर। इसकी छाती पर बैठ जाओ, इसको हिलने-डुलने न दो, जाने न दो बाहर। सम्हाल लो अपने को, नियंत्रण कर लो अपने को। सब तरफ से अवरुद्ध कर लो। कहो कि नहीं करेंगे, चाहे कुछ भी हो जाए!

कर सकते हो ऐसा; लेकिन तुमने कर्म से क्रोध को रोका तो कितनी देर तक तुम कर्म करते रहोगे? शिथिल होओगे न! सुस्ताओगे या नहीं सुस्ताओगे? रात सोओगे तो? तब तो नियंत्रण ढीला हो जाएगा। फिर सपने में तुम किसी की हत्या कर दोगे। वह क्रोध वहां निकलेगा। या फिर क्रोध इस ढंग से निकलने लगेगा, तुम्हें पता भी न चलेगा। तुम दरवाजा खोलोगे और क्रोध से खोलोगे। और तुम्हें पता भी नहीं चलेगा। क्योंकि दरवाजे से तो कोई क्रोध है नहीं, क्रोध तो पत्नी से था। पत्नी के प्रति तो तुमने अपने को रोक लिया, अब तुम दरवाजा जोर से खोलते हो।

तुमने देखा? स्त्री तुम पर नाराज हो, उस दिन ज्यादा कप-बशी टूट जाती हैं। तुम पर सीधा तो कुछ कह नहीं सकती। मन तो था तुम्हारा सिर तोड़ दे, लेकिन यह तो पति परमात्मा हैं और इनका सिर तो तोड़ा नहीं जा सकता। कुछ तो तोड़ना ही होगा। ऐसा कुछ सोच कर करती है ऐसा नहीं कह रहा हूं। ऐसा कुछ हिसाब लगाती है ऐसा नहीं कह रहा हूं। ये अचेतन प्रक्रियाएं हैं। हाथ से बशी छूटने लगती है। ज्यादा छूटती है उस दिन; चाहे ऊपर से कुछ भी न कहे।

तुमने देखा? जिस दिन पत्नी नाराज है, शायद एक शब्द न कहे, लेकिन चाय इस ढंग से ढालेगी कि तुम पहचान सकते हो कि क्रोधित है। चाय के ढालने में हो जाएगा। सब्जी में नमक ज्यादा पड़ जाएगा—नहीं कि उसने डाला। इतना होश कहां है कि होश से डाले, डल जाएगा। क्रोध यहां-वहां छिटकने लगेगा। जिसे तुमने बीज से पकड़ कर रोक लिया है वह कोई कोने-कांतर से रास्ते खोजने लगेगा। कहीं से तो बहेगा!

कोई झरना बहता है, तुम एक चट्टान उस पर लगा दो तो अब शायद मूल धारा टूट जाए लेकिन छोटे-छोटे झरने फूटने लगेंगे। आस-पास से चट्टान के छोटी-छोटी धाराएं निकलने लगेंगी। निकलेगा तो क्रोध कहीं से।

कर्म से क्रोध नहीं रुकता। क्योंकि कर्म से क्रोध के रुकने का कोई संबंध ही नहीं है। और कभी-कभी ऐसा हो जाता है कि जो आदमी बहुत क्रोधी होता है वही आदमी कर्म से क्रोध को रोकने में समर्थ हो जाता है; क्योंकि रोकने के लिए भी क्रोध चाहिए—क्रोध पर क्रोध।

अष्टावक्र कहते हैं, 'ज्ञान से नष्ट हुआ है कर्म जिसका।'

नहीं, कर्म से कर्म को विजय कर लिया तो कुछ विजय न हुई। क्योंकि अंततः तो कर्म ही रहा, कर्ता ही रहे।

'ज्ञान से नष्ट हुआ है कर्म जिसका...।'

जिसने जानकर, पहचान कर, बोध को जगा कर, क्रोध को देख कर, क्रोध का स्वभाव समझ कर, बिना किसी चेष्टा के, बिना किसी आयोजन के, बिना किसी यत्न के, प्रयास के, क्रोध को भर नजर से देख कर जिसको यह समझ आ गई कि क्रोध व्यर्थ है।

और किसको समझ न आएगी? एक दफा भर नजर देखो भर। क्रोध को एक बार ठीक से देखोगे तो कैसे करोगे? रोकने का तो प्रश्न ही नहीं है, करोगे कैसे? फर्क समझ लेना। कर्म से रोकने वाला क्रोध को रोकता है बिना समझे। और ज्ञान से जागने वाला क्रोध को रोकता ही नहीं, क्रोध रुकता है अपने आप। क्योंकि क्रोध उठता था अज्ञान से, मूढ़ता से, मूर्च्छा से। वह मूर्च्छा टूट गई। क्रोध का मूल आधार छिन्न-भिन्न हो गया। यह सूत्र समझो।

ज्ञानाद्गलितकर्मा यो लोकदृष्ट्यापि कर्मकृत्।
नाप्नोत्यवसरं कर्तुं वक्तुमेव न किंचन।।

ज्ञानाद्गलितकर्मा...।

जिसका कर्म ज्ञान से गलित हुआ है; कर्म से नहीं, किसी आयोजना से नहीं, सिर्फ बोध से, समझ से। जिसने दबा नहीं लिया है, जो भी भीतर है उसे ठीक-ठीक देखा है और देखने में ही कोई क्रांति घटित हुई। देखने से ही क्रांति घटित हुई। देखने से क्रांति घटती है।

आधुनिक भौतिकविद एक बड़ी अनूठी खोज पर पहुंचे हैं। और वह खोज यह है कि जब तुम किसी चीज को देखते हो तो तुम्हारे देखने के कारण ही उस चीज में गुणधर्म रूपांतरित होता है—चीज में भी!

तुम एक वृक्ष को देख रहे हो गौर से, यह अशोक का वृक्ष खड़ा है पास, इसे तुम गौर से देखोगे तो तुम सोचते हो, हम देख रहे हैं, वृक्ष को क्या मतलब? वृक्ष को क्या होगा इससे? वृक्ष थोड़े ही बदल जाएगा। लेकिन अब उपाय हैं इस बात को जानने के कि वृक्ष बदल जाता है। जब इतने लोग इसे प्रेम से देखते हैं तो वृक्ष एक और तरंग में होता है। इतने लोग अगर क्रोध से देखें तो वृक्ष और अवस्था में होता है। कुल्हाड़ी लेकर आ जाए इस वृक्ष को काटने के लिए कोई—तो अभी काटा नहीं, अभी कुल्हाड़ी लाने वाला ला ही रहा है, लेकिन कुल्हाड़ी वाले के मन में जो विचार उठ रहे हैं इसको काटने के, उनकी तरंगें उस तक कुल्हाड़ी से पहले पहुंच जाती हैं। और वृक्ष भयभीत हो जाता है, कंपने लगता है, दुखी हो जाता है।

जब माली आता है वृक्ष के पास, जो रोज पानी देता है, तो दूर से ही माली को आते देख कर वृक्ष तृप्त होने लगता है। अब इस पर वैज्ञानिक परीक्षण हो गए हैं। और वैज्ञानिक परीक्षणों ने तय कर दिया है कि वृक्ष भी अनुभव करते हैं। और देखने मात्र से रूपांतरण हो जाता है।

तुमने खयाल किया अपने जीवन में? अगर चार लोग तुम्हें प्रेम से देखें तो तुम बदलते हो या नहीं? और चार लोग तुम्हें क्रोध से देखें तो तुम बदलते हो या नहीं? क्या तुम वही रहते हो जब चार लोग तुम्हें क्रोध से देखते हैं, घृणा से देखते हैं, अपमान से देखते हैं? या चार व्यक्ति तुम्हें परिपूर्ण प्रेम और आदर और सम्मान से देखते हैं? तुम्हारे भीतर रूपांतरण होते हैं। तुम्हारे भीतर सूक्ष्म भेद पड़ते हैं।

और ये तो बाहर की नजरें हैं। भीतर की नजर का तो कहना क्या! भीतर तो नजरों की नजर है। भीतर तो आंखों की आंख है। उस आंख को ही तो हमने तीसरी आंख कहा है। वहां तो शिवनेत्र है। अगर तुमने भीतर सब बाहर की आंख बंद करके उस तीसरे नेत्र से, उस भीतर की आंख से, उस भीतर की दृष्टि से अपनी किसी भी चित्त की दशा को देखा तो तुम पाओगे, रूपांतरण हो गया।

ज्ञानियों ने यही कहा है—ज्ञानाद्गलितकर्मा—तुम वासना को देखोगे और वासना गई। तुम क्रोध को देखोगे और क्रोध गया। तुम लोभ को देखोगे और लोभ गया। तब तो तुम्हारे हाथ में कुंजी लग गई—कुंजियों की कुंजी कि तुम जिसको देखोगे वही गया।

फिर एक और मजे की बात है, सभी देखने से नहीं चला जाता। कुछ चीजें हैं जो देखने से विकसित होती हैं और कुछ चीजें हैं जो चली जाती हैं। अगर तुम अध्यात्म का आधार समझना चाहो तो जो तुम्हारी दृष्टि के सामने न टिक सके और चला जाए, वही पाप। और जो तुम्हारी दृष्टि में न केवल टिके बल्कि फलने-फूलने लगे, वही पुण्य। यह पुण्य और पाप की परिभाषा।

तुमने बहुत परिभाषाएं सुनी होंगी, वे सब कचरा हैं। पुण्य और पाप की एक ही परिभाषा है: तुम्हारे अवलोकन में जो बढ़ने लगे और तुम्हारे अवलोकन में जो क्षीण होने लगे—बस, समझ लेना।

अगर तुमने गौर से प्रेम को देखा तो प्रेम बढ़ता है, जाता नहीं। यही तो मजा है। और क्रोध को देखा तो क्रोध चला जाता है; बढ़ता नहीं, घटता है। जिस मात्रा में बोध बढ़ता है उसी मात्रा में क्रोध घटता है। जिस मात्रा में बोध कम होता है, क्रोध ज्यादा होता है। बोध एक प्रतिशत, क्रोध निन्यानबे प्रतिशत। बोध पचास प्रतिशत, क्रोध पचास प्रतिशत। बोध साठ प्रतिशत, क्रोध चालीस प्रतिशत। बोध निन्यानबे प्रतिशत, क्रोध एक प्रतिशत। बोध सौ प्रतिशत, क्रोध शून्य।

मगर ऐसी बात प्रेम के साथ नहीं है। प्रेम के साथ और ही अनुभव होता है। करुणा के साथ और ही अनुभव होता है। शांति के साथ और ही अनुभव होता है। ध्यान के साथ और ही अनुभव होता है। जैसे-जैसे तुम्हारा बोध बढ़ता है वैसे-वैसे शांति बढ़ती है। जैसे-जैसे तुम्हारा बोध बढ़ता है...बोध सौ प्रतिशत तो सौ प्रतिशत प्रेम। बोध एक प्रतिशत तो एक प्रतिशत प्रेम। बोध शून्य तो प्रेम शून्य।

जो बोध के साथ बढ़े वही पुण्य। जो बोध के साथ न बढ़े, घटने लगे, वही पाप। जो बोध के साथ न बढ़े न घटे, उससे तुम्हारा कोई संबंध नहीं। उसकी तुम चिंता ही छोड़ देना। उससे कुछ लेना-देना ही नहीं है। जो बोध के साथ न घटे न बढ़े, उससे कुछ लेना-देना नहीं है। न उसे घटाना है, न बढ़ाना है; उससे तुम्हारे जीवन का कोई लेना-देना नहीं है। उस संबंध में तुम तटस्थ हो जाना।

जैसे अगर तुम अपने शरीर को देखोगे तो न तो घटेगा, न बढ़ेगा। जैसा है वैसा रहेगा। तो शरीर से कुछ लेना-देना नहीं है। अपने आप है, अपने आप रहेगा, अपने आप चला जाएगा। तुम्हारे बोध से कुछ लेना-देना नहीं है। तुम बोधपूर्वक देखोगे सूरज को तो न घटेगा, न बढ़ेगा। जैसा है वैसा रहेगा। तथ्य है; न पुण्य है, न पाप है।

पुण्य बढ़ता, पाप घटता। और जो ऊर्जा पाप के घटने से मुक्त होती है, पाप में संलग्न थी, मुक्त हुई, वही ऊर्जा पुण्य में संलग्न हो जाती है। इधर घृणा घटती है, क्रोध घटता है, तो उधर करुणा और प्रेम बढ़ने लगता है। ऊर्जा तुम्हारे पास उतनी ही है उसे चाहो जहां नियोजित कर दो। गलत जगह लगा ली तो ठीक जगह लगाने को नहीं बचती है।

ज्ञानाद्‌गलितकर्मा।

ज्ञान से तुम्हारे कर्म गलित हों इस पर ध्यान रखना। कर्म से गलित करने की कोशिश मत करना। अन्यथा क्या होगा, जबरदस्ती क्रोध को रोक लिया तो क्रोध नष्ट तो नहीं होता, भीतर दब कर बैठ जाता है। और मजा यह कि पहले जितनी शक्ति क्रोध करने में लगती थी, अब उससे ज्यादा लगेगी। जितनी क्रोध में लगी थी वह तो क्रोध में लगी ही है, और अब उसको दबाने में जो लग रही है वह भी क्रोध में लग गई।

इसलिए ऐसा आदमी हानि में पड़ता है। ऐसे आदमी का आध्यात्मिक विकास तो नहीं होता है, ह्रास होता है। इससे तो बेहतर है, नैसर्गिक; जब हो क्रोध, कर लेना। तुमने फर्क देखा? जो आदमी जब क्रोध होता है कर लेता है, वह आदमी तुम भला पाओगे; अच्छा आदमी पाओगे। और जो आदमी हमेशा क्रोध को रोके रखता है, उस आदमी को तुम खतरनाक पाओगे। वह किसी दिन फूटेगा। विस्फोट होगा तो छोटा-मोटा उपद्रव नहीं करेगा, कोई बड़ा उपद्रव करेगा। जो रोज-रोज छोटी-मोटी बातों में नाराज हो जाते हैं, फिर ठीक हो जाते हैं, ऐसे लोग बड़े अपराध नहीं करते; हत्याएं

नहीं करते, न आत्महत्याएं करते हैं। ये सीधे-सादे लोग हैं। ये सामान्य नैसर्गिक लोग हैं। ये कोई आध्यात्मिक लोग नहीं हैं, मगर कम से कम स्वस्थ हैं।

तुम जरा अपने महात्माओं की आंखों में गौर से देखना, बजाय शांति के तुम एक तरह की मुर्दगी पाओगे। मरघट की शांति पाओगे; फूलों की, उपवन की शांति नहीं, मरघट की। क्यों? क्योंकि कुछ तो शक्ति क्रोध में लगी थी, कुछ क्रोध को दबाने में लग गई। कुछ घृणा में लगी थी, कुछ घृणा को दबाने में लग गई। कुछ लोभ में लगी थी, कुछ लोभ को दबाने में लग गई।

सांसारिक आदमी को भी तुम थोड़ा प्रफुल्ल पाओगे; उतना भी तुम अपने महात्मा को न पाओगे। यह और मुश्किल में पड़ गया है। होना तो उलटा चाहिए था। और जो शक्ति क्रोध में लग गई, क्रोध को दबाने में, लोभ में, लोभ को दबाने में, मोह में, मोह को दबाने में, काम में, काम को दबाने में सारी शक्ति नियोजित हो गई। इसके पास प्रेम के लिए जगह नहीं बचती। तुम्हारे महात्माओं के जीवन में तुम प्रेम न पाओगे। तुम्हारे महात्माओं के जीवन में तुम करुणा न पाओगे। तुम्हारे महात्माओं के जीवन में तुम कोई सृजनात्मकता न पाओगे। उनसे कुछ निर्मित नहीं होता। न एक सुंदर गीत रचा जाता है, न एक मूर्ति बनती है, न एक चित्र बनता है। उनसे कुछ रचा नहीं जाता। बस वे मुर्दे की तरह बैठे हैं। उनका कुल काम इतना है कि वे दबा कर बैठे हैं, क्रोध को, लोभ को, मोह को। मगर यह जीवन अकारथ है उनका। इसमें कुछ भी सौंदर्य नहीं है। इसमें कोई भी गरिमा और प्रसाद नहीं है।

क्रांति का नाम तभी दिया जा सकता है तुम्हारे जीवन-रूपांतरण को, जब गलत में नियोजित शक्ति अपने आप शुभ की ओर प्रवाहित होने लगे। जो तुमने शैतान के चरणों में चढ़ाए थे फूल, वे परमात्मा के चरणों में गिरने लगें।

ज्ञानाद्गलितकर्मा यो लोकदृष्ट्यापि कर्मकृत्।

फिर ऐसा ज्ञानी चाहे औरों की दृष्टि में संसार में खड़ा हुआ ही क्यों न दिखाई पड़े, इससे कुछ फर्क नहीं पड़ता। अपनी तरफ से वह संसार के बाहर हो गया; वही असली बात है। लोकदृष्टि में वह सामान्य ही दिखाई पड़ेगा।

नाप्नोत्यवसरं कर्तुं वक्तुमेव न किंचन।

ऐसे व्यक्ति को करने का मौका ही नहीं बचा। और न यह कहने का मौका बचा कि मैंने यह किया, मैंने यह किया। अवसर ही नहीं है। ऐसे व्यक्ति को तो एक बात समझ में आ गई कि बोध से अपने आप चीजें होती हैं, करनेवाला कौन है?

इसको अगर तुम भक्त की भाषा में कहो तो कहो, भगवान के द्वारा अपने आप होती हैं। भगवान का कोई और अर्थ है भी नहीं; इस संपूर्ण जगत की जो इकट्ठी प्रज्ञा

है, इस संपूर्ण जगत का जो इकट्ठा बुद्धत्व है, इस संपूर्ण जगत का जो इकट्ठा बोध है, उसी का नाम तो भगवान है। भगवान का कोई और अर्थ नहीं है।

भगवान से होता, भक्त कहता। ज्ञानी कहता, बोध से होता। मैं कर्ता नहीं। एक बात में दोनों राजी हैं—मैं करनेवाला नहीं!

अब अगर तुम कहो, मैंने तप किया, तो चूक गए। तो उसका अर्थ हुआ कि अभी ज्ञान के द्वारा कर्म गलित नहीं हुआ। कर्म के द्वारा ही कर्म की छाती पर चढ़ कर बैठ गए। कर्ता तुम अभी भी हो।

एक आदमी अकड़ता है, मेरे पास लाखों हैं; और एक आदमी अकड़ता है, मैंने लाखों को लात मार दी। दोनों की अकड़ बराबर है। जरा भी भेद नहीं है। और दूसरे की शायद पहले से ज्यादा खतरनाक है। क्योंकि पहले की अकड़ तो सीधी-सादी है, दूसरे की बड़ी जटिल है। पहले की अकड़ तो सांसारिक है, दूसरे की आध्यात्मिक का रंग लिए हुए है। यह और जहरीली है!

इसे खयाल में ले लेना : प्रयत्न से नहीं, जो भी हो, बोध से हो तो शुभ; प्रयत्न से हो तो अशुभ।

'सर्वदा निर्भय और निर्विकार ज्ञानी को कहां अंधकार है, कहां प्रकाश है, और कहां त्याग है? कुछ भी नहीं है!'

क्व तमः क्व प्रकाशो वा हानं क्व च न किंचन।
निर्विकारस्य धीरस्य निरातंकस्य सर्वदा।।

सदा तुमने सुना है कि परमात्मा प्रकाश है। कभी-कभी कुछ थोड़े से रहस्यवादियों ने ऐसा भी कहा है, परमात्मा अंधकार है; पर बहुत थोड़े। अष्टावक्र कहते हैं, वह परम सत्य न तो प्रकाश जैसा है न अंधकार जैसा है। वहां कहां अंधकार, कहां प्रकाश! द्वंद्व वहां नहीं है। तो जहां दो नहीं हैं वहां सब दो गिर गए। तुमने जितने भी अब तक जाने थे जोड़े, वे सब गिर गए—जीवन-मृत्यु, अंधकार-प्रकाश, लाभ-हानि, सफलता-असफलता, सुख-दुख, अपना-पराया। सब गिर गए। वहां दो के सब जोड़े गिर गए। वहां तो दोनों मिल गए एक में।

अब जरा सोचो, अगर प्रकाश और अंधकार मिल जाएं तो क्या होगा? कहने का कोई उपाय नहीं है, क्या होगा। एक बात तय है कि वह तो न प्रकाश जैसा होगा, न अंधकार जैसा होगा। कुछ होगा बिलकुल अनूठा, अपूर्व, रहस्यमय, अनिर्वचनीय; जिसको कहा न जा सके।

हम तो जो भी कहेंगे वह दो में बंट जाएगा। किसी को कहा सुंदर, तत्क्षण कुरूपता भीतर आ गई। किसी को कहा ऐसा, तो उससे विपरीत समाविष्ट हो गया। हम तो विपरीत से बच ही नहीं सकते। बोले कि विपरीत से फंसे। भाषा तो

विपरीत में उलझी है। भाषा तो द्वंद्व की है। इसलिए तो मौन का इतना...इतना बहुमूल्य आदर किया गया है।

मौन का अर्थ है, भाषा के बाहर होना। ऐसी जगह पहुंचना भीतर, जहां शब्द न हों। जहां शब्द नहीं वहीं ब्रह्म है। जहां शब्द खो गया वहीं ब्रह्म है। वहां एक बचा। वहां कहने का कोई उपाय नहीं। कोई कोटि नहीं बनती, कोई गणित नहीं बैठता।

'सर्वदा निर्भय और निर्विकार ज्ञानी को कहां अंधकार है, कहां प्रकाश है, कहां त्याग है? कुछ भी नहीं है।'

न किंचन!

क्योंकि जो कुछ भी हम कहेंगे उसमें द्वंद्व और द्वैत आ जाएगा। ज्ञानी को कुछ भी नहीं है।

न किंचन।

और यह भी हम समझें कि सौ में निन्यानबे शास्त्रों ने परमात्मा को प्रकाश कहा है। उसका कारण शास्त्र में नहीं है, उसका कारण मनुष्य के भय में है। आदमी बहुत डरा हुआ है अंधकार से। अंधकार में घबड़ाहट होती है। प्रकाश हो जाता है तो थोड़ा भरोसा आता है। कुछ दिखाई तो पड़ता है। अंधकार में तो उसी को घबड़ाहट नहीं होती जिसको अपने भीतर दिखाई पड़ता है। जिसको सिर्फ बाहर ही देखने का पता है और जिसके भीतर तो कुछ भी प्रकाश नहीं है वह अंधकार में बहुत घबड़ा जाता है। क्योंकि अंधकार हुआ तो अंधे हुए। अब कुछ दिखाई नहीं पड़ता। सारा संसार खो गया, जो दिखाई पड़ता था। दृश्य खो गया। अंधकार में दृश्य खो जाता है। अंधकार में तो सिद्ध ही राजी हो सकता है। क्योंकि अंधकार हो कि प्रकाश हो, दृश्य में सिद्ध को कोई रुचि नहीं है। वह तो द्रष्टा में लीन है। वह तो देखनेवाले में है।

तुमने कभी खयाल किया, कितना ही गहन अंधकार हो, तुम तो होते हो न! तुम तो नहीं खो जाते!

सूफियों की एक पुरानी कहानी है। एक गुरु के पास दो युवक आए और उन्होंने दीक्षित होने की प्रार्थना की। गुरु ने कहा, इसके पहले कि तुम्हें दीक्षित करूं, एक परीक्षा। यह लो—एक कबूतर तू ले, एक कबूतर तू ले—और दोनों जाओ और ऐसी जगह मार कर कबूतर को आ जाओ, जहां कोई देखने वाला न हो।

एक युवक तो भागा, जल्दी बाहर गया, बगल की गली में पहुंचा, वहां कोई भी नहीं था। उसने जल्दी से गरदन मरोड़ दी, लौट कर आ गया। उसने कहा, लो गुरुदेव। दीक्षा दो। गुरु ने कहा कि रुक।

दूसरा युवक कोई तीन महीने तक न लौटा। और पहला युवक बड़ा परेशान होने लगा कि हद हो गई। अभी तक इसको ऐसी जगह न मिली जहां यह मार लेता, जहां

कोई देखने वाला न हो! और बगल की गली काफी है। मैं उसमें मार कर आया हूं। गुरु कहता, तू चुप रह। तू बैठ! और जब तक दूसरा न लौट आएगा तब तक मैं तुझे कुछ उत्तर न दूंगा। उसको आने दे।

अब तो दूसरा आता ही नहीं। पहला घबड़ाने लगा। उसने कहा, मुझे तो दीक्षा दे दें।

तीन महीने बाद दूसरा युवक लौटा कबूतर को साथ लेकर। हाल बेहाल था। शरीर सूख गया था लेकिन आंखों में एक अपूर्व ज्योति थी। गुरु के चरणों में सिर रख कर उसने कबूतर लौटा दिया कि यह हो नहीं सकता। आपने भी कहां की उलझन दे दी! तीन महीने परेशान हो गया। सब जगह खोजा। ऐसी कोई जगह न मिली जहां कोई देखने वाला न हो।

फिर मैं एक अंधेरे तलघरे में चला गया। वहां कोई भी न था। ताला लगा दिया। रोशनी की एक किरण न पहुंचती थी, देखने का कोई सवाल ही नहीं था। लेकिन यह कबूतर देख रहा था। इसकी टुकुर-टुकुर आंखें, इसके हृदय की धड़कन! मैंने कहा, यह तो मौजूद है। तो फिर मैंने इसे ऐसा बंद किया डब्बों में कि इसकी धड़कन न सुनाई पड़े, न इसकी आंख दिखाई पड़ें। फिर इसे लेकर मैं गया, लेकिन तब भी हार हो गई क्योंकि मैं मौजूद था। आपने कहा था, कोई भी मौजूद न हो। यह भी क्या शर्त लगा दी? मेरी मौजूदगी तो रहेगी ही, अब मैं इसको कहीं भी ले जाऊं। मैं हार गया। अब मैं ले आया। आप चाहे दीक्षा दें, चाहे न दें! लेकिन इस परीक्षा में ही मुझे बहुत कुछ मिल गया है। एक बात मेरी समझ में आ गई कि एकमात्र ऐसी मौजूदगी है जो कभी भी नहीं खोएगी, वह मेरी है। मुझे आत्मा का थोड़ा स्वाद आपने दे दिया।

गुरु ने कहा, तू दीक्षित कर लिया गया। पहले से कहा, तू भाग जा। अब दुबारा इस तरफ मत देखना। तुझे कोई अकल ही नहीं। तू बिलकुल मंदबुद्धि है। तू बगल की गली में मार लाया?

तुम गहरे से गहरे अंधकार में भी बैठोगे तो तुम हो। एक चीज अंधकार में भी अनुभव होती रहती है, वह है मेरा होना—वह अंधकार के पार है। उसे जानने के लिए प्रकाश की कोई जरूरत नहीं। उसका अपना निजी प्रकाश है। वह स्वयं-प्रकाशी है। उसके लिए किसी प्रमाण की कोई जरूरत नहीं। वह स्वतः प्रमाण है।

आंख बंद करके जिसे उस भीतर के प्रकाश का बोध होने लगा वही अंधकार में नहीं घबड़ाएगा। लोग अंधकार से घबड़ाते हैं इसलिए परमात्मा को प्रकाश कहा।

या जिन्होंने भीतर के सत्य को जान कर भी परमात्मा को प्रकाश कहा है उन्होंने भी इसी अर्थ में कहा है कि जब तुम बाहर से भीतर आते...बाहर एक तरह का प्रकाश

है, फिर एक तरह का प्रकाश भीतर है। और भीतर का प्रकाश बाहर के प्रकाश से ज्यादा गहरा है। लेकिन यह भी अंतिम बात नहीं है, यह भी यात्रा की ही बात है।

पहला अनुभव—बाहर प्रकाश है, संसारी का अनुभव है, बहिर्मुखी का। दूसरा अनुभव—भीतर प्रकाश है, अंतर्मुखी का अनुभव है। लेकिन अष्टावक्र तो परम वाक्यों में भरोसा रखते हैं। वे कहते हैं, जहां अंतर और बाहर भी मिट गए, बहिर्मुखी-अंतर्मुखी भी मिट गए; वह भी द्वंद्व गया, फिर वहां कैसा अंधकार, कैसा प्रकाश!

तो भीतर से भी भीतर एक जगह है। पहले बाहर से भीतर आना है, फिर भीतर से भी भीतर जाना है। बाहर से तो मुक्त होना ही है, भीतर से भी मुक्त होना है। एक ऐसी भी घड़ी है जब न तो तुम बाहर रहोगे, न भीतर रहोगे। उस घड़ी ही परम क्रांति घटती है। वहां न प्रकाश है, न अंधकार है।

'अनिर्वचनीय स्वभाव वाले और स्वभावरहित योगी को कहां धीरता है, कहां विवेकिता है अथवा कहां निर्भयता है!'

यह सूत्र बहुत अनूठा है।

'अनिर्वचनीय स्वभाव वाले और स्वभावरहित...।'

एक ही साथ दो बातें कही हैं: अनिर्वचनीय स्वभाव वाले और स्वभावरहित। समझना।

क्व धैर्यं क्व विवेकित्वं क्व निरातंकतापि वा।
अनिर्वाच्यस्वभावस्य निःस्वभावस्य योगिनः।।

योग की परम व्याख्या, योगी की परम व्याख्या। जो अनिर्वचनीय स्वभाव को उपलब्ध हो गया है और साथ ही साथ स्वभाव से मुक्त हो गया है। जो अपने से एक अर्थ में मुक्त हो गया है और एक अर्थ में अपने को जिसने पा लिया है। यह बड़ी विरोधाभासी बात है। वही पाता है जो अपने को खोता है। स्वयं को खोए बिना कोई स्वयं को पाता नहीं। जब हम स्वयं को पूरी तरह खो देते हैं, डुबा देते हैं, तब जो मिलता है वही स्वयं है।

'अनिर्वचनीय स्वभाव वाले और स्वभावरहित...।'

एक ऐसी घड़ी आती है जहां तुम यह भी नहीं कह सकते कि मैं हूं। जब तक तुम कह सकते हो मैं हूं, तब तक अभी तुम भटके हो। अभी तुम दूर हो। अभी घर नहीं लौटे। क्योंकि सब मैं तू की अपेक्षा रखते हैं। मैं भी द्वंद्व है तू का।

मनोवैज्ञानिक एक खोज किए हैं कि जब बच्चा पैदा होता है तो उसे जो पहला अनुभव होता है वह मैं का नहीं है, पहला अनुभव तू का है। उसकी नजर पहले तो मां पर पड़ती है। अपने को तो बच्चा देख ही नहीं सकता। वह तो दर्पण देखेगा तब पता

चलेगा। बच्चे को अपना चेहरा तो पता नहीं चलता। बच्चे को अनुभव पहले मां का होता है, तू का होता है। डाक्टर को देखता होगा, नर्स को देखता होगा, मां को देखता होगा, दीवाल, मकान को देखता होगा, रंग-बिरंगे लटके खिलौनों को देखता होगा, लेकिन तू। मैं का तो अभी पता नहीं चलता।

तुमने छोटे बच्चे को देखा कभी? बड़े दर्पण के सामने रख दो तो वे उसको भी ऐसे देखते हैं जैसे कोई दूसरा बच्चा। टटोलते हैं, थोड़े चिंतित भी होते हैं, थोड़े डरते भी हैं, क्योंकि अभी यह भरोसा तो हो ही नहीं सकता कि मैं हूं। क्योंकि मैं का तो कोई पता ही नहीं है। आईने के पीछे जाकर देखते हैं सरक कर कि कोई बैठा? किसी को न पाकर बड़े किंकर्तव्यविमूढ़ हो जाते हैं।

छोटे बच्चे अपना ही अंगूठा पीते हैं, तुमने देखा? पैर का ही अंगूठा पकड़ कर चूसने लगते हैं, हाथ का अंगूठा चूसने लगते हैं। तुम्हें पता है कारण? कारण यह है कि उनको ये भी चीजें मालूम पड़ती हैं। कि यह कोई चीज पड़ी है, उठा लो। जैसे वे और चीजें उठा कर मुंह में डाल लेते हैं वैसा अपना अंगूठा उठा कर मुंह में डाल लिया। अभी अपना तो पता नहीं है। यह अंगूठा अपना है इसका बोध तो थोड़ी देर से होगा। यह तो एक चीज है जो यहां दिखाई पड़ती है आस-पास हमेशा। इसको उठा ली, मुंह में डाल ली।

बच्चा हर चीज मुंह में डालता है। क्योंकि उसके पास अभी एक ही अनुभव का स्रोत है, मुंह। तुमने खिलौना दिया, वह जल्दी से मुंह में डालता है। क्योंकि उसकी अभी एक ही इंद्रिय सक्रिय हुई है—स्वाद। वह चख कर देखता है कि है क्या! क्योंकि बच्चे की पहली इंद्रिय मुंह है, जो सक्रिय होती है। उसे दूध पीना पड़ता है। वह उसका पहला अनुभव है। उसी अनुभव से वह सारी चीजों की तलाश करता है। वह अपने ही हाथ का अंगूठा अपने मुंह में डाल कर चूसने लगता है, इस खयाल में कि कोई चीज है जिसको चूस रहा है। यह तो धीरे-धीरे उसे समझ में आना शुरू होता है कि यह अपना हाथ है। अपना हाथ तो तब पता चलता है जब अपना पता चलता है। यह तो नंबर दो है अपना हाथ।

और अपना पता चलता है तब, जब तू का धीरे-धीरे साफ पता होने लगता है कि कौन-कौन तू है। इन तू के मुकाबले वह सोचने लगता है, मैं कुछ भिन्न हूं। क्योंकि मां कभी होती है, कभी चली जाती है। वह मां को जाते देखता, आते देखता। फिर धीरे-धीरे अहसास होता है कि मैं तो यहीं रहता हूं। जब मां नहीं होती तब भी रहता हूं, इतना कुछ ऐसे विचारों में और शब्दों में सोचता है ऐसा नहीं, ऐसा धीरे-धीरे अनुभव परिपक्व होता है।

अब तुम ध्यान रखना, जैसे पहले तू आता है और मैं पीछे आता है ऐसे ही आध्यात्मिक प्रक्रिया में पुनः जब फिर से नया जन्म होगा तो तू पहले जाएगा, फिर मैं जाएगा। जब तू चला गया तो मैं ज्यादा देर नहीं टिक सकता। यह मैं तो तू की छाया की तरह ही आया था और यह तू की छाया की तरह चला जाएगा। इसलिए अगर कोई ज्ञानी कहता हो 'मैं', तो समझना अभी तू गया नहीं है। अभी तू कहीं आस-पास ही खड़ा होगा। उसकी छाया पड़ रही है। मैं तू की छाया है। और तू ज्यादा मौलिक है मैं से। क्योंकि मैं पीछे आता, तू पहले आता। तू के चले जाने पर मैं चला जाता है।

इस घड़ी में स्वभावरहित हो जाता है योगी। वह यह नहीं कह सकता कि यह मैं हूं। यह बड़े विरोध की और बड़े मजे की बात है। जो है वही नहीं कह सकता कि मैं हूं और जो बिलकुल नहीं है वह घोषणा किए चला जाता है कि मैं हूं। मेरे होने की घोषणा उनसे उठती है जो नहीं हैं। और जो हैं उनका मैं बिलकुल शून्य हो जाता है।

तब बड़ी अनिर्वचनीय दशा पैदा होती है, अब इसे क्या कहें? न तू कह सकते हैं न मैं; न अंधेरा न प्रकाश; न जीवन न मृत्यु; न पदार्थ न परमात्मा। कुछ भी नहीं कह सकते। सब कहना व्यर्थ मालूम होने लगता है। और जो भी कहें, गलत हो जाता है।

लाओत्सु ने कहा, सत्य को कहा कि झूठ हो जाता है। बोले कि चूके। तो ऐसी स्थिति का नाम है अनिर्वचनीय। अब इसका निर्वचन नहीं हो सकता।

अनिर्वाच्य स्वभावस्य।

आ तो गए अपने घर में, लेकिन ऐसा है कुछ यह घर कि वहां कोई निर्वचन काम नहीं आता। कोई व्याख्या, कोई परिभाषा काम नहीं पड़ती।

निःस्वभावस्य योगिनः।

और योगी स्वभाव से मुक्त होकर अनिर्वचनीय स्वभाव को उपलब्ध हो जाता है। एक छोटे क्षुद्र स्वभाव से मुक्त हो जाता है और विराट के स्वभाव को उपलब्ध हो जाता है।

यही है अर्थ जीसस का, जब जीसस बार-बार कहते हैं, 'ब्लेसेड आर द मीक।' वे जो नहीं हैं, धन्यभागी हैं। निर्बल के बल राम। वह जो इतना निर्बल हो गया कि अब मैं हूं इतना भी नहीं कह सकता। इतनी भी दावेदारी न रही। उसी को मिलते प्रभु। हारे को हरिनाम। वह जो इस तरह हार गया, और सब तो गया ही गया, खुद भी अपने को हार गया। दांव पर सब लगा चुका।

पांडवों ने तो द्रोपदी को दांव पर लगाया था। वह सिर्फ तू को दांव पर लगाया। जरा चूक गए। आखिरी करीब-करीब आ गए थे। यह जो दांव है, यह जीवन के वास्तविक युद्ध का, यहां मैं को भी दांव पर लगा देना है।

मैं अकिंचन बन गया हूं द्वार पर आकर तुम्हारे
दर्द की सरिता उफनती ढह रहे मन के कगारे
मैं जिधर भी देखता हूं बेबसी आंचल पसारे
आज निष्फल हो रहे हैं धैर्य के परितोष सारे
धार का तृण बन गया हूं द्वार पर आकर तुम्हारे
आंसुओं के पालने में पीर ने मुझको झुलाया
याद के गीले करों ने थपकियां देकर सुलाया
लोरियों के संग जगते दूध-मुंहें सपने बिचारे
धूल का कण बन गया हूं द्वार पर आकर तुम्हारे
मैं अकिंचन बन गया हूं द्वार पर आकर तुम्हारे

जैसे-जैसे द्वार प्रभु का करीब आता वैसे ही वैसे व्यक्ति अकिंचन, नाकुछ। जिसको अष्टावक्र कहते हैं, 'न किंचन।' जो जरा भी नहीं है, ऐसा व्यक्ति अकिंचन। किंचन का अर्थ होता है, जो थोड़ा सा है; किंचित्। अकिंचन का अर्थ है, जो थोड़ा सा भी नहीं है। रेखमात्र भी न बची। शून्यवत।

मैं अकिंचन बन गया हूं द्वार पर आकर तुम्हारे
धार का तृण बन गया हूं द्वार पर आकर तुम्हारे
धूल का कण बन गया हूं द्वार पर आकर तुम्हारे

जैसे धार में एक तिनका बहा जाता है। जैसे हवा के बवंडर में धूल का एक कण उड़ा जाता है।

अष्टावक्र ने कहा, जिस दिन कोई सूखे पत्ते की भांति हो जाता है, हवा जहां ले जाए। ऐसी अकिंचनता में धन्यभाग। ऐसी अकिंचनता में, जहां सब कुछ खो गया वहीं सब कुछ मिलता है। समस्त धनों का धन!

'योगी को न स्वर्ग है, न नरक है, और न जीवनमुक्ति ही है। इसमें बहुत कहने से क्या प्रयोजन है? योगी को योगदृष्टि से कुछ भी नहीं है।'

न स्वर्गो नैव नरको जीवन्मुक्तिर्न चैव हि।
बहुनात्र किमुक्तेन योगदृष्ट्या न किंचन।।

दो शब्द हैं: स्वर्ग और नर्क। ईसाइयत, यहूदी धर्म, इस्लाम इन दो शब्दों के आस-पास बना है। भारत ने एक तीसरा शब्द खोजा, मोक्ष। मोक्ष के लिए पश्चिम की भाषाओं में कोई शब्द नहीं है। क्योंकि वह धारणा ही कभी पैदा नहीं हुई।

इसलिए पश्चिम के धर्म प्राथमिक सीढ़ियों जैसे हैं। आखिरी शिखर तो पूरब में छुआ गया: मोक्ष। नरक का तो अर्थ है दुख का ही विस्तार; वह हमारे अनुभव के

भीतर है। और स्वर्ग का अर्थ है हमारे सुख का विस्तार; वह भी हमारे अनुभव के भीतर है। जीवन में हमने सब जाने हैं सुख-दुख। सुख एक तरफ छांट लिए, दुख एक तरफ छांट लिए, दोनों की राशियां लगा दीं, बन गए स्वर्ग-नरक। स्वर्ग में हमने वह-वह बचा लिया है, जो हम चाहते हैं; और नरक में वह-वह डाल दिया है, जो हम नहीं चाहते। इस संसार को हमने दो हिस्सों में बांट दिया—सुख और दुख में, तो स्वर्ग और नरक बन गए। स्वर्ग और नरक कोई पारलौकिक बात नहीं है, इसी संसार के अनुभव हैं।

इसीलिए तो तुम नरक में क्या पाओगे? नरक में पाओगे कि लोग आग की लपटों में जलाए जा रहे हैं। यह हमारे जीवन का जो ताप है, लपटें हैं, उनकी ही धारणा है। स्वर्ग में क्या पाओगे? कि लोग शराब के चश्मों के पास बैठे शराब पी रहे हैं। सदा हरे रहने वाले वृक्षों के नीचे बैठे मौज कर रहे हैं, अप्सराएं नाच रही हैं। मगर यह तो यहीं का सब मामला है। यह कुछ बहुत नया नहीं है। जो यहां चलता है छोटे-मोटे परिमाण में उसको ही बड़े परिमाण में तुम वहां चला रहे हो। इसमें कुछ भेद नहीं है। यह संसार के पार बात न गई।

तो पूरब ने एक नया शब्द खोजा, मोक्ष। मोक्ष का अर्थ है, सुख-दुख दोनों के पार। मोक्ष का अर्थ है, स्वर्ग-नरक दोनों के पार।

लेकिन अष्टावक्र ने हद कर दी। अष्टावक्र कहते हैं, परम अवस्था में स्वर्ग-नरक तो होते ही नहीं, मोक्ष भी नहीं होता। उन्होंने मोक्ष के पार की भी एक बात कही है। इससे पार कभी किसी ने और कुछ भी नहीं कहा है। इसीलिए तो अष्टावक्र के इन वक्तव्यों को मैंने महागीता कहा है। कृष्ण मोक्ष तक ले जाकर छोड़ देते हैं बात को। मोहम्मद स्वर्ग तक ले जाकर छोड़ देते हैं बात को। ऐसा ही जीसस भी। अष्टावक्र मोक्ष के भी पार ले जाते हैं।

अष्टावक्र कहते हैं, स्वर्ग और नरक नहीं हैं यह तो बात ठीक। ये तो चित्त की दशाएं हैं। फिर मोक्ष जो है, वह जब हम चित्त की दशाओं से मुक्त होते हैं उसका अनुभव है। लेकिन वह अनुभव तो क्षणभंगुर है।

समझो, एक आदमी जेल में बंद था बीस वर्ष, तुमने उसे मुक्त किया। जेल की दीवारों के बाहर लाए, हथकड़ियां खोल दीं, उसको उसके कपड़े वापस लौटा दिए। वह राह पर आकर खड़ा हो गया। तो निश्चित ही राह पर आकर खड़े होकर वह परम स्वतंत्रता का अनुभव करेगा। लेकिन कितने दिन तक? घड़ी-दो घड़ी, दिन-दो दिन। बीस वर्ष के कारागृह के कारण ही सड़क पर खड़ा होकर वह अनुभव कर रहा है। जो लोग सड़क पर चल ही रहे हैं और कभी जेल में नहीं गए हैं उनको कुछ भी पता नहीं चल रहा है स्वतंत्रता का।

अगर वह आदमी एकदम नाचने लगेगा तो लोग कहेंगे, तू पागल है। वह कहेगा, मैं मुक्त हो गया। यह खुला आकाश, यह सूरज, ये चांद-तारे! अहा! तो लोग कहेंगे, तेरा दिमाग खराब है? ये सूरज चांद-तारे सब ठीक हैं, यह खुला आकाश भी ठीक है, हम सदा से यहीं हैं। ऐसा कुछ नाचने की बात नहीं है।

इस आदमी को जो अनुभव हो रहा है स्वतंत्रता का वह बीस वर्ष के कारागृह की पृष्ठभूमि में हो रहा है। यह क्षण भर की बात है। दस-पांच दिन बाद जब तुम इसे मिलोगे तो तुम नाचता न पाओगे। बात खतम हो गई।

जब कारागृह ही खतम हो गया तो स्वतंत्रता भी खतम हो गई। स्वतंत्रता क्षणभंगुर है।

अष्टावक्र कहते हैं, जब कोई व्यक्ति संसार के अनंत जाल से मुक्त होता है, जन्मों-जन्मों के जाल से, तो अहोभाव से, धन्यभाव से नाच उठता है कि अहा! स्वतंत्र हो गया। मुक्त हो गया।

लेकिन यह भी क्षणभंगुर बात है। यह संसार के ही पृष्ठभूमि में वक्तव्य है। थोड़े दिन बाद यह बात खतम हो गई।

अगर तुम को अब बुद्ध-महावीर मिल जाएं कहीं, तो तुम उनको नाचते थोड़े ही पाओगे! अगर अब भी नाच रहे हों तो दिमाग खराब है। ठीक था जब इस कारागृह से छूटे थे। जन्मों-जन्मों पुराना कारागृह! अपूर्व आनंद हुआ होगा। पग घुंघरू बांध मीरा नाची। निश्चित हुआ होगा। कबीर कहते हैं, 'अब हम घर चले अविनाशी।' बड़ा आनंद हुआ होगा।

लेकिन यह तो क्षण की ही बात है। और ठीक से समझना, तो संसार की ही अपेक्षा में है। यह संसार से मुक्त होकर भी अभी संसार से बंधी बात है। यह आदमी जेल से बाहर निकल आया, यद्यपि बाहर निकल आया लेकिन अभी बीस साल जो जेल में रहा है, वह छाया इसके सिर में घूम रही है। उसी छाया के कारण यह बाहर का आकाश इतना मुक्त मालूम हो रहा है। वह सींखचों के भीतर से देखा गया आकाश अभी भी छूट नहीं गया है। सींखचों के बाहर आ गया है, आंखों पर सींखचे जड़े रह गए हैं, अटके रह गए हैं। और जब यह देखता है खुला आकाश—और कोई रोकने वाला नहीं, हाथ में जंजीरें नहीं। हाथ में झकझोर कर देखता है, पुराना बोझ छूट गया है लेकिन अभी कहीं पुराने बोझ की छाया मौजूद है; उसी की तुलना में। संसार की तुलना में ही मोक्ष। लेकिन यह तुलना ज्यादा देर तो नहीं टिक सकती। संसार ही चला गया तो संसार से उत्पन्न होनेवाली जो धारणा है, वह भी चली जाएगी।

इसलिए अष्टावक्र कहते हैं, 'योगी को न स्वर्ग है और न नर्क, और न जीवन्मुक्ति ही है। इसमें बहुत कहने से क्या प्रयोजन है? योगी को योग की दृष्टि से कुछ भी नहीं है।'

बहुनात्र किमुक्तेन योगदृष्ट्या न किंचन।

बड़ी अपूर्व बात है। अष्टावक्र कहते हैं, योग की दृष्टि से योगी को कुछ भी नहीं है। न स्वर्ग है न नरक है; मोक्ष भी नहीं है। न सुख है न दुख; आनंद भी नहीं है। योग की दृष्टि से योगी को कुछ भी नहीं है।

योगदृष्ट्या न किंचन।

योगी ही नहीं बचा, अब और क्या बचेगा? बुद्ध ने इसे महाशून्य कहा है, निर्वाण कहा है। बुझ गया दीया अहंकार का। हो गया दीये का निर्वाण। अब कुछ भी न बचा। जहां कुछ भी न बचा वहीं सब बचा। सीमा न रही, असीम हुआ। स्वयं मिटे, अनिर्वचनीय का जन्म हुआ।

'धीर पुरुष का चित्त अमृत से पूरित हुआ शीतल है।'

समझना; क्योंकि अष्टावक्र के एक-एक शब्द बड़े बहुमूल्य हैं।

'धीर पुरुष का चित अमृत से पूरित हुआ शीतल है। इसलिए न वह लाभ के लिए प्रार्थना करता और न हानि होने की कभी चिंता करता है।'

नैव प्रार्थयते लाभं नालाभेनानुशोचति।
धीरस्य शीतलं चित्तममृतेनैव पूरितम्।।

'धीर पुरुष का चित्त अमृत से पूरित शीतल है।'

शीतल शब्द बड़ा बहुमूल्य है। जब अमृत से पहली दफा संबंध होता है, जब शाश्वत से पहली दफा मिलन होता है, तब तो अपूर्व हर्षोंमाद होता है। एक्स्टेसी घटती है। आदमी समाधिस्थ हो उठता है। आदमी नाचने लगता है। हजार-हजार सूरज, कबीर ने कहा है, एक साथ निकल आए हैं। हजार-हजार कमल, कबीर ने कहा है, एक साथ खिल गए हैं। सुगंध ही सुगंध है। अनंत तक सौंदर्य ही सौंदर्य है। एक अपूर्व दृश्य उपस्थित होता है।

उत्तप्त हो जाता होगा योगी, जब ऐसा अमृत बरसता है। एक क्षण को जब बूंद में सागर उतरता है तो बूंद नाचेगी नहीं? नाच उठती होगी।

जीवन की लगी आग दिग-दहंत दहके

पवन आंदोलित हुलास छल-छल छलके विलास
सौरभ के मेले हैं ठौर-ठौर आस-पास
पुष्प को मिला सुहाग मधु महंत महके
दिग-दहंत दहके

कनबतियां कलियों की बरजोरी अलियों की
मौसम के अधरों पर गजलें रंगरलियों की

जयजयवंती बिहाग रागवंत चहके
दिग-दहंत दहके

सब खिल उठा। सब तरफ दिग-दिगंत दहक उठे। एक अपूर्व ऊर्जा का विस्फोट हुआ। गया सब धूल-धवांस भरा। गया सब जराजीर्ण। नित नूतन से मिलन हुआ। गई मृत्यु। गया वह जीवन, जिसमें मृत्यु घटती थी। गए जन्म और मृत्यु के चक्कर। अमृत उपलब्ध हुआ। अब नहीं कभी मिटना है। अब न कहीं जाना है, अब न कहीं आना है।

तो पहले क्षण में तो घूंघर बज उठती होगी। पायल बज उठती होगी। नृत्य जागता होगा। हर्षोन्माद शब्द ठीक है। हर्ष में उन्मत्त हो उठता होगा कोई। पागल हो उठता होगा।

उड़ते स्वर के फाहे गीत बने चरवाहे
घूम रहे गलियों में गूंज रहे चौराहे
अंतस पर थाप पड़ी गमकी मंजीर लड़ी
फिर आया है मौसम अपनापन खोने का
भीगने-भिगोने का
कलियों के तन चिटके परिमल के कण छिटके
मलयानिल ने रह-रह सुरभित आंचल झिटके
जाग उठे बन सोए किरणों ने मुंह धोए
फिर आया है मौसम वल्लरी पिरोने का
भीगने-भिगोने का

अमृत की वर्षा होने लगी। फिर आया है मौसम भीगने-भिगोने का। डूबने लगे। रोआं-रोआं आनंद में डूबने लगा। मगर यह कोई स्थिर बात तो नहीं है। यह भी शीतल हो जाएगी। इसलिए शीतल शब्द का उपयोग किया है।

यह तो बड़ी उत्तप्त है। हर्षोंमाद! यह तो बड़ा उत्तप्त है। इसमें तो बड़ा नाच है, बड़ा रंग है। बड़ी गजल। बड़ी रंगरेलियां। पहली दफा जीवन के उत्सव ने अपने द्वार खोले हैं। पहली बार, जिसकी सदा-सदा से तलाश थी उससे मिलन हुआ है। प्रियतम के हाथ में हाथ पड़ा है।

कबीर ने कहा है, हम राम की दुल्हनिया। भांवर पड़ गई। अब तो हम राम के साथ चल पड़े। अब तो राम के साथ हम जुड़ गए, एक हो गए।

कोई कैसे नहीं नाचेगा? कोई कैसे नहीं गुनगुनाएगा? कैसे नहीं संगीत का जन्म होगा? नाद जगेगा, वादन होगा, कीर्तन होगा। लेकिन यह ज्यादा देर नहीं, इसलिए शीतल।

‘धीर पुरुष का चित्त अमृत से पूरित हुआ शीतल है।’

अंतिम अवस्था में थोड़ी ही देर में यह सब शांत हो जाएगा। सब शीतल हो जाएगा। सब शून्य हो जाएगा।

‘इसलिए न वह लाभ के लिए प्रार्थना करता है, न हानि होने से कभी चिंता करता है।’

अब न अपनी उसकी कोई प्रार्थना है लाभ के लिए, न हानि की कोई चिंता है। अब न कुछ खोने को है, न कुछ पाने को है। अब न कहीं जाने को है। यात्रा समाप्त हुई। गंतव्य आ गया। अब कोई गति नहीं है। अब कोई गतिवान नहीं। अब सब ठहरा। अब सब परम अवस्था में ठहरा। इसे ही कहें समाधि।

पतंजलि ने समाधि के दो रूप कहे हैं। एक को कहा, सविकल्प समाधि। एक को कहा, निर्विकल्प समाधि। सविकल्प समाधि में हर्षोंमाद होगा। निर्विकल्प समाधि में कोई हर्ष न रह जाएगा, कोई उन्माद न रह जाएगा। निर्विकल्प समाधि शीतल होगी। कोई विकल्प न बचा।

यह परम शून्यता लक्ष्य है। और जिसने इसे पा लिया उसने पूर्ण को पा लिया है। शून्य के द्वार से आता है पूर्ण। तुम मिटो तो प्रभु हो सकता है।

आज इतना ही।

* * *

प्रवचन : 80

पूनम बन उतरो

30 जनवरी, 1977

पहला प्रश्न : एक ही प्रश्न उठ रहा है हृदय में और वह भी पहली बार कि कौन है तू, क्या है, कहां पर है? अपने से पूरी-पूरी पहचान हो जाए ताकि एक जान हो जाएं। तू तू न रहे, मैं मैं न रहूं। एक दूजे में खो जाएं। और जब तक पहचान नहीं होती तब तक एक कैसे हो जाएं? और उचित भी यही है कि तभी मैं आपके दरबार में आऊं। आने का मजा भी तभी रहेगा।

ऐसे अपने मन को धोखे मत देना। निरंतर आदमी बचने की नई-नई तरकीबें खोज लेता है। परमात्मा के द्वार में भी तुम तब जाओगे जब अपने को जान लोगे तो परमात्मा के द्वार में जाने की जरूरत क्या रह जाएगी? और यह अकड़ छोड़ो कि अपने को जान कर पहुंचेंगे, कुछ पात्रता लेकर पहुंचेंगे, कुछ योग्य बन कर पहुंचेंगे।

यह तुम्हारी योग्यता और तुम्हारी पात्रता का रोग ही तो तुम्हें भटका रहा है। कुछ होकर पहुंचेंगे। ऐसे कैसे चले जाएं नंग-धड़ंग? कुछ साज-सामान से पहुंचेंगे। परमात्मा के दरबार में भी तुम जैसे हो वैसे ही नहीं जाओगे? आयोजन करोगे? पहले और तरह के आयोजन थे सिंहासनों के, अब यह नया सिंहासन खोजा—आत्मज्ञानी होकर पहुंचेंगे।

'तभी तो मजा रहेगा।'

तुम परमात्मा के सामने भी निरीह, अकिंचन बन कर खड़े न हो सकोगे? तुम परमात्मा के सामने भी अज्ञानी बन कर खड़े न हो सकोगे? वहां भी अहंकार को ले जाओगे? अपने को जान कर जाओगे?

बात बड़ी ऊंची तुमने कही ऐसा लगता, लेकिन ऊंची बातों में हम बड़ी नीची बातें छिपा लेते हैं। आदमी की कुशलता अपार है। वह रोगों के ऊपर बड़ी सुगंधियां छिड़क लेता है। भ्रांतियों को भी अच्छे-अच्छे नाम दे देता है। यह आत्मज्ञान भी अहंकार की ही सूक्ष्म घोषणा है।

वहां तो तुम ऐसे ही चले जाओ, जैसे हो। तैयार मत होओ। सजो मत। मजा इसमें ही है कि तुम जैसे हो ऐसे ही चले जाओ। तुम जैसे हो ऐसे ही वहां स्वीकार हो। जरा भी अन्यथा होने की जरूरत नहीं है। परमात्मा की कोई भी शर्त नहीं है तुम पर कि तुम ऐसे होओ, तब आ सकोगे। अगर किन्हीं ने शर्तें लगाई हैं तो परमात्मा ने नहीं, तुम्हारे महात्माओं ने लगाई हैं। कि पहले साधु बनो, पहले तपस्वी बनो, त्यागी बनो, आचरण, पुण्य—और इतनी शर्तें लगा दी हैं कि तुम जन्मों-जन्मों तक भी बनोगे तो बन न पाओगे।

मैं तुमसे कहता हूं, तुम जैसे हो ऐसे ही—सब घावों से भरे, धूलि-धूसरित, गंदे, कुरूप, अज्ञानी, ऐसे ही पुकार उठो। ऐसे ही चल पड़ो। तुम अंगीकार हो। उसने तुम्हें अंगीकार किया ही है। तुम चोर हो तो भी अंगीकार हो। तुम बेईमान हो तो भी अंगीकार हो। क्योंकि तुम कैसे हो यह कोई शर्त ही नहीं है, तुम हो इतना काफी है। सच तो यह है, अगर उसने तुम्हें अंगीकार न किया होता तो तुम हो ही न सकते थे। उसके बिना सहारे के तुम कुछ भी न हो सकते। चोर भी न हो सकते।

मैं तुमसे कहता हूं, जब तुम चोरी करने जा रहे हो तब भी वही तुम्हारे भीतर श्वास ले रहा है। जब तुम पाप करने गए हो तब भी उसके ही सहारे गए हो। अपने सहारे तो तुम कहीं भी नहीं जा सकते। तुम अपंग हो। तुम सदा उसके ही धनुष पर तीर बन कर चढ़े हो। तुमने कोई भी लक्ष्य भेदे हों, सभी लक्ष्यों में उसकी ही ऊर्जा है।

ऐसा जिस दिन जानोगे, उस दिन फिर ये बातें न करोगे। फिर आदमी का तर्क! आदमी सोचता है, पहले कुछ इंतजाम तो कर लूं। व्यवस्था जुटा लूं। सब भांति योग्य हो जाऊं। इसलिए तो तुम दरबार कह रहे हो। यह दरबार नहीं है परमात्मा का। दरबार! तो तुम फिर राजाओं की, सम्राटों की बातें भीतर ले आए। वहां तैयारी चाहिए। वहां तुम्हें स्थान नहीं मिलता, तैयारी को स्थान मिलता है।

मिर्जा गालिब के जीवन में उल्लेख है। बहादुरशाह ने निमंत्रण दिया है। और भी नगर के प्रतिष्ठित लोग आमंत्रित हुए हैं। गालिब को भी निमंत्रित किया है। लेकिन गरीब है गालिब। उधारी में दबा है। कपड़े-लत्ते पास नहीं। बड़ा संकोच से भरा है।

फिर सोचने लगा मन ही मन कि मुझे निमंत्रण दिया है तो अब जैसा हूं वैसा जाऊंगा। मित्रों ने कहा कि नहीं, ऐसे मत जाओ। मित्र कोट-कमीज मांग लाए, जूते मांग लाए, सब सामान इकट्ठा कर दिया कि यह पहन कर चले जाओ। गालिब का मन सोच में पड़ गया, ये कपड़े पहनूं न पहनूं? अपने कपड़े अपने हैं, दूसरे के दूसरे के हैं। कितने ही सुंदर हों, उधार हैं। यह झूठ क्यों आरोपण करूं?

हिम्मत करके अपने ही मैले-कुचैले पुराने कपड़े पहने चला गया। पर वही हुआ जो मित्रों ने कहा था। द्वारपाल ने भीतर प्रविष्ट ही न होने दिया। उसने कहा, भाग यहां से। द्वारपाल तो उसके हाथ में जो निमंत्रण-पत्र था वह भी छुड़ाने लगा। उसने कहा, तू किसी का चुरा लाया होगा। ऐसे आदमियों को सम्राट का कहीं निमंत्रण मिलता है? तू किसका निमंत्रण चुरा लाया? भाग यहां से। दुबारा लौट कर यहां मत आना।

गालिब तो बहुत परेशान और अपमानित हुआ, लेकिन समझ भी खूब आई। खूब हंसा भी मन ही मन। घर गया, वह जो उधार कपड़े थे, पहन कर टीम-टाम करके वापस आ गया। वही द्वारपाल झुक-झुक कर नमस्कार किया। कहा, मीर साहब, आइए। वह बड़ा हैरान हुआ कि क्या यह आदमी इतना भी नहीं देख सकता कि मैं वही हूं। लेकिन आदमी तो मुखौटे देखते हैं। आदमी आत्माएं थोड़े ही देखते हैं। आदमी तो पशुओं से भी गए-बीते हैं।

ईसप की कहानी है एक, कि एक लोमड़ी को एक मुखौटा मिल गया। किसी नाटक कंपनी के पास घूम रही होगी, एक मुखौटा मिल गया। तो उसने उलटा-पलटा, खूब उलटा-पलटा। उसको कुछ समझ में न आए कि पीछे तो कोई है ही नहीं। उलटती-पलटती गई, आखिर उसने कहा, हद हो गई। इतना बड़ा चेहरा और भेजा बिलकुल नहीं! भीतर कुछ है ही नहीं? यह जो ईसप की लोमड़ी है, यह भी ज्यादा समझदार रही होगी उस बहादुरशाह के द्वारपाल से।

और जब गालिब गया तो बहादुरशाह ने उसे बड़े सम्मान से अपने पास ही बिठाया। और भी मेहमान थे। बहादुरशाह के मन में बड़ी कद्र थी कविता की। खुद भी कवि था। कोई बहुत बड़ा कवि तो नहीं लेकिन फिर भी कवि था। और कविता का बड़ा आदर था मन में। लेकिन बड़ा हैरान हुआ, जब भोजन परोसा गया और गालिब उठा-उठा कर मालपुए, बर्फियां अपने कोट को छुलाने लगा, पगड़ी को छुलाने लगा तो वह जरा चौंका। ऐसे तो कवि झक्की होते हैं मगर यह क्या कर रहा है? और न केवल इतना, गालिब कहने लगा, ले कोट, खा। ले पगड़ी, खा। खूब मन भर कर खा।

बहादुरशाह ने कहा, आप क्या कह रहे हैं? ज्यादा तो नहीं पी गए हैं? पियक्कड़ तो था। सोचा, ज्यादा पी गया हो। वह यह क्या कर रहा है? गालिब ने कहा, नहीं, पीया बिलकुल नहीं हूं, लेकिन मैं आया ही नहीं हूं। ये कपड़े ही आए हैं। ये ही भोजन

करें। निमंत्रण आपने भला मुझे भेजा हो, द्वारपाल ने मुझे प्रविष्ट नहीं होने दिया है। ये कपड़े ही भीतर आए हैं। मैं तो आया ही नहीं। मैं तो अपमानित बाहर से घर लौटा दिया गया हूं।

ये आदमियों के दरबार हैं। तुम ईश्वर के दरबार को भी आदमियों का दरबार समझते हो? वहां तुम जैसे भी जाओगे वैसे ही स्वीकार हो जाओगे। यह अकड़ छोड़ो। यह बात ही व्यर्थ है कि पहले मैं अपने को जान लूं, फिर मजा रहेगा।

और दूसरी बात खयाल रखो कि तुम बिना उससे मिले अपने को जान न पाओगे। अब और थोड़ी अड़चन है। क्योंकि उससे मिलने का अर्थ क्या है? उससे मिलने का अर्थ ही यही है, स्वयं की आत्यंतिक सत्ता से मिलना। परमात्मा कुछ अलग थोड़े ही बैठा है। कि कहीं बैठा है, तुम चले गए; द्वार पर दस्तक दे दी, भीतर बुला लिए गए। परमात्मा भीतर बैठा है। जब तुम स्वयं में जाओगे तभी उसमें जाओगे। वहीं उसका दरबार है—तुम्हारे स्वभाव में।

तो तुम स्वयं को जान लो और फिर परमात्मा के पास जाओ, यह तो बात हो ही नहीं सकती। स्वयं को जाना कि परमात्मा को जान लिया। परमात्मा को जान लिया कि स्वयं को जान लिया। स्वयं को जान लेना और परमात्मा को जान लेना दो बातें नहीं हैं, एक ही घटना है। एक ही घटना को कहने के दो ढंग हैं।

तो यह तो तुम बांधना ही मत खयाल अपने मन में कि पहले स्वयं को जान लेंगे, फिर जाएंगे। तो तुम स्वयं को भी न जान सकोगे और अभी तुमने स्वयं को जो समझा है कि यह मैं हूं, वह तो तुम हो ही नहीं। किसी ने समझा है मैं देह हूं, किसी ने समझा है मैं मन हूं, किसी ने समझा है कि हिंदू, मुसलमान, ईसाई, जैन, बौद्ध। किसी ने समझा कि ब्राह्मण, शूद्र; किसी ने समझा गोरा, काला; किसी ने समझा जवान, बूढ़ा। यह तुम कुछ भी नहीं हो। यह तो मन और शरीर का ही सब जोड़ है। इनके पार तुम हो; साक्षी तुम हो। उस साक्षी में प्रवेश ही परमात्मा में प्रवेश है।

फिर एक बात और—इस जगत में जैसे नियम हैं, ठीक उससे विपरीत नियम हैं अंतर्जगत के। यहां अगर तुम्हें कुछ पाना हो—धन, पद, प्रतिष्ठा, तो लड़ना पड़े, जूझना पड़े, छीन-झपट मचानी पड़े। गलाघोंट प्रतियोगिता है। और भी छीन रहे हैं; तुम्हें भी छीनना पड़े। क्योंकि बाहर की दुनिया में जो धन है उसे तुमने पा लिया तो दूसरा वंचित रह जाएगा। दूसरे ने पा लिया तो तुम वंचित रह जाओगे। यहां तो दो ही उपाय हैं, या तुम छीन लो या दूसरे को छीन लेने दो।

भीतर की दुनिया के नियम बिलकुल ही भिन्न हैं। वहां तुम ज्ञानी बन जाओ तो दूसरे को अज्ञानी नहीं बनना पड़ता। दूसरा ज्ञानी बन जाए तो तुम्हारा कुछ छिनता नहीं। वहां कोई प्रतिस्पर्धा नहीं है। वहां तो जो छीन-झपट करेगा, चूक जाएगा। वहां तो

बिना छीन-झपट मिलता है। वहां तो बिना प्रयास मिलता है। बाहर जो बैठा रहा, चूकेगा। भीतर जो चलता रहा, चूकेगा। बाहर जो चलता रहा, पाएगा। भीतर जो बैठ गया, पाएगा।

ध्यान क्या है? बैठ जाना। ऐसी बैठक मार लेनी भीतर—यही तो आसन शब्द का अर्थ है। आसन का अर्थ है, ऐसी बैठक मार ली कि हिलते ही नहीं। चलना-जाना तो दूर रहा, कंपन भी नहीं होता। अकंप होकर भीतर बैठ गए, बस वहीं मिलना है।

बाहर की तो कोई भी मंजिल...तुम्हें दिल्ली जाना तो यात्रा करनी पड़े। और तुम्हें स्वयं में आना तो सब यात्रा छोड़नी पड़े। बाहर खोजना, आंख खोलनी पड़े। भीतर खोजना, आंख बिलकुल बंद कर लेनी पड़े। बाहर कुछ करना है, शरीर का माध्यम लेना पड़ेगा। भीतर कुछ करना है, शरीर का माध्यम छोड़ देना पड़ेगा। उतरो घोड़े से। बाहर जाना है तो घोड़े की सवारी है। शरीर पर चढ़ कर ही जाओगे और कोई उपाय नहीं है। भीतर जाना है तो शरीर की कोई आवश्यकता ही नहीं है। इस घोड़े को भीतर मत लिए चले जाना, नहीं तो भीतर जा न पाओगे। बाहर जाना है तो सोच-विचार। भीतर जाना है तो निर्विचार। ये बड़ी विपरीत बातें हैं।

इसका एक सूत्र मैं तुमसे निवेदन कर दूं। बाहर विज्ञान कहता है, कारण-कार्य का नियम; कॉज़-इफेक्ट। पहले कारण फिर कार्य। पहले मां फिर बेटा। पहले बीज फिर वृक्ष। कारण पहले, कार्य पीछे। इससे अन्यथा बाहर नहीं होता।

भीतर की दुनिया में मामला उलटा है। यहां कार्य पहले, कारण पीछे। पहले बेटा फिर मां। इसीलिए तो कबीर ने उलटबांसियां लिखी हैं।

पानी लग गई आगी मछली चढ़ गई रूख

अब मछलियों को तुमने कभी झाड़ पर चढ़ते देखा? मछली चढ़ गई रूख? पानी में कभी आग लगती देखी? पानी तो आग बुझाता है। पानी लग गई आगी?

कबीर यह कह रहे हैं, यह उलटबांसी है। ये भीतर के सूत्र हैं। बाहर जैसा होता है इससे उल्टा भीतर होता है। इसलिए बाहर के गणित को भीतर मत फैलाना। बाहर तो ऐसा ही लगेगा कि जब अपने को ही नहीं जानते तो परमात्मा को कैसे जानेंगे? बिलकुल तर्कयुक्त है बात। अभी अपना ही पता नहीं कि हम कौन हैं तो परमात्मा को क्या खाक खोजें! कहां खोजें? अभी अपने को ही नहीं पा सके तो और को क्या पा सकेंगे? अपनी ही तो सुध नहीं है और परमात्मा की यात्रा पर चले! पहले होश में तो आ जाओ।

जैसे कोई शराबी आदमी डांवांडोल होता चल रहा है और किसी से पूछता है कि परमात्मा को खोजना है, कहां है? तो तुम क्या कहोगे? कि बड़े मियां! पहले जरा

होश तो लाओ। हाथ-पैर तो कहां के कहां पड़ रहे हैं। कहीं रखते हो, कहीं जा रहे हैं। और परमात्मा को खोजने निकले इस हालत में? अच्छी-भली हालत में नहीं मिलता, इस हालत में मिलेगा? पहले होश तो सम्हालो थोड़ा। जरा अपने होश में तो आओ, फिर खोजना परमात्मा को।

बाहर की दुनिया में यह जवाब बिलकुल ठीक है, लेकिन भीतर की दुनिया में वे ही पहुंचते हैं जो लड़खड़ाते हैं, शराबी की तरह चलते हैं। पानी लग गई आगी!

एक पांव इधर रखते हैं, दूसरा उधर पड़ता है। जाते उत्तर हैं, पहुंच पूरब जाते हैं। ऐसे लोग पहुंचते हैं। मतवाले पहुंचते हैं, दीवाने पहुंचते हैं, पागल पहुंचते हैं, मस्त पहुंचते हैं।

मैंने सुना है, एक आदमी रोज-रोज नदी के किनारे घूमने के लिए जाता था सुबह-सुबह ब्रह्ममुहूर्त में। रोज-रोज आता देख कर जो मछलियों की रानी थी वह उसे पहचानने लगी थी। लेकिन मछली तो पानी में थी, आदमी नदी के किनारे टहलता था। पानी में तो उलटी छाया बनती है, प्रतिबिंब तो उलटा बनता है।

तुम जब दर्पण में खड़े होते हो तब तुम्हें याद नहीं रहती लेकिन प्रतिबिंब उलटा बन रहा है। तुम वैसे ही थोड़े दिखाई पड़ रहे हो, जैसे हो; उससे उलटे बन रहे हो। नहीं हो तो किताब का पन्ना सामने रख कर दर्पण के देखना तब तुमको समझ में आ जाएगा। सब अक्षर उलटे हो गए। वह तो तुम रोज खड़े होते हो तो आदत हो गई है, तो तुमको खयाल में नहीं आता कि बायां दायां दिख रहा है, दायां बायां दिख रहा है। रोज की आदत है। किताब का पन्ना सामने करना दर्पण के, तत्काल समझ में आ जाएगा कि सब उलटा हो जाता है।

तो मछली तो पानी में से देखती थी प्रतिफलन। तो उसको दिखाई पड़ता था आदमी का सिर नीचे, पैर ऊपर। स्वभावतः मछली की अकल, और मछली का अनुभव भी यही था। पानी के ऊपर तो उसने कभी आकर देखा नहीं था। इस आदमी के डर के मारे आती भी नहीं थी; और नीचे सरक जाती थी। मानती थी कि यही आदमी के होने का ढंग है कि सिर नीचे, पैर ऊपर। और ऐसा ही उसने शास्त्रों में भी पढ़ा था। मछलियों के लिखे शास्त्र! उन्होंने भी ऐसा ही आदमी देखा था।

लेकिन एक दिन इस आदमी को योग का शौक चढ़ा और यह शीर्षासन करने लगा वहीं नदी के किनारे। जब इसने शीर्षासन किया तो मछली बड़ी चिंतित हुई कि इस आदमी को क्या हो गया? क्योंकि नीचे उसने पानी में देखा कि सिर ऊपर और पैर नीचे। यह तो बात गड़बड़ हो गई। क्या यह आदमी शीर्षासन कर रहा है? आज पहली दफा उसे आदमी वैसा दिखाई पड़ा था जैसा वस्तुतः आदमी होता है। मगर

उनके हिसाब से तो गड़बड़ हो रही थी सब बात। कि आदमी को हो क्या गया है? दिमाग खराब हो गया है? सदा सिर नीचे होता था, पैर ऊपर होते थे, आज पैर नीचे और सिर ऊपर?

उत्सुकतावश मछली पानी के ऊपर आई। और जब उसने देखा तो वह बड़ी मुश्किल में पड़ गई। तबसे मछलियों में खबर है कि आदमियों का कुछ भरोसा नहीं। इनके स्वभाव के संबंध में कुछ निश्चित नहीं किया जा सकता। होते कुछ, दिखाते कुछ। असलियत कुछ, खबर कुछ फैलाते।

हमने अभी जो भी जगत देखा है वह हमने आदमी के दृष्टिकोण से देखा है। आदमी का दृष्टिकोण मछलियों जैसा बंधा दृष्टिकोण है। अभी हमने परमात्मा को सीधा-सीधा नहीं देखा, प्रतिफलन देखा है। प्रतिफलन की खोज ही विज्ञान है। इसलिए विज्ञान में कारण पहले, कार्य पीछे। और धर्म प्रतिफलन की खोज नहीं, सत्य की खोज है। वहां कार्य पहले, कारण पीछे। पानी लग गई आगी! यह उलटबांसी का अर्थ है। उलटबांसी का अर्थ ही यह होता है, कुछ बात जैसी तुम्हें दिखाई पड़ती है इससे उल्टी है।

तुम कहते हो, तर्कयुक्त कहते हो कि पहले अपने को जान लूं, फिर परमात्मा को जानने जाऊं। मैं तुमसे कहता हूं, तुम परमात्मा को ही जान कर स्वयं को जान पाओगे। तुम कहते हो, लक्ष्य मिल जाए तो स्रोत मिल जाएगा। मैं तुमसे कहता हूं, स्रोत मिल जाए तो लक्ष्य मिल जाए। तुम तो परमात्मा को भी खोजने जाते हो तो बाहर जाते हो। आदमी की सारी पकड़ बाहर है।

और अब तुम एक ऐसी झंझट खड़ी कर ले रहे हो अपने मन के लिए कि जब तक अपने को न जान लेंगे...यह एक ऐसी शर्त है जो तुम पूरी न कर सकोगे। न होगी शर्त पूरी, न तुम कभी परमात्मा की खोज को जाओगे। यह तो तुमने ऐसा किया, न रहा बांस न बजी बांसुरी। तुमने तो प्रश्न की जड़ ही तोड़ दी। तुम्हारी खोज अवरुद्ध हो जाएगी।

मैं तुमसे कहता हूं, तुम इन बातों में मत पड़ो। तुम परमात्मा को खोज लो। परमात्मा को खोजने से ही तुम स्वयं को जान पाओगे। यहां स्वयं को जानना पहले नहीं होगा, पीछे होगा; छाया की तरह आएगा। क्यों? क्योंकि परमात्मा तुम्हारा वास्तविक होना है। तुम्हारा होना तो छाया मात्र है। तुम्हारा होना तो भ्रम मात्र है, परमात्मा का होना वास्तविक है, शाश्वत है। तुम्हारा होना तो क्षणभंगुर है।

सदा स्मरण रखो, किन्हीं होशियार तरकीबों से अपनी यात्रा को खराब मत कर लेना, अपने पैरों को लंगड़े मत कर लेना। चलो, जैसे हो। इसलिए तो जीसस कहते

हैं, वे ही पहुंच पाएंगे मेरे प्रभु के राज्य में जो छोटे बच्चों की भांति हैं। नंग-धड़ंग, जैसे थे वैसे ही पहुंच गए। साज-संवार की फिकर ही न की। श्रृंगार ही न किया।

उससे भी क्या छिपाना! श्रृंगार करके भी क्या छिपेगा! जिसने तुम्हें बनाया उससे क्या छिपाना! जिससे तुम आए उससे क्या छिपाना! पाप है तो पाप। बुरा है तो बुरा, भला है तो भला। जैसे हो ऐसे ही चल पड़ो तो ही पहुंच पाओगे। और पहुंच गए तो क्रांति है। पहुंचने के पहले क्रांति की आशा मत रखना। पहुंच गए तो क्रांति है। जो पहुंचे वे बदले। जो बदलने की राह देखते रहे वे बदले तो कभी नहीं, पहुंचे भी नहीं। पहुंचने से भी चूके।

दूसरा प्रश्न: भवसागर से पार उतर कर परम आत्मा में लीन होने के लिए जड़भक्ति, मूढ़भक्ति एवं अंधभक्ति में से किसका सहारा लिया जाए?

प्रश्न ही भक्त का नहीं मालूम होता। भक्ति को गालियां दे रहे हो। कहते हो—जड़भक्ति, मूढ़भक्ति, अंधभक्ति। प्रश्न ही भक्त का नहीं है।

प्रश्न तो ज्ञानी का मालूम पड़ता है।

भक्त तो एक ही भक्ति जानता है। भक्ति के विश्लेषण भी ज्ञानियों ने किए हैं, भक्तों ने नहीं किए हैं। कितने प्रकार की भक्ति है यह भी विश्लेषण ज्ञानियों का है, भक्तों का नहीं। भक्त को क्या पता! भक्त तो विभक्ति जानता ही नहीं, विभाजन जानता ही नहीं। भक्त तो कोटियां जानता ही नहीं। भक्त तो एक को ही जानता है, दो को नहीं जानता। भक्त का हिसाब एक से आगे जाता ही नहीं।

कहते हैं, जीसस को स्कूल में पढ़ने बिठाया गया। ईसाइयों में तो यह कहानी खो गई है लेकिन सूफियों ने बचा रखी है। कुछ कहानियां सूफियों के पास हैं जीसस की, जो ईसाइयों के पास खो गई हैं। और बड़ी अदभुत कहानियां हैं। उनमें एक कहानी यह है कि जीसस को स्कूल पढ़ने भेजा गया। संख्या सिखाने की कोशिश की शिक्षक ने और वे एक पर अटक रहे। और उन्होंने कहा, जब तक तुम एक को न समझा दो तब तक दो पर क्या जाना!

और शिक्षक एक को न समझा सका। अब एक को समझाने के लिए तो कोई बुद्ध, कोई कृष्ण हो तो समझा सके। एक को समझाना तो बड़ी कठिन बात है। दो बिलकुल सरल, तीन और सरल, चार और सरल। जैसी संख्या बड़ी होती जाती है वैसे समझाना आसान होता जाता है। मगर एक को कैसे समझाओ?

तुमने देखा, इस जगत में सरल चीजों को समझाना सबसे ज्यादा कठिन है। अगर कोई पूछे, दो क्या? तो तुम कह दो, एक और एक दो। एक और एक मिल कर

दो। एक+एक = दो। कुछ तो उत्तर हो सकता है। लेकिन एक क्या? विभाजन नहीं होता तो उत्तर नहीं होता।

कोई तुमसे पूछे, पीला रंग क्या? तो तुम क्या कहोगे? तुम कहोगे, पीला रंग यानी पीला रंग। अब इसमें और क्या है बताने को? तुमसे कोई पूछे, इंद्रधनुष क्या? तो तुम कहोगे सात रंग। तुम सातों रंगों का नाम ले दो, सिलसिला बता दो, क्रमवार गिनती करवा दो। मगर कोई पूछे पीला रंग? अब पीला रंग बड़ा सरल मामला है। सरल इस जगत में सर्वाधिक कठिन सिद्ध होता है। कठिन का तो विश्लेषण हो सकता है क्योंकि कठिन काम्प्लेक्स होता है। कठिन में तो कई चीजें मिली होती हैं तो कुछ उपाय होता है। कुछ कह सकते हो।

जीसस अटक रहे। जीसस ने कहा, एक को तो समझाओ फिर दो पर चलें। क्योंकि तुम कहते हो, दो का मतलब होता है एकएक; और अभी एक समझे ही नहीं। कहते हैं, शिक्षक बहुत नाराज हो गया। मां-बाप से उसने शिकायत की कि इस बच्चे को अलग करो। यह खुद तो पढ़ेगा नहीं, दूसरों को भी पढ़ने नहीं देगा। यह कहां की फिजूल बकवास लगाता है कि एक का मतलब क्या? अब किसको पता है कि एक का मतलब क्या? जितना पता है वह कामचलाऊ है।

शिक्षक बेचारा शिक्षक! जीसस ने एक ऐसी बात पूछ ली, जो कि आखिरी है। पहले दिन पूछ ली स्कूल में। यह तो विश्वविद्यालय चुक जाते हैं तब भी नहीं चुकती। यह तो जीवन के अंतिम चरण में ही रहस्य खुलता है कि एक यानी क्या!

भक्त का अर्थ होता है, जो एक में जीने लगा। उसके पास तो दो नहीं हैं। उसने तो एक को पहचान लिया।

तो इस प्रश्न में थोड़ी सी ज्ञान की झलक है। और ज्ञान भक्ति में बाधा है। क्योंकि भक्ति का अर्थ है, प्रेम। इसलिए ज्ञानी भक्त को कहते हैं अंधा। क्योंकि उनको लगता है कि प्रेम तो अंधा होता है। प्रेम अंधा है भी—ज्ञानी के हिसाब से। मगर ज्ञानी है कौन प्रेम के संबंध में हिसाब लगाने वाला? जो प्रेम को जानते हों वही कुछ कहें। उन्हीं की बात सुनूं।

ज्ञानी को कोई हक भी नहीं है प्रेम के संबंध में कुछ कहने का। जानते ही नहीं प्रेम को, प्रेम के संबंध में कहोगे क्या? ज्ञान के संबंध में कुछ कहो, ठीक। लेकिन ज्ञानी हर चीज के संबंध में कुछ न कुछ कहता है। वह हर चीज को ज्ञान का विषय बना लेता है, विश्लेषण कर देता है। तो ज्ञानियों ने विश्लेषण कर दिया है कि भक्ति कितने प्रकार की, प्रेम कितने प्रकार का; ऐसी भक्ति, वैसी भक्ति और भक्ति का उन्हें कुछ पता नहीं। भक्ति तो बस एक प्रकार की—एकरस। उसमें दूसरा रस ही नहीं है। उसमें दूजा नहीं है, दूसरा रस कैसे होगा? प्रेमगली अति सांकरी ता में दो न समाय।

तो तुम यह फिकर छोड़ो कि जड़भक्ति कि मूढ़भक्ति कि अंधभक्ति कि विक्षिप्त भक्ति, यह छोड़ो तुम फिक्र; भक्ति काफी है। और उस भक्ति में ये सब चीजें अपने आप आ जाएंगी। तुम एक दफा भक्त तो हो जाओ, अंधे अपने आप हो जाओगे। सारी दुनिया तुमको अंधा कहेगी, तुम नहीं अंधे हो जाओगे। तुम्हें तो आंखें मिल जाएंगी। तुम्हें तो वह दिखाई पड़ने लगेगा जो साधारण आंखों से दिखाई ही नहीं पड़ता। अदृश्य तुम्हारे लिए दृश्य बनने लगेगा। अगोचर गोचर हो जाएगा। जिसे कभी किसी ने नहीं छुआ उसका स्पर्श अनुभव होने लगेगा। लेकिन दुनिया तुम्हें अंधा कहेगी। दुनिया न मान सकेगी। क्योंकि दुनिया अंधी है। और दुनिया तुम्हें अंधा कहेगी।

एच.जी.वेल्स की एक कहानी है, कहीं मेक्सिको में एक घाटी है जहां बच्चे पैदा होकर तीन महीने के भीतर अंधे हो जाते हैं। कहानी तथ्य पर आधारित है। उस घाटी की जलवायु, भोजन कुछ ऐसा है कि आंख खराब हो जाती है। तो वहां एक कबीले में एक आंख वाला आदमी पहुंच गया बाहर की दुनिया से। दूर पहाड़ों में बसी हुई छोटी सी बस्तियां हैं अंधों की। और कभी कोई आंख वाला वहां हुआ नहीं। सभी अंधे हैं। अब तीन महीने का बच्चा तो कुछ कह नहीं सकता। तीन महीने तक आंख ठीक रहती है फिर धीरे-धीरे खराब हो जाती है। जब तक बच्चा बोलने की उम्र में आता है तब तक तो आंख जा चुकी होती है। इसलिए कभी किसी ने यह कहा ही नहीं, आंख है।

यह आंखवाला आदमी बाहर की दुनिया से यात्रा करता हुआ किसी तरह उन पहाड़ों, दुर्गम पहाड़ों को पार करके पहुंच गया। वे उस कबीले के लोग इसकी बात ही न मानें। इस पर हंसें। तुम्हारा दिमाग तो खराब नहीं हो गया? कभी सुना? कैसी बातें कर रहे हो? किसको धोखा दे रहे हो? आंख होती ही नहीं।

और इस आदमी को प्रमाण जुटाना मुश्किल हो गया क्योंकि वहां सब अंधे थे। भीड़ तो उनकी थी। और गांव भर हंसता और कहता, कहां है वह अंधा? इस आदमी के बाबत—वे अंधा मानते इसको। इसका नाम अंधा रख लिया।

उस गांव की एक लड़की इसके प्रेम में पड़ गई। लेकिन गांव ने एक शर्त लगा दी। उन्होंने कहा कि अगर इस लड़की से प्रेम करना है तो एक शर्त है। क्योंकि हमारे यहां कभी भी...तुम कहते हो, तुम्हारे पास आंखें हैं। हमें पक्का पता नहीं, हैं या नहीं। लेकिन एक बात पक्की है कि हमारे इस देश में, हमारे इस समाज में कभी आंख वाले से हमारी किसी लड़की ने शादी नहीं की है। तो इसका शास्त्रों में कोई उल्लेख नहीं है, न परंपरा में कोई उल्लेख है। यह हमारी धारणा के विपरीत है। अगर तुम कहते हो, तुम्हारी आंखें हैं, तो तुम्हें आपरेशन के लिए राजी होना पड़े। हम तुम्हारी आंखें निकाल लेते हैं। तुम अंधे हो जाओ तो ही शादी कर सकते हो।

ठीक है। जब कोई ब्राह्मण से शादी करे तो वह कहता है, ब्राह्मण हो कि नहीं? कोई हिंदू से शादी करे तो वह कहता है, तुम हिंदू हो कि नहीं? कोई ईसाई से शादी करे तो वह कहता है, पहले ईसाई हो जाओ फिर हम शादी कर लेंगे।

उन्होंने भी ठीक कहा। अंधे हो जाओ। हमारे जैसे हो जाओ। हम नहीं मानते कि तुम अंधे हो कि आंखवाले हो, मगर हम जैसे हो जाओ तो ही हमारी लड़की से शादी कर सकते हो।

वह आदमी बड़ी मुश्किल में पड़ गया। और उसने कहा, रात भर का मुझे मौका दो! इधर प्रेम खींचे, उधर आंखों का आग्रह। लेकिन सुबह होते-होते वह भाग खड़ा हुआ। उसने कहा कि प्रेम तो फिर कहीं हो जाएगा। ये आंखें एक बार गईं तो गईं। और फिर उसे सूरज समझ में आने लगा और रंग और रूप और सारे जगत का यह सौंदर्य, यह सब खो दूं? वह भाग खड़ा हुआ। उसने कहा कि ये लोग कहीं पकड़ कर जबरदस्ती आपरेशन कर ही न दें।

तुम जब भक्त बनोगे तो लोग तुम्हें अंधा कहेंगे यह बात सच है। क्योंकि लोग अंधे हैं। उनके पास भक्ति की आंखें नहीं हैं।

प्रेम की एक आंख है। कुछ चीजें हैं जो प्रेम ही देखता है, और कोई नहीं देखता। इसलिए कहता हूं कि प्रेम की एक अपनी आंख है। अपना देखने का ढंग, अपनी तर्ज, अपनी शैली है। अपना एक अलग ही मार्ग है प्रेम का। कुछ चीजें केवल प्रेम ही देख पाता है और कोई नहीं देख पाता। कुछ चीजों के लिए तर्क बिलकुल अंधा है।

परमात्मा को देखना है? तर्क अंधा है। प्रेम से ही देखा जा सकता है। सौंदर्य को देखना है? तर्क अंधा है। प्रेम से ही देखा जा सकता है। जीवन में जो भी सत्यं-शिवं-सुंदरम् है वह सभी प्रेम से देखा जाता है, तर्क से नहीं देखा जाता। तर्क तो तीनों की गरदन दबा कर मार डालता है।

तुम्हें अगर भक्ति में थोड़ा भी रस है—होगा जरूर, पूछा है—लेकिन तुम्हारे मन में तथाकथित ज्ञानियों ने बहुत जहर भर दिया है, उस जहर को अलग करो। उससे छुटकारा करो अपना। भक्ति तो एक ही तरह की है। भक्ति में कहां दो तरह के प्रकार का प्रश्न? भक्ति में दो की जगह ही नहीं है।

और फिर तुम पूछते हो, 'भवसागर से पार उतरकर...।'

यह भी भक्त का सवाल नहीं है। भवसागर से पार उतरना भी ज्ञानियों का ही सवाल है। भवसागर! वह शब्द भी ज्ञानियों का है। भक्त तो कहता है, हे प्रभु! हजार-हजार बंधनों में मुझे बांधे रखना। वह भवसागर वगैरह से पार उतरने की बात ही नहीं करता। वह कहता है, तेरा...तेरा ही संसार है, पार क्या उतरना! तेरा ही रूप, तेरा सौंदर्य, तेरा ही रंग, तेरा ही रास। जाना कहां है? भक्त तो कहता है, खूब-खूब मुझे उलझाए रखना; जाने मत देना।

भक्त की भाषा तुम्हारे पास नहीं है—जिसने भी प्रश्न पूछा है। भवसागर का तो अर्थ है, कैसे छुटकारा हो? और अगर तुम इस संसार से छुटकारा चाहते हो तो संसार बनानेवाले से तुम्हारा लगाव बहुत गहरा नहीं हो सकता है।

तुमने कभी देखा? तुम कवि को तो प्रेम करते हो, उसकी कविता को घृणा करते हो; यह संभव है? तुम एक चित्रकार को तो प्रेम करते हो लेकिन कहते हो तुम्हारे...चित्रकार होने में तो ठीक हो, सब अच्छा है, लेकिन तुम्हारे चित्रों में आग लगा देने का मन होता है। तुम अगर पिकासो से कहोगे कि तुम तो भले हो, तुमसे तो हमारा बड़ा लगाव है, लेकिन तुम्हारी ये सब जितनी पेंटिंग हैं, इनमें आग लगा देने का मन होता है। तो क्या अर्थ हुआ इसका? अगर सब चित्रों में आग लगा देने का मन होता है तो तुमने चित्रकार को मार ही डाला। क्योंकि चित्रकार अपने चित्रों में है। चित्र जल गए तो चित्रकार एक साधारण आदमी है, चित्रकार नहीं है। अगर गीतकार के गीत तुमने नष्ट कर दिए तो गीतकार न रहा। अगर नर्तक का नर्तन छीन लिया तो साधारण हो गया, नृत्यकार न रहा।

तुम परमात्मा से उसकी सृष्टि छीन लो, परमात्मा परमात्मा थोड़े ही रह जाता है। तुमने बड़ा गहरा अपमान कर दिया। भक्त ऐसी भाषा नहीं बोलता। भक्त तो कहता है कि इस योग्य बनूं कि तू मुझे बार-बार बंधनों में बांधे, बार-बार छिपे और छिया-छी का खेल हो। बार-बार मुझे पुकारे और मैं तुझे खोजूं और तू न मिले। दूर-दूर तेरी छाया दिखाई पड़े, दौड़ूं और फिर तुझे न पाऊं, और फिर दौड़ूं और फिर तुझे न पाऊं। और यह खेल अनंत काल तक चलता रहे।

भक्त की भाषा अलग है। भक्त की भाषा में मोक्ष के लिए जगह नहीं है। भक्त के लिए तो यही मोक्ष है। यही तो भक्त की क्रांतिकारी दृष्टि है। इसको मैं उसकी आंख कहता हूं। ज्ञानी का मोक्ष कहीं और है। वह कहता है इस भवसागर से छुटकारा हो, तब मोक्ष। उसका मोक्ष जीवनविरोधी है। वह कहता है, जीवन कैसे विनष्ट हो? आवागमन कैसे समाप्त हो? तब मोक्ष।

ज्ञानी का मोक्ष थोड़ा कमजोर है; वह इस संसार को नहीं झेल पाता। भक्त का मोक्ष बड़ा शक्तिशाली है। वह कहता है, रहे, यह संसार रहे, और हजार संसार रहें, मेरी मुक्ति में कोई बाधा नहीं पड़ती। मेरी मुक्ति ऐसी है कुछ कि बंधनों में भी जीवित रहती है।

और स्वतंत्रता तभी समग्र है, जब कारागृह में भी कोई तुम्हें डाल दे और तुम्हारी स्वतंत्रता नष्ट न हो। हाथों में जंजीरें हों और फिर भी तुम्हारी स्वतंत्रता नष्ट न हो। तुम्हारे प्राण स्वतंत्रता के सौरभ से भरे रहें। विपरीत परिस्थितियों में भी जब स्वतंत्रता बनी रहे तभी तुम स्वतंत्र हो। अगर अनुकूल परिस्थितियों में स्वतंत्र रहे, यह कोई स्वतंत्रता नहीं। समझो इसे।

जब जीवन में सब सुख है तब तुम प्रसन्न दिखाई पड़ते हो, इस प्रसन्नता का कोई बड़ा मूल्य नहीं। जब जीवन में सब दुख हों और तुम्हारे ओठों पर मुस्कुराहट हो तो मुस्कुराहट का कुछ मूल्य है। जब पैरों में कांटे चुभे हों और ओठों पर मुस्कुराहट रहे, गले में फांसी लगी हो और ओठों पर मुस्कुराहट रहे तब...तब तुम्हारी मुस्कुराहट तुम्हारी है। अन्यथा सुख-सुविधा में कौन नहीं मुस्कुराने लगता है? उस मुस्कुराहट का कोई मूल्य नहीं है। जीवन में अगर तुम नाचो, यह क्या नाच! मौत आए और तब भी तुम नाचते हुए विदा होओ तो तुमने नाच सीखा, तो तुमने नाच जाना। अनुकूल में राजी हो जाना तो बिलकुल ही स्वाभाविक है, प्रतिकूल में राजी हो जाना क्रांति है।

और सबसे बड़ी प्रतिकूलता जो हो सकती है वह संसार है। हिमालय पर बैठ कर मन शांत हो जाए, कोई बड़ी गुणवत्ता नहीं है। बाजार में बैठे-बैठे, दुकान पर बैठे-बैठे, हाथ में तराजू लिए-लिए मन शांत हो जाए।

शास्त्रों में कथा आती है तुलाधर वैश्य की। एक ज्ञानी बहुत दिन तक ध्यान करता रहा पहाड़ों में। इतना ध्यान किया, इतना तप किया, ऐसा खड़ा रहा पत्थर की मूर्ति बन कर कि उसके बालों में घोंसले बना लिए पक्षियों ने। जटाजूट थे, घोंसले रख लिए, बच्चे दे दिए। वह ज्ञानी बड़ा प्रसन्न हुआ। उसकी दूर-दूर तक ख्याति पहुंच गई। लोगों से वह कहने लगा, मैं वही हूं जिसके सिर में जटाजूट में घोंसले बना लिए, ऐसा मेरा ध्यान है।

लेकिन कोई परिव्राजक उसके पास से गुजरता था। उसने कहा, लेकिन वे पक्षी कहां हैं? उसने कहा, वे तो मैं जरा हिला कि उड़ गए।

'तो उन पक्षियों को बुलाओ।'

उसने कहा कि वे मेरे बुलाए नहीं आते। मैं तो उनके पास भी जाता हूं—वे यहीं रहते हैं, आस-पास बैठे रहते हैं—मैं उनके पास जाता हूं तो एकदम भाग जाते हैं।

तो उन्होंने कहा, यह कोई बात न हुई। तुम तुलाधर वैश्य के पास जाओ। उसने कहा, यह कौन है? एक तो वैश्य शब्द से ही उसको बड़ी हैरानी हुई। वह ब्राह्मण था। विप्र! और बड़ा ज्ञानी था और तपस्वी था और कोई बनिया, वैश्य! तुलाधर! और कहां का नाम? क्या करता है यह? उन्होंने कहा वह कुछ नहीं करता, वह तराजू ही तौलता रहता है। इसीलिए तुलाधर नाम है उसका। दूकान पर बैठा तराजू तौलता रहता है। मगर अगर तुम्हें जानना है असली शांति तो उसके पास जाओ। और जो पक्षी तुम्हारे बुलाए नहीं आते, तुलाधर के इशारे पर चले आएंगे। हजारों मील से।

'कहां रहता है तुलाधर?'

तो उसने कहा, 'वह काशी में रहता है।'

तो इस बेचारे ने यात्रा की, काशी पहुंचा। बड़ा हैरान हुआ। भीड़म-भक्क! काशी की गलियां! निकलना मुश्किल, चलना मुश्किल, जगह-जगह नाराजगी होने

लगी। कोई धक्का मार दे, किसी का पैर पैर पर पड़ जाए। संकरी गलियां और भीड़-भाड़। और यह कहने लगा यह कोई जगह है, जहां कोई ज्ञान को उपलब्ध हो? यहां तो अगर ज्ञानी भी आए तो अज्ञानी हो जाए। इधर मुझे तक क्रोध आ रहा है। यह तुलाधर वैश्य यहां कहां ज्ञान को उपलब्ध हो गया? लेकिन ठीक, आ गया तो उसका दर्शन कर लूं।

गया तो वहां तो बड़े ग्राहक खड़े थे। और वह बड़ा हैरान हुआ। तुलाधर के कंधे पर वही पक्षी बैठा था, जो उसके सिर से उड़ गया था क्योंकि वह हिल गया था। उसने कहा, यह बड़ा चमत्कार है। बात कुछ होनी चाहिए इस आदमी में। उसने तुलाधर से पूछा कि तेरा राज क्या?

उसने कहा, मेरा कुछ ज्यादा राज नहीं। मैं कोई पंडित नहीं, कोई ज्ञानी नहीं। यहां तराजू को तौलते-तौलते भीतर भी तौलना सीख गया। इधर तराजू तुलता, उधर भीतर मैं तुलता हूं। इधर जब दोनों पलड़े बराबर हो जाते हैं, कांटा ठीक बीच में आ जाता है तब मैं भी अपने कांटे को बीच में ले आता हूं। दोनों पलड़े बराबर कर लेता हूं। सुख-दुख बराबर। सफलता-असफलता बराबर। संसार-मोक्ष बराबर। शांति-अशांति बराबर। मिलना न मिलना बराबर। मिलन-बिछोह बराबर। सब द्वंद्व को तौल लेता हूं। बस तराजू का कांटा बीच में है, जैसा बना रहता है, इसी को देखते-देखते...मैं बनिया हूं। और तो मैं कुछ ज्यादा जानता नहीं। ध्यान इत्यादि मैंने किया नहीं। आप महातपस्वी हैं। आप कैसे आए? आपके चरण लगूं।

तब उस ज्ञानी की आंख खुली। जंगल में खड़े होकर शांत हो जाने में कोई बड़ी शांति नहीं है। जंगल में जो शांत न हो जाए वही थोड़ा विशिष्ट पुरुष है। जंगल में तो कोई भी शांत हो जाएगा। हिमालय पर गए कभी? हिमालय की शीतलता भीतर प्रवेश करने लगती है, छूने लगती है। सब शांत होने लगता है। लेकिन उस शांति में तुम्हारा क्या है? उतरोगे पहाड़ से, जैसे-जैसे तुम उतरोगे वैसे-वैसे शांति उतर जाएगी। वह पहाड़ के साथ ही पीछे छूट जाएगी। शांति तो वहां, जहां शांति का कोई उपाय नहीं है।

भक्त कहता है, यह संसार तेरा है। तेरे हाथ की इसमें छाप है। तेरे हाथ की छाप से मेरा कोई विरोध नहीं। बस तेरे हाथ की छाप में ही तेरे को खोजूंगा। और जहां तेरे हाथ की छाप है, कहीं तू भी छिपा होगा। कहीं तुझे पकड़ ही लूंगा, खोज ही लूंगा। और फिर जल्दी भी नहीं है। क्योंकि खोज भी इतनी रसपूर्ण है।

भक्त की भाषा अलग है। भवसागर जैसा गंदा शब्द वह उपयोग करता ही नहीं। भवसागर तो विरोधी का शब्द है। उसमें तो छिपा ही है निंदा का भाव। कैसे छुटकारा हो? भवसागर, जाल-जंजाल कैसे मिटे? प्रपंच कैसे छूटे?

'भवसागर से पार उतर कर परम आत्मा में लीन होने के लिए...।'

अब यह परम आत्मा में लीन होना भी भक्त की भाषा नहीं है। भक्त परमात्मा में लीन होना चाहता है, आत्मा में नहीं। आत्मा तो अपनी है—परमात्मा, वह जो विराट है। भक्त तो अपनी बूंद को इस सिंधु में डुबाना चाहता है। भक्त की ऐसी क्षुद्र तलाश नहीं है। वह यह नहीं कहता है कि मैं कौन हूं। वह इतना ही कहता है कि मुझे डुबा ले। बस तुझमें हो जाऊं, काफी है।

तो तुमने पूछ तो लिया है प्रश्न लेकिन तुम्हारे मन में ज्ञानियों ने बहुत कचरा भर दिया है। मैं तुमसे यह भी नहीं कह रहा हूं कि तुम भक्त हो जाओ। तुमने पूछा है इसलिए उत्तर दे रहा हूं। अगर भक्त होना है तो यह ज्ञानियों के कचरे को अलग कर दो। अगर यह ज्ञानियों के कचरे में तुम्हें मूल्य मालूम पड़ता है तो भक्ति का भाव छोड़ दो।

मैं यह भी नहीं कह रहा हूं कि ज्ञान के मार्ग से पहुंचना नहीं होता है। ज्ञान के मार्ग से भी पहुंचना होता है। लेकिन तब भक्ति की बात ही भूल जाओ। दो नावों पर सवार मत होओ, अन्यथा डूबोगे; कहीं भी न पहुंचोगे। एक नाव काफी है।

और जब मैं कहता हूं कि ज्ञानी के मार्ग से भी पहुंचना होता है तो खयाल रखना कि मेरे ज्ञानी में और तुम्हारे ज्ञानी में बड़ा फर्क है। तुम ज्ञानी उसको कहते हो, जो शास्त्र का ज्ञाता है। तुम ज्ञानी उसको कहते हो, जो पंडित है, सिद्धांत में कुशल है। तुम ज्ञानी उसको कहते हो जिसके पास बहुत जानकारी है। मैं ज्ञानी उसे कहता हूं जिसने सब जानकारी फेंकी, सब शास्त्र हटाए। जिसने धीरे-धीरे जानकारी से अपनी दृष्टि हटाई और जानने के सूत्र पर लगाई। जो जागने लगा वही ज्ञानी है।

ज्ञान में ज्ञान नहीं है, ध्यान में ज्ञान है।

तो दो मार्ग हैं: ध्यान और प्रेम। प्रेम है भक्ति का मार्ग, ध्यान है ज्ञान का मार्ग। यह मैं तुम्हें स्पष्ट कर दूं। क्योंकि ज्ञानी से तुम कहीं यह मत समझ लेना कि कोई पंडित वेद को जानने वाला है और ज्ञानी हो जाता है। जानकारी से कोई ज्ञान नहीं होता। जानकारी में अज्ञान दब जाता है, मिटता नहीं। और दबा हुआ अज्ञान बना रहता है। सदा बना रहेगा। छिपा रहेगा भीतर। उससे छुटकारा न होगा।

तो बजाय ज्ञानी के ध्यानी कहना ज्यादा अच्छा है। तो ध्यानी और प्रेमी—दो मार्ग हैं। फर्क थोड़ा सा है। ध्यानी आत्मा की खोज करता: मैं कौन हूं? इस एक सतत प्रश्न में उतरता है। प्रेमी इसकी फिकर नहीं करता। वह कहता है, जो भी मैं हूं—अ, ब, स, जो भी मैं हूं प्रभु, तेरे चरणों में ले ले। जो भी मैं हूं, अपने में डुबा ले। बुरा-भला जैसा हूं। गंदा नाला सही! अपने सागर में ले ले। तू तो सागर है, गंदा नाला भी उतरेगा तो स्वच्छ हो जाएगा। तू तो सागर है, गंदा नाला भी उतरेगा तो तेरे रूप में डूब जाएगा।

मैं क्षुद्र तेरे विराट को तो अपवित्र न कर पाऊंगा, तेरा विराट मेरी क्षुद्रता को पवित्र कर देगा। इसलिए अब मैं कहां पवित्र होने को बैठा रहूं? और मेरे किए क्या होगा?

भक्त कहता, मैं तुझमें डुबकी लगाना चाहता। ज्ञानी कहता है, मैं अपने में डुबकी लगाना चाहता। दोनों ही एक ही जगह पहुंच जाते हैं। क्योंकि अंतिम अर्थों में जो तुम्हारा आंतरिक केंद्र है वही परमात्मा है। भाषा का भेद है और विधि का भेद है। यात्रा की दिशा अलग-अलग होती है, मंजिल एक है।

तो दो में से तुम कुछ एक काम कर लो। या तो भक्त बनना है तो भक्त बन जाओ, फिर ज्ञानियों की बकवास छोड़ दो। फिर ज्ञानी जो कहते हैं, सब बकवास है। और अगर ज्ञानी के ही मार्ग से चलना हो तो फिर भक्ति की बातों में मत पड़ना, नहीं तो तुम बड़ी उलझन में पड़ जाओगे। ज्ञानी कहता है मोक्ष और भक्त कहता है, प्रभु, तेरे बंधन बड़े प्यारे हैं। ज्ञानी कहता है मुक्त होना है और भक्त कहता है तुझसे बंधना है!

इन फर्कों को समझ लेना। ज्ञानी तो एक तरह का तलाक दे रहा है अस्तित्व को, और भक्त एक तरह का विवाह रचा रहा है। हम ब्याह चले अविनाशी! वह तो भक्त जो कहता है कि यह तो विवाह की तैयारी हो गई। अब हम विवाह बना रहे हैं। भक्त कहता है:

मैं तुम्हारे मन-सुमन में प्रीति बन महकूं
चू पड़ूं अंजलि-सरों में लाजकलित मधुकरों में
आज अपनापन डुबो दूं सुरभिचर्चित निर्झरों में
मैं तुम्हारे दृगगगन में स्वप्न बन महकूं
प्रीति बन महकूं
गुनगुनाऊं सप्त स्वर में रागरंजित मीड़ कर में
कभी आरोह में गमकूं कभी अवरोह के स्वर में
मैं तुम्हारे छंद-वन में गीत बन चहकूं
प्रीति बन महकूं
वचन तोड़ूं संवरण के, मौन के अंतःकरण के
स्पर्श के संकेत से ही बज उठे नूपुर चरण के
मैं तुम्हारे प्रणयप्रण में प्राण बन दहकूं
प्रीति बन महकूं
मैं तुम्हारे मन-सुमन में प्रीति बन महकूं

भक्त तो कहता है, प्रभु में डूब जाऊं! तुम्हारी आंखों में सपना बन कर तैरूं। मुक्ति की यहां कोई बात नहीं है। मुक्ति भक्त की भाषा नहीं है। हजार-हजार नित नूतन बंधन तुम बांधो। तुम मुझे बांधते रहो। मुझे उपेक्षित छोड़ मत देना एक किनारे। भूल

मत जाना। विस्मरण मत कर देना। तुम राग के नये-नये जाल मुझ पर फैलाते रहो। तुम प्रीति के नये-नये उन्मेष मुझमें उठाते रहो। ऐसा न हो कि राह के किनारे मुझे भूल जाओ। तुम्हारे लिए बहुत हैं, मेरे लिए तुम एक अकेले हो। मैं तुम्हारे इस आनंद-उत्सव में सम्मिलित रहूं, भागीदार रहूं।

यह संसार भक्त के लिए शत्रु नहीं है और जीवन विरोध नहीं है। जीवन के साथ भक्त का अविरोध है, तादात्म्य है। जीवन प्रभु का है। जो उसका है, सब शुभ है, सब सुंदर है। उसने बनाया, उसके हस्ताक्षर हैं, ठीक ही होगा। उसे फिर कोई शिकायत नहीं है।

भक्त की तो नये-नये गीतों के, नये-नये नृत्यों के जन्म में आकांक्षा है। नये विवाह रचाना है।

आओ, फिर से ध्याएं चंद्रमुखी संध्याएं,
ओ सूर्यमुख सबेरे!

गोपन व्यापारों को कहा नहीं जाता है
किंतु कहे बिन भी तो रहा नहीं जाता है
आओ, पुनः रचाएं संकेत की ऋचाएं
ओ सप्तपदी फेरे, ओ सूर्यमुख सबेरे!

रागरंगी चितवन में ओर-छोर बंध जाएं
पर्वत-से मनसूबे बिन साधे सध जाएं
आओ फिर पिघलाएं अलगाव की शिलाएं
ओ अजनबी अंधेरे, ओ सप्तपदी फेरे!

आलिंगित श्वासों में फिर आदिम गंध भरें
दुष्यन्ती रागों में शाकुंतल छंद भरें
आओ पुनः जगाएं सोई स्वर बलगाएं
ओ गीत बन घनेरे, ओ सप्तपदी फेरे!

फिर से डालें सात फेरे। फिर से जगाएं सोई ऊर्जा को। फिर से मृत प्राणों में संजीवनी फूंकें। फिर नाचें। फिर-फिर नाचें। फिर-फिर हो आना। फिर-फिर हो खोज। भक्त थकता नहीं। प्रेमी कभी नहीं थकता। ज्ञानी पहले से ही थका हुआ है। वह कहता है, कब छुटकारा मिले। अब बैठ जाने दो। अब बहुत चल चुके।

तुम साफ कर लेना अपने मन में। अपने भाव को ठीक से पहचानो। अगर तुममें हृदय प्रबल है तो भक्ति तुम्हारा मार्ग है। अगर हृदय सो गया है या जागा ही नहीं कभी और हृदय में कोई स्वर नहीं उठते तो ध्यान तुम्हारा मार्ग है। या तो निर्विचार बनो या प्रार्थनापूर्ण। मगर दोनों को एक साथ सम्हालने की चेष्टा में संलग्न मत हो जाना। अन्यथा बहुत भटकाव है फिर। और तुम बहुत उपाय करोगे और कुछ परिणाम न होगा। एक हाथ से बनाओगे, एक हाथ से मिटेगा।

इसलिए पहली बात यात्री के लिए, इस अंतर की खोज के लिए पहली बात स्मरण रखने की यही है कि मैं ठीक-ठीक से अपने को पहचान लूं। भावपूर्ण हूं मैं? या भाव से मेरा कोई संबंध नहीं जुड़ता?

तीसरा प्रश्न : कामना के मूल में नैसर्गिक काम है, ऐसा कहा जाता है। क्या निसर्ग के अनुकूल बहना जागरण में सहयोगी नहीं है? कृपा करके समझाएं।

निसर्ग और निसर्ग का भेद समझो। वृक्ष हैं, पशु-पक्षी हैं, निसर्ग में हैं लेकिन मूर्च्छित हैं। बुद्ध हैं, कृष्ण हैं, अष्टावक्र हैं, मीरा-कबीर हैं, वे भी निसर्ग में हैं लेकिन अमूर्च्छित हैं, जागे हुए हैं। पक्षी जो गीत गुनगुना रहे हैं, वह बिलकुल सोया-सोया है। उसका उन्हें कुछ भी पता नहीं। मीरा जो नाची है, जाग कर नाची है। फूल खिल रहे वृक्षों में, वे मूर्च्छित हैं। बुद्ध में जो कमल खिला है वह होश में खिला है।

तो एक तो निसर्ग है आदमी से नीचे। और एक निसर्ग है आदमी से ऊपर। दोनों एक ही निसर्ग हैं लेकिन एक बात का फर्क है—मूर्च्छा-अमूर्च्छा, बेहोशी-होश। और आदमी दोनों के बीच में है। एक तरफ पशु-पक्षियों का संसार है, पौधों-पत्थरों का, पहाड़ों का, चांद-तारों का; वहां भी बड़ी शांति है। निसर्ग है, प्रकृति है। जैसा होना चाहिए वैसा ही हो रहा है। अन्यथा कुछ हो ही नहीं सकता। अन्यथा करने की स्वतंत्रता भी नहीं है। अगर कोई पक्षी प्रकृति के प्रतिकूल भी जाना चाहें तो जा नहीं सकते, क्योंकि प्रतिकूल जाने के लिए बोध चाहिए। इसलिए यह कहना कि प्रकृति के अनुकूल हैं, भी बिलकुल ठीक नहीं है। अनुकूल हैं मजबूरी में क्योंकि प्रतिकूल हो नहीं सकते। कोई उपाय ही नहीं है। उन्हें याद भी नहीं है, पता भी नहीं है, होश भी नहीं है। जो हो रहा है, हो रहा है।

जैसे एक आदमी को हम स्ट्रेचर पर रख कर ले आएं—क्लोरोफाम दिया हुआ आदमी, बेहोश पड़ा है—उसको एक बगीचे में से घुमा दें। जब वह इस बगीचे में से घूमेगा तो फूलों की गंध भी उसके नासापुटों को छुएगी। सूरज की किरणें भी उसके

चेहरे पर खेलेंगी। हवाओं के शीतल झोंके भी उसको स्पर्श करेंगे। शायद कुछ लाभ भी होगा—अचेतन जो भी लाभ हो सकता है प्रकृति के पास होने का। शायद जब होश में आएगा तो कहेगा कि बड़ा सुंदर सपना देखा। बड़ा अच्छा लग रहा था। पता नहीं क्या था। कुछ साफ-साफ नहीं है, धुंधला-धुंधला है।

लेकिन फिर इसी आदमी को हम होश से भर कर इस बगीचे में लाएं, तब बगीचा वही है, आदमी वही है। जरा सा फर्क पड़ा है। अब होश में है, तब बेहोश था। अब यही फूल, यही वृक्ष, यही सूरज की किरणें एक अपूर्व आनंद को जन्म देंगी।

पशु-पक्षी इस संसार में क्लोरोफाम की अवस्था में हैं, बुद्धपुरुष जाग्रत अवस्था में और हम आदमी बीच में—न तो ठीक से जागे हैं, न ठीक से सोए हैं। इसलिए मनुष्य बड़ी चिंता में है। चिंता का एक ही अर्थ होता है, तनाव। एक खिंचाव पीछे की तरफ, एक खिंचाव आगे की तरफ। पीछे पशु-पक्षी पुकार रहे हैं कि लौट आओ। छोड़ दिया घर अपना, बड़ा सुख था यहां। फिर सो जाओ। इसलिए तो आदमी शराब पीता है कि फिर सो जाए।

शराब का आकर्षण इसीलिए है कि शराब एकमात्र उपाय है आदमी के पास कि फिर पशु-पक्षी हो जाए। और तो कोई उपाय नहीं है। कैसे बेहोश हो जाएं! इसलिए हम बेहोश होने की कई तरकीबें खोजते हैं। शराब हो, सैक्स हो, सिनेमा हो, जहां भी हम अपने को भूल पाते हैं थोड़ी देर को, हम वहां जाकर बड़ा मनोरंजन अनुभव करते हैं—विस्मरण में। लेकिन सब एक तरह की शराब है।

तो पीछे प्रकृति खींच रही है कि तुम क्यों परेशान हो गए? आदमी, तू व्यर्थ परेशान है, लौट आ। यहां सब सुंदर है। इसीलिए तो तुम कभी जब समुद्र किनारे जाते हो, सुंदर लगता। हिमालय की शुभ्र चोटियों को देखते बर्फ से ढंका हुआ, सुंदर लगता है। वृक्षों की हरियाली भी बड़ी निकट खींचती मालूम पड़ती है। पशु-पक्षियों का जीवन गहन आकर्षण रखता। लेकिन जा भी नहीं सकते पीछे। शराब पीकर भी कितनी देर भूलोगे? फिर-फिर होश आ जाता है। होश आ चुका है।

फिर एक और आकर्षण है, बुद्धपुरुष आ जाते हैं। महावीर, कृष्ण, कबीर, क्राइस्ट तुम्हारे बीच से गुजर जाते हैं। उनकी मौजूदगी एक और अपूर्व प्यास को जगाती कि ऐसे ही हम कब हो जाएं? यह बड़ी दूसरी पुकार है। है प्रकृति की ही पुकार, लेकिन अब मूर्च्छा की तरफ से नहीं, अमूर्च्छा की तरफ से।

और जब तक आदमी बीच में है तब तक संकट में है। तब तक त्रिशंकु की तरह है—न जमीन पर न आकाश में, अटका बीच में। दोनों तरफ खींचा जा रहा, तोड़ा-मरोड़ा जा रहा, खंड-खंड हो रहा, विक्षिप्त हुआ जा रहा, विभक्त। या तो पीछे गिर जाए, जो हो नहीं सकता; या आगे उठ जाए, जो हो सकता है। लेकिन आगे उठना

कठिन है। असंभव नहीं, कठिन है। पीछे गिरना सरल है, लेकिन असंभव है। फर्क समझ लेना। फिर से पशु बन जाना सरल है लेकिन असंभव है। सरल इसलिए कि हम पशु रहे हैं पहले, वह हमारी आदतों का हिस्सा है। हमारे अचेतन में वे आदतें अब भी पड़ी हैं।

जब तुम क्रोध में आगबबूला हो जाते हो तो पशु बन जाते हो। सरल है क्रोध करना, लेकिन कितनी देर रहोगे? फिर क्रोध के बाहर तो आना ही पड़ेगा। कोई सतत तो क्रोध में नहीं रह सकता। कामवासना में उतर जाना सरल तो है लेकिन कामवासना में जो विस्मरण आता है क्षण भर को, वह कितनी देर का रहेगा? वह क्षणभंगुर है। बबूले की तरह आया, गया, फूटा। फिर तुम वापस अपने जगह खड़े हो पहले से भी जीर्ण-जर्जर, पहले से भी टूटे-फूटे, पहले से भी ज्यादा विषादग्रस्त। ऐसा कौन आदमी होगा जिसको कामसंभोग के बाद पश्चात्ताप नहीं होता है? ऐसा कौन आदमी होगा जिसको क्रोध करने के बाद पश्चात्ताप नहीं होता है कि यह मैंने क्या किया! ऐसा कौन आदमी होगा जो क्रोध करके भी यह समझाने की लोगों को कोशिश नहीं करता है कि मैंने क्रोध नहीं किया।

क्यों? यह कोशिश क्यों है समझाने की? क्योंकि क्रोध का मतलब है कि तुम पशु हुए। यह बात अहंकार को चोट देती है कि मैं और पशु जैसा व्यवहार किया? तो हम लीपापोती करते हैं, समझाने की कोशिश करते हैं कि क्रोध नहीं किया। यह तो ऐसे ही दिखावा था; कि ऐसे ही खेल-खेल में कर लिया; कि यह तो उसके ही हित के लिए किया था। वह मेरा बेटा है, अगर उसको न मारता चांटा तो वह बिगड़ जाता। तुम्हारे बाप भी तुमको मारे, न तुम बचे बिगड़ने से, न तुम्हारा बेटा बचने वाला है, न तुम्हारे बाप बचे थे। कोई भी नहीं बचता।

मुल्ला नसरुद्दीन ने अपने बेटे को बड़े जोर से चांटा मारा। बेटा खड़ा रहा, उसने कहा, 'एक बात पूछनी है पिताजी'—उसकी आंख से आंसू बह रहे हैं—'कि आपके पिता भी आपको इसी तरह मारते थे?' उसने कहा, 'हां, मारते थे।' 'और उनके पिता भी उनको इसी तरह मारते थे?' उसने कहा, 'हां, उनको भी मारते थे।' 'और उनके पिता?' तो मुल्ला नसरुद्दीन ने कहा, 'मुझे पता तो नहीं लेकिन मारते रहे होंगे।'

'और उनके पिता?'

तो उसने कहा, 'मतलब क्या है तेरा? अरे सभी पिता मारते रहे हैं।'

तो उस बेटे ने कहा, 'पिताजी, इतनी सदियों से यह क्रूर व्यवहार चल रहा है, अब समय हो गया कि बंद किया जाए। और इससे सार क्या हुआ? सदियों-सदियों से आप कहते हैं कि पिता मारते रहे, मारते रहे, बेटे पिटते रहे और बेटे फिर बेटों को पीटते रहे, यह चलता रहा और कुछ फर्क तो हुआ नहीं। सब वैसा का वैसा है। तो अब समय आ गया कि जो सदा से चली आई धारा है, अब तोड़ो।'

बात तो ठीक कह रहा है बेटा। न तुम्हारे पिता तुम्हें रोक सके, न तुम अपने बेटे को रोक सकोगे। न तुम्हारे पिता तुम्हें रोकने के लिए मार रहे थे, न तुम रोकने के लिए मार रहे हो। रोकने के लिए मार रहे हो यह तो व्याख्या है एक पाशविक व्यवहार की, जिसको तुम करने से नहीं रुक पा रहे हो। उस पशुता को छिपाने के लिए यह आवरण है, मुखौटा है। तुम एक सुंदर बात कह रहे हो एक असुंदर बात को छिपा लेने के लिए। तुम कांटों के ऊपर फूल रख रहे ताकि कांटे दिखाई न पड़ें। यह मलहम-पट्टी है। यह कोई बहुत सार्थक नहीं है।

लेकिन क्रोध हरेक को पछतावे से भरता है। कुछ न कुछ करना पड़ता है क्रोध के बाद। कामवासना भी पछतावे से भरती है। शराबी भी रोज-रोज तो शराब पीकर फिर-फिर कसम खाता है, अब न पीयूंगा। पीनी पड़ती है यह दूसरी बात है लेकिन कसम तो खाता है बार-बार। निर्णय तो बहुत बार करता है; बार-बार टूट जाता है यह दूसरी बात है, लेकिन निर्णय नहीं करता ऐसा मत सोचना। बुरे से बुरा आदमी भी निर्णय करता है बाहर आ जाने के।

क्यों? क्योंकि यह पीछे गिरना किसी को भी शोभा नहीं देता। यह अहंकार को कष्टपूर्ण है। सरल तो है लेकिन असंभव है। क्षण भर को हम भुलावा डाल सकते हैं लेकिन फिर भुलावा टूट जाता है। इस स्थिति में हम सदा के लिए वापस नहीं लौट सकते।

इसलिए मैं कहता हूं, एक प्रकृति तुम्हारे पीछे रह गई है, एक प्रकृति तुम्हारे आगे है, तुम मध्य में अटके हो। जो आगे है वह कठिन है लेकिन संभव है। बुद्ध होना कठिन है; दुर्गम है मार्ग, है खड्ग की धार, कृपाण पर चलना, लेकिन संभव है। बुद्ध को हुआ, महावीर को हुआ, कृष्ण, क्राइस्ट को हुआ। मोहम्मद, मूसा को हुआ, तुम्हें हो सकता है। फिर तुम प्रकृति में प्रवेश कर जाओगे। फिर निसर्ग में प्रवेश कर जाओगे।

मनुष्य अकेला एक प्राणी है जो निसर्ग में नहीं है, मध्य में है, अटका है, आधा-आधा है, अधूरा है। तुमने किसी कुत्ते को सोचा, अगर तुम कहो कि यह कुत्ता अधूरा है तो क्या यह बात सार्थक मालूम होगी! सब कुत्ते पूरे हैं। तुम किसी कुत्ते को नहीं कह सकते कि तुम अधूरे हो। सब कुत्ते पूरे कुत्ते हैं। लेकिन किसी आदमी को तो तुम कह देते हो कि तुम बहुत अधूरे आदमी हो। और यह बात सार्थक है। सब कुत्ते पूरे, सब बिल्लियां पूरी, सब शेर, सिंह पूरे, आदमी अधूरा है। आदमी को पूरा होना है। बुद्ध को हम कहते पूर्ण, कृष्ण को कहते पूर्ण, अष्टावक्र को कहते पूर्ण। आदमी को पूर्ण होना है। आदमी को जैसा होना है, अभी है नहीं।

तुम्हारा प्रश्न है कि 'कामना के मूल में नैसर्गिक काम है।'

सच है बात। कामना के मूल में नैसर्गिक काम है लेकिन नैसर्गिक काम पशुओं

में भी है। और नैसर्गिक काम ही बुद्धपुरुषों में राम हो गया है। उसने एक नया रूप लिया है, एक नई भाव-भंगिमा ली है। वही ऊर्जा रूपांतरित हो गई है, एक कीमिया से गुजर गई है।

एक तो हीरा है पड़ा हुआ कचरे-पत्थर में, कूड़े में, मिट्टी से भरा; और एक हीरा है फिर किसी जौहरी के द्वारा तराशा गया, सब गलत अलग किया गया। कोहिनूर जब पाया गया था तो आज जितना उसका वजन है उससे तीन गुना वजन था। मगर तब वह एक बदशकल पत्थर था। हजार चूकें थीं उसमें। काटते-काटते, छांटते-छांटते, निखारते-निखारते अब केवल एक बटा तीन बचा है, लेकिन अब उसकी बात कुछ और। अब कुछ बात है। अब उसकी एक भाव-भंगिमा है, जो अनूठी है। अब वह पूर्ण हीरा है। अब जो-जो गलत था, जो-जो व्यर्थ था, जो-जो नहीं होना था, वह सब काट दिया गया है, अलग कर दिया है। आज अगर तुम्हारे सामने वह पुराना पत्थर पड़ा हो और यह कोहिनूर रखा हो तो तुम पहचान ही न सकोगे कि इन दोनों के बीच कोई संबंध भी हो सकता है।

तुम अभी एक अनगढ़ पत्थर हो; इस पर निखार आ जाए। यही ऊर्जा काम की अगर पारखी के हाथ में पड़ जाए, जौहरी के हाथ में पड़ जाए, तो यही ऊर्जा ऐसे अदभुत रूप और सौंदर्य को प्रकट करती है, ऐसी महिमा को प्रकट करती है। इसी महिमा को तो हम बुद्धत्व कहते हैं। कोई मनुष्य आ गया, पूर्ण हुआ। इसी महिमा को तो हम भगवत्ता कहते हैं।

भगवत्ता का इतना ही अर्थ है कि तुम्हारे भीतर जो मूर्च्छित निसर्ग था वह अमूर्च्छित निसर्ग हो गया। जो प्रकृति सोई पड़ी थी, जाग कर खड़ी हो गई। राम जब सोए पड़े होते हैं तो काम है। और जब काम जाग कर खड़ा हो जाता है तो राम। बस इतना ही फर्क है।

तुमने देखा, रात जब तुम सोते हो तो जमीन पर सो जाते हो। जब तुम सुबह खड़े होते हो तो तुम्हारा कोण बिलकुल बदल जाता है। तुम जमीन से नब्बे का कोण बनाने लगते जब तुम सुबह खड़े होते हो। रात जब तुम सोते हो, तुम जमीन के समानांतर हो जाते हो। तुम्हीं हो रात सोए हुए, तुम्हीं हो सुबह खड़े हुए लेकिन कितना फर्क है! मूर्च्छा में तो तुम बिलकुल पत्थर-मिट्टी हो जाते हो। सुबह जब जाग कर खड़े होते हो तो तुम जीवंत होते हो।

और भी एक बड़ी जाग है अभी होने को। अभी तो जाग की तुमने पहली किरणें ही जानी हैं। अभी जाग का पूरा सूरज कहां उगा? अभी तो प्राची लाल ही हुई है। जब पूरा सूरज उगता है और जब बुद्धत्व का प्रकाश भीतर होता है तब तुम जानोगे वस्तुतः निसर्ग क्या है!

पशु-पक्षी नैसर्गिक हैं, उन्हें होश नहीं। बुद्धपुरुष भी नैसर्गिक हैं, उन्हें होश है। आदमी दोनों के बीच में उलझा है; न इस तरफ न उस तरफ। इसलिए आदमी बड़ा बेचैन है। जब तक तुम आदमी हो, बेचैनी रहेगी। बेचैनी आदमी का भाग्य है—दुर्भाग्य कहो। इससे पार होना पड़ेगा। पीछे गिरना सरल है लेकिन असंभव। आगे जाना कठिन है लेकिन संभव; इसलिए आगे को चुनो।

जिसे तुमने अब तक जीवन समझा है वह तो क्षणभंगुर है। जिसे तुमने अब तक कामवासना का खेल समझा है वह तो बिलकुल स्वप्नवत है। झूठ में और उसमें बहुत फर्क नहीं है, आभास मात्र है।

क्षणभंगुर जीवन के चार सुमन जीवन के।

आंगन में सूर्य घोल चंदा से बोल-बोल
मोल लिए नटखट ने स्वर के व्यंजन अमोल
चुटकी में बीत गए महंगे क्षण बचपन के
चार सुमन जीवन के।

अर्पित हो मन्मथ में तरुणाई के रथ में
गलबांही डाल चले प्रीत प्यार जनपथ में
झूम-झूम चूम लिए मादक प्रण यौवन के
चार सुमन जीवन के।

अंजुलि भर बीते पल नैनों में गंगाजल
लपटों की बाहों में पिघल गए स्वप्नमहल
माटी में घुले-मिले मेघ सुवन कंचन के
चार सुमन जीवन के।

क्षणभंगुर जीवन के चार सुमन जीवन के।

यह तो जिसे तुम अभी काम कह रहे हो, वासना कह रहे हो, यह कर लूं, यह पा लूं, ऐसा हो जाऊं, यह भोग लूं, यह न चूक जाए, ये सब तो चार फूल हैं, जो सुबह खिले और सांझ होते-होते मुरझा जाएंगे। कुछ ऐसे भी फूल हैं जो मुरझाते नहीं। उन फूलों को ही पा लेना जीवन का लक्ष्य है।

वे फूल केवल अमूर्च्छा में ही उपलब्ध हो सकते हैं। मूर्च्छित आदमी को तो क्षण भर जो सुख मिल जाता है यह भी चमत्कार है। यह भी मिलना नहीं चाहिए। यह भी मिल जाता है, चमत्कार है! क्षण भर को भ्रांति हो जाती है सुख की, यह भी रहस्यपूर्ण है। इतना भी होना नहीं चाहिए।

जाग्रत पुरुष को क्षण भर को भी दुख नहीं होता। मूर्च्छित व्यक्ति को क्षण भर को

सुख होता मालूम होता है; होता कहां है! हुआ नहीं, हुआ नहीं कि गया नहीं। इधर आ भी नहीं पाया कि उधर गया। हाथ बंध कहां पाते हैं? मुट्ठी में आ कहां पाता है? कभी किसी सुख के क्षण पर मुट्ठी बांध पाए हो? कभी थोड़ी देर को भी हाथ में रख कर देख पाए हो? आया नहीं कि गया नहीं। इधर पता चलते-चलते कि आया, कि जा चुका हो जाता है।

पानी पर खींची लकीर जैसे ये सुख के क्षण! इन पर बहुत भरोसा मत कर लेना। क्योंकि इन पर बहुत भरोसा कर लिया तो जीवन की जो ऊर्जा अमूर्च्छा बन सकती थी, जागृति, ध्यान बन सकती थी, समाधि बन सकती थी, वही ऊर्जा इन्हीं क्षणों में व्यतीत हो जाएगी। और जब मौत करीब आएगी तो तुम खेल-खिलौने अपने आस-पास पाओगे, और कुछ भी नहीं। सब टूटे-फूटे खेल-खिलौने, जिन्हें छोड़ कर जाना पड़ेगा। आंखों में तुम्हारे आंसू भरे होंगे।

अंजुलि भर बीते पल नैनों में गंगाजल
लपटों की बांहों में पिघल गए स्वप्न-महल

और चिता पर सिर्फ लपटों में ही बांहें होंगी और सब स्वप्न-महल पिघल जाएंगे।

माटी में घुले-मिले मेघ सुवन कंचन के

जिनको सोचा था स्वर्ण जैसा वे सब मिट्टी में घुल-मिल गए।

क्षणभंगुर जीवन के चार सुमन जीवन के

जागो! ताकि जो हो सकता है, हो जाए। जगाओ अपने को। और ऊर्जा को ऐसा व्यर्थ मत खोते फिरो। जो क्षण गया, गया; फिर लौट न सकेगा। जो ऊर्जा हाथ से खो गई, खो गई; फिर तुम उसे वापस न पा सकोगे। थोड़े बुद्धिमान बनो। बहुत जी लिए मंदबुद्धि की तरह, अब थोड़ी प्रतिभा से जीयो, मेधा से जीयो। थोड़ा-थोड़ा होश सम्हालो। सम्हालते-सम्हालते एक दिन सम्हल जाता है।

चौथा प्रश्न: राबिया ने कहा है कि ईश्वर यदि तुम्हारी ओर उन्मुख हो तो ही तुम धर्म में परिवर्तित यानी धार्मिक हो सकते हो। तो क्या आदमी के हाथ में पहल करना भी नहीं है? क्या पहल भी परमात्मा ही करता है?

आदमी के हाथ ही आदमी के हाथ में कहां हैं? आदमी के हाथ भी परमात्मा के हाथ में हैं। आदमी कुछ अलग-थलग थोड़े ही है! तुम एक क्षण भी तो अलग होकर नहीं हो सकते। यह श्वास बाहर गई, भीतर आई तो तुम हो। यह सूरज की किरण तुम्हारी देह पर पड़ी और इसने उत्तप्त किया तो तुम हो। यह भोजन आज लिया और शरीर में ऊर्जा बनी तो तुम हो।

एक क्षण को तुम बाहर से लेन-देन बंद कर सकते? एक क्षण को तुम तोड़ सकते यह सेतु, जो हजार-हजार तरह से फैले हुए हैं? एक क्षण को तुम अलग-थलग हो सकते हो? एक क्षण को कह सकते कि बिलकुल मैं अलग-थलग, टूटा समस्त से खड़ा हूं। एक क्षण को भी नहीं हो सकते।

तुम्हारे हाथ भी तुम्हारे हाथ में कहां हैं? तुम्हारे हाथ भी परमात्मा के हाथ में हैं। जिन्होंने जाना है उन्होंने एक बात जानी कि हम थे ही नहीं और नाहक उछल-कूद मचा रहे थे। थे जरा भी नहीं और बड़ा शोरगुल मचा रहे थे। जैसे लहरें सागर पर बड़ा शोरगुल मचाती हैं और जरा भी हैं नहीं। है तो सागर; लहर कहां है? लहर का कोई होना होना है? तुम लहर को सागर से अलग कर सकोगे? जब अलग नहीं कर सकते तो है ही नहीं।

हम अलग होकर नहीं हो सकते तो हमारा होना नहीं है। जानने वालों को एक प्रतीति गहन होती जाती है रोज-रोज कि मैं नहीं हूं, परमात्मा है। एक दिन ऐसी घड़ी आती है कि मैं बिलकुल शून्य हो जाता है। वही तो अष्टावक्र ने कहा: 'अनिर्वचनीय स्वभाव और स्वभाव से बिलकुल शून्य।' जिसका निर्वचन न हो सके ऐसे स्वभाव का अनुभव होता है और साथ ही यह भी अनुभव होता है कि मैं तो अब रहा ही नहीं।

होश से तुम इसे छोड़ दो अगर परमात्मा के हाथों में तो चमत्कार घटने शुरू हो जाते हैं। तुमने अगर अपने को ही अपने हाथों में पकड़े रखा तो तुम क्षुद्र रह जाओगे। अपने ही कारण व्यर्थ ही छोटे रह गए। जब कि परमात्मा के पूरे हाथ तुम्हारे हाथ हो सकते थे, तब तुमने अपने छोटे-छोटे हाथों पर भरोसा किया। जब तुम निमित्त हो सकते थे, तुम कर्ता बन कर बैठ गए और वहीं तुम सिकुड़ गए।

यों तो मेरा तन माटी है, तुम चाहो कंचन हो जाए

तृषित अधर कितने प्यासे हैं तृष्णा प्रतिपल बढ़ती जाती
छाया भी तो छूट रही है विरह दुपहरी चढ़ती जाती
रोम-रोम से निकल रही है जलती आहों की चिनगारी
यों तो मेरा मन पावक है, तुम चाहो चंदन हो जाए

मेरे जीवन की डाली को भाई कटु शूलों की माया
आज अचानक अरमानों पर सारे जग का पतझड़ छाया
असमय वायु चली कुछ ऐसी पीत हुई चाहों की कलियां
यों तो सूखी मन की बगिया, तुम चाहो नंदन हो जाए

अब तो सांसों का सरगम भी खोया-खोया-सा लगता है
अनगिन यत्न किए मैंने पर राग न कोई भी जगता है
साध मीड़ में खिंचने पर भी स्वरसंधान नहीं हो पाता
यों तो टूटी-सी मनवीणा, तुम चाहो कंपन हो जाए

मेरा क्या है इस धरती पर सिर्फ तुम्हारी ही छाया है
चांद-सितारे तृण तरु-पल्लव सिर्फ तुम्हारी ही माया है
शब्द तुम्हारे, अर्थ तुम्हारे, वाणी पर अधिकार तुम्हारा
यों तो हर अक्षर क्षर मेरा, तुम चाहो वंदन हो जाए

प्रभु के स्पर्श से सब स्वर्ण हो जाता है—मिट्टी भी। सोई वीणा जाग उठती है। संगीत का आविर्भाव हो जाता है। जहां सब ताप ही ताप था वहां सब चंदन हो जाता है। लेकिन तुम छोड़ो उसके हाथ में।

मनुष्य अपने ही कारण परेशान है। कोई तुम्हें परेशान किए नहीं। तुम व्यर्थ ही सारा बोझ अपने सिर पर लेकर चल रहे हो। जो बोझ उसके सिर पर है वह भी तुम अपने सिर पर लेकर चल रहे हो। उस कारण तुम कितने टूट-फूट गए हो! कितने जराजीर्ण कितने थके-मांदे! पैर उठाए नहीं उठते इतने थक गए हो। फिर भी मगर बोझ को तुम ढोए चले जाते हो।

रखो। बोझ को उतारो। बोझ भी उसका है, तुम भी उसके हो। समग्र से व्यक्ति अलग नहीं है, समष्टि का अंग है। ऐसी प्रतीति गहन होती जाए, यही संन्यास है। ऐसा भाव रोज-रोज प्रगाढ़ होता जाए।

यों तो मेरा तन माटी है, तुम चाहो कंचन हो जाए
यों तो मेरा मन पावक है, तुम चाहो चंदन हो जाए
यों तो सूखी मन की बगिया, तुम चाहो नंदन हो जाए
साध मीड़ में खिंचने पर भी स्वरसंधान नहीं हो पाता
खींच-खींच कर चेष्टा कर-कर के भी कहां स्वरसंधान हो पाता है?
यों तो टूटी-सी मनवीणा, तुम चाहो कंपन हो जाए
शब्द तुम्हारे, अर्थ तुम्हारे, वाणी पर अधिकार तुम्हारा
यों तो हर अक्षर क्षर मेरा, तुम चाहो वंदन हो जाए

तुम शून्य से बोलो तो वेदों का जन्म होता है। तुम अहंकार से बोलो तो वेद भी पढ़ो, तोता-रटंत हो जाते हैं। तुम उसे बोलने दो तो तुम्हारा हर शब्द उपनिषद है। और यों फिर तुम उपनिषद कंठस्थ कर लो, 'तुम' कंठस्थ कर लो तो उपनिषद भी दो कौड़ी के हो गए।

सारा दारोमदार एक बात पर है—तुम हो या वह है! तुम हटो बीच से। राह दो उसे। खाली करो सिंहासन ताकि वह विराजमान हो सके।

यही अर्थ है राबिया का।

किसी ने राबिया को कहा, मैं अगर अपने जीवन को बदल लूं, पाप को पुण्य में बदल दूं, अधर्म को धर्म में बदल दूं, दुश्चरित्रता को चरित्र बना लूं, अगर मैं मुस्लिम हो जाऊं, ईमान को पकड़ लूं तो क्या परमात्मा मेरी तरफ झुकेगा? तो राबिया ने कहा, नहीं, बात इससे बिलकुल उल्टी है। अगर परमात्मा तुम्हारी तरफ झुके तो तुम मुस्लिम हो सकते हो; तो तुम ईमान ला सकते हो। उसके बिना तुम्हारी तरफ झुके कुछ भी न होगा। तुम्हारे झुकने से कुछ भी न होगा, वही झुके तो ही कुछ होता है। जो होता है, उससे ही होता है।

राबिया का अर्थ यह है, कर्ता तुम नहीं हो, कर्ता वही है। इसलिए जब कोई व्यक्ति वस्तुतः धर्म के जीवन में प्रवेश करता है तो वह ऐसा नहीं कहता कि देखो, मैं धार्मिक हो रहा हूं। वह यह कहता है, तेरी मर्जी प्रभु कि तूने मुझे धार्मिक बना लिया। मेरे किए तो कुछ न होता। मेरे किए तो जो होता, गलत ही होता। मैंने तो कर-कर के देख लिया, मेरा सब किया अनकिया हो गया। तूने पुकारा। तेरी मर्जी। तूने प्यास जगाई। तूने खींच लिया।

इसलिए जब कोई प्रभु को उपलब्ध भी होता है तो वह यह नहीं कहता, अपनी पीठ नहीं ठोंकने लगता खुद कि शाबाश! कर दिखाया। जब कोई प्रभु को उपलब्ध होता, उसके चरणों में झुक कर धन्यवाद देता है कि मेरे बावजूद भी तूने मुझे खींच लिया। धन्यवाद! 'मेरे बावजूद भी'—इसे स्मरण रखना।

भक्त तो, प्रेमी तो, खोजी तो सिर्फ पुकार सकता है, प्रार्थना कर सकता है और प्रतीक्षा कर सकता है, और उसके हाथ में कुछ भी नहीं है। इसलिए तो अष्टावक्र इतना जोर देकर कहते हैं कि कर्तव्य, यही चिंता का मूल आधार है। तुमने सोचा कि मुझे कुछ करना है, करना पड़ेगा, मेरे किए न होगा कि तुम चिंतित हुए। चिंतित हुए, उद्विग्न हुए। उद्विग्न हुए, ज्वरग्रस्त हुए। ज्वरग्रस्त हुए, विक्षिप्त हुए, भटके। दूर से दूर निकल गए। इसलिए मूल बात अष्टावक्र कहते हैं, एक बात छूट जाए कि मैं कर्ता हूं। निमित्तमात्र हूं, साक्षी हूं।

पूनम बन उतरो।
भावों की कोमल पाटी पर
शाश्वत रंग भरो।
पूनम बन उतरो।

आतप से झुलसा तन सरवर
झरते ज्वालों के निर्झर
अधरों पर परितोष अधर धर
युग की तृषा हरो।
पूनम बन उतरो।
मुक्त प्राण निष्प्राण नियम-यम
गंध विधुर प्राणों का संभ्रम
निष्फल हों शूलों के श्रम क्रम
साधक सिद्ध करो।
पूनम बन उतरो।

विकसित हों साधों के सब दल
मुकलित परिमल के पाटल दल
जीवन हो सितप्रभ प्रण उज्वल
ज्योतिर्मय विचरो।
पूनम बन उतरो।

पुकारता है खोजी : पूनम बन उतरो। प्यास है, तुम बरसो। ज्यादा से ज्यादा मेरे बस में इतना है कि मैं तुम्हें रोकूं न; कि मैं द्वार खुले रखूं; कि तुम आओ तो इनकार न करूं; कि तुम आओ तो स्वीकार करूं; कि तुम आओ तो मैं द्वार पर प्रतीक्षा करता हुआ मिलूं। बस, इतना मेरे बस में है।

पूनम बन उतरो।

लेकिन तुम आओ। तुम्हारे बिना आए न हो सकेगा।

यहूदियों में एक बहुत महत्वपूर्ण विचार है हसीद फकीरों का, कि आदमी के खोजे थोड़े ही परमात्मा मिल सकता है। परमात्मा जब आदमी को खोजता है तभी मिलन होता है। यह बात महत्वपूर्ण है। आदमी के खोजे भी क्या होगा? एक बूंद सागर को खोजने चले, राह में खो जाएगी कहीं। धूल-धवांस में दब जाएगी कहीं।

और बूंद भी शायद सागर तक पहुंच जाए क्योंकि बूंद और सागर के बीच का फासला बहुत छोटा है। लेकिन आदमी परमात्मा को खोजने चले—कहां खोजेगा? किस दिशा में, कहां जाएगा? किन चांद-तारों पर? और बूंद और सागर के बीच जो अनुपात है, बूंद बहुत छोटी है सागर से लेकिन इतनी छोटी नहीं जितना आदमी छोटा है इस विराट से। यह अनुपात...बहुत दूर है परमात्मा, बहुत बड़ा है। और हम तो बहुत छोटे हैं। कहां खोज पाएंगे? कैसे खोज पाएंगे?

खलील जिब्रान की एक कहानी है कि एक आदमी सोया है और तीन चींटियां उसके चेहरे पर चल रही हैं। एक चींटी ने दूसरी से कहा कि अजीब पहाड़ी पर आ गए हैं हम भी। न घास-पात ऊगता—होगा कोई क्लीन शेव!—न घास-पात ऊगता, न कोई वृक्ष दृष्टिगोचर होते, न कोई झील-झरने। किस पहाड़ पर आ गए हैं! बिलकुल सूखा। और देखते यह चोटी गौरीशंकर की?—नाक होगी—उठती चली गई है, आकाश को छूती मालूम होती है।

ऐसा वे एक-दूसरे से बात करने लगीं और बड़ी धन्यभागी होने लगीं कि हम चढ़ आए पहाड़ पर। और तीनों धीरे-धीरे नाक पर चढ़ गईं। और इसके पहले कि जैसा हिलेरी ने झंडा गाड़ा, वे गाड़तीं कि उस आदमी को नींद में थोड़ी सी भनक पड़ी। उसने अपना हाथ फेरा, वे तीनों चींटियां उसकी नाक पर दब कर मर गईं।

जिब्रान की यह कहानी बड़ी महत्वपूर्ण है। ऐसा ही आदमी है। शायद आदमी इससे भी छोटा। चींटी और आदमी के बीच फासला है जरूर, लेकिन आदमी और विराट के बीच का फासला तो सोचो! बहुत विराट है फासला। हम कैसे खोज पाएंगे? ये हमारे छोटे-छोटे पैर नहीं पहुंच पाएंगे। यह तो मंदिर ही चल कर आ जाए तो ही हम प्रवेश कर पाएंगे। और मंदिर चल कर आता है। तुम पुकारो भर। तुम्हारे पुकार के ही कच्चे धागों में बंधा आता है। कच्चे धागे में चले आएंगे सरकार बंधे।

पूनम बन उतरो।
भावों की कोमल पाटी पर
शाश्वत रंग भरो।
पूनम बन उतरो।

तुम पुकारते रहो। तुम प्यास जाहिर करते रहो। तुम रोओ। तुम गाओ। तुम नाचो। तुम जाहिर कर दो अपनी बात कि हम तेरी प्रतीक्षा में आतुर हैं। कि हम यहां तुझे बुला रहे हैं। तुम्हारी सारी भाव-भंगिमा, तुम्हारी सारी मुद्राएं पुकार और प्यास की खबर देने लगें। जिस दिन तुम्हारी पुकार और प्यास सौ डिग्री पर आती, उसी क्षण...।

कोई भी नहीं कह सकता कि सौ डिग्री कब आती। और हर आदमी की डिग्री अलग-अलग आती। इसलिए तुम पुकारे जाओ। तुम अथक पुकारे जाओ। तुम्हारी पुकार ऐसी हो कि पुकार ही रह जाए, तुम मिट जाओ। प्रश्न ही बचे, प्रश्नकर्ता खो जाए। प्यास ही बचे। कोई भीतर प्यासा अलग न रह जाए। प्यास में ही डूब जाए और लीन हो जाए। उसी क्षण द्वार खुल जाते हैं। द्वार दूर नहीं हैं, द्वार तुम्हारे भीतर हैं। लेकिन उन्हीं के लिए खुलते हैं जो प्राण-पण से पुकारते हैं।

नहीं, पहल भी वस्तुतः उसी के हाथ में है। लेकिन इससे तुम यह मत समझ लेना—जैसी कि बहुत संभावना है—कि फिर हमें कुछ भी नहीं करना। अब यह बड़े

मजे की बात है कि आदमी ऐसा धोखेबाज है, चालाक है। अगर उससे कहो कि तुम्हें कुछ करना है तो तुम परमात्मा को पा सकोगे तो वह कर्ता बन जाता है। कर्ता के कारण अहंकार सघन हो जाता है, यात्रा बंद हो जाती है। अगर उससे कहो, तुम्हें कुछ नहीं करना है तो वह आलसी बन जाता है। वह फिर पुकारता भी नहीं। वह कहता है, पुकार भी वही पुकारेगा तब होगी। अब हम कर भी क्या सकते हैं? अब कुछ भी नहीं करना है। तो वह अपनी चादर ओढ़ कर सो जाता है।

जब कि दोनों के बीच में कहीं मार्ग है। तुम्हें करना भी है और कर्ता नहीं बनना है। तुम्हें पुकारना भी है और ध्यान रखना है कि तुम्हारी पुकार में उसने ही पुकारा है। तुम्हें झुकना भी है और जानना है कि उसने ही झुकाया होगा; अन्यथा हम झुकते? हम जैसे पत्थर झुकते? हम जैसे पहाड़ झुकते? तुम रोओ तो जानना कि वही तुम्हारे आंसुओं में आया। नहीं तो हम जैसे पाषाणों से आंसू बहते?

खयाल रखना, करना है और कर्ता नहीं बनना है। पहल लेनी है और स्मरण रखना है कि पहल भी वही लेता है। जाना है उसकी तरफ, खोजना है उसे और सदा याद रखना है कि वह तुम्हें खोज रहा है। वह खोजता तुम्हारे पास आ रहा है। तुम्हारी खोज में भी उसी ने ही अपने हाथ फैलाए हैं। उसी ने ही अपनी अभीप्सा फैलाई है। तुम्हारी प्रार्थना भी जब उसी के द्वारा की गई प्रार्थना बन जाती है तभी...।

और ये दोनों बातों में—ध्यान रखना, नहीं तो दोनों तरफ खाई-खड्ड हैं और बीच में मार्ग है। या तो तुम कर्ता होने को तैयार हो। तुम कहते हो, फिर हम सब कर लेंगे। कर्ता-धर्ता सब हम। तो तुम अहंकारी हो जाते हो। या तुम कहते हो, हम कुछ भी न करेंगे। अब वह पुकारता भी रहे तो तुम उसकी पुकार में भी स्वर का साथ न दोगे। तुम कहोगे, अब तू पुकार ही रहा है तो हम और बीच में क्यों बाधा डालें? अब तुम पुकारो। अब तुमको गाना ही है तो गाओ। हम अपनी बांसुरी भी तुम्हारे ओंठ पर क्यों रखें? जब गाना ही तुम्हारा है, बांसुरी का तो है नहीं कुछ, पोली है; हमारी क्या जरूरत?

मगर मैं तुमसे कहता हूं तुम्हारी पोली बांसुरी और उसके ओंठ, दोनों के मिलन से घटना घटती है। तुम्हारा निमित्त-भाव और उसका कर्तृत्व, दोनों के मिलन से घटना घटती है।

आज इतना ही।

* * *

ओशो—एक परिचय

सत्य की व्यक्तिगत खोज से लेकर ज्वलंत सामाजिक व राजनैतिक प्रश्नों पर ओशो की दृष्टि उनको हर श्रेणी से अलग अपनी कोटि आप बना देती है। वे आंतरिक रूपांतरण के विज्ञान में क्रांतिकारी देशना के पर्याय हैं और ध्यान की ऐसी विधियों के प्रस्तोता हैं जो आज के गतिशील जीवन को ध्यान में रख कर बनाई गई हैं।

अनूठे ओशो सक्रिय ध्यान इस तरह बनाए गए हैं कि शरीर और मन में इकट्ठे तनावों का रेचन हो सके, जिससे सहज स्थिरता आए व ध्यान की विचार रहित दशा का अनुभव हो।

ओशो की देशना एक नये मनुष्य के जन्म के लिए है, जिसे उन्होंने 'ज़ोरबा दि बुद्धा' कहा है—जिसके पैर जमीन पर हों, मगर जिसके हाथ सितारों को छू सकें। ओशो के हर आयाम में एक धारा की तरह बहता हुआ वह जीवन-दर्शन है जो पूर्व की समयातीत प्रज्ञा और पश्चिम के विज्ञान और तकनीक की उच्चतम संभावनाओं को समाहित करता है। ओशो के दर्शन को यदि समझा जाए और अपने जीवन में उतारा जाए तो मनुष्य-जाति में एक क्रांति की संभावना है।

ओशो की पुस्तकें लिखी हुई नहीं हैं बल्कि पैंतीस साल से भी अधिक समय तक उनके द्वारा दिए गए तात्कालिक प्रवचनों की रिकार्डिंग से अभिलिखित हैं।

लंदन के 'संडे टाइम्स' ने ओशो को 'बीसवीं सदी के एक हजार निर्माताओं' में से एक बताया है और भारत के 'संडे मिड-डे' ने उन्हें गांधी, नेहरू और बुद्ध के साथ उन दस लोगों में रखा है, जिन्होंने भारत का भाग्य बदल दिया।

ओशो इंटरनेशनल मेडिटेशन रिज़ॉर्ट

ओशो मेडिटेशन रिज़ॉर्ट का निर्माण इसलिए किया गया ताकि लोग जीने की नई कला का सीधा अनुभव ले सकें—अधिक होशपूर्वक होकर, हास्य और आराम के साथ। यह भारत के मुंबई शहर से सौ मील दक्षिण पूर्व में पूना के कोरेगांव पार्क में वृक्षों से परिपूर्ण चालीस एकड़ आवासीय क्षेत्र में स्थित है। रिज़ॉर्ट सौ से अधिक देशों से हर साल आने वाले हजारों लोगों के लिए अलग-अलग तरह के कार्यक्रम प्रस्तुत करता है। नवनिर्मित ओशो गेस्ट हाउस परिसर में लोगों के लिए आवास की सुविधा उपलब्ध है।

मेडिटेशन रिज़ॉर्ट में मल्टीवर्सिटी कार्यक्रम प्रसिद्ध झेन उद्यान, ओशो तीर्थ से सटे पिरामिड परिसर में संचालित होते हैं। ये कार्यक्रम व्यक्तिगत रूपांतरण के लिए व लोगों को जीने की एक नई कला सिखाने के उद्देश्य से तैयार किए गए हैं—एक जाग्रत अवस्था जिसे वे दैनिक जीवन में उतार सकते हैं। आत्म-खोज सत्र, सैशन, कोर्स और अन्य ध्यान प्रक्रियाएं पूरे साल चलती हैं। शरीर को स्वस्थ रखने के लिए एक खूबसूरत व्यवस्था का प्रावधान है जिसमें झेन प्रक्रिया के साथ खेल और मनोरंजन का अनुभव लिया जा सकता है।

मुख्य ध्यान सभागार में सुबह छह बजे से रात ग्यारह बजे तक प्रतिदिन सक्रिय व अक्रिय ध्यान विधियां होती हैं, जिसमें रोज संध्या-सभा ध्यान भी शामिल है। रात को रिज़ॉर्ट का बहुसांस्कृतिक जीवन खिल उठता है-मित्रों के संग खुले आकाश के नीचे भोजन-स्थल और अक्सर संगीत व नृत्य के साथ। रिज़ॉर्ट की साफ व शुद्ध पीने

के पानी की अपनी व्यवस्था है और यहां परोसे गए भोजन में रिजॉर्ट के अपने फार्म हाउस में उगाई गई सब्जियों का प्रयोग होता है।

मेडिटेशन रिजॉर्ट का ऑन लाइन टूर, साथ ही यात्रा और कार्यक्रमों की जानकारी www.osho.com से प्राप्त की जा सकती है। यह अलग-अलग भाषाओं में विस्तार में दी गई वेबसाइट है, जिसमें हैं—ऑन लाइन ओशो टाइम्स पत्रिका, ऑडियो व वीडियो वेबकास्टिंग, ऑडियो बुक क्लब, ओशो प्रवचनों के संपूर्ण अंग्रेजी व हिंदी अभिलेख और ओशो के वीडियो, ऑडियो व पुस्तकों की संपूर्ण सूची। साथ ही हैं ओशो द्वारा विकसित किए गए सक्रिय ध्यानों की जानकारी जो ज्यादातर वीडियो प्रदर्शन के साथ हैं।

मेडिटेशन रिजॉर्ट में सहभागी होने व अधिक विस्तृत जानकारी के लिए संपर्क करें:

ओशो इंटरनेशनल मेडिटेशन रिजॉर्ट
17 कोरेगांव पार्क, पुणे-411001, महाराष्ट्र
फोन: 020-56019999 फैक्स: 020-56019990
e-mail - resortinfo@osho.net
Website - www.osho.com